INFOVA
EDICIONES

Primera edición: Agosto de 2010

Edita: Infova Ediciones, S.L.
C/ Rosa de Lima, 1 Bis
Edificio ALBA - Of. 212
28290 - Las Matas (Madrid)
E-mail: oche@infova.es
Tel.: +34 916369716
Fax: +34 916369717

ISBN: 978-84-614-2723-9
Depósito Legal: M-36782-2010

Corrección: Ana B. Ibáñez López

Diseño de Portada: Gianluca Pettenon

Diseño: Michael Pape

Impresión: Carin Producciones, S.L.
carinpro@carinpro.com

Impreso en España / *Printed in Spain*

Memorias y desahogos

Amando de Miguel

Para Paco de León,

Con afecto y admiración,

Amando

Para mis nietos Jorge, Lucas, Candela y Marina

INFOVA
EDICIONES

Aquí estoy con la sucesión generacional de mis cuatro nietos Jorge, Lucas, Candela y Marina.

Índice

página

Agradacimientos ... 11

0. Explicaciones y justificaciones ... 13
   Vividura ... 19
   Curiosidad ... 23
   Familia ... 27
   Justificaciones ... 29
   Olvidos ... 31
   Método ... 37

1. El pueblo de los cacharros ... 43
   Evocaciones ... 45
   Juegos ... 53
   Niñez ... 57
   Pueblo ... 62
   Parientes ... 68

2. Un niño espiritado en un ambiente difícil 77
Sobrevivencia 79
Abuelos 87
Austeridad 90

3. Madre coraje 101
Madre 104
Hermanos 108
Supervivencia 113

4. Hacerse un hombre 123
Educación 125
Adolescencia 133
Lecturas 140
Ciudad 144
Vocación 147

5. El baño de Universidad 157
Políticas 159
Profesor 170
Veranos 178
USA 183

6. La "papiromanía" 189
Linz 192
DATA 197
Serrano, 19 200
Tábula-V 204
Cultura 213
Establecimiento 217
Libros 220
Artículos 233

7. Un estilo de hacer Sociología sin ni siquiera intentarlo ... 237
Los Foessas 239
"Complus" 255
Escritura 258
Movilidad 264
Conferencias 271

8. Intermedio mediterráneo: Barcelona y Valencia 277
Barcelona 279
Manifiestos 286
Valencia 297
Narcisos 304

9. La conversación inacabada 311
Amigos 315
Afines 325
Tertulias 329

10. Aproximaciones cautelosas a la política 345
Seuístas 349
Autoritarismo 360
"Madrid" 363
Machismo 378

11. Censuras, ceses y componendas 383
Censura 385
Supresión 391
TVE 397
ABC 400
Amenazas 406

12. El socialismo nacional y otras ideologías 411
Nacionalismo 417
Corrupción 420
Socialismo 425

13. Mi manera de ver el mundo 429
Liberalismo 432
Derechas 434
Marxismo 439
Evolución 441
Intimidad 446

14. Comentarista y tertuliano 453
Carácter 456
Tertuliano 462

15. Militares y paisanos 475
Militarismo 478
Detención 484
Tobogán 488
Catedrático 498
Consejo de guerra 503
Cuartelazo 505

16. Las víctimas convertidas en culpables 511
Emigración 513
Injusticia 518
Vandalismo 521
Desahucio 523
Cárcel 526
Secta 535

17. Las vacilaciones del escritor 543
Sociólogo 546
Sociolingüista 552
Novelista 557
Autobiografía 561

18. Adagio final 567
Pesimismo 570
Ajetreo 580
Envejecimiento 584
Muerte 593
Recapitulación 598

Agradecimientos

Mi agradecimiento general a todas las personas que aparecen en este texto y que me han ayudado a dibujar el cuadro de mi biografía. De modo definitivo debo reconocer la ayuda de Cira de León, quien me ha acompañado en la última vuelta del camino. Mil gracias a las atinadas observaciones que me han hecho Iñaki de Miguel y Miguel S. Valles a una versión anterior del manuscrito. Mi gratitud a las personas que han hecho posible la maquetación, la corrección y la cubierta del libro (Michael Pape, Ana Ibáñez y Gianluca Pettenon) y a todo el personal de INFOVA por un trabajo tan bien hecho. En particular he de reconocer la iniciativa empresarial de Gonzalo Martínez de Miguel. La obra se ha impreso gracias a la dedicación de José Manuel Bermejo. Se añade la experticia de Javier Cambronero en la distribución editorial y de la agencia Recursos de Mercado en la comunicación. La confección del libro se ha beneficiado de la desinteresada ayuda de la Fundación Mapfre, a través de Luis H. de Larramendi y de Juan José Almagro.

0. Explicaciones y justificaciones

Escribir un libro es llorar. La razón es que en España se escribe más que se lee (y no digamos ahora con los SMS y los blogs) y se conversa más que se escribe. Estamos ante una cultura locuaz. Cabe la salida de escribir para que otros hablen. Me he pasado media vida en ese ejercicio de escribir muchas páginas que suscitan comentarios. Detrás de cada publicación hay una historia, bastantes sufrimientos y también muchas satisfacciones. Aparte de lo escrito, está lo vivido. Así que contar todo eso puede que tenga alguna utilidad. Lo hago a los 73 años de edad, con algunos más por delante (espero), antes de que empiece a perder la memoria. No se espere un expediente completo de mis méritos y vicisitudes. Bastará una media filiación y el relato de algunas vivencias, más que nada porque son el exponente de una generación.

Nací el 20 de enero de 1937, en plena guerra civil. En esa fecha el Caudillo inauguraba en Salamanca las instalaciones de Radio Nacional de España, un regalo de Hitler. El *ABC* de Sevilla de ese día daba este parte de guerra: "La jornada de ayer fue tranquila en todos los frentes, con excepción del de Madrid, donde los rojos atacaron el Cerro de los Ángeles, siendo rechazados violentamente por los nacionales". *La*

Detalle del retrato que me hizo Pepe Carralero en 1996. Fue un descubrimiento comprobar que pintar es lo mismo que escribir. En este caso se trataba de retratar el alma; el berciano lo consiguió.

Vanguardia de Barcelona ("diario al servicio de la democracia") del mismo día titulaba así la "información nacional": "El Cerro Rojo, antes de los Ángeles, en poder de nuestras tropas". El contraste de esos titulares es todo un símbolo de que nací en la era de la propaganda.

Aporto la primera reacción ante la amenaza de que estaba escribiendo mis Memorias. Han sido muchos los que me han dicho: "Supongo que serán varios tomos" o "serán varios miles de páginas". Materiales hay para ello, pero supondría un tostón esa minucia de datos e incidentes sobre mi persona. Así que este tomito es una síntesis de lo vivido y lo que merece ser recordado. Al hacer esa reducción me entra

LA VANGUARDIA — Página 5. — Miércoles 20 de enero de 1937

INFORMACION NACIONAL

LAS ARMAS REPUBLICANAS

El Cerro Rojo, antes de los Angeles, en poder de nuestras tropas

Al enemigo se le han capturado un jefe, dos oficiales y más de cien soldados, además de abundante material de guerra

Una escuadrilla aérea que marchó al frente de Málaga bombardeó las posiciones ocupadas por los facciosos en Marbella

en el sector de Villaverde, mediante un ataque de nuestras fuerzas sobre las posiciones enemigas que aun quedaban en su poder en este sector.

Las fuerzas leales ocuparon las pocas casas que al enemigo le quedaban, iniciando seguidamente un violentísimo ataque sobre las posiciones del Cerro de los Angeles, llamado ahora Cerro Rojo.

La Brigada Lister, con este jefe a la cabeza, logró poco después dominar el cerro, haciendo al enemigo gran número de bajas y capturándole dos centenares de prisioneros, entre ellos el comandante Berda que mandaba las fuerzas y otros oficiales y clases. También se les cogió trescientos fusiles, ocho ametralladoras, varios camiones, municiones en gran cantidad y otras armas que aun no han sido clasificadas.

Colaboraron eficazmente en esta acción, los batallones de la Victoria, del Amanecer y Thaelmann.

Nuestras fuerzas han sido felicitadas por el Estado Mayor de la defensa de Madrid.

La Brigada Lister conocía el terreno de este sector, palmo a palmo. El momento propicio pa-

SEVILLA 20 DE ENERO DE 1937. NUMERO SUELTO 15 CÉNTIMOS — **ABC** — DIARIO ILUSTRADO. AÑO TRIGÉSIMO TERCERO. NUMERO 10.496

REDACCION: PRADO DE SAN SEBASTIAN. SUSCRIPCIONES Y ANUNCIOS: VELAZQUEZ, 12. SEVILLA.

UNA PATRIA: ESPAÑA. UN CAUDILLO: FRANCO

LA JORNADA DE AYER FUE TRANQUILA EN TODOS LOS FRENTES, CON EXCEPCION DEL DE MADRID, DONDE LOS ROJOS ATACARON EL CERRO DE LOS ANGELES, SIENDO RECHAZADOS VIOLENTAMENTE POR LOS NACIONALES

La noticia del día en la fecha de mi nacimiento en dos periódicos, La Vanguardia ("diario al servicio de la democracia") y ABC "diario ilustrado de Sevilla"). Está claro que nací en la era de la propaganda.

la sospecha de que he vivido muchos más años de los que tengo. Incluso me asalta la impresión de que he tenido varias vidas, tan inquietas han sido. Es una extraña sensación. La tendencia dominante en mi mundo es la de aparentar menos años de los cumplidos. En cuyo caso lo mejor es abstenerse de escribir las Memorias. Esa es la respuesta que dan muchas personas eminentes que conozco, pero mi opinión es que harían bien en narrar sus experiencias.

Una vida humana es poca cosa, a no ser que refleje otras vidas, que sea móvil, que reciba y que dé influencias. Por ese lado no puedo quejarme. He tenido cerca a muchas personas que he admirado y supongo que habré influido en otras. Esa ha sido mi fortuna: estar cerca de tantas personas interesantes. También cuentan las personas que se han despegado de uno, pero sus razones tendrán. Por todo ello estas Memorias tienen algo de sinfónico, orquesta y coro. Se retrata aquí el trabajo de una generación, los nacidos en torno a la guerra civil de 1936.

No podemos quejarnos. Hemos vivido intensamente la experiencia de la gran transformación de la sociedad española. Es una sociedad que lo aguanta todo.

Una de las virtudes de esa cohorte de los nacidos en la (última) guerra civil es que resulta bastante reducida. No es solo porque en esas fechas bélicas nacieron pocos españoles, sino porque han sido promociones sometidas a una alta tasa de mortalidad. Quiero pensar, por tanto, que los sobrevivientes nos encontramos selectivamente capacitados.

Como mi vividura ha sido esencialmente trabajo, esfuerzo, es natural que la cuente a partir de los muchos miles de páginas que he escrito. No porque tenga que defenderlas, sino porque, en buena parte, lo que ha dado sentido a mi vida ha sido el trabajo. No es algo de lo que quepa estar siempre orgulloso o satisfecho, pero ha sido así. Además, ha representado una tarea esencialmente polémica. Cualquiera que haya seguido algunos episodios de mi ajetreada vida habrá anotado esa constante. Ha contado la fortuna, también el esfuerzo, pero sobre todo la necesidad; por citar la famosa tríada de Maquiavelo.

Comprendo que este libro sea una provocación, no solo porque se atreve a ir contra la norma pudorosa que obliga a no hablar mucho de uno mismo. Lo peor es que en estas páginas deslizo muchos nombres propios. La tradición intelectual en España es escribir sobre abstracciones y, en todo caso, mencionar a autores extranjeros, por lo general desconocidos. Decididamente, me opongo a esa norma. Si tengo que dar cuenta de mi vida, será menester que incluya los nombres de las personas que me han influido. Cuando hurto alguna información sobre nombres es por respetar su intimidad o porque simplemente se me han olvidado.

Las citas que hago, las que más me estimulan, no son siempre con las que estoy de acuerdo; muchas veces son con las que disiento. Lo mío no es tanto argüir "como dice Fulanito" (para buscar apoyo) como "en contra de lo que dice Fulanito" (para estimular el disenso).

A pesar de ello, me he encontrado muchas veces con autores que me agradecen que haya citado sus frases, sin percatarse de que lo he hecho como crítica y contraste. Es una especie de impulso que tengo por llevar la contraria. Si bien se mira, esa actitud es la marca de lo que llamamos ciencia. Es una planta que medra mal en el suelo español. A veces, en los avatares profesionales, me he sentido cerca de lo que hubiera podido ser un torero en Finlandia.

Las biografías que solemos consultar son más bien "prosopografías", esto es, descripciones de los sucesos externos de la vida auténtica de una persona. Entrar dentro de ella, la introspectiva, es operación difícil y rara. Siempre será mejor que la haga uno mismo, pero entonces el natural pudor y el qué dirán obligan a destapar solo un poco. En definitiva, nos encontramos ante una operación casi imposible. La esposa del sátrapa, cuando necesitaba ser examinada por un médico, hacía que fuera una de sus siervas la que se sometiera a la inspección. No parece una solución muy racional, pero es lo que hacemos muchas veces al tratar de expresar nuestros sentimientos. La salida es poner por delante los ajenos. Voy a ver si trato de eliminar el falso pudor que me aqueja para someterme a la curiosidad de los lectores.

Vividura

En un artículo que publiqué en el diario *Madrid* (Ángel Maverick, "Diarios y memorias", 3 de junio, 1971) me quejaba ya de que en España estaba mal visto que el escritor hablara de sí mismo. Reconocía que yo utilizaba muchas veces la primera persona en mis artículos, pero que mis amigos me lo reprochaban. Me decían que eso era como imitar a Unamuno, carente de pudor. Bueno, el vasco de Salamanca tampoco es mal modelo. Tuvo suerte de perder la oposición a la cátedra de Vascuence, la que ganó el cura carlista Resurección María de Azcue. De ese modo, Unamuno se pudo venir a Salamanca y fue un escritor universal. Es un buen ejemplo de que, cuando una válvula se cierra, otra se abre. Volveré una y otra vez a esa metáfora hidráulica; me parece esencial para entender una vida.

Antes de ponerme a recomponer las piezas de mi memoria, lógicamente averiada, mi pretensión va un poco más allá de redactar una autobiografía. Me propongo escribir una especie de imposible "autobiología", que trate de entender mi vida. Esa comprensión más amplia de mi vividura incluye el medio donde me he movido, que es el resultado de muchas vidas, aunque todas ellas entrelazadas. Por eso tuve algunas dudas de poner o no un índice onomástico. Al final lo excluimos, en contra de las tradiciones editoriales, para fomentar el intríngulis de la lectura. No citar puede ser también recordar.

La tarea de escribir estas Memorias es la respuesta al momento en que la Universidad Complutense de Madrid decide prescindir de mis servicios, debido a que he cumplido cierta edad. Es decir, celebro de esta forma narrativa el "rito de paso" del adiós a la enseñanza. No logro entender el porqué de ese apartamiento de la docencia. El hecho es que el mercado demanda más que nunca mis servicios en la forma de dar opiniones en toda suerte de tribunas. Si no he dejado de leer y acumulo más experiencia que nunca, no se me alcanza por qué no puedo seguir enseñando en la Universidad. Así pues, mi venganza es que (mientras el cuerpo aguante) seguiré escribiendo y perorando cuando me lo pida el público. Es la forma más jubilosa de entender la jubilación.

También es verdad que la flecha del tiempo vuela inexorable. Pero, sea cual fuere mi papel en el mercado de las ideas, conviene escribir las Memorias antes de que las lagunillas del recuerdo empiecen a ser grandes lagos. De sobra es conocido el hecho de que, al envejecer, se olvidan ciertos hechos cercanos, pero se refresca y se idealiza la memoria de los lejanos. Es lo que se llama "memoria anterógrada", como si hubiera alguna lesión que impidiera retener en el recuerdo lo que acaba de ocurrir. El caso extremo y cotidiano es el olvido de dónde habrá dejado uno las llaves o el móvil. Pero el lector querrá seguramente que le cuente algo más interesante de lo vivido y también que me "retrate".

Voy a hacer un esfuerzo para que este texto no sea solo una recuperación del pasado sino una presentación de mi yo en el tiempo actual. Después de todo, ese es el resultado de una biografía. En el mundo intelectual español no se lleva mucho lo de definirse. La razón es que, si se hace con cierta probidad y precisión, se aleja una parte de la clientela potencial. Claro que ningún mercado es tan amplio como para no conformarse con un sector de los consumidores, en este caso, de letra impresa.

No sé cómo llamarán los psicólogos al sentimiento de lo que es uno, de la identidad en cuanto persona activa, pero en mi caso resulta sumamente difuso. Oficialmente paso por sociólogo, y muchos creerán que lo soy en España, casi por antonomasia. En efecto, ese fue el título que puse en 1969 en la puerta de mi despacho de Serrano, 19. (Por cierto, en el piso de abajo estaba una oficina del Plan de Desarrollo, para el que hice algún trabajo). Nadie hasta entonces se había atrevido a tal cosa. Lo de "sociólogo" sonaba entonces a algo así como "socialista". En ese momento, a la hora de declarar en Hacienda una profesión tan nueva, me encontré con que no estaba prevista en los impresos. Así que me alojaron en la categoría residual de "otras profesiones". Creo recordar que me colocaron en el apartado de "adivinos y prestidigitadores". Realmente me he ganado la vida en buena parte adivinando tendencias y jugando no con los dedos pero sí con los dados de las estadísticas.

Mi título oficial es el de "doctor en Ciencias Políticas", carrera que, cuando yo la estudié, no tenía más que un par de asignaturas de Sociología. En las cuales se explicaba más bien Historia del pensamiento, con escasas referencias a España. La Sociología la estudié después en la Universidad de Columbia (Nueva York). En ella completé los cursos graduados, pero no llegué a presentar la tesis y, por tanto, no saqué el título de doctor. Estaba demasiado entregado a la tarea de publicar monografías como para entretenerme en una tesis. Esa primera estadía formativa de tres años en Columbia y en Palo Alto (California) la dediqué a aprender Sociología empírica. La apliqué sobre todo al conocimiento de la sociedad española, de la mano de Juan J. Linz, que fue mi verdadero y constante tutor académico.

Durante medio siglo me dediqué a levantar encuestas sobre la realidad social española. Hice alguna excursión sobre la vida intelectual de los Estados Unidos o la población de México. Publiqué también algunos ensayos y recientemente algunas novelas. Durante todo ese tiempo escribí decenas de miles de artículos en periódicos y revistas, dicté innúmeras clases y participé en variadas tertulias de radio y de televisión. Luego he sido al tiempo profesor, escritor y lo que ahora llaman comunicador. Algunas personas del común me consideran "periodista" y otras "político", pero solo porque suelo debatir en público con periodistas y políticos. Quizá seamos todos de la misma ralea, profesionales de la vanidad.

Por el lado de la producción, mi vida ha sido exuberante, sin lograr explicar yo mismo a qué santo he tenido que imprimir tantas resmas de papel. Pero, cuando contemplo el lado del consumo, no puedo menos de asombrarme de lo sobrio que ha sido mi estilo vital.

Curiosidad

Tampoco hay que extrañarse de que un sociólogo acometa la tarea de explicar su vida, esto es, una minúscula parcela de la Historia de su generación. Bien mirado, la Sociología no es más que la parte más reciente de la Historia contemporánea. Aunque también se puede decir eso del Periodismo. En muchas ocasiones alguien que no conozco me saluda: "Es usted el periodista, ¿no?". No le deshago el error, porque en el fondo mi amable interlocutor está en lo cierto al suponer que pertenezco a la turba periodística. A lo largo de mi vida profesional mi relación continua ha sido más con periodistas y otro profesionales que con sociólogos. O mejor, me he relacionado con profesionales de diversa índole, dedicados a explicar una parte de la realidad. Lo que me interesa es el conocimiento.

Me recuerda Miguel S. Valles que, cuando hicimos un trabajo de campo en los años 90, unos lugareños de un pueblo de Zamora, preguntaron: "¿Vamos a salir en la radio?". Asociaban el trabajo del sociólogo preguntón con el del periodista. No andaban muy equivocados. Por lo menos, lo que se llama Sociología cualitativa o Antropología está muy cerca del Periodismo. Uno de los fundadores de la Sociología norteamericana, Robert Ezra Park, fue periodista antes que sociólogo. Añado que, entre nosotros, los informes urbanísticos que ha levantado Mario Gaviria con su equipo de sociólogos no están lejos de los reportajes periodísticos.

Si algún calificativo se me puede aplicar es el de ser "curioso". Lo sería en el prístino sentido con que lo define Sebastián de Covarrubias (contemporáneo de Cervantes): "El que trata alguna cosa con particular cuidado y diligencia... porque el curioso anda siempre preguntando: ¿por qué es esto, y por qué estotro?". Ahí está el fundamento de la actividad científica. Espero que no se me aplique la acepción secundaria que da el Diccionario de Autoridades: "Es asimismo el que desordenadamente desea saber las cosas que no le pertenecen" (= no le competen). Lo que he sido más bien es un curioso impertinente, como convendrá el lector. La curiosidad, por la inquietud de interpretarlo todo; la impertinencia, por ciertas ganas de molestar a quien se lo merece.

Junto a la curiosidad, la movilidad. A lo largo de mi vida me he asentado en una treintena de domicilios en distintas ciudades y países. Me maravilla que, después de tantas mudanzas, en las que se abandonan o se extravían muchas cajas de libros y papeles, todavía rebose mi casa de material impreso y manuscrito. Luego la movilidad ha debido de ser frenética, o mejor, frenopática. Desde luego, no es algo que se premie en mi tierra estanca, no ya vegetal sino mineral.

A veces me pregunto cómo es que he hecho tantas cosas, hasta sentirme como un culo de mal asiento. Hay razones materiales, pero sobre todo una íntima, mental. Mi agitación y mi trashumancia se deben a que muchas veces me he sentido insatisfecho conmigo mismo en lo profesional y en lo personal. Vamos, que tengo tan mala opinión de mí mismo que me obligo a hacer continuos méritos a ver si me redimo. Algunos amigos me dicen que lo mío es la dispersión; quieren decir el caos. La exclamación que más utilizo para mí mismo es "¡qué desastre!". Es una especie de desánimo interior respecto a lo que hago. Mis posibles méritos han sido más bien tareas que me he visto obligado a cumplir. Esa sensación resulta incómoda, cuando tantos de mis compatriotas, incluso colegas, piensan lo contrario. Ellos aman la estable ociosidad y son optimistas respecto de ellos mismos. Son de admirar.

Quedamos en que mi vida ha sido bastante ajetreada o, por lo menos, variada, móvil. Sin embargo, por encima de las distintas peripecias, quedan algunas marcas por las que me reconozco a mí mismo y quizá también me vean de ese modo los demás. Por ejemplo, es claro que yo he ido más bien a contracorriente de lo que se estilaba en los ambientes donde he vivido. Puedo interpretar ese rasgo como "independencia", pero eso es así porque me favorece. Para otras personas mi actitud sería más bien la del aguafiestas o "chinchorrero", que dicen los vascos. La prueba es que en algunos ambientes me he ganado la fama de antipático. Quizá haya en mí también un cierto deseo de experimentar con el prójimo, algo que se puede presumir de un sociólogo. Todas esas calificaciones serán más o menos acertadas. Sin embargo, me atrevo a suponer que lo que ha privado en mi conducta ha sido siempre una contumaz "ética del esfuerzo". En latín: *Per áspera, ad astra* (= por los abrojos a las estrellas). No lo afirmo para envanecerme, pues no es cualidad que aprecien mucho mis contemporáneos, especialmente mis compatriotas. Más bien lo que priva en la España del último medio siglo es la ética contraria, la de la voluptuosidad y el hedonismo. Una vez más, me siento a contrapelo de mis paisanos, y eso que los he conocido de muchos pelajes, como podrá comprobar el que leyere. Espero que no abandone la lectura con tantas explicaciones y justificaciones. Pero resista un poco, que no va a haber puntada sin hilo.

Antes de ponerme a escribir estas Memorias, he contado el propósito a algunas personas cercanas. De ellas he obtenido buenos consejos. Señalo algunos más típicos. Adriano Gómez Molina me sugirió que no siguiera un orden estrictamente cronológico, sino que hiciera calas temáticas. No sé si habré acertado en esa estrategia. Dentro de cada cala sí he procurado que el orden sea cronológico, pero a veces me lo salto por necesidades del guión. Feliciano Llanas me instó a que me "mojara" lo más posible al citar nombres y sucesos. He seguido también ese consejo, con la salvedad de respetar la intimidad que precisan ciertas personas. César Egido me encargó que en estas páginas destacaran criterios morales para que sirvieran de modelo a mis nietos. He procurado hacerlo. Mi "hermano" Enrique de Miguel (la fraternidad nos la concede el programa de Herrera en la Onda) me comentó que las Memorias tendrían que sobrepasar las 600 páginas. No me he excedido, pero sí he procurado que el volumen rebosara de información. Alfonso Basallo dio por supuesto que las Memorias iban a ser contra algunas personas; "las pondrás a parir", anticipó. Algo de eso puede que haya. En todo caso, tómense mis juicios como lo que son, opiniones subjetivas y falibles, acaso desahogos. Si me excedí, pido perdón de antemano.

Me perdonará también el lector que el texto manifieste algunos caprichosos saltos cronológicos. No debe esperar siempre una narración lineal. A veces no tengo más remedio que pasar bruscamente de unas fechas a otras. Es algo que necesito para seguir la pista de algunas ideas, expresiones o sensaciones. Es otra razón para subrayar la necesidad de leer entero este volumen, aunque sea a cachos. Es algo que se precisa si se quiere entender mi vida, la parte más expuesta al público.

Quien haya transitado ingenuamente en España por la época franquista reconocerá que la libertad es el supremo valor político, en el sentido al menos de ser condición para los demás. Incluso como valor simplemente humano (al estilo del famoso discurso de don Quijote) no cabe duda de que la libertad aparece como algo primordial. Pero, al tejer uno su autobiografía, se debe reconocer que la libertad resulta muy condicionada. Tanto es así que uno ha sido lo que ha sido casi sin mucha intervención de su albedrío. Por lo menos en mi caso, han influido tanto la herencia, la suerte y el destino, que me veo obligado a ser un poco fatalista. Así pues, no hay nada heroico, ni siquiera meritorio, en los comportamientos que podrían pasar por ejemplares. Por lo mismo, las acciones vergonzantes tampoco deben ser reputadas como vergonzosas. Aun así, la narración tiene su mérito y su sorpresa, porque los factores que llamamos adscriptivos (herencia, suerte, destino) también han propiciado sucesos interesantes.

Lo de "autobiografía" tiene todavía más dudas, pues el verdadero "autor" de estas páginas es el conjunto de circunstancias de cada momento. Incluyo el elenco de personas que han influido en mí, esto es, lo que podría llamar la "alterografía". Me parece que este texto, sin proponérmelo, da cuenta de ese misterioso influjo por parte de los próximos. No los hago responsables del resultado; simplemente me han hecho ser lo que soy.

Familia

Mal sociólogo sería si no me percatara de que los objetos de investigación que me han interesado han sido por influencia de mis circunstancias biográficas. Por ejemplo, muchas páginas sociológicas que he escrito giran en torno a la familia. Se trata de la institución más cargada de afecto. Sin embargo, por eso mismo, la familia es muy propensa al conflicto. Lo que ocurre es que esa contradicción no suele reconocerse. En realidad, la familia de un adulto medio es una tríada: (1) La familia de origen (padres, hermanos, tíos, abuelos, etc.). (2) La familia de fundación (cónyuge, hijos). (3) La familia de afines (la de origen del cónyuge). Si además se introducen los factores económicos (propiedad, herencia), es claro que no se puede mantener el afecto con todas las posibles relaciones familiares. En los libros de Memorias se suele hacer un penoso esfuerzo para demostrar lo contrario, que la arborescencia completa de la familia es solo afecto. No voy a caer yo en esa trampa, y no solo porque he tramitado varios divorcios y rupturas sentimentales. Esos cortes se producen con los sucesivos cónyuges, pero no hemos institucionalizado el divorcio con las otras relaciones familiares. Tampoco creo necesario establecer el dibujo completo del árbol genealógico. Unos parientes dominan sobre otros con prescindencia del grado e incluso la frecuencia de relaciones que con ellos he mantenido.

A fuer de sociólogo soy poco familista. Quiero decir que la familia es para mí un objeto de observación, no solo de vivencia. Me percato de que tanta insistencia en los afectos familiares al final trae complicaciones. Es una ley psicológica que la elevación de las expectativas suele generar frustraciones. El corolario es que la frustración deriva en agresión. Por eso es tan frecuente (y tan odiosa) la violencia doméstica, que no es solo de "género" (= contra la mujer) y tampoco tiene que llegar a la violencia física. Muchos conflictos familiares se resuelven (es un decir) con el silencio. Para disimularlo establecemos las celebraciones familiares: los cumpleaños, las Navidades, el día del padre o de la madre, etc.

Medito sobre esa extraña condición mía del despego que siempre he mostrado respecto de los afectos familiares, sobre todo de la familia de origen. Puede que haya sido otra de las influencias de mi madre, pues ella nunca se llevó bien con la parentela. Ni siquiera puedo asegurar que hubiera tenido siempre una comunión con su marido. Ambos entendían el amor como la disposición a volcarse por el bienestar de los hijos. A Diego y María (así llamábamos a mis padres) solo los vi realmente unidos en los años más difíciles de la vida en San Sebastián. Extrañamente, para mi madre su verdadera patria chica fue siempre Donosti. A esa ciudad ya no volvió más, después de aposentarse definitivamente en Madrid. (Véase capítulo 3).

Justificaciones

Se podría uno preguntar quién puede estar interesado en un libro de Memorias, por tanto, asaz subjetivo y particular. Pero atrae, en primer lugar, al conjunto de los cercanos, que tampoco es fácil de determinar. Al final, son muchos los círculos secantes. Pero ese interés puede ampliarse, sencillamente porque muchas personas percibirán que han vivido algo parecido a lo que cuenta el autor de sus Memorias. Resulta intrigante recordar lo vivido y hurgar en la vida de los otros, sobre todo si son nombres conocidos.

La composición de las Memorias representa para el autor una forma de agarrarse a la vida, que inexorablemente se le va por conducto reglamentario. Aunque no lo parezca, es un trabajo que altera mucho y, a veces, resulta hasta desgarrador. Pero es un esfuerzo que compensa, aunque no sabría decir por qué. Voy a ver si intento averiguarlo.

Los sesgos inevitables del género memorialista son el ajuste de cuentas (dejar clara la culpa de otros) y la justificación (eximirse un poco de la culpa propia). Ambas acciones son muy saludables, siempre que no lleguen a la iniquidad. Seguramente los suicidas dan ese paso de quitarse de en medio porque no aciertan a justificarse o a ajustar las cuentas con los demás. Sería un buen consejo que, para alejar la tentación del suicidio, se pusieran los desengañados a redactar sus Memorias.

El ejercicio de escribir las Memorias por parte de un sociólogo tiene una explicación paradójica. El sociólogo se pasa toda su vida profesional escuchando o leyendo la visión del mundo que tienen muchas personas. La paradoja está en que normalmente el sociólogo se suele escabullir de ese papel testimonial, quizá por rechazo de lo "subjetivo". Pero somos sujetos, no objetos (como decía Unamuno, siempre jugando con las palabras; admirable sujeto, el bilbaíno del Tormes). En consecuencia, no hay que temer la deposición de un testimonio tan veraz. La escritura de las Memorias representa el cumplimiento algo tardío de una obligación: la de conocerse a uno mismo. Esa operación no está libre de sorpresas.

Comprendo que la vida de otras personas sea de interés para el público. Precisamente en ese sentimiento se basa el éxito de tantos espacios periodísticos, singularmente las entrevistas. Más difícil es entender que a uno le resulte interesante "contar su vida", que ese es el género autobiográfico. No es suficiente la explicación elemental de la vanidad o el narcisismo. Más verosímil me parece, como acabo de decir, el deseo de justificar las debilidades propias o de ajustar cuentas con las ajenas. Pero sigue siendo un motivo insuficiente por poco estimulante. Si uno se siente acuciado por la necesidad de contar su vida es para que lo tomen en consideración algunas personas concretas. A mí me gustaría que mis abuelos me hubieran dejado algunos manuscritos con la peripecia de sus vidas. Imagino el placer que me daría conocer de primera mano la vida de un bisabuelo contrabandista a quien no llegué a conocer y del que nadie me quiso dar detalles. Era contrabandista de mulos en la raya de Portugal. Pues bien, aunque mis avatares no hayan sido tan románticos, me acucia la idea de que mis nietos (y sus coetáneos) sepan por mí mismo lo que me ha sucedido. Sin mis escritos más personales, mi vida podría ser tan oscura como la del contrabandista de mulos. No me resigno a ello.

El fin particular de estas Memorias, expresamente dedicadas a mis nietos, es para que tengan algún día la ocasión de saber cómo fue su abuelo. Quizá no haya otra oportunidad mejor para ese conocimiento, y eso me parece injusto. Es fundamental saber cómo eran los abuelos de uno para dar un completo sentido a la vida. Se trata de un mínimo de genealogía. Cada uno de nosotros es solo un eslabón en la larga cadena de las generaciones. Los genes están para que contemos con ellos; despreciarlos es ingenuidad, y a veces también ruindad.

Al final, hay una razón potísima por la que me pongo a escribir estas Memorias. Simplemente me gusta el género. Tengo estanterías enteras con libros biográficos; los más interesantes, los autobiográficos. Siempre me interesó la pintura, especialmente los autorretratos. A ver si no es fascinante la obsesión que tenía Durero de parecerse al Jesucristo convencional, como así lo expresó en su autorretrato, uno de los primeros que se hicieron. La autobiografía es el autorretrato del escritor.

Olvidos

No sabría decir qué es lo que definitivamente me impele a publicar (no solo a escribir) estas Memorias. Es evidente que necesito que sean conocidas por mucha gente. Busco una justificación de mí mismo. Necesito estar ahí, en la vida colectiva que me ha tocado en suerte o en desgracia. Es algo parecido a la obsesión del pintor por introducirse en el cuadro que pinta. Lo de mirarse en el espejo puede ser un buen ejercicio terapéutico, más todavía en un individuo como yo, prono al pesimismo y a la depresión. Es paradójico, pero ese tipo de personas necesitan un constante reconocimiento de sus logros. El pobre Van Gogh pintó una treintena de autorretratos; no consiguió vender ni uno.

Una circunstancia vital, como es la de la jubilación, con su lógico alivio de la carga de trabajo, me parecía muy propicia para el ejercicio de escribir mis Memorias. Luego he visto que esa tarea no era tan fácil, precisamente porque, al entrar en el gaseoso estado de la jubilación, se acentúa la sensación de la falta de tiempo. No es una impresión falsa, pues mi nuevo papel de "comentarista" se complica cada vez más. (Véase el capítulo 14). Esa posición de "doxólogo" (el que da opiniones de forma pública) me refuerza el papel de hombre público. No sé si la he buscado o me ha venido por el azar. Puede que cuente un cierto prestigio que dan las canas.

El género autobiográfico nos descubre lo vulgares que pueden ser las conductas o apetencias tenidas por originales o incluso estrafalarias. El género es así un ejercicio de humildad. Por ejemplo, hay personas que presumen de la originalidad que supone roncar, cuando es un hábito universal. Es la misma originalidad de los que dicen que les gusta viajar, comer bien o ser amigos de sus amigos.

Por fortuna, no se recuerda todo lo que le ha sucedido a uno a lo largo de la vida. Tampoco hay que verter en las Memorias todo lo recordado. La selección se hace para que sirva de ejemplo, satisfacción o curiosidad de los lectores. Por eso no voy a detenerme en muchas intimidades que carecen de valor prototípico o que es mejor que sigan recluidas en el interior del círculo personal. Quien se ha enamorado varias veces sabe que no es necesario contar al nuevo amante todos los detalles del anterior. Si uno cuenta todo, se vacía por dentro.

Por muy completa que sea una autobiografía, siempre será una selección un tanto errática de recuerdos. Es decir, va implícito que contiene muchos vacíos, lagunas y olvidos. No es fácil explicar por qué se olvidan ciertos trancos del pasado, fuera de que se trate de un acto deliberado. Quizá sea que el recuerdo es lo que queda de olvidar todo lo demás. Lo que permanece oculto sin querer es porque esconde algo traumático o, al revés, intrascendente. El psicoanálisis y la experiencia común nos enseñan que los olvidos caprichosos se asocian a personajes o situaciones que queremos borrar de la mente. Todo para concluir que lo mejor será no preocuparse mucho del asunto.

Todo el mundo se da cuenta de que la memoria es una facultad selectiva, pero como es la vista, el oído o los otros sentidos. Según eso, no habrá que rechazar la idea de que las Memorias sean igualmente selectivas. Lo de "contar todo" es tarea que debemos dejar para el juicio en el valle de Josafat. Como ahí tendremos toda la eternidad por delante, no habrá problema en ser meticulosos a la hora de narrar entera la vida de cada uno. Pero en la etapa terrenal haremos bien en compendiar la exposición de la trayectoria vital.

A la hora de agavillar y seleccionar los recuerdos se produce un curioso fenómeno. No es cierto que esas añoranzas estén guardadas en el arcón de la memoria, perfectamente archivadas. Si así fuera, bastaría con levantar la tapa para que los recuerdos se vertieran en riguroso orden y sin sorpresa. Pero la cosa es algo distinta. Uno no sabe bien de antemano lo que hay en ese archivo de sucesos pasados. Algunos vienen fácilmente a la memoria, pero otros se hallan confundidos. Solo cuando se tira de las evocaciones más fáciles, salen también otras más ocultas. Quiero decir que ni siquiera el sujeto sabe lo que guarda el desván de la memoria. Por lo mismo, no sabemos qué papeles o fotografías van a aparecer cuando ordenamos los armarios o las estanterías. Cuántas veces no me habré maravillado, al descubrir un viejo manuscrito, de que mi firma hubiera suscrito esa pieza.

Al contar el desarrollo de la vida desde el otero de la senectud, se da una impresión de fácil continuidad. Casi se podría decir que lo que he sido responde a un plan oculto que tenía algún genio benéfico, bueno, la Providencia. Pero esa impresión esconde una falacia. A lo largo de la vida se abren unas oportunidades y se cierran otras. Esos movimientos de las válvulas vitales son muchas veces puramente aleatorios. Cabe siempre el futurible de que la vida habría sido otra, si, en lugar de seguir un camino, se hubiera optado por otro. Luego se comprueba que la trayectoria trazada ha sido más por un conjunto de sucesos de azar que por un plan elaborado.

Es conocido el hecho general de que, con el paso de los años, vamos perdiendo memoria. Sin llegar a los extremos patológicos, considero que ese proceso es cosa buena. Tampoco me preocupa mucho que se me olviden sucesos mínimos recientes (las llaves, el móvil, el día de la semana, etc.). Me intriga más algo que no es tan general, pero que me ocurre con pertinacia desde hace muchos años. Simplemente, se me olvidan algunas palabras cultas, casi siempre las mismas, una y otra vez. Por ejemplo, dos de esas voces que se me resisten: "mosaico" y "vulnerable". Hay, incluso, algunos nombres de personajes eminentes cuyos nombres se me escapan muchas veces. Es el caso, por ejemplo, de Francisco Silvela, Emilia Pardo Bazán o Miguel Hernández, tres personalidades que me resultan muy atractivas. Nunca he averiguado a qué se debe esa extraña forma de amnesia. Tengo apuntadas en un diccionario esas palabras que se me resisten al recuerdo. Ni siquiera con el recurso que digo, tan burdo, he logrado subsanar ese vacío.

Estas Memorias solo en parte muy pequeña se basan en diarios, en notas tomadas en el momento. La mayor parte son recuerdos que se rescatan ahora mismo del pasado. Ese método puede dar lugar a errores, pero es más interesante. Lo que se olvida casi nunca es por capricho.

Aunque pueda parecer una obviedad, las auténticas Memorias solo se pueden escribir cuando uno es viejo. Quizá no tan viejo como para que se borren muchos datos de la memoria. Pero también hay un olvido temprano de detalles, que luego se recuperan sin ni siquiera buscarlos. Téngase en cuenta que la amnesia (sobre todo de lo traumático o desagradable) es una función necesaria para sobrevivir. Por eso tampoco hay que alarmarse de que las Memorias no vayan a ser del todo fidedignas. Entre otras razones, porque no hay un patrón absoluto u objetivo con el que se puedan contrastar los recuerdos o los olvidos. Tampoco debe descartarse la omisión premeditada, por ejemplo, el pueblo "de cuyo nombre no quería acordarse" Cervantes. Un psicoanalista diría que lo que uno verdaderamente tacha de la mente es porque no lo quiere rememorar. También puede haber ausencias premeditadas. Si en este volumen hablo poco de ciertas personas que han significado mucho para mí es porque debo respetar su privacidad. Por muy personales que sean estas Memorias, siempre serán más bien la parte de vida pública que me ha tocado en suerte. De lo íntimo irá solo lo necesario.

A los sociólogos empíricos nos han enseñado que la sociedad es un campo de fuerzas o de intereses donde las individualidades cuentan poco; lo colectivo es lo que priva. Es un gran error, o por lo menos es una notable insuficiencia. Por eso agradezco tanto las indicaciones de algunos psicólogos, hayan sido maestros (José Luis Pinillos, Richard Christie) o colegas (Víctor Pérez Velasco, Lucila Andrés). La misma opinión me la han corroborado algunos sociólogos, sean también maestros (Juan J. Linz) o discípulos (Miguel S. Valles). En definitiva, las personas con nombres y apellidos cuentan mucho en la vida de la sociedad. Además, la persona que tengo más cerca es la mía. De ahí que la mejor manera de aproximarme a entender la sociedad en la que vivo es hablar de mí mismo. Eso es lo que voy a hacer aquí, aunque sea a costa de vencer algunos escrúpulos para no parecer demasiado vanidoso. También es cierto que resulta legítimo exhibir un mínimo de vanidad. Somos personas, no lamelibranquios.

La razón por la que se me fijan en el recuerdo algunas personas es porque de ellas he aprendido mucho. No tienen por qué haberse dedicado a la enseñanza. Algunos de esos tipos que me han transmitido cosas valiosas caerían más bien en la categoría de amigos, colaboradores o discípulos. Claro que, para reconocer que uno aprende de alguien, hay que pasar por el estadio de admiración. Esa es cualidad escasa y, por tanto, valiosa. En la vida nos esforzamos tanto por una razón fundamental: para que nos reconozcan y nos admiren. No todos los que nos rodean son admirables, claro está. Vivir es establecer esa selección.

Los que nacimos en torno a la guerra civil de 1936 formamos una cohorte particular de españoles. Ya lo he dicho, pertenecemos a un estrato reducido, porque en torno a la guerra civil fueron pocos los nacidos y muchos se han ido muriendo por el camino. Pero los sobrevivientes hemos asistido a una pasmosa transformación de la sociedad española. He aquí el premio para una vocación sociológica. Me he maravillado muchas veces de que mis coetáneos de todas las profesiones hayan tenido tanta capacidad de penetración para interpretar los avatares de los españoles. Mis compatriotas no siempre han sido modélicos; tampoco depravados. Los hay también simples e incluso algunos sobremanera estúpidos. En estas páginas el lector encontrará ejemplos de todos los tipos.

Todo el que haya tenido una mínima experiencia del mundo, más allá del lugar donde viva, habrá observado que existe un cierto número de personas que podríamos calificar de estúpidas. Por tales entiendo las que se apresuran a despreciar a otras cercanas, pero verdaderamente se perjudican a sí mismas. Un historiador italiano (Carlo Maria Cipolla) ha llegado a cuantificar la proporción de estúpidos: un 20% de la población. Se trata de una broma, basada en la facilidad de comprensión de ese porcentaje redondo. Es un dedo de cada cinco, según la antigua tradición de contar. No importa el porcentaje sino el hecho. Es la demostración del lado irracional o inconsecuente de la conducta humana. A mí me fascina la contemplación de ese quinto de estupidez humana. Lo encuentro reproducido en muchos ambientes.

No pretendo que estas páginas constituyan una suerte de galería de retratos. Si aparecen muchos nombres propios es porque con ellos he mantenido alguna relación. Por tanto, en mis recuerdos hay tanto de esos personajes como de mí mismo. El sesgo resulta inevitable. En la galería de retratos de un pintor suele haber un factor común, que es el mismo artista. Obsérvese, por ejemplo, la serie de soberbios retratos de Álvaro Delgado. Todos ellos reproducen algunos rasgos de la cara y de la personalidad del pintor, ese rostro cejijunto y con determinación.

Al revisar el manuscrito, lo más penoso ha sido comprobar que algunas de las personas citadas se han ido muriendo, a veces mientras redactaba estas páginas. Ahí se comprueba la superchería del sistema de pensiones de la Seguridad Social. Muchas personas están anticipando durante años el pago de sus pensiones, pero fallecen antes de empezar a cobrarlas. Me sumo a ese lugar común de que las personas que se mueren antes de uno son las mejores. Confío en que donde estén puedan leerme. Esa es la consoladora Comunión de los santos.

Método

Un criterio para seleccionar los personajes aquí esbozados es que hayan dicho algo de mí o de mi circunstancia. A título de anticipo, voy a avanzar aquí algunos de los epítetos que me han dedicado ciertos críticos. De momento, no interesa tanto la autoría como el resultado. Agrupo los epítetos a mí dirigidos en tres grupos: (1) positivos, (2) neutros o ambiguos, (3) negativos.

Positivos

- sociólogo vanguardista, de guardia, el más conocido del público español.
- sutil.
- padre de la Sociología.
- independiente.
- diagnosticador impenitente.

- conferenciante por medio mundo.
- observador minucioso.
- divertido.
- desmitificador.
- gran pesquisidor.
- brillante.
- desenfadado.

Neutros o ambiguos

- sociólogo atípico, polémico, oficial, detective.
- intelectualmente solitario.
- viajero incansable.
- diablo cojuelo.
- inquisidor gramático.

Negativos

- hippy frustrado.
- científicamente ingenuo.
- gurú.
- polemista incansable y quijotesco.
- representante de la posición pseudoprogresista norteamericana.
- superficial.
- impertinente.

Saco la conclusión de que la imagen que yo proyecto resulta controvertida. Al final, la escritura de esta Memorias me ha servido primariamente para reflexionar sobre mí mismo. Es un asunto primordial al que los escritores no suelen prestarle la atención debida. Me consuela el esfuerzo si el lector se estimulara a dedicar más tiempo a pensar sobre su propia vida.

Quizá sea conveniente que diga algo más sobre el método de trabajo que he seguido en este texto. Realmente lo he practicado en todos los libros que he escrito. Sigo el procedimiento que supongo que se emplea para hacer una película. Primero, hay un guión, que aquí es el esquema de los capítulos. Luego se ruedan las escenas como vienen, sin ningún orden. Cada escena se asigna a un apartado del guión. Finalmente se monta la película. Ese sistema supone una alta productividad al aprovechar al máximo la inventiva. Tiene el riesgo de que se derroche algún material y existe el peligro de reiteraciones. Pero la reiteración puede ser también placentera o al menos pedagógica. Debo precisar que el esquema de los 18 capítulos iniciales, planteado antes de escribir la primera línea, se ha mantenido hasta el final. Solo he cambiado algunos de sus enunciados para hacerlos un poco más literarios.

Como queda advertido, el orden que sigo en los capítulos no es estrictamente cronológico. Dentro de cada capítulo sí he respetado más la lógica de la sucesión temporal, pero los capítulos son temáticos. Los primeros se refieren a lo que podríamos llamar el "yo heredado". Siguen los referentes a la formación, que son, lógicamente, los más voluntariosos. Por último, queda el análisis de las circunstancias que me ha tocado vivir o cómo he llegado a adquirir mi particular visión del mundo. En esa cadena de incidencias interviene continuamente el azar, solo que buscado o selectivo. El capítulo final es una expresión de mi sentimiento actual a partir de algunos sucesos lejanos que persisten en la memoria.

El lector puede empezar a introducirse en el texto por cualquier capítulo, incluso por el último. Pero hará bien en leérselos todos, si quiere enterarse no ya de mi vida sino tangencialmente de la de mi generación. Más todavía, me propongo (con notoria soberbia) que este texto sirva para entender un poco más las relaciones entre las personas que se sienten próximas.

Tendría que decir lo que **no** es este volumen, lo que he descartado a la hora de recomponer estas piezas del recuerdo. No puede ser, ni de lejos, una especie de síntesis de lo que he escrito en mi vida. Son decenas de miles de páginas, algunas inéditas. Luego hablaré de mi "papiromanía" (= afición a escribir), que podría ser "papirorrea" (= vicio de escribir). (Capítulo 6). Con todo, el repaso de lo escrito me va a servir para trazar las constantes de las ideologías y las mentalidades vigentes (capítulo 12) o mi forma de pensar (capítulo 13).

Es muy corriente la convicción de que lo que somos o lo que pensamos es consecuencia de una decisión libérrima de cada uno. Se trata de un espejismo. Lo que conseguimos en la vida o nuestra forma de ver el mundo es en gran medida un producto del azar. Es decir, lo determina la posición o la conducta de otras personas de las que dependemos o con las que nos relacionamos. De ahí lo tonto que es, en el fondo, sentirse orgulloso de pertenecer a una familia, un país, un club de fútbol. En todo ello hay menos mérito personal de lo que parece o de lo que hacemos ostentación.

A pesar de que estas Memorias lo son porque me he sentido rodeado de ciertas personas interesantes, no creo que este volumen pueda ser considerado como un cotilleo. Hay historias ocultas o divertidas, pero solo porque son necesarias para entender el ambiente donde me he movido. Las otras personas o personajes que me han rodeado han sido literalmente mi circunstancia.

Debo insistir en que este texto no es un diario continuado. Está escrito de un tirón en la fecha más cercana a su estampa. Es decir, esto es lo que he sido, pero visto desde la posición actual. Eso me permite la arbitrariedad de silenciar aspectos de mi vida que en su día fueron intensos, pero que luego no han resultado determinantes. Fueron válvulas que se abrieron y se cerraron; para apelar, otra vez, a la metáfora hidráulica. Naturalmente, los errores que haya podido haber en ese escrutinio son solo míos.

Al repasar las primeras versiones de este escrito, he caído en la cuenta de que había ciertas reiteraciones. Algunas las he dejado; me parecen así más auténticas. Si repito algo es porque necesito decirlo una y otra vez. Téngase en cuenta que el hilo argumental no es siempre cronológico. No es un hilo; es una pincelada como se dibuja en la entradilla de cada capítulo, cada uno con un arte diferente. Esa es la gracia del diseño. Hay circunstancias alejadas del tiempo actual que siguen presentes en mi conciencia.

I. El pueblo de los cacharros

En la *Historia de mi vida* de Giacomo Casanova (una autobiografía en forma de novela picaresca) el autor afirma que sus recuerdos comienzan a los ocho años. En las Memorias de la condesa de Campo Alange (María de los Reyes Laffitte y Pérez del Pulgar) la autora recuerda el repique de las campanas de la catedral sevillana el día en que nació. Era un 15 de agosto, la fiesta de la Virgen de los Reyes. No considero verosímiles ninguno de los dos testimonios extremos. Por lo común, las primeras evocaciones auténticas se fijan hacia los tres años de edad. Al menos aseguro que, en mi caso, los recuerdos empiezan, de manera difusa, hacia los dos o tres años de edad. Esas primeras impresiones tienen su miga, por lo que luego se verá.

Evocaciones

Mi primer recuerdo difuminado quizá sea la emoción de un paisaje a los dos años de edad. Estaba yo con mi madre (María) en la dehesa de Judiez que tenía arrendada mi abuelo Amando en Pereruela

(Zamora). Mi padre (Diego) se encontraba en el frente, en la guerra. Eran palabras que yo oía con frecuencia y que no entendía. Ese primer vago recuerdo es el de un crepúsculo estival sobre un terreno ondulado, áspero, sin un árbol. Sentí melancolía por primera vez, y la he vuelto a sentir muchas veces tras la puesta del Sol. Quizá la tristeza interior provenía entonces de que, tras el crepúsculo, se encendían velas, faroles y candiles, pues no había luz eléctrica. Ignoro por qué la vela encendida produce melancolía, pero así es en mi recuerdo, y todavía perdura. O acaso esa primera sensación sea algo reinventado después, como lo de las campanadas de la Giralda de la condesa de Campo Alange.

Desde niño he sido un romántico gozador de paisajes. Se me superpone el recuerdo de los largos crepúsculos veraniegos con golondrinas. Esa contemplación la tuvo el infante en Judiez y el adolescente en el monte Urgull en San Sebastián. Solía subir al monte algunas tardes de verano sin más compañía que un libro. Me gustaba especialmente un rincón romántico, llamado el Cementerio de los Ingleses. El gozo melancólico del crepúsculo volvió a experimentarlo el mozo en el ático de la calle Pardiñas, en Madrid, y el adulto en la Cárcel Modelo de Barcelona. Ignoro por qué se repite tanto esa sensación de nostalgia con la puesta de Sol estival y las golondrinas. Se reproduce de viejo en mi casa actual de Cámelot, en la Sierra madrileña. Me fascina comprobar que las golondrinas, que se entrecruzan veloces, no se chocan. Por algo las consideraban sagradas nuestros antepasados.

Es una vulgaridad lo que voy a decir, pero es real. Me anima a desvelar el sentimiento que sigue el hecho de que lo hayan confesado también algunos escritores en sus Memorias. Es el caso, por ejemplo, de Julio Caro Baroja, etnólogo de renombre, con quien coincidí en ocasiones. El rasgo es el que he dicho de la melancolía, me asaltaba de niño y, después también, a la hora del crepúsculo. Repito que puede que fuera una reinvención posterior, un toque pedante, animado quizá por lecturas románticas. Pero es un hecho aposentado en algún recoveco del cerebro.

Otro de los primeros recuerdos que tengo alojados en mi mente es una especie de desfile o de manifestación al final de la guerra civil. Debía de tener yo unos dos años. Mi tía Nunchi me llevaba en brazos a ver el desfile patriótico con cornetas y tambores. Esa evocación de unas personas uniformadas que aporreaban los tambores me produjo una sensación de placer y miedo al mismo tiempo. (Seguramente ese fue el efecto que históricamente se buscó con el uso de los tambores en los ejércitos). Aunque parezca extraño, esa primera impresión de miedo y placer que me produjeron los tambores se ha reproducido después a lo largo de la vida en diferentes ocasiones. Se me junta en el recuerdo la tamborrada de San Sebastián, los tambores de Semana Santa en el Bajo Aragón o la sinfonía *1812* de Chaikowski. Por otra parte, es una de mis favoritas. Tan duradera ha sido esa sensación que me he liberado del temor hace muy poco tiempo con un concierto de música de percusión en los Teatros del Canal en Madrid. Cedió el temor y resurgió el placer. Este de los tambores es un buen ejemplo de la persistencia de las sensaciones de los sentidos a lo largo del tiempo.

Más firme es otro recuerdo temprano, cuando mi padre, regresado del frente, fue nombrado alcalde de Pereruela y, naturalmente, jefe local del Movimiento. Lo primero que hizo fue afiliarme al Partido, como se decía entonces. Según me dijeron después, estampé mi firma en la ficha. Lástima que se haya perdido ese documento político. Lo que sí conservo es una preciosa edición de los Puntos de Falange que me regaló mi padre para la ocasión, o más bien que se la regalaron a él. Es una especie de breviario, encuadernado en piel, y está compuesto a la manera de los pergaminos góticos. También es curioso que ese librito fuera el primero que yo leí. No creo que entendiera gran cosa.

Resulta interesante rememorar que mis primeros recuerdos se basan en la difusa imagen que yo me había formado de mi padre como combatiente de la guerra civil. Naturalmente, para mí era una figura heroica. Había luchado contra los rusos, que yo imaginaba como unos bárbaros. Mi padre aparecía ante mí, indistintamente, como un falangista, un requeté o un legionario. No lo encuadraba mi mente en algo así como la derecha. Para mis padres, la derecha era la CEDA (Confederación Española de Derechas Autónomas), personificada en don Leopoldo, el cura del pueblo. Supongo que el falangismo de mi padre hacía que se alejara de esa CEDA cercana y se aproximara a los legendarios requetés. Naturalmente, todas esas impresiones se fueron formando a través de lo que yo oía a mis padres. Puede que en esa

XIX

Organizaremos socialmente la Agricultura por los medios siguientes:

Distribuyendo de nuevo la tierra cultivable para instituir la propiedad familiar y estimular enérgicamente la sindicación de labradores.

Redimiendo de la miseria en que viven a las masas humanas que hoy se extenúan en arañar suelos estériles, y que serán trasladadas a las nuevas tierras cultivables.

XX

Emprenderemos una campaña infatigable de repoblación ganadera y forestal sancionando con severas medidas a quienes la entorpezcan e incluso acudiendo a la forzosa movilización temporal de toda la juventud española para esta histórica tarea de reconstruir la riqueza patria.

El único libro que había en casa de mis padres en Pereruela. Es una edición de bibliófilo de ***Los XXVI Puntos del Estado Español****. En realidad eran de Falange Española. Obsérvese que se dice "Estado Español" y no "España" o "Falange". Teóricamente aprendí a leer en ese librito, con su letra arcaica.*

memoria haya algo de elaboración posterior por mi parte. Ya digo que esas primeras imágenes políticas eran muy difusas, pero han quedado troqueladas por ser las primeras.

Sí tengo memoria fiel de un acto político en la plaza de la iglesia. Debía de tener yo tres o cuatro años de edad. Estaban formados los falangistas del pueblo con pantalón negro, camisa azul y correaje. Mi padre pronunciaba una arenga desde el crucero. Se refería a la "repoblación forestal", uno de los "puntos" de Falange. Pereruela era un pueblo donde, fuera de la ribera de algún regato, no había muchos árboles. Como consecuencia de aquella aguerrida oración patriótica, las fuerzas vivas del pueblo procedieron a plantar árboles. Pero luego se quejaba mi padre de que por la noche algunos miserables los arrancaban. Ya se sabe, los campesinos castellanos siempre han mantenido un extraño odio a los árboles, porque en ellos anidan los pájaros; y los pájaros se comen el trigo. Es un triste silogismo, pero muchos sostienen que es cierto.

Me parece que, en el discurso que digo, mi padre evocó también lo de "las cinco flechas que se irán a clavar en el corazón de Moscú". Aludía a la División Azul. La frase era originariamente de Carlos Pinilla, el hijo de un cacique zamorano, a quien mi familia paterna trataba con gran deferencia. Concretamente, mi abuelo Amando había sido un buen amigo del padre de Carlos Pinilla. La frase citada sobre las "cinco flechas y el corazón de Moscú" la repetía mucho mi tío Lucas, que era

Diego, mi padre, en 1937. Cabo del Ejército de Infantería en la guerra civil. En el pecho la insignia falangista de las cinco flechas. En el cuello el escapulario requeté llamado "detente", con el Corazón de Jesús y la divisa "detente bala".

el poeta de la familia. Años más tarde él fue también alcalde del pueblo. Otra frase que entusiasmó mucho después a mi tío Lucas fue que yo dijera lo del "macizo de la raza". Era una cita de Dionisio Ridruejo, quien, a su vez, la tomó de Antonio Machado. Se refería críticamente a la clase media tradicional, resistente al progreso. Pero mi tío Lucas se la apropió de la manera más encomiástica posible. Su interpretación era: "Amandín ha dicho por la radio que nosotros somos el macizo de la raza y estamos muy orgullosos".

Carlos Pinilla fue uno de los voluntarios de la División Azul y luego pasó a ser un estrecho colaborador del ministro Girón. Fueron los que trajeron a España lo que se llamó la Seguridad Social, una imitación del *Welfare State* que había impulsado en Inglaterra el Gobierno de Churchill durante la guerra. En 1955, cuando mi padre se trasladó de San Sebastián a Madrid, fuimos él y yo a ver a Pinilla, que formaba parte del fichero de altos cargos. La idea era que proporcionara algún "destino" a mi padre para redondear su sueldo. Pinilla nos hizo esperar varias horas en una lujosa antesala y al final solo nos dio los buenos días. No pudimos ni abrir la boca.

En 1971 (todo se hila), Carlos Pinilla era el abogado del Estado adscrito al Ministerio de Educación. Como tal, escribió un dictamen para que me denegaran el nombramiento de catedrático, plaza que acababa de ganar yo por oposición. El argumento de Pinilla fue que, puesto que era obligatorio jurar los Principios del Movimiento para tomar posesión de la cátedra, de hacerlo, yo iba a ser perjuro. Era un prepóstero juicio de intenciones que a mí me perjudicó mucho, como luego se verá (capítulo 15).

Se comprende que, pocos años después, mi padre y yo votáramos a Felipe González, aunque el suceso que acabo de relatar tampoco nos influyera mucho. Más que Felipe, quien nos gustaba más (sobre todo a mi padre) era Enrique Tierno Galván. Nunca supimos qué votaba mi madre. Pero me parece que me he ido del hilo cronológico, que recogeré más adelante. Vuelvo ahora a la infancia.

Por el origen de la palabra, "infancia" es el periodo inicial de una vida en el que el sujeto es lactante. Durante ese primer intervalo el niño no ha llegado a construir frases y no guarda memoria fiel. Tradicionalmente se fija el límite para ese estadio en los tres años de edad. Me dicen que yo estuve mamando hasta ese límite. Precisamente, uno de mis primeros recuerdos es una frase que me dedicaban cariñosamente los familiares y vecinos: "Amando, mamando como un buche". Esa palabra me era familiar. El buche es la cría del asno cuando está mamando. Tiene siempre un sentido ponderativo. Bueno, los burros son ahora de zoológico, pero en el pueblo de mi primera niñez estaban en todas las casas, corrales o cortinas. No guardo memoria de la casa donde me nacieron.

Los iniciales recuerdos, allá por los tres años, ignoro si lo son realmente o es que me los han contado después. A esa categoría indeterminada pertenece el recuerdo de asistir a la primera escuelica (que hoy llamaríamos "guardería"), la de la señora Eloína, en mi pueblo de Pereruela. "Escuelica" era porque ese diminutivo se utiliza mucho en mi pueblo y porque era la antesala de la escuela nacional. Se distinguían bien las dos etapas. Debo anotar que, en el humilde pueblo de los cacharros, casi todos los niños se escolarizaban desde los tres hasta los 14 años. Por lo visto, era corriente que los rapaces más pequeños del aula infantil volviéramos un rato a casa durante el recreo para mamar un poco. Eran los años inmediatamente posteriores a la guerra civil. La penuria de alimentos hacía que los niños fueran lactantes el mayor tiempo posible. Era un hecho natural que a nadie llamaba la atención.

La guardería (que diríamos ahora) de la señora Eloína era realmente su casa. Excepto en los días más fríos, los alumnos éramos alojados en una especie de cobertizo o "tenada", sin más muebles que una sillicas de enea y un poyo de piedra. Las clases nos las daban las dos hijas de la señora Eloína, Magdalena y Alejandra. Siempre me dijeron que a los tres años yo ya sabía leer y escribir, aunque supongo que eran habilidades muy someras. No sé qué podíamos leer si apenas había libros. Tampoco disponíamos de cuadernos ni de lápices. El material de escritura era una pizarra portátil y un pizarrín. Se borraba escupiendo sobre lo escrito y frotando con un trapo que colgaba de la pizarra o, con mayor frecuencia, se utilizaba el antebrazo. Si bien se mira, el procedimiento era un antecedente prehistórico de la "tableta" de Apple.

Supongo que, en el invierno, el frío que hacía en la tenada era difícil de soportar, pero no recuerdo que nos resultara insufrible. Para mitigarlo, los chicos y chicas (la escuela era mixta) nos proveíamos de una lata de tomate o similar con un asa de alambre. Con un clavo grande se le hacían unos agujeros en la parte baja del cilindro. Dentro de la lata se colocaban unas cuantas brasas, extraídas del fuego, que

La primera casa de la derecha es donde me nacieron. Al fondo el portalón de la casa de mi amigo Titos. La foto es reciente y las casas están un poco arregladas; a la calle le han puesto un firme de cemento.

siempre ardía en el hogar. Sentados en las sillitas, poníamos el artefacto calefactor debajo de las corvas, lo que resultaba muy confortable, por lo menos durante un ratito. Algunos días más crudos del invierno, la señora Eloína nos dejaba que la clase la diéramos en la cocina. Allí ardía un estupendo fuego en un tinajón lleno de ceniza. La cocina era un cuarto interior bastante oscuro. Pero los alumnos considerábamos que ese lugar constituía un lujo y un placer. Más terrible era una especie de sobrado que había detrás de la cocina y en el que encerraban a los alumnos cuando cometían alguna travesura. El horror del encierro era que en ese cuarto oscuro habitaba un ogro llamado "el tío Camuñas". Todos lo habíamos visto alguna vez, pero éramos incapaces de describirlo. Yo solo le vi las botas, que eran muy grandes. Supongo que la imagen provenía de los cuentos infantiles, a menudo terroríficos.

Muchos años más tarde me impresionó la noticia de una momia que habían descubierto en una glaciar en los Alpes. Era el cadáver intacto de un cazador que pereció varios miles de años atrás y que se había conservado en el hielo con todos sus arreos. Entre ellos me llamó la atención una especie de vasija de corteza de árbol con un asa, en cuyo fondo había restos de carbón vegetal. El artefacto servía seguramente para calentarse y llevar el fuego de uno a otro lado. Me emocionó la idea de que había una continuidad entre aquel hombre prehistórico y yo mismo. Nos unía el hábito de mi infancia de llevar de casa el bote de tomate agujereado en el que se depositaban las brasas.

Juegos

La estadía en aquella escuelica fue muy provechosa, y no tanto porque aprendiéramos las letras y los números. Mi recuerdo es que la mayor parte del tiempo lo pasábamos jugando en el corral o en la calle. Los juegos eran principalmente con palos y piedras, o bien de persecución. Aunque la escuela era mixta, los chicos jugaban con los chicos y las chicas con las chicas. En la clase casi todo lo aprendíamos cantando. Supongo que es una buena técnica pedagógica.

Un juguete excepcional de aquellos años fue el caballo de cartón. Solo había uno en el pueblo, el que me trajo como regalo mi padre cuando volvió de la guerra. Hay que imaginarse al soldado, con su "detente" en el cuello de la camisa, su macuto a cuestas, su manta arrollada en bandolera y llevando el caballo de cartón. Así lo vi llegar yo en el "correo" (el autobús de línea). El caballo, bragado, me pareció "de verdad", tan grande era. Todos los chicos del pueblo lo montaron alguna vez. El último día de estancia en el pueblo, antes de salir para San Sebastián, me hicieron regalar el caballo a un vecino de mi edad. El pobre equino estaba ya desorejado y despintado, pero a mí me costó lágrimas abandonarlo. Nunca más volví a verlo. Los caballos de cartón también se mueren.

Debía de tener yo seis años cuando pasé a la escuela pública del pueblo, solo para niños varones. Había otra escuela de niñas, cuya maestra era mi abuela, doña Ángela. Esa circunstancia me permitía ir a ver a mi abuela alguna que otra vez. Las niñas mayores me comían a besos. Me regalaban algo valiosísimo, trozos de papel de calco muy gastados, los que utilizaban para los patrones de las labores.

La escuela de niños era un aula en la plaza principal del pueblo, donde estaba la iglesia y el edificio del Ayuntamiento. En el único recinto (con pupitres, encerado y libros) se reunían todos los niños del pueblo, de seis a 14 años. Era, pues, una escuela unitaria; para nosotros, la única posible. El maestro era un funcionario venido de fuera. Recuerdo a dos, don Domingo y don Ángel. Yo era de los niños de menos edad y recibíamos las "prácticas" de instrucción por parte de los mayores. Tanto el maestro como los "ayudantes" recurrían con naturalidad al puntero para golpear a los alumnos díscolos, que éramos todos. Los golpes no impresionaban a nadie. La algarabía era continua.

Edificio de la escuela nacional de Pereruela a la que asistí de niño. La foto es relativamente reciente y el edificio se encuentra algo restaurado. La plaza no tenía firme de cemento y había más piedras y peñas. Era el patio natural de juego. La escuela solo contenía un aula para los niños (varones) de todas las edades.

Foto reciente junto al edificio de la escuela pública de Pereruela. El local es ahora un ambulatorio.

Me viene a la memoria el día que vino a visitar la escuela un señor mayor, que había sido un antiguo alumno. Debía de ser muy rico, porque llegó a la plaza en su coche. Nos trajo como regalo un balón de fútbol "de reglamento". Nunca se había visto en el pueblo tal maravilla. A partir de ese momento se organizaron partidos de fútbol en la plaza donde se asentaba la escuela. El terreno era abrupto, con peñas y piedras, pero esa circunstancia no era un obstáculo para jugar al fútbol. Se organizaban dos equipos, simplemente la mitad de los escolantes (se decía más así que "escolares") contra la otra mitad. Como yo era de los pequeños, y encima bastante enclenque, no llegué nunca a tocar el balón. Esa carencia me ocasionó una gran frustración, quiero decir, algunas lágrimas. Tampoco me atrevía a ser un poco más agresivo para llegar hasta el codiciado balón.

No sé si fue mi primera experiencia frustrada con el fútbol lo que me llevó siempre a ser un patoso para los deportes. Era yo de natural tímido, un alfeñique, temeroso de que me pudiera "mancar" (= lesionar), pues las heridas tardaban meses en curarse. Esa particularidad la he tenido hasta la edad adulta, sin que los médicos hayan adivinado nunca a qué se podía deber. Recuerdo que de niño iba siempre con alguna rodilla vendada, con postillas que tardaban meses en secarse. Otra debilidad infantil fue la de los sabañones, una ulceración en las orejas. La padecían casi todos los chicos y nos duraba todo el invierno. Supongo que era una consecuencia del frío y de la escasez de vitaminas.

Años después, cuando hice una visita al pueblo, llevé un balón de fútbol para regalarlo a la escuela. Fue un poco decepcionante, porque era un fin de semana y el maestro vivía en la capital. Así que dejé el balón a un guardia municipal para que se lo diera el lunes al maestro. Ignoro el destino que tuvo el regalo.

Los dos años que estuve en la escuela perigüelana (ese es el gentilicio) los aproveché bien para situarme a la cabeza de los chicos más aplicados. Leía el catón de corrido y sabía de cuentas hasta dividir con decimales. El Catecismo lo podía recitar entero.

Se me ha fijado en algún recoveco de la memoria el último día de clase en aquella escuela. Mis padres emigraban a San Sebastián, y yo me despedía de la escuela y del pueblo para siempre. Imagino que, para la mentalidad de entonces, emigrar a San Sebastián era más que trasladarse hoy a Australia. (Véase el episodio del "éxodo" en el capítulo 3). Don Ángel me dedicó un discursito de despedida delante de toda la clase, por una vez en silencio. Recuerdo vagamente que me puso como modelo de buen alumno, lo que me dio mucha vergüenza. Me entregó solemnemente un regalo de despedida, que conservé muchos años como una especie de fetiche. Era una lámina en la que se dibujaba una escena con contornos verde y rojo. Superpuesta una hoja transparente de uno u otro color, se veía cómo se movían los personajes del dibujo. Supongo que era uno de los juegos de mesa que precedieron al cine. Ese regalo lo mantuve durante años en el archivo de mis posesiones.

Niñez

En el pueblo no había cine, pero de vez en cuando venía un señor de Zamora que llevaba un proyector de películas con todos los trebejos necesarios. Se situaba en el "casino" (= bar) del pueblo, extendía una sábana como pantalla y proyectaba películas mudas. Los espectadores asistían embelesados a la sesión. Los niños nos sentábamos en el suelo y coreábamos con gritos las incidencias de la acción. Eran historias de aventuras. El señor del cine, agitanado, iba narrando el argumento ayudado por un puntero. No tengo constancia de qué trataban aquellas películas. Solo recuerdo que los chicos jugábamos después a imitar a los personajes cinematográficos. Subíamos y bajábamos por las peñas y los montones de tierra o estiércol al grito de "¡Jerry Nolán sube por el monte cargas!". Era el comentario que repetía el hombre del cine en una de las aventuras. Seguramente quería decir "montacargas", pero nosotros entendíamos "monte cargas". El tal Jerry Nolán (pronunciado como suena en castellano) fue el primer héroe al que yo admiré. Muchos años después traté de encontrar en Nueva York alguna película del tal Jerry Nolán, pero nadie me supo dar cuenta de esa figura mítica.

Como se puede apreciar, ese mundo infantil perigüelano era un juego permanente pero sin apenas juguetes. El juego favorito era el "marro". Consistía en una especie de petanca con piedras, que llamábamos "cantos". Es fácil suponer que la materia prima para ese juego era abundante. También jugábamos (si se puede decir así) a trepar por las tapias y coger los pajarillos y los huevos de los nidos. Más técnica requería colocar en las charcas unos palitos untados de "liga" (una materia pegajosa). Los pájaros se posaban en los palitos para beber, pero se quedaban pegados en la "liga". Era el momento para capturarlos. Ese ejercicio no se hacía por ningún afán de amor a la naturaleza. Todo lo contrario; nos llevaba un impulso destructivo. No era infrecuente sacar los ojos a los pajaritos, por mucho que ahora me resulte bochornoso contar esa irresponsable crueldad.

La historia de los pajaritos me lleva a concluir que la niñez rural estaba muy alejada de la inocencia. Bastará un par de sucesos para demostrar mi nada edificante conclusión. Siento destrozar un poco el mito de la Arcadia feliz, o por lo menos dichosa, aplicada al mundo infantil.

En el pueblo se celebraba cada año, por las fiestas, una corrida de toros. En una amplia plaza se organizaba un ruedo cerrado con carros, unidos con tablones y maromas. Encima de los carros se situaba, de pie, el público, es decir, todo el pueblo e incluso muchos visitantes. Venían de otros pueblos y todos iban endomingados. Durante la corrida, la diversión de los rapaces era deslizarse debajo de los carros para recrearnos con la libidinosa visión de las piernas y otras interioridades de las mujeres espectadoras. Se adivinaban a través de las rendijas de los carros y de las tablas que unían malamente unos con otros. Por lo demás, la novillada era una carnicería, tan mal terminaban los mozos que se atrevían a situarse delante de los toros. Aunque supongo que los toros eran más bien becerros.

Un espectáculo verdaderamente cruel era la "carrera de gallos". Se organizaba asimismo en las fiestas del pueblo, a finales de agosto. Se colocaba una especie de arco de troncos. Del travesaño colgaban unos gallos vivos, atados por las patas y cabeza abajo. El juego consistía en que los mozos cabalgaban al galope de los caballos y pasaban por debajo del arco. La idea era, al pasar, arrancar el pescuezo de los gallos. Ganaba quien fuera más rápido y más mañoso en esa hazaña. Recuerdo el orgullo que yo sentí en el momento en que mi tío Pepe (el hermano pequeño de mi padre) apareció triunfante sobre su caballo alazán. Llevaba el brazo en alto, chorreando la sangre de los gallos, cuyos cuellos había arrancado. Era el mejor jinete del pueblo.

Mi tío Pepe era casi un adolescente, apuesto, magro, de ojos glaucos. A veces me llevaba a la grupa hasta Zamora (unos 15 kilómetros). Corríamos en competencia con el autobús de línea (el "correo"), al que aventajábamos en las cuestas. A su caballo alazán (Lucero por nombre) le hacía arrodillarse, caracolear y piafar. Para mí era un espectáculo mágico. Recuérdese que yo era por entonces un niño enfermizo, un "comique" (= inapetente, melindroso). Era natural que me embelesaran las vistosas maniobras con el caballo de mi tío Pepe. Otra de las habilidades de mi tío era cantar coplas de estilo flamenco (andaluz). No sé qué dirán los folcloristas, pero, en aquel ambiente de mi pueblo, el estilo flamenco se consideraba perfectamente castellano.

Por cierto, ya que estamos aquí, de pequeño yo nunca me sentí leonés, sino castellano. Ese sentimiento de pertenencia lo da la familia, no el mapa ni la ideología. En definitiva, para ser persona no he necesitado nunca ser de ningún sitio, ni de ninguna familia. A los niños de mi tiempo los adultos les preguntaban: "Tú, ¿de quién eres?". Era para trazar la genealogía sumaria. Siempre me pareció una pregunta impertinente, incluso aunque se la hicieran al Niño Jesús en un villancico.

La imagen física de mi estampa enclenque queda inmortalizada en el retrato de estudio que me hicieron en Zamora. Tenía yo tres años. Seguramente fue el regalo que me hicieron mis padres para celebrar el fin de la guerra. Era el resultado de la oración que mi madre me hacía recitar todas las noches: "Impe (= Virgen), no maten rojos papá". Así se interpreta la postura con la que me enfrenté a la cámara: sentado, con una pierna cruzada sobre la otra. Llevaba zapatos de charol y abriguito crecedero, prendas compradas para la ocasión. Alzaba el brazo derecho con la mano abierta en la actitud del saludo falangista. Su-

Aquí estoy, en una foto reciente, junto a la estatua de Viriato en Zamora, precisamente el ángulo que me enseñaba mi abuelo Amando. Al fondo, el parador, de gratos recuerdos. A la derecha parte la rúa de los Francos, donde está el edificio del Archivo, diseñado por mi hijo Sergio.

Mi tío Pepe, a quien sorprendí en esa instantánea, de regreso de su habitual paseo cinegético.

Foto patriótica de "Amandín, dedicada a mis padres, 31 de diciembre de 1939, año de la Victoria". Llevo zapatos de charol y abriguito crecedero, ambas prendas compradas para la ocasión. La pose de cruzar la pierna era intencionadamente viril. El saludo romano era el que correspondía.

pongo que la dichosa foto costaría una fortuna. Empezaba la segunda guerra mundial y los negativos fotográficos serían entonces material estratégico.

A Zamora fui todavía algunas veces más en los años siguientes. Aunque pueda parecer increíble, eran contados los niños de Pereruela que habían estado alguna vez en Zamora, a solo 15 kilómetros del pueblo. Alguna vez iba a la ciudad con mi tío Pepe, a caballo, como he dicho. Otras veces me llevaba mi abuelo en el "correo". A los niños no nos dejaban ir en la baca, que eran los asientos más baratos. Recuerdo una picardía de mi abuelo. En uno de los viajes (él iba todos los "doces"; la feria de ganado, el 12 de cada mes) me llevó a ver la estatua de Viriato. Corre la leyenda de que está enterrado en algún lugar de Pereruela. Es, por tanto, un héroe local. La estatua de Viriato en Zamora es una recreación modernista. El caudillo ibero aparece en postura de desplante; ase la falcata a la altura del muslo. Visto de perfil, la empuñadura de la falcata parece un enorme falo enhiesto. Mi abuelo me hizo ver esa estampa tan divertida. Debía de tener yo seis años, pero ya me iba haciendo mayor, pues la picardía la entendí perfectamente. A esa edad era corriente que los niños y niñas jugáramos a médicos. Era la forma que teníamos de verificar la escasa (pero interesante) diferencia que existía entre los cuerpos de los niños y las niñas. La exploración no nos parecía demasiado extraña. Téngase en cuenta que la cópula entre los animales domésticos era algo muy corriente.

Pueblo

Como estamos viendo, mi primera niñez transcurrió en Pereruela de Sayago, el pueblo de los cacharros (de barro), como sus moradores proclaman con orgullo. En la plaza más digna se alza la iglesia parroquial, bajo la advocación de Santa Eufemia, donde en su día me bautizaron.

El nombre de la parroquia es una predestinación, pues "Eufemia" es, en griego, algo así como "la que bien habla". Era la correcta patrona para mis futuras curiosidades sobre el lenguaje.

Maravilla que, en el idioma castellano, la misma palabra "pueblo" sirva para designar dos realidades bien distintas. Una es el conglomerado físico de edificios, calles y plazas de un municipio. Otro es el conjunto de personas que habita en ese lugar. En la época que digo, Pereruela era un pueblo relativamente grande (unos mil habitantes), típico de la comarca de Sayago o de la Tierra del Pan. Aunque cerca del río Duero, era una tierra de secano y de ganadería extensiva (ovejas).

Pereruela era un pueblo agrario, pero contaba con dos industrias. Una era la de los "cacharros" (alfarería), fundamentalmente cazuelas, ollas y hornos; todo lo que tiene que resistir el fuego. La materia prima es un excelente barro refractario que se saca de Las Barreras, una gigantesca hoya. Se hace una secreta mezcla de barro, caolín y agua, que da a la masa una excelente resistencia al fuego. Durante la segunda guerra mundial los alemanes se llevaban ese barro de Pereruela para hacer crisoles. Hace unos años, mi paisano Ramón Carnero (etnólogo y folclorista) calculó que el hueco de Las Barreras era tal que había alimentado la alfarería local durante más de dos mil años. Ramón ha descubierto en el pueblo algunos cacharros del tiempo de los iberos. Ramón ha querido impulsar un museo de los cacharros en Pereruela. Hubo un primer intento, pero no prosperó. Es muy difícil que los cacharreros se unan para algo mancomunado. Mi hijo Iñaki conserva una de las cazuelas de barro que llevó consigo mi madre cuando salimos de Pereruela para San Sebastián en 1944. Otro ejemplar lo ha depositado mi hermana Mamen en el museo de Adelaida (Australia).

Cuando yo era niño, la factura de los cacharros era completamente artesanal. Los hombres acarreaban con burros la materia prima, organizaban la cochura de los cacharros con leña de encina y se dedicaban a la venta ambulante. Se dice que algunos llegaban hasta

Estas son las cacharreras de mi pueblo. La foto es relativamente reciente, pero la operación es la que me resultaba familiar de niño. No creo que fuera muy distinta en la época de la invención de la rueda, y, por ende, del torno.

Madrid con los burros cargados de cazuelas. Las mujeres, sentadas en el suelo, realizaban la pesada labor de trabajar el barro con las manos en tornos de madera. Las mujeres mayores vestían de negro y se tocaban con un pañuelo. Se me viene a la memoria un viaje que hice a Pereruela muchos años después. Mi hijo Sergio (tendría entonces cuatro años), al ver a una de esas mujeres vestidas de negro y con pañuelo en la cabeza, gritó entusiasmado: "¡Mira, papá, una bruja!". Como es natural, muchos cacharros de la cocina en todas las casas, incluido el horno del pan, eran de la alfarería local. Las tapaderas de las ollas, calentadas en el hogar y envueltas en trapos, constituían una especie de remedio maravilloso para curar todo tipo de males. Por lo menos calentaban la cama.

La otra industria del pueblo era un molino, el de Bárate, que se movía por electricidad y que la fabricaba con la misma aceña. Recuerdo haber ido de niño con mi padre y mis tíos de Judiez a moler el trigo en el molino. Llevaban los costales de trigo en carros y los transportaban a hombros hasta la tolva del molino. Cada costal pesaba 80 kilos. Se me ha fijado la imagen de mi tío Lucas, que alardeaba de llevar a hombros los costales como si fueran plumas. Decididamente, el tío Lucas era el campeón de ese práctico deporte. Al mismo tiempo, era muy aficionado a hacer versos (romances), que recitaba de memoria con mucha prosopopeya. Su poeta preferido era José María Gabriel y Galán.

El molino de Bárate se arrumbó muchos años después, sustituido por una red eléctrica moderna y por otros molinos más eficaces. Hace unos pocos años un hombre curioso y emprendedor, Celestino Nieto, ingeniero nuclear retirado, compró la ruina del molino. Lo restauró con mimo y levantó a su vera una casa rural para turistas. Lo visité recientemente con mi amigo Ramón Carnero (el otro escritor de Pereruela) y mi mujer, Cira. Admiramos el trabajo de restauración, hasta el detalle de recomponer los engranajes de madera de encina y el aparataje eléctrico con piezas antiguas. Los interruptores de la luz son del tipo "llave", es decir, se giran a derecha o izquierda. La sala de los artefactos eléctricos semeja el puesto de mando que tenía el capitán Nemo en el Nautilus, según la obra de Julio Verne. Ese autor fue uno de mis favoritos de las lecturas adolescentes.

Actualmente, las dos visitas de turismo cultural de mi pueblo son el molino de Bárate (la casa rural) y los alfares. Recomiendo dos de ellos, regentados por mis amigos de la infancia, los hermanos Afelio y Agustín Garrote. Afelio era el mayor de la pandilla de amigos y Agustín el pequeño. Entre medias quedaba Pepito, de mi quinta, que emigró. Su padre, Paco, era muy popular en el pueblo. Era el dueño del "casino" (un bar con salón de baile y trinquete), donde eventualmente se representaban cuplés y comedias. También se hacían allí las sesiones de cine mudo y se organizaba el baile de los domingos con orquestina y todo.

Paco Garrote ("el del casino") era el republicano del pueblo (vagamente de Azaña o Lerroux). En 1939, mi padre fue nombrado alcalde del pueblo. Se enfrentó a las fuerzas vivas (dirigidas por el cura, don Leopoldo), decididas a fusilar a Paco, el del casino, "por rojo". Aunque la petición estaba en el ambiente, no consiguieron sus siniestros propósitos. Paco y su mujer, Ángeles, fueron muy amigos de mis padres. Por lo menos, a esa escala local, se lograba la reconciliación nacional después de la guerra incivil. Mi padre siempre presumió de que en Pereruela "no se había fusilado a nadie". Esa frase se la oí muchas veces y siempre me maravillaba. Durante mucho tiempo no supe comprender por qué había que fusilar a nadie. Bueno, todavía hoy no lo comprendo.

Mi padre combatió en la guerra civil (naturalmente, con el bando nacional) y alcanzó la categoría de cabo. Su entusiasmo bélico fue perfectamente descriptible, por lo limitado. Aunque estuvo en muchos frentes, procuró enchufarse en la cocina para estar lejos de la primera línea. Cuando había que disparar el mosquetón, él nos contaba que disparaba al aire. Participó en todas las grandes batallas: Brunete, Belchite, Teruel y el Ebro. Un recuerdo de la guerra es que, tanto a mí como a mis hermanos, de pequeños, mi padre nos cantaba canciones bélicas para dormirnos. Por ejemplo, "Por Dios, por la Patria y el Rey", "Soy valiente y leal legionario" o "Ardor guerrero, vibran nuestras voces". En cambio, nunca entonó el "Cara al Sol" en esa suerte de canciones de cuna. De la guerra, sus relatos eran más bien antiheroicos. Por ejemplo, el intercambio de periódicos o de tabaco por papel de fumar con los rojos, o los banquetes que se daban con las reses muertas. Lo peor debió de ser la campaña de Teruel, con un frío polar y un pobre equipamiento.

Junto a Pepito ("el del casino"), el otro amigo más íntimo que tuve en la infancia perigüelana fue Jesús Mateos. Era el hijo de Pepe "el Tímido", el albañil; seguramente no había muchos más de su oficio. No tendríamos más de cinco años, cuando Jesús y yo merodeábamos por el pueblo a la hora de la siesta veraniega. Nuestra misión era la de tirar

Con mis padres y mis hijos en la casa de la dehesa de Judiez (1979).

piedras con honda a los tejados para ver si así podíamos romper alguna teja. De esa forma, el padre de Jesús podría ser llamado a arreglar el desperfecto. He de advertir que casi todas las casas eran de una sola planta y, además, muy baja. Esa circunstancia hacía factible nuestra operación vandálica.

Después de esas razias rompetejas (nunca confesadas por un mínimo sentimiento de culpa), nos íbamos a merendar a casa de Jesús. Su madre nos preparaba una rebanada de pan con unas gotas de aceite y un poco de azúcar moreno. El azúcar debía de ser un tesoro. La prueba es que la mujer guardaba el azucarero en el arcón de la ropa de los días de fiesta, que estaba bajo llave. Aunque yo era inapetente en mi casa, el pan con aceite y azúcar de la señora Ángeles me sabía a gloria. Otras veces íbamos a merendar a mi casa o a la de mi abuela Ángela, que estaban próximas una de la otra. A mí no me gustaba entonces el chorizo, pero sí a Jesús. Yo prefería el dulce de membrillo. Ese sabor auténtico del membrillo lo he recobrado recientemente con el regalo que me ha hecho Félix Hernando, uno de los chóferes de Veo 7 Televisión. Es un dulce de membrillo que hace su madre en el pueblo de Burgos. Es curioso cómo permanecen en el recuerdo los sabores de la infancia.

Quizá resulte sorprendente que los niños tuviéramos entonces tanta libertad y tanta autonomía para andar solos por el pueblo. El extremo puede ser una pequeña aventura que experimentamos Jesús y yo. Tendríamos cinco o seis años a lo sumo. Montamos los dos un burro familiar y nos dispusimos a hacer el camino entre Pereruela y la dehesa de Judiez, unos tres kilómetros. Era una tarde tórrida. De repente, se arremolinaron las nubes y estalló una tormenta terrible. Los rayos caían a discreción y no había sitio donde guarecerse. El burro se espantó y nos descabalgó violentamente. Empapados como estábamos por el fuerte aguacero, llegamos caminando hasta Judiez. Hay que imaginarse el sobresalto de mi abuela cuando nos vio llegar a campo través, magullados y llorando. Fue tanto el susto que nadie nos riñó.

Parientes

"¡La familia! Cosa curiosa y complicada". Es una declaración que el gran escritor Josep Pla estampa en la primera página de su famoso diario, *El cuaderno gris*. En efecto, nada más real y contradictorio que el grupo familiar. Es teóricamente el del afecto; pero en la práctica es también el de las agrias y duraderas desavenencias. Lo que llamamos mundo moderno o desarrollado es el que permite la elección en todos los órdenes: el consumo, el trabajo, la política, etc. Pero la familia de origen se impone a uno sin remisión, como se demuestra simbólicamente en el nombre y apellidos. Se añade el lugar donde le hacen nacer a uno. Esas son las famosas "señas de identidad". No hay ningún mérito en ellas, pero bastan para transmitirnos no sé qué orgullo.

A lo largo de este texto, me refiero muchas veces a mis padres, Diego y María. Cabe ahora alguna pincelada para trazar el perfil de mi familia de origen en Pereruela. La de mi padre estaba constituida por mis abuelos, Amando y Gumersinda, con mis tíos solteros: Lucas,

Mis padres, María y Diego, en 1986

Pasión, Pepe, Sole y Nunchi. Otra tía casada, Luz, vivía en Piedrahita de Castro, un pueblo cercano. Estaba también (y no estaba) un medio hermano, Gonzalo, del que en seguida hablaré.

Mi abuelo Amando era una figura patriarcal. Se levantaba todos los días al alba; despertaba ruidosamente a los hijos y criados para "empuntiarlos" (= empujarlos) a trabajar. Luego se volvía a la cama, con el pretexto del reúma. La abuela se había levantado antes para preparar el desayuno general, normalmente sopas de ajo con torreznos. Ante tal condumio, los criados llamaban a la abuela: "¿Vino, vino el tío Amando de Zamora?". El retruécano lo conocían todos y también la respuesta de la señora Gumersinda: "Agua, aguardándolo estamos". Estaba claro que el vino era solo para las ocasiones, en todo caso para la noche, pero no para desayunar. El agua era también escasa; había que traerla de un pozo alejado de la casa.

La familia materna la constituían mis abuelos (Eladio y Ángela) y mis tíos (Manolo y Obdulia). La única que trabajaba era mi abuela, maestra de la escuela de niñas. Mi abuelo ("el Cuco") se dedicaba a hacer la comida y a cazar. También prestaba dinero, supongo que a un interés usurario, pero con gran riesgo por la lógica morosidad. Mis tíos Manolo y Obdulia estudiaban internos en sendos colegios de Zamora. Mi abuelo Eladio me llevó una vez a la vendimia de una viña que tenía en Casaseca, un pueblo cercano. Fuimos en burro y nos trajimos las alforjas llenas de racimos. Recuerdo que me di un atracón de uvas y me puse malo. Aun así, durante toda mi vida ha seguido funcionando el gusto por el postre típico de mi infancia: uvas, pan y queso (que saben a beso, como se decía). Por lo general, sigo siendo muy "panero"; es decir, me gusta comer todo con pan. Sin embargo, no llego a la costumbre de mis mayores, que comían con pan la fruta y hasta el turrón.

En las historias familiares hay muchas ocasiones para la existencia del "evaporado". Es una institución que aplicaba mi amigo Pancho Marsal a su propia familia. Es una institución porque se repite en

Casa de mis abuelos maternos en Pereruela. Era una de las pocas casas del pueblo que contaba con dos plantas. Aquí aparece, en una foto reciente, un tanto remozada. La casa que se muestra en primer lugar, junto al carro, de una sola planta, era la típica del pueblo; ya quedan pocas en ese estado. Ahora los emigrantes retornados se han hecho chalés con césped.

muchos otros casos y se trata con seriedad. Es un pariente que no tiene existencia para los niños, no se habla de él e incluso no consta en las fotografías. Suele ser una persona ausente, pero es de gran interés, porque constituye un arquetipo humano. Sobre todo no queda claro por qué se produce ese apartamiento o exclusión de un miembro de la familia, que vagamente queda como "raro".

En mi familia paterna hubo un caso típico de "evaporado", un tío mío, lleno de rarezas, el bueno de Gonzalo. Literalmente fue excluido de la convivencia con sus hermanos. Eran propiamente hermanastros, pues el hombre era hijo de un matrimonio anterior de mi abuela Gumersinda. Seguramente, mi abuelo Amando tenía celos retrospectivos (un sentimiento muy común) del primer matrimonio de mi abuela. Gonzalo fue literalmente un proscrito de la convivencia familiar. De forma expresa se le hacía pasar por "loco", pero era simplemente original o excéntrico.

Solo tuvo el cariño de su madre, pero mi abuela tenía que ocultar ese afecto. Lo más notable es que a la víctima se le echó la culpa de sus rarezas. Una de ellas, por ejemplo, fue la de vivir como un troglodita en una cueva de los alrededores. Puede que fuera una necesidad, pues en la casa familiar no le dejaban entrar. Otra de sus excentricidades era la de leer el *ABC*, supongo que atrasado. Era algo que chocaba mucho en un ambiente campesino y que a mí, como niño, me maravillaba. Otra extravagancia fue que una vez se fue hasta Santiago de Compostela, andando, para ganar el jubileo. Naturalmente, siguió el "camino mozárabe", que parte de la rúa de los Francos en Zamora y penetra en Galicia por Puebla de Sanabria. Pero lo más vituperable de sus extravíos era su incapacidad para desempeñar cualquier trabajo. Yo lo llegué a ver muy pocas veces. Me fascinaba su verborrea, una cierta elegancia, como la de fumar en boquilla o recitar versos. En la familia nunca se hablaba de él, como si no existiera. Nunca supe cuándo se murió. Lo recuerdo con mucho afecto, porque fue muy cariñoso conmigo las pocas veces en que logré verlo. El afecto quizá se derive de que yo mismo he sido una especie de "evaporado" para algunos de mis parientes, sobre todo niños. En mi caso ya es difícil ocultar que existo, pero se ha intentado la "evaporación". Espero que estas Memorias lleguen a compensar un poco mi ausencia física y también alguna extravagancia por mi parte.

Tiene algo de magia o de misterio la persistencia en la mente de los primeros olores. Durante los años de la guerra civil permanecí con mi madre en la dehesa de Judiez, que tenía arrendada mi abuelo. Era una vieja casona en medio de un campo árido sin ningún árbol a la vista. En el corral y detrás de la casa se amontonaba el estiércol. Era un artículo muy valioso, seguramente por la ausencia de fertilizantes químicos. Vamos, que se trataba de una agricultura ecológica sin saberlo. El olor a estiércol era para mí algo familiar y agradable. Todavía hoy me fascina el aroma dulzón del mantillo que se echa en el jardín. Mi prima Mary yo jugábamos con los montones de estiércol seco de Judiez como los niños juegan con la arena de la playa.

Todavía era más divertido jugar con los montones de paja o de trigo. El trigo se guardaba en un granero que llamaban "panera"; no sé por qué, pues allí no había pan. El trigo almacenado despedía un aroma cálido, como de algo que estuviera fermentando. Para mis abuelos el trigo era algo más que una materia prima para hacer pan. Era asimismo la forma de pago en especie que se daba por el alquiler de la dehesa. Supongo que era un pago muy oneroso, dado el precio tan alto que tenía entonces el trigo y los bajos rendimientos por hectárea. El pajar era otro lugar para el disfrute infantil. El juego favorito era encontrar los huevos que las gallinas había puesto en los sitios más recónditos. También jugábamos a "entoñarnos" dentro de la paja hasta el cuello.

En la dehesa de Judiez se hacía el pan una vez por semana en la llamada "casa de horno", que era una tahona oscura y estrecha. En ese zaquizamí se amasaba y se cocía el pan, enormes hogazas redondas muy metidas en harina para que duraran más. Ese es otro aroma profundo y agradable que se ha instalado en mi memoria. La masa fermentaba naturalmente con el hurmiento (= levadura natural) de la semana anterior. El horno era de barro de Pereruela y se calentaba con jara y encina. Son otros olores penetrantes de los que actualmente disfruto en la chimenea de Cámelot, mi casa definitiva. Ahora se añade también enebro, otra leña aún más aromática, que se obtienen de la poda del jardín. Los romanos hacían incienso con el enebro. Como es una madera que no se pudre, los romanos la utilizaban también para construir sus naves. La jara produce un aroma penetrante, que es casi un perfume químico.

La dehesa de Judiez era una especie de cortijo inhóspito en un páramo desarbolado, sin electricidad ni agua corriente. En invierno la vida se hacía en la cocina, que era muy espaciosa. El hogar era enorme, siempre con el fuego encendido, con ollas y cazuelas sobre las brasas y rescoldos, encima de las trébedes. El combustible principal era la paja y las jaras. El fuego se rodeaba con la mitad de una llanta de acero de una rueda de carro. A los niños (realmente mis primas Mary y Olvido, las hijas de mi tía Luz, y yo) se nos prohibía acercarnos al fuego. La amenaza era que el que jugaba con el fuego se meaba en la cama. (Desgraciadamente, la incontinencia urinaria me acompañó hasta bien cumplidos los ocho años). A la vera del hogar había un gran escaño, sobre el que colgaba una luz de carburo, mucho más intensa que la de las velas. Era el rincón favorito de mi abuelo Amando para leer por las noches el periódico y la hoja del calendario. Normalmente me hacía a mí leer en voz alta una parte de esas dos piezas literarias. Ese fue mi primer encuentro con el Periodismo. Como es lógico, apenas llegué a comprender nada de lo que leía.

La estancia verdaderamente mágica de Judiez era el "comedero". Así se llamaba al establo donde comían y reposaban los bueyes, mulas y caballos. Aunque pueda parecer extraño, era el lugar favorito de reunión de los hombres, amos y criados, al llegar la noche. La tarea era la de "echar el pienso" a los animales de tiro. Pero se aprovechaba para fumar, beber de la bota y relatar los incidentes de la jornada. Era una conversación de "hombres", que, como niño, me fascinaba. Yo era un mocoso y pasaba inadvertido para aquellos hombretones, que gritaban al hablar. En el invierno, el "comedero" era el lugar más cálido de la casa, por el aliento de los animales. Olía a paja, a cebada y a estiércol, aromas atractivos.

Aunque la dehesa de Judiez siempre la tuvo mi abuelo en arriendo, funcionó como una especie de casa solariega para mi parentela paterna. A la muerte de mi abuelo, siguió con la labranza por un tiempo mi tío Lucas, hasta que la dejó por falta de productividad. Lucas era más un agricultor que un ganadero. El terreno de Judiez (unas 300 hectáreas), reseco, pedregoso, no valía más que para mantener un rebaño de ovejas.

Años más tarde, en 1986, mi primo José Antonio compró la dehesa para que la llevara su hermano Amando. La operación la hizo para dar una alegría a mi tío Pepe, pero la explotación tampoco fue muy rentable. Eso que mi primo Amando introdujo maquinaria y abonos. José Antonio remodeló la casa y las instalaciones, trajo el agua y la electricidad y plantó algunos árboles. Al final, en 1998, se desprendió de la finca por el escaso rendimiento que reportaba. Judiez ha sido para mí un símbolo de la evolución de una parte de la sociedad española.

2. Un niño espiritado en un ambiente difícil

Como queda dicho, me nacieron en 1937 en plena guerra civil. Los primeros siete años los pasé en Pereruela de Sayago (Zamora). El siguiente decenio transcurrió en San Sebastián. Se trata de una polarización extrema entre el mundo rural y el urbano. En lo que sigue trataré de precisar el alcance de ese contraste durante mi niñez, un estrato cuyos límites resultan difusos. Ambos ambientes fueron difíciles, cada uno a su modo. Daré algún salto cronológico cuando lo exija el hilo del discurso. Lo que me interesa es que quede claro la contraposición entre los dos polos, el rural y el urbano, que siempre los he llevado dentro.

Sobrevivencia

Tenemos una idea distorsionada de la irrupción de la técnica (si es nueva se dice "tecnología") en nuestra sociedad. No ha sido tan rotundo el cambio. El escritor Corpus Barga (nacido en 1887) anota en sus Memorias la presencia del farolero de gas en su infancia madrileña. Observa con finura que el farolero era "la única persona mayor que entonces no andaba despacio en Madrid, y eso que iba cargado con la pértiga" (la vara con la que encendía los faroles). Más de medio siglo después, yo guardo esa misma imagen de los faroleros que iban encendiendo los faroles de gas que todavía existían en algunos barrios de San Sebastián. Por ejemplo, en el de Aldapeta, donde se ubicaba el Colegio de Santa María; era el barrio de mis correrías de niño. Efectivamente, el farolero andaba siempre muy deprisa, de un farol a otro. Se conoce que tenía que aprovechar el poco rato del crepúsculo para completar su tarea de encender los faroles de gas. Parecía que, de no ser así, alguno se iba a quedar a oscuras.

A través de ese mínimo recuerdo se comprueba que la introducción de la electricidad en el alumbrado público se tomó un par de generaciones en la España del siglo XX. Lo mismo se podría decir del alumbrado doméstico. Ese dilatado lapso corresponde a un adelanto tan sencillo como la electricidad. Es, además, un siglo considerado como el prototipo de la revolución tecnológica. La inercia de tan lento movimiento hace que todavía hoy llamemos "recibo de la luz" a la factura de la electricidad.

El asunto de la electricidad es sobre todo económico. A finales del siglo XIX había ya bombillas y motores eléctricos, pero el precio del kilovatio era caro. Siguió así durante mucho tiempo, entre otras razones, porque esta es la fecha en que todavía no se ha inventado un método barato de almacenar la electricidad. Por eso, durante varias generaciones, convivió la luz eléctrica con las velas, los faroles, los candiles y el carburo. De niño yo he conocido todas esas formas de alumbrado doméstico. Pertenezco a la última generación que vio entrar la luz eléctrica en sus vidas. Se nos distingue porque vamos apagando las luces según salimos de las habitaciones. Hemos leído muchas páginas con bombillas de 40 vatios y con velas (en la época de las "restricciones" eléctricas). Como queda dicho, mi abuelo Amando leía el periódico local (*El Correo*) a la luz del carburo.

Las primeras bombillas que entran en mi recuerdo aparecen cubiertas de cagadas de moscas, lo que contribuía a debilitar todavía más su intensidad lumínica. (Me maravilla que la medida de esa intensidad en Física se denomine "candela", como mi nieta). En los años 40 la luz eléctrica entró en casi todos los hogares españoles, pero la cortaban a capricho por las irregulares "restricciones". A veces se anunciaban en la Prensa, como hoy nos dan el mapa del tiempo meteorológico o los resultados de la Bolsa.

Lo de las bombillas de mi infancia, cuajadas de cagadas de mosca, nos indica que, efectivamente, vivíamos rodeados de un continuo enjambre de insectos. Recuerdo particularmente la cocina de Judiez, donde colgaban del techo unas espirales empecinadas y nauseabundas que atrapaban las moscas y mosquitos. En seguida se llenaban de los pobres insectos, que aleteaban hasta morir. Aun así, la casa era un lugar ideal para los enjambres de insectos, por lo menos en verano. En el espacioso corral convivían las vacas, mulos, caballos, cerdos, gallinas y otros animales domésticos. La proximidad de los animales es un detalle de ambiente que no suelen tener en cuenta las películas que después se han hecho sobre el medio rural de esa época.

Hasta mediado el bachillerato, en las aulas del colegio de San Sebastián cada pupitre tenía un orificio para el tintero. El profesor llenaba oportunamente los tinteros con un botellón de tinta. La combinación de moscas y de tinta suponía un gran aliciente para los escolares. En efecto, los alumnos encontrábamos un gran placer en sumergir por un momento las moscas en los tinteros. Luego las dejábamos correr por el pupitre o los cuadernos para que dibujaran caprichosas estelas de tinta. Naturalmente, esa práctica estaba prohibida por los profesores, lo que añadía un plus de emoción a una práctica tan cruel.

Aunque sigamos maravillados de las "nuevas tecnologías", la verdad es que su introducción sigue siendo parsimoniosa. Imagino que nuestros nietos guardarán con nostalgia, como artefactos antiguos, los ordenadores o los teléfonos con teclado que utilizamos ahora. Encontrarán maravilloso que esos aparatos no se accionaran por la voz. El teclado quedará para los sordomudos. Entonces no se llamarán así sino "discapacitados vocales" o algo por el estilo.

En mi niñez de Pereruela no había agua corriente, ni río, ni fuente alguna, y eso que el Duero estaba cerca. Pero el río discurría por un profundo cañón y no traía cuenta elevar el agua. Menos mal que, a pocos kilómetros, se había construido un "salto" de agua para producir electricidad. Pero el poblado que se levantó para los obreros del "salto" (San Román) estuvo muchos años sin luz eléctrica. Tampoco llegaba a la dehesa de Judiez, muy cerca de San Román.

En la nebulosa de los primeros recuerdos está el de acompañar a mi madre a traer agua de una fuente alejada del pueblo. Las mujeres llevaban el cántaro sobre un rodete en la cabeza, más o menos como en las estampas de la Biblia. Alrededor del manantial crecían espontáneamente verdolagas y marujinas, que se recogían para hacer sabrosas ensaladas. La fuente, en verano, producía solo un hililllo de agua. Así que había que meter un tubo de goma y hacer el vacío, succionando el aire.

Las verdolagas y marujinas eran apetecibles porque proporcionaban la dosis necesaria de vitamina C. Bien es verdad que entonces nadie hablaba en esos términos. En el pueblo apenas había huertos de regadío. Incluso los melones, sandías, calabazas y girasoles se cultivaban en tierras de secano. Supongo que la productividad sería muy baja. Qué contraste con el pueblo actual, en el que hay algunos chalés con jardín e incluso con césped, como si estuviéramos en Escocia.

Se me viene a la memoria otra escena anacrónica. En Pereruela los niños íbamos al patatal a capturar los voraces escarabajos, uno por uno, para que no acabaran con las plantas. Pero los condenados se reproducían a más velocidad de la que nos permitía la acción de cogerlos y quemarlos. La plaga del escarabajo de la patata nos reforzaba el sentido fatalista de la vida. La cosecha de patatas quedaba diezmada.

Menos mal que, para proveernos de vitamina C, quedaban, al final del verano, los higos, melones y sandías. El melonar de la dehesa de Judiez se encontraba en una vaguada cerca de la carretera. Era la tierra más mollar y la que conservaba mejor la humedad. En el centro del melonar se levantaba una choza. Servía para montar guardia por la noche, con el fin de disuadir a los posibles ladrones. Mis tíos hacían esa guardia armados de escopetas, un modelo de cuando las guerras carlistas. Todavía conservo alguna en casa como una reliquia. La misma vigilancia se hacía con los montones de trigo en la era después de la trilla y la limpia. Me fascinaba acompañar a mi padre a algunas de esas guardias nocturnas. Dada la emoción del momento, no era fácil que llegara el sueño. Mi padre me enseñaba el nombre popular de algunas estrellas y constelaciones. La fundamental era el Carro (= Osa Menor), con la estrella Polar, que permanecía fija toda la noche.

Se me viene a la memoria la profecía negativa que dejaba caer por entonces mi abuelo Amando: "El hombre no llegará nunca a la Luna; está demasiado lejos". Muchos años después, en 1969, cuando vimos en directo cómo descendía de la nave el astronauta Neil Armstrong, rememoré con nostalgia el vaticinio de mi abuelo. Recuerdo perfectamente el momento de ese momento histórico. Viajaba yo esa noche con un amigo, Jaime Martín Moreno, del que luego hablaré. Íbamos en el coche oyendo en la radio a Jesús Hermida, que retransmitía la hazaña desde los Estados Unidos. Faltaban unos minutos para que el módulo de los astronautas se posara sobre la Luna. Nos encontrábamos a la altura de Bailén y paramos el coche a la vera de un bar de carretera. Serían las dos de la mañana. En el bar no había más que tres parroquianos, camioneros seguramente, jugando a las cartas. Estaban sentados debajo del televisor, que permanecía apagado. Dijimos al camarero que, por favor, encendiera el televisor. Lo hizo perezosamente. Se encendió la pantalla y en seguida vimos cómo Armstrong descendía lentamente por la escalerilla hasta el suelo arenoso de la Luna. A todo esto, el camarero seguía fregando vasos y los camioneros continuaban con su juego de cartas. Ninguno levantó la cabeza para contemplar el espectáculo histórico de la llegada del hombre a la Luna. Los camioneros formaban un cuadro detenido en el tiempo, como el de "los jugadores de cartas", de Cezanne. Es uno de mis favoritos. Años después lo contemplé, extasiado, en Londres. Pero me he desviado del hilo cronológico de la narración.

La radio se inventó a finales del siglo XIX (Telegrafía Sin Hilos se llamaba), pero solo la generación siguiente asistió al fenómeno de la radio comercial. En casa de mis padres entró muy tardíamente, en 1950. Era un armatoste que, además, necesitaba un voltímetro, un pesado aparato adicional que servía para adaptar la corriente. Seguramente, la calidad del sonido era malísima, pero entonces no había términos de comparación para apreciar ese defecto. Lo que no logro entender es por qué se cubría entonces el aparato de radio con una funda de cretona. Quizá se tenía la noción de que los aparatos de radio eran tan caros que iban a durar toda la vida. Desde luego, se compraban a plazos. Pronto fueron arrumbados por la evolución tecnológica.

En un viaje que hicimos a Alemania en 1952 (organizado por el Colegio y el Frente de Juventudes) traje de recuerdo una maravillosa radio de transistores. Era increíblemente reducida de tamaño, poco más que un libro. Pasaba por ser una completa novedad en España y aun en el mundo. Constituía todo un símbolo del final de la infancia el hecho de que yo pudiera regalar algo a mis padres. El "transistor" lo llevaba mi padre con orgullo a la oficina y a la playa. Era un milagro que aquella minúscula radio fuera ambulante. Bien es verdad que las pilas duraban poco tiempo. La cosa era impresionar. No había ninguna conciencia de que el sonido de la radio pudiera ser molesto para los demás. Acabábamos de ingresar, sin saberlo, en lo que después se llamaría la "sociedad de consumo". Significativamente era la fecha en la que finalizaba el racionamiento alimentario.

Ya he comentado la virtual ausencia de máquinas en mi niñez de Pereruela. En la agricultura no había ningún tractor. En la era de Judiez solo funcionaba una máquina de limpiar el cereal, movida a brazo. Algunos hogares poseían máquina de coser, movida a pedal, y un reloj de pared, que necesitaba cuerda. De vez en cuando venía un trujimán que fabricaba fideos a domicilio con un artefacto mecánico. En una ocasión mi padre alquiló en Zamora una máquina de escribir para aprender mecanografía. Necesitaba ese manejo para el ejercicio de unas oposiciones a policía, pero no las sacó. A la máquina se le rompió la varilla de una letra y la tuvo que soldar malamente el herrero. Mi padre me contaba que, cuando él era pequeño, el herrero del pueblo hacía eventualmente de dentista, realmente de sacamuelas. Utilizaba las herramientas de la fragua para extraer las piezas dentales; añadía el coñac como anestesia.

Aparte de la maquinaria del molino (a la que ya me he referido), el artefacto que más me deleitaba en mi niñez de Pereruela era la máquina de hacer fideos. El artesano (creo que era portugués) la transportaba en un burro con las piezas sueltas. La montaba para la ocasión en las casas donde la precisaban. Con ese sistema de maquila se hacían de una vez fideos para todo el año. Salía de la máquina una cinta continua de pasta hilada, que se colgaba en el sobrado para que se oreara. Eran extrañas cabelleras rubias, que luego, una vez secas y crujientes, había que cortar y guardar. Yo asistía maravillado a las operaciones de aquel extraño artilugio. El intenso aroma de los fideos recién hechos llenaba la casa durante días.

Los fideos constituían la imprescindible materia prima para la sopa de cocido. Ese era el plato casi único de diario. En algunas fiestas señaladas se preparaba gallina en pepitoria. Los guisos de conejo o de perdiz eran más frecuentes; también los huevos fritos. Para cocinar se utilizaba manteca de cerdo más que aceite.

El suceso anual más celebrado para los niños era el de la matanza, al llegar el invierno. Aunque se dijera que "a cada cerdo le llega su San Martín" (11 de noviembre), yo oía otra cosa en casa de mi abuelo Amando. Se comentaba con sorna: "Por San Martín mata el ruin". Es decir, antes del invierno solo mataban los pobres, los que habían consumido pronto la chacina del año anterior.

En el rito de la matanza todo estaba calculado y se repetía con ordenada meticulosidad. Los hombres mataban y descuartizaban los cerdos. Las mujeres recogían la sangre y lavaban las tripas. Antes de concluir la faena (que duraba todo un día, por lo menos), la carne magra y el solomillo se asaban en parrillas sobre las trébedes con brasas de encina. El resultado era el "sumarro", un bocado delicioso. También se tomaba la "chicha" (carne y tocino picados y fritos) con bien de pan. Los mayores bebían vino, que a los niños se les daba aguado.

El proceso de descuartizamiento del animal era una festiva lección de anatomía. Siempre había alguien que comentaba: "Así somos todos por dentro". Los mayores decían bromas groseras. Los niños jugábamos con la vejiga del cerdo, que se inflaba a la manera de un globo. El recuerdo se acompaña de los fuertes olores del momento: la piel chamuscada del cerdo, las vísceras humeantes, la carne asada, la fritanga, el pimentón para hacer el chorizo. Se comía y se bebía sin parar, quizá para combatir el frío. Que yo recuerde, no nos impresionaba mucho el sacrificio del cerdo. Primero, recibía un fuerte mazazo en la cabeza. "Es para que no sufra", comentaba insensible el matachín. Sujetado el pobre animal con todas las ayudas posibles, entre angustiosos aullidos, el matachín le metía un enorme cuchillo por el papo. Manaba abundante la sangre caliente.

Se comprende que, después de asistir a la cruenta escena de la matanza del cerdo, luego viera yo con naturalidad el sacrificio de otros animales. Mi madre mataba la gallina, el pavo o el conejo sin aspavientos. La última vez que lo recuerdo fue en Madrid. Vinieron mis tíos de Judiez por Navidad y trajeron un cordero vivo en el departamento del tren. Hubo que matarlo y desollarlo, tareas que mi madre dominaba. A mí no me impresionó mucho, pero mis hermanos, que eran pequeños, a la vista del sacrificio, empezaron a llorar desconsolados. Habían creído que el corderito lo habían traído para jugar.

Abuelos

Al llegar aquí, debería dar algunas pinceladas para recomponer el retrato de mis abuelos. A mi abuelo paterno Amando sus hijos lo trataban reverencialmente de usted, pero yo lo podía tutear. Mi abuelo era ligeramente tuerto y rematadamente sordo, lo que le llevó a ser desconfiado y bastante déspota. Era el patriarca de la tribu. Recuerdo dos expresiones cariñosas que me dirigía a mí cuando niño: "Revecerico" y "muchachico, que te capo". Debo recordar que el sufijo en <ico> es muy de la tierra zamorana; se emplea casi siempre para dar un toque de ternura. Lo de considerarme "revecero" (= ayudante o aprendiz de pastor) significaba que yo iba a heredar la labranza. Pero, por mucho que mi abuelo me llevara a los corrales para que viera las ovejas, no acababa de despertar mi interés por la ganadería. Los corrales estaban infestados de pulgas, que a mí me devoraban.

En el rechazo del campo como vocación negativa seguramente influyó mi madre. Ella fue la que me enseñó a leer y escribir. Desde muy pequeño me repetía: "Tú tienes que ser como don Gregorio", el médico del pueblo. Eso significaba tener libros en casa y ser una persona reconocida. Debo confesar que mi abuelo Amando y mi madre se llevaban a matar, peor, incluso, de lo que es corriente en la relación nuera-suegro. Mi abuelo alcanzó a verme de estudiante universitario y nunca me perdonó que por lo menos no hubiera seguido la carrera de veterinario. En una de sus visitas a Madrid, paseando por la Gran Vía, atestada de gente, me preguntó: "¿A todos estos tenemos que dar de comer?". Para su mentalidad campesina, la gran ciudad era una colmena de zánganos, de señoritos ociosos. Tampoco hay que extrañarse mucho de esa ignorancia rural. Todavía hoy se puede ver a gente instruida que piensa que los funcionarios, o los que trabajan con papeles, realmente no producen.

Mi abuela paterna, Gumersinda, era una mujer menudica, paciente y cariñosa. Trabajaba como una burra. Nunca se sentó a la mesa, tan atareada estaba con preparar la comida y servirla. El fuego estaba siempre encendido en un hogar inmenso, donde había ollas y cazuelas de barro. Mi abuela comía de pie, en la cocina, de las sobras. Se me representa siempre vestida de negro con la cabeza cubierta con un pañuelo. Sus manos estaban deformadas por la artrosis y el frío. No se me puede olvidar la última frase que me dijo, al despedirme de ella después de unas vacaciones: "Adiós, Amandín, hasta el valle de Josafat". Ya sabía la pobre que se estaba muriendo por dentro. Espero firmemente la ocasión de vernos en el valle de Josafat, donde no habrá artrosis para nadie.

Mi abuelo materno, Eladio ("el Cuco"), figura rechoncha, cara sanguínea, era el prototipo del hidalgo ocioso. Vivía de pequeñas rentas, incluidos los réditos de algunos préstamos. Era su mujer la que trabajaba como maestra nacional. Algunas veces me llevaba mi abuelo a cazar perdices con reclamo. Pero a mí me daba pena el "perdicidio" y espantaba con un grito a las pobres aves que se acercaban al reclamo. Entonces recibía yo un merecido cachete. Ni qué decir tiene que luego no he podido comer una perdiz con gusto. Años más tarde, siendo yo adolescente, visité a mis abuelos en un pueblo próximo a Salamanca, Tejares. Precisamente, de ese pueblo era el inmortal Lazarillo de la novela picaresca. Mi abuela era la maestra de Tejares y, curiosamente, muchos de los alumnos eran gitanillos. Recuerdo la última vez que vi a mi abuelo Eladio. Era yo adolescente. Me despedía de unos días de vacaciones y el hombre me acompañó hasta la estación de tren. Tejares está en la otra punta de la ciudad; hasta la estación hay varios kilómetros. Para ahorrar, fuimos andando, cargados ambos con sendas maletas de cartón. Tardamos horas. Yo estaba derrengado; mi abuelo, tan fresco. En sus cálculos no entraba coger un autobús y no digamos un taxi. Creo que yo he heredado de mi abuelo "el Cuco" algún rasgo de su tacañería.

Mi abuela Ángela, como queda dicho, era maestra en Pereruela y en Tejares. Al principio estuvo destinada en Galicia y en Madrid. Era un poco señorita, en el sentido de que las tareas de la casa las hacía mi madre y luego mi abuelo. Tengo un recuerdo borroso de mi abuela. Sospecho que me trataba con cierto despego, el mismo que dedicaba a mi madre, la cenicienta de la casa.

Algo tendría que decir de mis tíos maternos. Manolo estudió en Salamanca. Lo tuvimos de huésped en San Sebastián mientras hacía las prácticas de alférez. Era un tipo extrovertido, simpático, adicto al tabaco y al alcohol. Al ser el único universitario de mis parientes, a mí me influyó para que estudiara una carrera. Conservo su diccionario de Latín, que a su vez era una herencia de don Gregorio, el médico de Pereruela. Manolo fue la primera persona que me habló de cuestiones intelectuales, como el arte, la política o la Historia. Se hacía lenguas de una biografía de Sócrates que había escrito su maestro Antonio Tovar.

Mi tía Obdulia fue la solterona de la familia, pero de vocación. Quiero decir que le repugnaban los hombres. Terminó en su medio natural, como secretaria en la Universidad Pontificia de Salamanca. Se movía con naturalidad entre monseñores y teólogos, quienes adoraban la eficiencia de mi tía. Lógicamente tenía que haber sido monja, pero a ella lo que le gustaba era la independencia.

Austeridad

Digamos, como resumen, que mi procedencia es de clase media castellana y rural con un modesto pasar. Durante mucho tiempo, el medio en el que se han desenvuelto los niños españoles de mi generación y de mi ambiente ha sido la sobriedad. Esa cualidad (no sé si defecto o virtud) contrasta con la abundancia que han respirado nuestros hijos y nietos. Por esa razón las escasas posesiones de los niños de antes eran verdaderos tesoros. En esa categoría figuraban el plumier de dos pisos, la goma Milán, el sacapuntas de aluminio, los cromos, las cajas de cerillas, los minerales. Las canicas se guardaban como si fueran perlas. Se establecía para ellas una precisa gradación de dureza y precio: cristal, piedra, barro. El chicle era algo tan exótico en mi infancia de San Sebastián que, una vez masticado, podía durar días. Cada nueva barrita de chicle se incorporaba a la bola ya masticada, negruzca y sin sabor. Esa infecta mezcla se guardaba por la noche para seguir mascando al día siguiente.

En los años 50 los escolares recibieron con alborozo la llegada del bolígrafo. Los primeros eran extranjeros y constituían una posesión de lujo. En el Colegio estaba prohibido utilizar el bolígrafo para los exámenes o trabajos escolares. El boli era el terror de las madres, pues la tinta chorreaba sobre la ropa y era indeleble.

(Sello de la Delegación de Abastecimientos)

COMISARIA GENERAL
DE
ABASTECIMIENTOS Y TRANSPORTES

Colección de Cupones
de
RACIONAMIENTO

TERCERA CATEGORIA
Primer Semestre 1952

N.º 425035 Serie SS

Original de la última cartilla de racionamiento que tuvieron mis padres (1952). Servía para proveerse de las cuotas de alimentos que se decretaban cada semana. La noticia de esas cuotas era tan esperada como hoy pueden serlo las deportivas o las meteorológicas.

La desgracia para nuestra generación es que el tiempo de la infancia coincidió con los "años del hambre". Se hicieron sentir especialmente en las ciudades, de modo eminente en San Sebastián. La dieta doméstica en los primeros años de la etapa donostiarra se basaba en el escaso y tasado racionamiento. Era muy excepcional hacerse con productos de estraperlo (= contrabando). Se podía añadir la provisión de algunos productos locales muy baratos, como sardinas, berzas o manzanas. Mi madre tenía la intuición de que los niños debíamos comer mucha fruta, entonces muy cara. Así que compraba en la "plaza" (= el mercado), a precio reducido, grandes cantidades de fruta "tocada" (a veces medio podrida). Todo consistía en separar las partes sanas y, para mayor seguridad, cocerlas como compota o macedonia con azúcar y una miaja de canela. Ese fue el postre cotidiano durante años. De esa forma completábamos la monotonía de los garbanzos o las sardinas.

También tomábamos con frecuencia manzanas asadas (reinetas), que era la fruta local, muy barata. Quizá fuera lo repetitivo de la dieta, pero durante mi adolescencia yo seguía siendo un chico inapetente.

La comida en esa época era algo que tenía lugar en casa o, de modo ambulante, con el bocadillo. Comer en un restaurante era un lujo que no caté hasta bien avanzada la adolescencia. Antes de eso gocé de la comida en alguna sidrería con mesas corridas. Los chicos nos comprábamos muchas golosinas en las tiendas o en las "cesteras". Mis compras favoritas eran las chufas, los cacahuetes y sobre todo los orejones. Había también unas rosquillas riquísimas y muy baratas, que hacían en una pastelería de barrio con las migas que quedaban del pan y los pasteles. Pero los orejones eran mi ambrosía. Aunque parezca mentira, siguen siéndolo. Deben ser de melocotón, no de albaricoque. Los auténticos no se encuentran fácilmente en las tiendas actuales, fuera de El Corte Inglés. No logro entender por qué no se han prodigado más.

El grado de austeridad forzada con que se vivió en los años 40 alcanzó extremos que las generaciones que siguen no pueden comprender. El "hambre" (luego se dijo "hambruna") era literal, sobre todo para los padres, que se sacrificaban por sus hijos. Me refiero a los ambientes modestos. Mi familia no podía ser considerada menesterosa, pero se miraba la peseta hasta el céntimo. Recuerdo que algún traje que llevé era un arreglo que hacía una sastra después de dar la vuelta a un traje de mi padre. A su vez, mi padre se mercó más de una chaqueta en un ropavejero. Mis padres tenían en casa todos los trebejos de los zapateros remendones. Así, ponían medias suelas, tacones o tachuelas (para mis botas).

En el siguiente decenio, ya en Madrid, las cosas mejoraron sensiblemente. A través de mi tía Sole (la monja) obteníamos ropa usada (pero muy nueva) que enviaban los norteamericanos para los niños. Eran prendas de muchos colorines, muy vistosas, que no existían entonces en la España gris. Mis hermanillos vistieron unos años esos alegres atuendos. Cuando se quedaban pequeños, mi madre hacía un paquete y se los enviaba a mi tía María, la mujer de Pepe, que tenía un montón de críos. Eso sí que era hacer economías.

Otra facilidad de la conexión con "la monja" (como hemos llamado siempre a la tía Sole) es que nos proporcionaba leche en polvo de la misma donación de los norteamericanos. Ese episodio sigue perteneciendo a la etapa madrileña (final de los años 50). La leche "americana" sin más resultaba incomestible, pero mi madre logró introducirla como ingrediente para sus famosas croquetas de gallina o de jamón. Ese plato continuó después muchos años con la leche corriente como una especie de fetiche culinario. Era indefectiblemente lo que nos ofrecía mi madre cuando íbamos a comer los hijos o los nietos a su casa de Madrid (en la calle Hermosilla). A mi madre le gustaba que tomáramos las croquetas calientes, por lo que su costumbre era seguir en la cocina mientras los demás comían. Salía de la cocina con las tandas de croquetas en la sartén para servirlas en los platos. Sus frases repetidas eran: "como, hijo, come" o "no me seas comique". No hubo manera de protestar por esa práctica de la cocinera ambulante. Mi madre la mantuvo hasta que la pobre se acercó a la edad liminar de la verdadera vejez, en la que ya no se podía mover. Vuelvo a la infancia donostiarra, de la que me he alejado demasiado.

Superados los "años del hambre", en 1950 se abrió la mano del racionamiento. Se permitió, por ejemplo, que los agricultores enviaran a sus parientes de la ciudad un cupo de harina. Se adquiría en forma de una cantidad diaria de pan blanco. En nuestro caso había que ir a buscarlo a una pastelería de alto copete, Ayestarán, en la calle Urbieta. Naturalmente había que guardar la correspondiente cola, pero entonces el tiempo no contaba mucho. Era una bendición ese pan que parecía un pastel. Por cierto, en esa pastelería, durante el verano, vendían unos helados riquísimos. En la puerta figuraba la lista de sabores: nata, chocolate, fresa, etc. Debajo de la lista se añadía otra especialidad de la casa: "five o´clock tea". La broma fue convencer a un amigo más pequeño de la pandilla para que pidiera un "helado de five o´clock tea", pronunciado como se escribe. Es una lástima que haya desaparecido esa pastelería. Estaba decorada con mármoles y espejos, al estilo del Gran Kursaal, destinada sobre todo a la población veraneante. Me imagino a los tipos de Penagos en *Blanco y Negro* yendo a tomar el té de las cinco en Ayestarán.

Ya que estoy con los helados, debo reconocer que en la niñez donostiarra eran una obsesión de la chiquillería. Mis padres insistían en la tesis convencional de que eran malos para la digestión. Así que me vedaron los helados hasta que pude decidir por mi cuenta en la edad adolescente. Los helados eran carísimos; costaban el doble que una entrada de cine. El aprecio que recibían era tal que los llamaban "mantecados". En una fábrica de hielo de la Parte Vieja los encontrábamos mucho más baratos, pero sabían a amoniaco. O quizá ese era el olor que desprendía la fabriquita de helados, que estaba en la trastienda.

He hablado del atesoramiento de objetos valiosos por los chicos. Verdaderamente era un rasgo definitorio de la niñez y la adolescencia. Uno de los juegos favoritos en los años de Pereruela era el de esconder objetos raros en lugares inaccesibles. Se elegían, por ejemplo, los huecos más altos que dejaban las paredes de piedra en las casas o los corrales. Supongo que los chicos imitábamos de ese modo a las urracas, que atesoran los objetos brillantes que se encuentran. El juego consistía en compartir el secreto del lugar del tesorillo. Solía contener chapas, cartuchos, canicas, "vistas" (tapas de las cajas de cerillas) y pequeños mensajes cifrados. Aunque entonces no nos dábamos cuenta, la función latente de ese rito era el de integrar a los miembros de la pandilla de amigos. Eran los que compartían el secreto. Esa ha sido siempre la función del secreto en todos los tiempos y lugares.

Al emigrar mis padres a San Sebastián, recordé que había dejado uno de esos tesorillos en lo alto de las bardas del corral de la casa de en frente, la de mi amigo Titos. No me dio tiempo a comunicar el secreto a la pandilla. Durante años, en San Sebastián, estuve preocupado por si alguien pudiera descubrir el valioso escondite. Luego se me olvidó el lance. Algunos años después, ya de adolescente, en una visita al pueblo, caí en la cuenta del olvido y corrí hasta el lugar del tesoro. Trepé hasta lo alto de las bardas, levanté la teja que ocultaba el tesoro y no había nada. Sentí una gran desolación. En ese instante caí en la cuenta de que la niñez se había acabado. Me puse a llorar como un tonto. A lo mejor se trataba del auténtico llanto de pena, que es la expresión de un adulto. Estaba claro que la niñez es un tesorillo que termina por desaparecer, como las edades que le siguen.

Los recuerdos infantiles del novelista Luis Mateo Díez (un poco más joven que yo) captan muy bien la imagen del lugar recóndito de las casonas de antaño donde jugaban los niños. Eventualmente podía ser utilizado como "cuarto oscuro" para las reclusiones de los menores díscolos. Pero la fascinación del desván o sobrado es superior a su función punitiva. Suele ser el lugar donde se acumulan los objetos abandonados por sucesivas generaciones. Para los niños son verdaderos tesoros. Yo también gocé de ese desván mágico en la primera casa que identifican mis recuerdos, la dehesa de Judiez de mis abuelos paternos. Allí viví con mi madre durante el tiempo de la guerra civil y luego algunos largos veranos.

El sobrado (que así se llamaba el desván) de Judiez se encontraba abarrotado de objetos insólitos y fantásticos, de efluvios intensos. Por ejemplo, allí se guardaban los fideos, que se secaban en gruesas cabelleras. Apestaba un poco el carburo de la lámpara y la pólvora de los cartuchos de caza. Se amontonaban las colleras, bieldos, rejas y otros aperos. Había un arcón con ropas inverosímiles, que servían para jugar a disfraces. A mi prima Mary y a mí nos tenían prohibido subir al sobrado, pero eso lo hacía más atractivo. Era el lugar más frío del caserón en invierno y el más sofocante en verano. Pero era el sitio más apetecible para jugar por oscuro, aislado y silencioso. En el sobrado Mary y yo pasamos ratos inolvidables. Jugábamos, por ejemplo, a misas, sin percatarnos de la falta de respeto que podía suponer esa farsa. A mí lo que más me gustaba era predicar el sermón.

Eso de gozar de las alturas, como la del sobrado, explica la querencia que siempre he tenido, a lo largo de mi vida adulta, de montar los diversos lugares de estudio en áticos, torres y "palomares". Comprendo también el suplicio que tuvo que ser la vida en un sótano húmedo y oscuro durante los primeros años escolares en San Sebastián. Lo llamábamos la "bodega", palabra acogedora en nuestra tierra zamorana para el lugar, excavado en la tierra o en la roca, donde se guarda el vino y los jamones. Como superación de ese precedente, mis padres insistieron después en vivir en pisos altos, incluso áticos, tanto en San Sebastián como en Madrid. Vuelvo a recobrar el placer de las alturas en la *turris ebúrnea* de Cámelot, mi casa definitiva, donde se escriben estas Memorias. Desde mi mesa de trabajo veo ahora volar las golondrinas o los mirlos, a veces por debajo del nivel de las ventanas. Por fin he podido decir, como los ingleses de la *gentry (*= los rentistas rurales*)*, que mi casa es mi castillo. Por cierto, ahora caigo en la cuenta de que llevo viviendo en Cámelot más tiempo que en ninguna otra casa de mi vida. Y la hipoteca sin terminar de pagar.

Una costumbre infantil prácticamente desaparecida era el cultivo de gusanos de seda. No tenía más utilidad que seguir el proceso de la vida a través de la metamorfosis. En mi niñez donostiarra la cría de gusanos de seda era una dedicación general y obsesiva de los chicos. Existía todo un trasiego y reventa de hojas de morera, siempre escasas. Algunas "casheras" las vendían en el mercado, pero esa no era una vía digna de aprovisionamiento. En la huerta del Colegio había unas hermosas moreras, pero estaba prohibido que los alumnos entraran en ese recinto. Razón de más para intentarlo. La mejor hora era la de la comida de los profesores. Nos parecía inexplicable que los voraces gusanos no quisieran más que hojas de morera. En caso de apuro podían comer lechuga, pero entonces les daba cagalera. Otro lugar de aprovisionamiento de las dichosas hojas de morera era la estación de tren. Entonces había que sacar un "billete de andén" para entrar en ese recinto, pero los chavales nos colábamos con toda facilidad. Un botín complementario era la recogida de mineral de pirita que había en los aledaños de la estación. Supongo que eran los trozos que se desprendían de los vagones de mineral.

De la lejana querencia por las hojas de morera me queda la satisfacción de sentarme a leer y escribir al lado de una morera plantada por mí. Se alza ahora en el jardín de Cámelot. El fruto es muy agradable, pero casi no da tiempo a catarlo; se lo comen los pájaros. Lo que no hay ahora es la afición por los gusanos de seda.

No me ha tocado en desgracia la experiencia del trabajo infantil. Incluso ya he dicho que en mi pueblo de nación todos los niños iban a la escuela hasta los 14 años; las niñas, menos. Pero sí se podía rastrear alguna supervivencia de otras épocas. Desde luego, los niños y niñas ayudaban todo lo que podían en las tareas domésticas. En algún caso marginal no se completaba la escuela. He aludido ya a los reveceros, los aprendices de pastor. En las tierras de mi abuelo Amando andaba uno de ellos a cargo de un gran rebaño de ovejas merinas. No tendría más de 12 años, así que poca escuela habría acumulado el pobre. Todo el día se lo pasaba a la intemperie conduciendo el rebaño para aprovechar los ralos pastos y rastrojos de aquellos páramos. No había ningún árbol y solo el abrigo de alguna oquedad entre las peñas. Toda la comida que le daban para el día era la que podía caber en el hueco de un cuerno de vaca que llevaba en bandolera. Normalmente era un cacho de pan y otro de tocino. Supongo que el muchacho atraparía algún conejo o correría detrás de las perdices hasta agotarlas. De ahí sacaría algún complemento para su ingesta. Viene a cuento el dicho de mi pueblo: "En Pereruela todo lo que vuela, a la cazuela". Se excluyen las golondrinas y las cigüeñas, por ser sagradas. En ambos casos sus nidos están a la vista, pero nadie los toca.

Queda dicho que la decisión de mis padres era que sus hijos llegaran a estudiar en la Universidad; "hacer el grado" se llamaba. Pero la obligación primordial de estudiar no quitaba que hubiera que ayudar en las tareas domésticas. No había cumplido yo los diez años de edad y ya hacía muchos recados para la casa. Una obligación de mi padre, en San Sebastián, como ordenanza de Hacienda, era la de repartir las "notificaciones" para los morosos fiscales. Por cada uno de esos sobres azules repartidos le daban a mi padre una pequeña gratificación. Dado que trabajaba también por la tarde (de acomodador en el cine Kursaal), me encomendaba a mí el reparto de muchas "notis". No bastaba con depositarlas en el buzón o pasarlas por debajo de la puerta; había que conseguir el "recibí" del interesado. Era una labor desagradable. Algunos contribuyentes no querían dar por recibida la solicitud de pago, así que me devolvían el sobre con cajas destempladas. También es verdad que la mayoría de ellos, más generosos, me daban una propinilla, unos céntimos. En un par de horas después de las clases me podía sacar dos o tres pesetas. Era una pequeña fortuna. Téngase en cuenta que por una perra gorda (= diez céntimos) se podía comprar entonces un cucurucho de chufas. Pero lo fundamental era que, con ese complemento de las propinas, me aseguraba un saneado presupuesto para los gastos personales. Mi mayor inversión era en tebeos y cromos. También compraba pinturas para mi hermano José Luis. De vez en cuando prestaba alguna peseta a mi madre.

Otra fuente de ingresos en San Sebastián era la recogida de chatarra: papel, trapos, hierro y otros metales. (La palabra "metal" excluía el hierro). Nadie hablaba entonces de "reciclar" los materiales, pero de eso se trataba. Había un chatarrero más emprendedor que pagaba los alijos de chatarra con tebeos. Seguramente los obtenía de la compra de papel viejo a domicilio. Una fuente inesperada de chatarra muy valiosa era la que se depositaba en la playa con la resaca de las grandes mareas. Se producían sobre todo en otoño. Había cuadrillas enteras con palas y cribas para sacar los metales que depositaba la marea. Los chavales nos contentábamos con los clavos de los tablones. La madera servía de combustible. Éramos ecologistas sin saberlo. O quizá estábamos ante la supervivencia del espíritu de Robinson Crusoe.

3. Madre coraje

A veces se dice a los niños para enrabiscarlos: "¿A quién quieres más, a papá o a mamá?" Nunca he tenido dudas. Mi carácter, mi modo de ver la vida, ha estado siempre más cerca de mi madre que de mi padre. Lo cual no quiere decir que no haya admirado la extraordinaria capacidad de trabajo de mi padre. La mayor cercanía a mi madre quizá fuera por comprender que era una persona con una carga poco común de sufrimiento. O mejor, porque su diligente silencio y su prudente escepticismo me ayudaron mucho a entender la naturaleza humana. Debo insistir en que a mi padre sus hijos le llamábamos por su nombre de pila, Diego; y a mi madre, María. En cambio, a mi abuelo Amando sus hijos le llamaban "padre" y de usted. Él mismo decía despectivamente que lo de "papá" y "mamá" era cosa de los franceses.

Madre

Recuerdo cuando vine de Inglaterra, después de un verano, con la noticia de que me había hecho novio de Mari Tere, la compañera de curso que fue conmigo en ese viaje. (Véase el capítulo 5). Lógicamente, mi madre me preguntó cómo era la chica. Yo le contesté sin pensar: "Es como tú". Después de esa confesión psicoanalítica, no necesité más palabras, ni mi madre me las pidió. Me da vergüenza reconocer que, cada vez que me he emparejado, he ido buscando mentalmente el parecido moral de la esposa con la madre. Lo que es todavía más grave, cuando ha habido desencanto o ruptura, ha sido por el reconocimiento de que ese parecido se diluía. Supongo que esa experiencia revela una personalidad vulgar o inmadura, de puro enfermiza, pero es la mía.

María, mi madre, en 1934. Lleva los pendientes que le regaló su novio. Se atusa un peinado ondulado con la permanente. No lleva afeites. Jamás se pintó.

Si hubiera sido solo por la influencia de mi padre, mi destino no habría pasado de un honrado funcionario al servicio de Hacienda. Mi madre, por haber sufrido más, era más ambiciosa para sus hijos. Ella fue la que me impulsó a seguir una carrera universitaria y a ser profesor, quizá porque su madre fue maestra nacional. Luego hizo eso mismo con mis hermanos. Al final, los cuatro hemos sido profesores. Puede que hubiera aquí también un mecanismo de proyección. Mi madre tuvo que hacer de cenicienta en casa de sus padres y no pudo estudiar, como era su idea. Siempre me pregunté cómo era que María tuviera más cultura que mi padre, cuando mi madre apenas pisó la escuela. En cambio, mi padre asistió a clase hasta el mismo día en que cumplió 14 años. Al día siguiente ya estaba agarrando la mancera del arado.

En las arriesgadas decisiones de movilidad geográfica (traslado a San Sebastián o a Madrid), lo decisivo era la opinión de mi madre. Reconozco que mi padre fue un gran trabajador, siempre pluriempleado. Pero lo que se llama afán de superación o ética del esfuerzo y del sufrimiento, todo eso lo aprendí de mi madre. Naturalmente, ella no llegó a racionalizarlo de esa forma tan pedante como yo lo hago.

Quizá no queda claro el primer "éxodo" de mis padres, de Pereruela a San Sebastián. Al ser mi padre el alcalde del pueblo, no se entiende bien que se viera forzado a la emigración. De nuevo tengo que advertir que la decisión fue sobre todo de mi madre. Cierto es que, en términos relativos, la posición social de mis padres en el pueblo no era mala. Pero hay que tener en cuenta que no tenían tierras en propiedad y que el alcalde no cobraba nada por su cargo. Por otra parte, la esperada ayuda económica de mis abuelos no pasó de simbólica. Así que terminó por calar la presión de mi madre para emigrar a la ciudad, lo más lejos posible. (Véase capítulo 16).

Lo normal es decir que los hijos se identifican indistintamente con la madre o con el padre. También es común la declaración de que el padre o la madre consideran por igual a sus hijos. Puede que esos juicios sean lo sano y lo sensato, pero yo no los suscribo en mi caso particular. Siempre tuve claro que yo era el favorito de mi madre, por lo menos en comparación con mis hermanos varones. Sea como fuere, lo que cuenta es que mi madre me influyó más que mi padre. En ello no hay mérito ni reproche; tampoco interviene la voluntad. Puede, incluso, que no haya razones objetivas para esa preferencia por mi madre o el privilegio que me concedió. Solo cuando nació mi hermana Carmen, se puede decir que ella pasó a ocupar el lugar favorito para toda la familia. Pero mi hermana nació cuando yo tenía 18 años y yo me casé a los 22. Así que se puede decir que no llegué a vivir plenamente con mi hermana. Fui el padrino en el bautizo de Carmen (la madrina fue Carmen Banús, una antigua jefa de mi padre). Con Mamen (ese ha sido el hipocorístico familiar) he tenido más bien una relación de tío y sobrina. Es la persona más imaginativa y vital de la familia. Se fue a vivir definitivamente a Australia con su marido y sus hijos. Hasta allí fueron a verla mis padres poco antes de cumplir los 80 años. Se perdieron en el aeropuerto de Kuala Lumpur, donde hicieron escala, y se pusieron a gritar: "¿Alguien habla español?". Naturalmente, en seguida se vieron rodeados de varias personas que hablaban español y pudieron proseguir el viaje sin mayores sobresaltos. Diego contaba que el inglés es muy fácil, que "gate" significa "puerta". Me asalta ahora la asociación de las divertidas traducciones al inglés que hace Alfonso Rodríguez en el programa de radio de Carlos Herrera.

Mi hermana Carmen (ya he dicho que el hipocorístico familiar es Mamen, a veces Carmenchu para María) pertenece a la generación de mis hijos. Nótese que con Iñaki se lleva nueve años y conmigo 18. No es tanto el cómputo de la edad como las formas de hablar, de vestir, de pensar. Decididamente, Mamen fue siempre la más avanzada de la familia en todos los terrenos, incluyendo el político. Extrañamente, a mí siempre me recordó a María. En consecuencia, me he identificado mucho más con Mamen que con mis dos hermanos varones, a pesar de que mi hermana ha vivido siempre lejos; como digo, desde hace muchos años en Australia.

Mi hermana Carmen con mi hijo Sergio (1978). Ambos pertenecen a la misma generación.

No es solo que en mi carácter, mis gustos, mi manera de ver la vida, prevalezca la influencia materna. Es algo todavía más profundo y misterioso. Mi trazo biográfico lo ha dibujado el propósito tenaz de mi madre, o al menos esa ha sido siempre mi percepción. Curiosamente, mi relación con ella ha sido más despegada que la que han mantenido mis hermanos varones; por ejemplo, a la hora de recordar el día de la madre. Por cierto, ese día le llegaba siempre un ramo de flores enviado desde Australia (a través de Interflora, claro) por Mamen. Mi madre creyó siempre que era realmente el ramo que literalmente llegaba desde Australia. Nadie le quitó la ilusión. O quizá todo era un juego. Hace algunos años María estuvo ingresada en el hospital de la Princesa de

Madrid. Era en invierno. Desde Australia, Mamen le envió una cestita de cerezas, en este caso auténticas. Mi madre se las ofrecía a los visitantes y decía: "Son de Australia, como las flores".

Hermanos

Mi aparente despego hacia mi madre no ha oscurecido el sentimiento de haber sido yo su favorito. Que conste que no sé si ese privilegio ha sido del todo bueno para mí. Por lo menos esa asimetría ha llevado a una justificada relación envidiosa por parte de mis hermanos varones, especialmente por el pequeño, Jesús. Como le llevo diez años y nos hemos dedicado al mismo oficio, ha sido penoso el continuo esfuerzo por despegarse de mí o de la inevitable relación de maestro-discípulo. Cuando Jesús se presenta a una nueva persona, suele recibir este saludo: "Ah, entonces tú eres el hermano de Amando, ¿no?". Jesús contesta raudo y cortante: "No, Amando es hermano mío". Comentando una vez esa salida con el rector de la Universidad de Barcelona (un eminente psiquiatra), quise quitar importancia al suceso con este razonamiento: "Bueno, la ventaja que tiene Jesús es que estadísticamente vivirá diez años más que yo. Entonces su afirmación estará en su punto". El rector sonrió y replicó: "Qué va, tú te morirás y la gente seguirá diciéndole a Jesús que él es el hermano de Amando, el que se murió".

Por cierto, el nombre de mi hermano Jesús fue una idea mía, un tanto rebuscada. Calculábamos que iba a nacer el día de Nochebuena, por lo que yo propuse que recibiera el nombre de Jesús Manuel, un pleonasmo. Luego le vino muy bien lo de ponerse Jesús M., según la costumbre norteamericana de la inicial media. En la familia siempre ha tenido el hipocorístico de Chichín, derivación de Jesusín. Creo que esa versión procedió de su padrino, el señor Cipriano, un buen amigo de mi padre. Jesús se ha resistido siempre a esa abreviatura cariñosa. Recuerdo también el momento de su nacimiento, en una clínica de maternidad regentada por monjas. Mi madre fue internada en la mañana del día 24 de diciembre con las señales de un parto inminente, tal como estaba calculado. Sin embargo, el parto se retrasó hasta el día 27. Yo fui el encargado de hacer el papeleo del Registro Civil y puse que había nacido el día 28, una fecha más graciosa (el día de los Inocentes). Fue una pequeña travesura burocrática. En el momento del parto, mi padre y yo nos acercamos a la clínica para celebrar el acontecimiento. Pero, en la puerta, una monja mandona me impidió la entrada, después de indagar que yo solo tenía 10 años. El argumento fue tan necio como paradójico: "En un lugar como este no deben entrar niños". Mi padre arguyó que yo sabía perfectamente cómo vienen los niños al mundo; yo asentía. Sin embargo, la monja no se conmovió y yo tuve que quedarme en la puerta sin poder ver a mi madre o a mi nuevo hermanito. Me pareció una iniquidad.

De momento, la ventaja para mi hermano Jesús es que casi todo lo que ha hecho en la profesión ha sido para tratar de emularme. Yo, en cambio, no he tenido ese estímulo de superación, no me he visto obligado a seguir los pasos de nadie. A veces es dura la soledad del pionero. Por eso mismo, en el ambiente de los arquitectos, donde a veces doy conferencias, me encanta que me presenten como el hermano de José Luis o también el padre de Sergio. Ambos son dos reconocidos arquitectos, y a mí eso me llena de satisfacción.

Entiendo que el haber disfrutado del favor de mi madre se ha debido a una circunstancia objetiva. Es decir, no ha intervenido ningún mérito por mi parte. El hecho es que fui el primogénito y conviví con mi madre en las épocas más duras y, paradójicamente, las más felices para ella. Por eso puedo atestiguar que la salida de Pereruela no se debió solo al deseo de mi madre de que sus hijos llegaran a la Universidad. Contó también el detalle de que ella se llevara mal con su familia de origen y peor aún con la de su marido. No hay que darle vueltas, en el hecho de la emigración suele haber siempre algo que obliga a poner tierra por medio.

Hasta pasar el primer curso de bachillerato, a mis 11 años de edad, mi madre me ayudaba regularmente en las tareas escolares para casa. Esas tareas (y no "deberes", insistían en el Colegio) eran diarias, incluyendo las vacaciones. Hasta que un día mi madre me dijo: "Lo siento, Amandón, pero no te voy a poder ayudar más; ya sabes mucho más que yo". Lo curioso es que, después de eso, no vi que mi madre ayudara mucho a mis hermanos en las tareas escolares. Simplemente ella me pasó el testigo y era yo quien tenía esa misión ayudadora. Recuerdo, por ejemplo, que, de pequeño, mi hermano José Luis dibujaba muy mal en el Colegio. Pero yo me empeñé en que aprendiera a dibujar. Le decía para que se esmerara: "Tienes que llegar a ser arquitecto". Lo fue, y de los más sobresalientes. Antes de eso, todavía como estudiante, me devolvió el favor de manera sobrada. Por mi cumpleaños me regalaba maquetas de cartón que él había hecho, por ejemplo, una hucha para poder abrirla con clave o una regla de cálculo circular de su invención. Ese último artefacto me fue utilísimo en mis años de aprendiz de sociólogo, cuando aún no había calculadoras de bolsillo o por lo menos yo no disponía de ellas. Era José Luis recién licenciado de Arquitectura cuando diseñó la decoración del despacho de Serrano, 19. Conservo como recuerdo una original escalera sobre ruedas para alcanzar los libros de las estanterías.

Oficialmente, en la familia, mi madre pasaba por no tener muchas luces, y la verdad, como queda dicho, es que pasó muy someramente por la escuela. Tuvo que sacrificarse para que sus dos hermanos menores pudieran estudiar. Pero, aunque pueda resultar inexplicable, mi madre era la que desplegaba más conocimiento, sentido común y arrestos en la familia. Tenía un alto cociente de lo que ahora se llama "inteligencia emocional" o quizá sea inteligencia a secas. Consiste en darse cuenta

Escalera para alcanzar los libros de las estanterías. La diseñó mi hermano José Luis en 1970, recién egresado de la Escuela de Arquitectura.

cabal de las situaciones, y, además, sin aparentarlo mucho. Supongo que eso es lo que también se puede llamar discreción. No es precisamente una cualidad de la que pueda yo presumir mucho. El recurso vicario que yo he utilizado siempre ha sido la acumulación de trabajo.

Mis padres eran católicos practicantes, como correspondía a la exigencia de la época y de la clase social. Pero nunca fueron fanáticos. En San Sebastián mi padre se integró en una asociación de obreros católicos. La razón es que tenía algunos amigos más devotos y sobre todo que esa pertenencia le suponía algunas ventajas económicas, por ejemplo, una generosa cesta de Navidad. Mi madre era un poco más escéptica en materia religiosa y política, aunque entendió que debía educar religiosamente a sus hijos. Una vez fui yo a Lourdes en una excursión con el Colegio y traje de recuerdo una botella de agua milagrosa. Pasados unos días, mi madre tiró el agua de la botella al retrete. Comentó: "Será muy milagrosa, pero empieza a oler mal".

En esa excursión a Lourdes estrené una cámara de fotos que me habían regalado mis padres por las buenas notas del Colegio. Se me ha fijado en la memoria el precio exacto del capricho: 900 pesetas, un dineral, aunque era de segunda mano. Hubo que pagarla a plazos

Pío Baroja fotografiado por mí en su casa de Vera de Bidasoa (1952). Me dedicó su ***Aviraneta*** *en una visita que hicimos con un grupo de amigos. Siempre fue mi novelista favorito*

durante varios años. Era de la marca Leica. Poco tiempo después le hice con ella una foto a Pío Baroja. Pero me he alejado mucho de la historia de María.

Supervivencia

Se me agolpan los recuerdos sobre la energía y la decisión que desplegó mi madre en los primeros años de San Sebastián. Fueron literalmente "los años del hambre" (especialmente para ella). Era capaz de levantarse antes del amanecer para acercarse hasta el puerto y esperar a que regresaran los barcos de pesca. Por una peseta le daban un balde lleno de anchoas (= bocarte o boquerones) o de sardinas. Teníamos cena para varios días. Nótese que en esa época no disponíamos de frigorífico, ni siquiera de nevera de hielo.

Vivíamos en un sótano oscuro y húmedo, que llamábamos cariñosamente la "bodega". La humedad la daba el clima, pero, sobre todo, porque encima de la vivienda había una carbonería. El carbonero continuamente echaba agua al carbón para que pesara más. Como es fácil suponer, el agua acababa rezumando a través del suelo, adicta a la ley de la gravedad. Para que no protestáramos y no descubriéramos su truco, el carbonero nos regalaba de vez en cuando un cubo de astillas de pino para encender el fuego.

Lo peor era que el sótano tenía todas las condiciones para que se criaran ratones, bueno, ratas grandes como conejos. No había muchas, porque mi madre las mantenía a raya con todo tipo de trampas y venenos. Una vez divisó una en un cuarto oscuro, adyacente a la vivienda, donde se guardaban trastos viejos. Armada de un rastrillo y con una linterna atada al cuello, cerró la puerta tras ella y se lió a mandobles contra la rata. Se oían los chillidos del animal hasta que quedó despanzurrado. Mi madre me gritaba que no abriera la puerta y que vigilara a mis hermanillos. Al salir me pidió que no dijera nada a mi padre. Eso de compartir un secreto con ella me daba mucha personalidad.

Un problema en invierno era el frío húmedo, pues en la bodega no había calefacción y no llegaba la luz del Sol. Mi madre se las apañó para enganchar unos cables a la red de electricidad municipal. Varios vecinos habían dado con ese mismo sistema y se transmitían el secreto unos a otros. No había ninguna conciencia de fraude. Otro método de supervivencia fue montar no sé qué "trampa" (así se llamaba) en el contador de electricidad para rebajar el índice de consumo. Me parece que era una especie de imán. El hecho es que lograba que el contador fuera más lento. De ese modo era rentable alimentar una cocinilla eléctrica (con el extraño nombre de "infiernillo") y una estufa eléctrica. Con tanta carga, saltaban con frecuencia los "plomos", pero mi madre los arreglaba con maestría. Había algunas horas con restricciones eléctricas, es decir, "cortaban la luz". Entonces había que hacer uso de la cocina económica (así se llamaba) de leña o carbón. Mi madre se las ingeniaba para traer de la playa (no estaba lejos) todo tipo de tablas que arrojaba la marea. Una vez secas y hechas astillas, constituían un combustible perfecto. En ese caso la cocina daba calor a toda la casa. Era de ver la maestría que desplegaba mi madre para sacar astillas de los tablones con un hachuelo siempre afilado. Ella decía "hacheta". Mi madre era muy aficionada a poner bolsas de agua caliente para calentar las camas, quizá como recuerdo de las tapaderas de barro de Pereruela.

En San Sebastián, mi padre libraba los miércoles del trabajo del Kursaal. Era el rato que dedicaba al arreglo de los zapatos y otras tareas domésticas. La cena de los miércoles constituía una especie de fiesta semanal; a ella estaba invitado el señor Cipriano. Era un vecino originario de un pueblo de Zamora, dependiente de un comercio, que residía en San Sebastián desde antes de la guerra. Era la viva representación de

Sancho Panza, en el físico y en el sentido común. Sabía infinidad de sucedidos. Después de cenar, mi padre se quedaba platicando con él hasta la una de la madrugada. Yo me acostaba en una alcoba contigua y me hacía el dormido, pero permanecía acurrucado en la cama, atento a la tertulia de los dos paisanos. Era una conversación entre "hombres" con muchas picardías. Me fascinaban especialmente las historias de la guerra y de amoríos que contaban uno y otro. A mí no me importaba esa vigilia, pues siempre he sido de sueño ligero, de niño y de adulto. Muchas noches, cuando oía que mi padre volvía del cine a la una de la mañana, me hacía el dormido después de apagar la linterna. Hasta esa hora había estado leyendo tebeos y cuentos con la ayuda de la preciada linterna y embozado con la colcha de la cama. Me proveía yo de las pilas sin que nadie se enterara. Mi madre me prohibía encender la lámpara de la mesilla más allá de las 11 de la noche.

Mi vida ha sido tan ajetreada que guardo muy pocos objetos de mi infancia e incluso de épocas posteriores. Cuando niño, mi madre condenaba a la cocina (económica), y luego a una vieja estufa, todo material que fuera combustible, madera, cartón o papel. Por lo general, se trataba de objetos que yo había acumulado: libros, tebeos, dibujos, recortables, maquetas, cromos, etc. Luego, el baile de continuas mudanzas terminó por consumir los restos de los naufragios. (Recuérdese que, a lo largo de mi vida he tenido cerca de una treintena de domicilios en distintas localidades y países). Ahora lamento no poseer todo ese material perdido. Por otro lado, me sobran toneladas de papel con escasa utilidad. Almaceno, sin ningún orden, miles de páginas manuscritas.

Recuerdo a mi madre en la cocina de la "bodega", atareada con la operación de hacer jabón. En algunas tiendas de ultramarinos vendían de estraperlo sosa caústica (que no había que tocar con las manos). En la carnicería se obtenían gratis despojos de tocino y sebo. Con esa mezcla, más agua y algún otro ingrediente que no recuerdo, mi madre llenaba un bidón, que había que poner a cocer durante varias horas.

Me parecían interminables, porque a mí me tocaba remover sin cesar el pestífero mejunje mientras se cocía. Aquello parecía las calderas de Pedro Botero. No había que parar de revolver la mezcla ("remejer", decía mi madre), pues, si no, se cortaba, se echaba a perder. "Es como la mayonesa", decía mi madre para que yo entendiera el esfuerzo. Una vez enfriada la pasta resultante, se cortaba con un alambre para hacer gruesas pastillas de jabón de color crema. Era un buen disolvente, pero olía a rayos. Existía el "jabón de olor" en las droguerías, pero solo se compraba para colocarlo en el armario de la ropa. Realmente solo había un armario ropero para toda la familia. Se trataba de perfumar un poco la ropa como un signo de distinción. Lo de "oler bien" era un valor. Ya se sabe que el agua de colonia ha sido tradicionalmente en España un consumo de primera necesidad para las familias modestas.

Hoy nos parece increíble que hubiera una época en la que el jabón fuera escaso, casi un artículo de lujo. Conservo un texto escolar (Edelvives, *Nociones de Ciencias*, 1943) en el que se recomienda: "El cuero cabelludo ha de jabonarse a fondo cada tres semanas; el hacerlo con demasiada frecuencia volvería el pelo quebradizo, con lo cual se adelantaría la calvicie". Era una forma de justificar la escasez de jabón. En los años de la bodega no teníamos ni siquiera una ducha. Una vez a la semana nos lavábamos "por partes" con agua que calentábamos en la cocina y unas gruesas pastillas del jabón doméstico. Entre semana bastaban unas someras abluciones de la cara y las manos. Lo que sí se exigía era lavar las manos antes de las comidas. Las frecuentes manchas de tinta en los dedos de las manos se quitaban muy bien al frotarlas con "moco de ballena". Era un resto óseo de no sé qué peces que la marea depositaba en la playa.

La supervivencia en medio de los años de la escasez se debió sobre todo al extraordinario espíritu de sobriedad de María. No solo en aquellos años, durante toda su vida se abstuvo de probar el alcohol, el café o cualquier tipo de refresco. No utilizó nunca más especias que el azafrán o la canela, y, aun así, en cantidades homeopáticas. Naturalmente, no fumó nunca, aunque tampoco lo hizo mi padre. Ahora que recuerdo, en la época de Judiez tampoco fumaban mis tíos. Todos ellos, los varones, tenían cartilla de racionamiento para el tabaco, pero esas raciones se las fumaba bonitamente mi abuelo Amando.

Siento haber expuesto algunas de las prácticas de mi madre, que hoy se considerarían "economía sumergida" o incluso pequeños delitos. Pero en aquellos duros años eran solo reacciones para sobrevivir, para superar el estado de necesidad. La prueba es que, pasados los "años del hambre", no hubo que recurrir más a esas prácticas de supervivencia. Una muy curiosa era la habilidad que tenía mi madre para hacerse con alguna cartilla de racionamiento de algún ausente o fallecido. Más fácil era disponer de un documento que acreditara su condición de pariente de militar para poder comprar en el economato de los militares. Lógicamente, en ese lugar los artículos eran mucho más baratos que en las tiendas. Los dependientes no ponían muchas pegas a los documentos, pues lo que necesitaban era vender. Conocían perfectamente las prácticas de falsificación de documentos que llevaban a cabo muchos clientes. Eso era también una forma benévola de "estraperlo".

No nos podemos hacer una idea cabal de la situación de penuria que supuso esa época de los "años del hambre". En las zonas agrarias no se notó tanto, pues siempre había cerca alguna huerta o animales domésticos. Pero en San Sebastián la escasez de alimentos era angustiosa; para las clases modestas, claro está. La clase acomodada vivía muy bien. Recuerdo que, en las Navidades, uno de los jefes de mi padre en Hacienda nos invitaba a mis padres y a mis hermanos a una merienda opípara. Al terminar, los niños recibíamos sendos regalos muy bien envueltos. En aquella casa había calefacción y gruesas alfombras, se almacenaban muchos libros y se respiraba bienestar.

Se me ha fijado en el recuerdo una vez que me envió mi madre a comprar una botella de aceite de oliva. Debía de tener yo nueve años. Inexplicablemente, el aceite lo vendía de "estraperlo" el mismo tendero que despachaba la sosa cáustica, que también estaba "intervenida". Es posible que se considerara material estratégico. Los niños eran los mejores recadistas; podían pasar inadvertidos para los guardias. Recuerdo perfectamente que mi madre me dio 80 pesetas para comprar la botella de aceite. Es difícil traducir esa cantidad a los precios actuales. Baste decir que el sueldo de mi padre en Hacienda no llegaría entonces a las 400 pesetas mensuales. El aceite era como el oro. No hacía falta decir que fuera "virgen".

Se comprenderá con qué cuidado llevaba yo la botella de Anís del Mono llena de oloroso aceite, envuelta en un periódico. Bien es verdad que las 80 pesetas es el precio máximo del aceite que yo recuerdo. Por entonces utilizábamos también aceite de coco, mucho más barato, pero de sabor horrible. En cambio, la manteca de cerdo daba un sabor exquisito a los fritos, entonces, no sé por qué, tan abundantes en los días de fiesta. Nadie sabía entonces lo que era el colesterol. Lo que no se verificaba era el refrán "cuando seas padre comerás dos huevos". Los huevos, que se compraban por unidades a las "casheras", se reservaban para los hijos.

El dulce favorito de mi madre eran las "bollas", una masa de harina, azúcar y leche, extendida en forma de obleas, que se freía en aceite o manteca muy caliente. El calor repentino levantaba en la masa unas burbujas; por eso se llamaban "bollas". Tomadas con chocolate hecho muy espeso eran una bendición en los días de fiesta y los "santos" (= los cumpleaños). El chocolate lo tomábamos en unas jícaras de porcelana; eran las piezas más valiosas del ajuar que habíamos traído de Pereruela. Mi cumpleaños coincide casualmente con el día de San Sebastián, el patrono de la ciudad. Indefectiblemente el regalo de ese día era un par de calcetines o unas medias (calcetines largos para las botas). En esa fiesta, que era la del santo patrono de la ciudad, comíamos chistorra (= chorizo fresco muy delgado y frito).

Decía que mi manera de ser o de ver el mundo ha salido a la de mi madre. Se caracterizaba, por ejemplo, por una alta capacidad para aguantar el frío, el calor, las necesidades, las inclemencias, las injusticias. Me hubiera gustado parecerme a mi padre en su insuperable arte de fingir o de representar, tan necesario en una sociedad compleja. Pero por ese lado no he dado la talla. La capacidad de aguante, heredada de mi madre, quizá me haya provisto de una cierta insensibilidad para el daño que pueda hacer a los demás. No es una buena cualidad, lo reconozco.

Mi identificación con mi madre y la adopción de su carácter me llevó a otro resultado adverso. Recordemos que ella se llevaba mal con su familia de origen y muy mal con su familia política. Quizá por mimetismo, yo también he mantenido una actitud distante y fría respecto a mis parientes. Solo cabe la excepción de mi primo José Antonio (mi ahijado) y sus padres (María y Pepe), con los que siempre he mantenido una buena inteligencia. Está claro que el familismo no es mi fuerte. Ni siquiera ha funcionado con mis hermanos. Vaya un sociólogo que estoy hecho.

En Estados Unidos, donde he residido tantos años, es un arquetipo social la *Jewish mother* (= madre judía). Es la madre que tanto influye en la vida de muchos profesionales, incluso aunque no sean judíos. Ese arquetipo aporta una notable dedicación al trabajo y un manifiesto sentido de culpa. Pues bien, si bien se mira, yo también he tenido una "madre judía", al menos en el sentido de marcarme un exigente espíritu de superación.

Al final de su vida, mi madre octogenaria apenas se podía comunicar con los demás. Pero, cada vez que me veía, la abuela seguía indagando cómo iba mi trabajo y el de mis hijos. Durante años anduvo preocupada por la carrera de Mary Paz, la madre de mi nieto Jorge.

El espíritu de superación no debe interpretarse solo en su significado profesional. Mi madre le daba también un sentido cotidiano. Una de sus frases preferidas, a la hora de comer, era "no me quedéis hurmientos". Todavía la repetimos alguna vez los hijos y nietos como afectuoso recuerdo para María. En el dialecto zamorano esa frase equivale a decir "no dejéis sobras en los platos". (El hurmiento literal es la levadura). El principio que yo aprendí de mi madre es que uno debe comer todo lo que se sirve en el plato. No se trata de una norma dietética sino de conducta, de disciplina y de responsabilidad. La norma la tengo tan interiorizada que toda mi vida he respondido automáticamente a la obligación de no dejar "hurmientos" en el plato. Comprendo el ridículo que hago ahora al mantener esa norma de terminar todo lo que está en el plato. En el círculo social donde me muevo funciona la norma contraria: lo elegante es no terminar la ración que le sirven a uno. Esa doctrina de la disciplina en la mesa, sostenida por María hasta el escrúpulo, resultó muy chocante cuando intentó aplicarla a la generación de sus nietos. Aun así, con ellos seguía diciendo lo de los "hurmientos", pero ya era solo un mantra familiar, que más bien provocaba hilaridad. No quiero ni pensar lo que dirían mis nietos si yo intentara transmitirles esa norma de comportamiento.

Vuelvo hacia atrás. En los primeros años 50 cambió la coyuntura económica (hubo excelentes cosechas). Se acabó el racionamiento y la sociedad española empezó a desperezarse. Mis padres se hicieron con un piso ático en el barrio de Gros. Entró en casa el tocadiscos, la ducha, el teléfono y la nevera de hielo. Ese último artefacto se introdujo, una vez más, gracias a la iniciativa de mi madre. Una prima suya, Angelita, de Palencia, se pudo permitir el lujo de dejar la vieja nevera de hielo y adquirir un "frigidaire", como entonces se decía. Mi madre se fue en el tren hasta Palencia, cargó con la nevera de hielo y se vino con ella hasta San Sebastián como si fuera el equipaje. Se clausuró la "fresquera" y empezó la vida moderna. Claro que había que bajar a comprar media barra de hielo cada dos días, y esa tarea me correspondía a mí. El esfuerzo valía la pena. Por lo menos la leche ya no se cortaba como hasta entonces. Con la leche cortada (= fermentada) mi madre hacía una especie de requesones, a los que añadía azúcar. Era algo así como un yogur doméstico. Esa es la razón por la que todavía no puedo con el yogur. Me recuerda el plato de requesones que mi madre me obligaba a comer en los años de la "fresquera". La norma era que ningún alimento tenía que ir a la basura. Como puede colegirse, aquella no era todavía la famosa sociedad de consumo, aunque ya se anticipaba.

Otra de las fobias alimentarias que tengo es el bacalao. Se juntan aquí dos experiencias infantiles ligeramente traumáticas. Por un lado, estaba la ingesta obligatoria de aceite de hígado de bacalao, un estragador líquido viscoso que olía a rayos. Había que tomarlo pinzando la nariz. A veces, como recompensa por el sacrificio, se obtenía un caramelo. Estuve tomando aceite de hígado de bacalao durante años. Era la medicina (o el castigo) para los niños enclenques como yo. Por otro lado, se introducía la obsesión de mi madre para darnos pescado, que era entonces en San Sebastián un alimento barato. Aparte del bocarte y las sardinas, su opción preferida era guisarnos el bacalao con tomate frito. A mí me decía que era merluza. Enterado del engaño, acabé cogiendo manía al bacalao; todavía me dura, y eso que soy un ictiófago, un fanático del pescado.

Creo que, al final, las personas no son de donde nacen, sino del lugar donde han sido más felices. María nació en Madrid, una peripecia que ella siempre quiso que ocultara los detalles, como otros de su azarosa vida de soltera. Habrá que respetar ese silencio. De mayor, nunca se sintió madrileña ni zamorana y sí donostiarra, por extraño que pueda parecer. Simplemente, a pesar de haber padecido los "años del hambre", se sintió plenamente feliz en San Sebastián. Para ella fue un desgarro volver a Madrid, pero lo hizo para asegurar el futuro de sus hijos. Antes de eso, cuando estaba muy enferma en el Hospital de la Beneficencia de San Sebastián, me dijo con naturalidad: "Que me entierren aquí, en Polloe". Se refería al cementerio, cercano al hospital. Para conseguir ese deseo póstumo, mis padres abonaban entonces una cuota mensual a una compañía de Seguros (El Ocaso). Me arrepiento ahora de haberles convencido después, en Madrid, de que cancelaran ese seguro.

Una semanas antes de morir, trasladamos a María a la Clínica Puerta de Hierro para que le hicieran no sé qué pruebas. La pobre ya no se tenía en pie y apenas musitaba algunas palabras inconexas. Pero rememoro unas, desconcertantes, que me conmovieron: "Yo, a Polloe, como Tomasín". Realmente, su hijo Tomás había sido enterrado en Pereruela, pero en la tierra, no en un nicho. Eso es lo que quería decir María, que la tumba tenía que ser excavada. Cuánto he lamentado después no haber presionado a mis hermanos para cumplir el último deseo de María. No era otra cosa que ser inhumada como Dios manda, en contacto con la tierra de San Sebastián, la ciudad que verdaderamente amó. Lo de aventar las cenicas de un cadáver era para María una falta de respeto. Hay un broche sarcástico de toda esta historia. Un mes después de la muerte de María, llegó por correo el resultado de las pruebas que le habían hecho en la Clínica Puerta de Hierro. Ya que la pobre no tuvo ese homenaje póstumo de ser inhumada en la tierra, bien valdrá la observación de que para mí ha sido el personaje que más me ha influido.

4. Hacerse un hombre

Como queda dicho, estas páginas no siguen un estricto orden cronológico. En principio, se atienen a las fases del carrusel de mi vida, pero, cuando sea conveniente, saltarán de una a otra. Lo fundamental es seguir el hilo de la memoria y el del interés. No pretendo tanto acumular hechos o detalles como interpretar el medio en el que me he desenvuelto.

Educación

Ahora estoy con el engarce entre familia y educación, que ha sido tan fundamental en mi vida. Me centro sobre todo en el paso de la niñez a la adolescencia que tuvo lugar en San Sebastián, donde habían emigrado mis padres en 1944. Eran los difíciles "años del hambre", que iban a marcar tanto la vida de mi familia (y la del país, claro). Como es natural, a medida que va entrando la adolescencia, deja de pesar el influjo de la familia de origen y comienzan a aparecer los estímulos educativos. Ahí es donde se introducen nuevas personas, lecturas y otras circunstancias.

Desde los primeros años escolares oí hablar muchas veces de la noción escolástica de "uso de razón". Por lo visto coincidía con los siete años de edad, seguramente por el prestigio pitagórico del número siete. Antes de ese límite pensé muchas veces lo extraño que era el sentimiento de razonar y de carecer del uso de razón. Años más tarde, cuando yo estaba en el bachillerato, mi hermano José Luis asistía al Colegio de las Jesuitinas. Un día llegó muy satisfecho a casa y me espetó: "La monja nos ha dicho que, como todavía no tenemos siete años, podemos hacer lo que queramos. No se puede pecar porque no tenemos uso de razón". Efectivamente, armado de esa seguridad moral, mi hermano José Luis se dedicó a hacer todo tipo de travesuras, mínimas como eran. No supe cómo orientar su conciencia. Empecé a pensar que el misterioso uso de razón no era una cualidad tan deseable como parecía. O lo que es lo mismo, que dejar de ser un niño no era el adelanto que se había supuesto.

Se podrá discutir si ese rito de paso que es el uso de razón es una buena teoría para explicar el proceso de socialización. Pero en mi caso supuso un cambio espectacular de decorado. Al cumplir yo los siete años, mis padres se sumieron en el movimiento masivo que se llamó (un tanto campanudamente) "éxodo rural". Pasaron de vivir en un pueblo humilde con un buen pasar relativo al ambiente de San Sebastián, la ciudad de mayor nivel de vida de España. Además, me llevaron al mejor colegio de la ciudad, el de los marianistas de Aldapeta. Mi padre pasó de ser alcalde en su pueblo a un oficio subalterno en San Sebastián (ordenanza de Hacienda, acomodador de un cine). Mi madre regentaba la portería de la casa, lo que suponía, entre otras funciones, fregar las escaleras de toda la finca. Recuerdo que todavía no se había inventado la fregona y, por tanto, para fregar el suelo, había que arrodillarse. A mí me tocaba la pesada tarea de subir y bajar los cubos de agua para que mi madre terminara pronto con el fregoteo de la escalera de la casa. Comprendía solo cuatro pisos, pero los escalones eran de madera y había que manejar mucho el estropajo y la lejía. Entonces ni siquiera había guantes de goma, fuera de los hospitales, supongo. Ahora puedo decir, de forma pedante, que se trataba de un duro ejercicio de desclasamiento por mor de la emigración. Téngase en cuenta, además, que uno de los vecinos de la casa era la familia de un compañero mío del Colegio. Siempre tuve con él un buen entendimiento.

Así pues, se produjo un fuerte desclasamiento en mi familia que suscitó, paradójicamente, un enérgico espíritu de superación. La tesis de mi madre estaba muy clara y la repetía con frecuencia: todos los sacrificios valían la pena con tal de que "los hijos llegaran a tener el grado". Lo del "grado" era una carrera universitaria. Añadía a veces, "como don Gregorio", el médico de Pereruela, que fue siempre el modelo para mi madre y quizá para una buena parte del pueblo. No en vano fue el médico que ayudó a mi madre en el trance de traerme al mundo. Debió de ser un parto difícil.

El Colegio de los marianistas se llamaba "Colegio Católico de Santa María". Lo cual era una suerte de pleonasmo. Pero el adjetivo de "católico" se lo puso la primera hornada de marianistas que llegaron a España a finales del siglo XIX. Aunque frailes, se llamaban profesores y no llevaban sotana sino levita negra. Por tanto, las buenas familias donostiarras podían haber creído que eran protestantes. Todavía en mis tiempos, los profesores iban de riguroso traje negro, camisa blanca y corbata negra. En la calle llevaban siempre sombrero. Los alumnos los llamábamos cariñosamente "levitas". Esa indumentaria formal se proyectaba sobre los alumnos, que veníamos obligados a llevar chaqueta y corbata. Ese atuendo ni siquiera se alteraba para la clase de gimnasia, llamada "gimnasia sueca". Consistía en hacer rítmicos movimientos corporales al unísono, todos los alumnos en formación y en silencio.

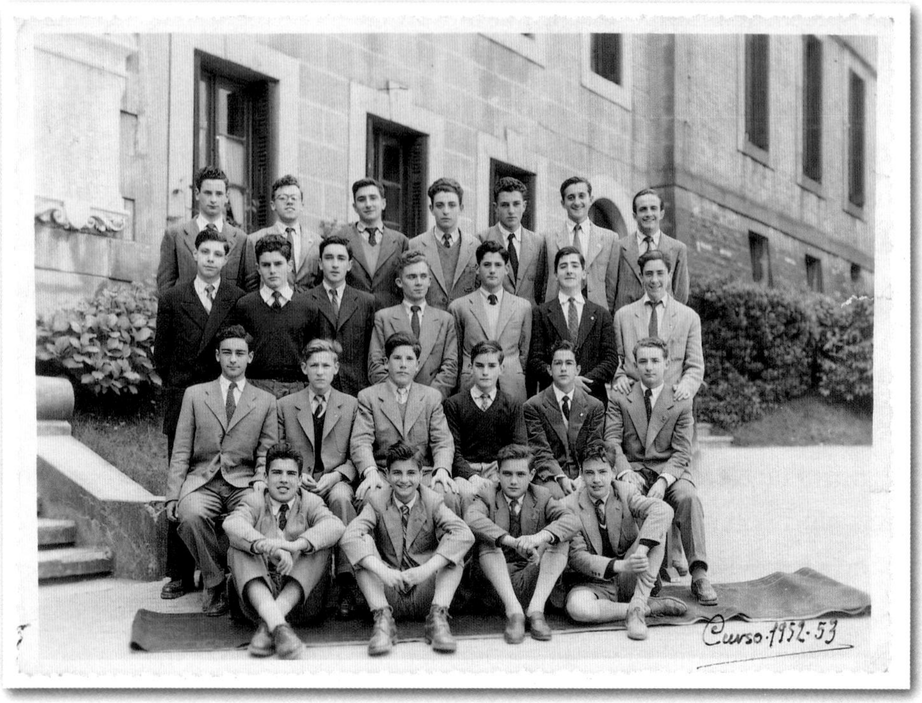

Esta es la clásica foto del Colegio Católico de Santa María, de San Sebastián (curso 1952-53). La corbata y la camisa blanca eran prendas imprescindibles. Yo estoy en el centro de la última fila.

El tono de la educación que recibíamos era resueltamente disciplinado. La misa era diaria y la regla conventual del silencio regía todas las actividades menos el recreo. Las notas eran semanales y las leía públicamente el director a cada uno de los alumnos. Las notas puntuaban de cero a 50, asignatura por asignatura, más "conducta" y "aplicación". La media del conjunto se traducía en una orla de distinto color según el nivel alcanzado. El color dorado equivalía al primero de la clase. El color rojo era el sobresaliente, seguía el azul, el verde, etc. Tengo que decir que, al llegar al Colegio, mis notas eran verdes o azules, pero pronto pasé a las rojas. En ese color de cabeza me mantuve casi siempre. Algunas veces conseguí la orla dorada. Solo descendí alguna vez al azul porque me bajaba el promedio la nota más floja de conducta o aplicación. No es que fuera yo un alumno díscolo. Simplemente solía tener desordenado el pupitre, o violaba la regla del silencio, o era un tanto respondón, o leía cuentos en lugar de los libros de texto. Algunas veces me daba por escribir poesías satíricas en contra de algún profesor, que circulaban como hojas volanderas. No podía permitirme el lujo de sacar malas notas porque, como alumno becario, tenía que esmerarme.

La categoría de becario exige una explicación. Mis padres me matricularon en los marianistas porque se enteraron de que era el mejor colegio de la ciudad. Extrañamente no les importó que el pago de la mensualidad del colegio fuera algo así como la tercera parte del sueldo de mi padre. Así estuve el primer año hasta que un día, al llevar a casa el recibo de lo que había que pagar, donde ponía la cantidad, figuraba "becario". Ni mis padres ni yo habíamos oído nunca esa palabra. Solo mi madre apuntó que los "becarios" eran los seminaristas que estudiaban gratis. Pensamos que los marianistas querían que yo fuese al seminario para hacerme cura.

Mi padre acudió todo medroso a ver al director (el padre Angulo, una figura enjuta como la de Pio XII). Se trataba de ver qué era eso de "becario". El director le dijo que yo había mejorado mucho, pero "usted no puede pagar la mensualidad con lo que gana". En su virtud, a partir de ahora, el Colegio no me iba a costar nada; era un becario. Más tarde obtuve una beca en metálico del Frente de Juventudes. Toda mi vida de estudiante he tenido alguna beca, incluidas las estadías como profesor o investigador en los Estados Unidos. En la carrera hubo un momento, incluso, en que renuncié a la beca del SEU (el sindicato oficial de estudiantes). La razón fue que me habían concedido otra beca mejor provista del Ministerio de Educación. Recuerdo muy bien quién me seguía en méritos para la colación de la beca del SEU y, por tanto, fue el que obtuvo ese privilegio: Luis González Seara. Nunca le comenté ese particular. Hemos sido siempre buenos amigos. Más tarde Luis llegó a ministro de Universidades. Cuando éramos estudiantes, él siempre decía que iba a llegar a ministro. Hay vocaciones admirables.

Vuelvo a la etapa del Colegio. Yo no era lo que se dice un alumno "empollón". Hacía mis tareas escolares para cumplir. Sin embargo, dedicaba mi tiempo principal a leer tebeos o cuentos, a hacer mapas, a dibujar, a escribir artículos para la revista del Colegio. Se añadía el trabajo de escribir y dibujar los periódicos murales o ciclostilados del Frente de Juventudes. Como muchos otros chicos, era un maniático del coleccionismo (cromos, sellos, insectos, minerales, hojas y flores, etc.).

Al poco tiempo de entrar en el Colegio hice la primera comunión. Era una fiesta muy solemne. No creo que fuera el día más feliz de mi vida, pero al menos fue uno de los más emotivos. Mis padres hicieron un esfuerzo extraordinario para comprarme un traje blanco aunque modestito. Creo recordar que era de segunda mano. Algunos niños iban vestidos de almirantes. Vino mi tío Lucas para la ocasión. No paraba de exclamar "¡alá!" en tono admirativo. Por ejemplo, le parecía fantástico que casi todos los comulgantes llegaran al Colegio en coche. La capilla refulgía de luz y de flores. Mi madre nos hizo para la ocasión un desayuno regio con chocolate espeso, bollas y torrijas. Se sumaron al ágape algunos amigos y vecinos. Recuerdo a uno que era policía armada y que estaba luchando contra los "maquis" en los Pirineos. Llevaba un impermeable gris de una tela que no habíamos visto nunca y que había sido un regalo a España de los alemanes.

El paraíso de la niñez (por lo menos aureolado por el recuerdo) se componía de placeres sencillos: colecciones de cromos, lecturas, juegos. Los días de fiesta lo eran entonces mucho más que ahora. Se ponía uno el traje de los domingos. La misa en el Colegio era solemne; incluía el himno nacional en el momento de la elevación. Al tiempo se rendían las dos banderas, la de España y la del Colegio. Los domingos en los que mi padre tenía "matiné", el ingreso extra de las propinas lo dedicaba a comprar pasteles, un verdadero lujo. Mi madre hacía un menú especial: pollo asado, paella o croquetas.

No todo es felicidad en el mundo infantil. Hay también lugar para agobios y sufrimientos. Los que se han fijado en la memoria pueden parecer mínimos, pero en su día resultaron pesarosos. A veces el trauma es simplemente el sentimiento de ridículo. Un ejemplo. Era el primer mes de estar en el Colegio. Nos llevaron a una rutinaria revisión médica. Para los demás niños era, efectivamente, una costumbre, pero para mí representaba un duro trance, por novedoso. Yo no había visto nunca nada parecido a un médico con bata blanca en el ambiente de una clínica. (Tengo que decir que, desde entonces, padezco iatrofobia, horror al personal sanitario y a los hospitales). Una de las pruebas era para descubrir el posible daltonismo. Se encendía una luz, verde o roja, y había que decir el color que uno veía. Yo estaba muy nervioso. Se encendió la luz roja y yo exclamé triunfante: "¡colorao!". Los compañeros estallaron en una ruidosa carcajada y yo me creí morir de vergüenza. En la clase yo era el paleto, el que venía de un pueblo de Castilla. Mi vocabulario debía de ser un poco raro. De todas formas, la discriminación no era lingüística sino de clase social, de ambiente. Casi todos los alumnos eran castellanohablantes; solo eran euskaldunes algunos internos. Pero todos pertenecían a la clase distinguida. Era claro que en aquel ambiente yo estaba fuera de lugar.

Otra consecuencia fatídica de la revisión médica es que nos miraron a todos las amígdalas. Debo advertir que yo sufría de anginas con frecuencia. Se sabía que el médico regentaba una clínica particular de otorrino en la que realizaba las extirpaciones de las amígdalas. No era de extrañar que a mí me tocara también la prescripción de que tenía que someterme a esa operación. Entonces no existía la Seguridad Social o no se aplicaba para esos casos. Mi padre me llevó al hospital de la Cruz Roja, donde operaban gratis. Era un edificio desangelado, incluso sórdido. Después de una somera inspección de la garganta, decidieron que había que operar inmediatamente. Nos hicieron esperar en una salita con azulejos blancos. Había más niños con el mismo diagnóstico. Pasaban los minutos y las horas; la cola de pacientes no menguaba. Seguramente había más salas de espera. Se oían algunos gritos distantes, amortiguados por las gruesas paredes del hospital. Yo me iba consumiendo de angustia; estaba a punto de desmayarme. Al ver mi cara de terror, mi padre me cogió de la mano y me dijo: "Vámonos; aquí no hacemos nada". Así, hasta hoy. Quiero decir que ni entonces me operaron, ni han vuelto a intentarlo.

Hasta la época juvenil estuve muchas veces con anginas. Mi madre nunca me llevaba al médico; ya sabía lo que tenía que hacer. Me administraba un supositorio de bismuto ("el caramelito", decía) y la inflamación desaparecía en seguida. La cosa era no perder un día de colegio.

Años más tarde me arrepentí de la infamia que supuso la ablación de las amígdalas de mi hijo Iñaki cuando contaba seis años de edad. Sobre todo porque su madre y yo oíamos sus gritos que provenían del quirófano: "¡Me habéis engañado!", decía con amargura Iñaki. El engaño consistió en que le dijimos que el trámite no iba a ser doloroso y que luego tendría todo el helado que quisiera. Pero luego, al parecer, la operación fue sin anestesia. Nunca me perdonaré haber tomado esa cruenta decisión.

Una secuela de las escenas infantiles reseñadas ha sido el terror a los hospitales y los médicos que he padecido desde entonces. Varias veces, en Estados Unidos y en España, he sufrido el trauma de pruebas y tratamientos clínicos que no han conducido a nada más que a acumular facturas. No me consuela mucho el hecho de que la Medicina haya contribuido a alargar mi vida y la de mis congéneres. Me siguen aterrorizando las batas blancas. Incluso los fármacos los considero, para mis adentros, en su sentido originario, como venenos. El lector se puede imaginar el terror que sentí cuando, hace poco, me recetaron unas pastillas con la advertencia de que había de tomarlas "de por vida". Comprendí de golpe lo que era la vejez, la enfermedad crónica. Recobro el hilo cronológico.

Adolescencia

En las biografías de muchos escritores contemporáneos está el episodio de la larga enfermedad adolescente. Se pueden citar las Memorias de Claudio Sánchez Albornoz, Rafael Alberti, Jaime Gil de Biedma, José María Castellet, Manuel Sacristán, José Manuel Caballero Bonald, entre otros. Esa enfermedad requería largo tiempo de reposo con intensas lecturas. Yo también pasé por ese trance a los 16 años, el del curso preuniversitario. Era una dolencia del pulmón, aunque no llegó a la terrorífica tuberculosis. No es casualidad que "adolescencia" sea una palabra emparentada con un verbo latino que significa "sufrir".

Estuve varios meses en la cama, pero conseguí no perder curso e incluso saqué premio extraordinario en los exámenes del curso preuniversitario. Me salvó la vida un médico vecino (Felipe Ponce de León), que incluso obtuvo el nuevo milagroso fármaco, la estreptomicina. Era entonces una medicina carísima, pero don Felipe la consiguió gratis en el hospital militar donde ejercía. (Precisamente en esa fecha le daban el premio Nobel de Medicina a Abraham Waksman por el descubrimiento de la estreptomicina). Puede que en mi caso operara también el poder salutífero de la sobrealimentación. Mi madre me preparaba todos los días su receta casera: una jarra de zumo de limón (natural), a la que se añadía azúcar a discreción y media docena de huevos con cáscara. Después de unas horas de maceración, se disolvía la cáscara de los huevos y se revolvía todo. El brebaje era mano de santo.

La consecuencia de la obligada postración en la cama durante meses fue que me devoré un par de libros diarios. Puede que esas lecturas intensivas me ayudaran en el examen de "preu", que entonces se hacía en la Universidad. Para mí era la de Valladolid. Aunque estaba yo convaleciente, fue una gran alegría entrar simbólicamente en la Universidad por la puerta grande. En el examen oral me preguntaron por "la mita del Perú prehispánico". Fue una suerte. Estuve hablando sin parar hasta que me cortaron. Los catedráticos del tribunal estaban encantados, y más don Jacinto, que era el profesor del Colegio que nos acompañaba. Sobre la "mita" (el sistema de trabajo esclavo de los incas) nos había hablado don Moisés en clase y yo me había leído un libro sobre el Perú prehispánico.

Lo que antes se llamaban travesuras infantiles hoy no lo son tanto. La razón primera es que antes los niños podíamos estar muchas horas sin la supervisión de los adultos. Recuerdo con particular deleite las tardes de invierno cuando yo tenía 11 años. Era la culminación de los "años del hambre". En el Colegio muchos días nos daban suelta a primera hora de la tarde a causa de las restricciones eléctricas. Era el momento de ir a jugar a la playa de La Concha o a los parques de los alrededores. El momento feliz coincidía con la poda de los tamarindos, lo que nos proveía de palos para las luchas y otros alardes. Era corriente que alguno de los combatientes quedara descalabrado. Durante esa época belicosa me aficioné a fabricar pólvora, una mezcla de carbón vegetal, cloruro potásico y azufre. Esos ingredientes los vendían libremente en las droguerías. La mezcla incendiaria provocó algunos sustos. Durante toda la tarde los chicos éramos dueños de las calles, las plazas y paseos. Coches solo había los mínimos. La sensación de libertad era plena. No creo que la hayan disfrutado después las sucesivas promociones infantiles, a pesar de que han gozado de una educación más tolerante o permisiva.

Bien es verdad que, en esos "años del hambre" escaseaban los alimentos; los de primera necesidad estaban racionados y los demás alcanzaban precios prohibitivos. En el ambiente de clase acomodada de mi Colegio, los chicos comían bien, incluso pan blanco, que era un lujo. Nunca se me olvidará el bocadillo que llevaban algunos para el recreo: un bollo suizo con mantequilla y jamón serrano. Yo llevaba un bocadillo con el chusco del racionamiento y dulce de membrillo o tortilla francesa. En mi casa la norma era la austeridad. Mi madre llegó a enfermar gravemente debido a la forzada dieta que se imponía. Al menos los hijos estábamos mejor cuidados. Mi madre se propuso hacer en casa una especie de obleas de harina de maíz, que en vasco llaman "talúa", ásperas e insípidas. En el Colegio organizaban algunas excursiones a Biarritz. Los chicos íbamos tan contentos, porque esas salidas nos permitían volver con la mochila cargada de auténticas "baguettes". Los carabineros de la Aduana hacían la vista gorda ante ese inocente contrabando.

Todos los adolescentes disfrutábamos de la correspondiente "paga" familiar para nuestros gastos menudos (cromos, tebeos, canicas, etc.). Reconozco que, en mi caso, destinaba una buena parte de la modesta "paga" a proveerme de golosinas (cacahuetes, castañas, chufas, orejones). A veces compraba recortables para mi hermano José Luis, que era su manía.

Los olores y los sabores perviven a lo largo del tiempo en no sé qué neuronas. No se me va de ellas el aroma del tostadero de cacahuetes que había en la plaza de la Constitución, donde se encontraba la Biblioteca Municipal. Mediado el bachillerato, me iba algunas tardes a esa biblioteca a leer libros de aventuras (Julio Verne, Emilio Salgari, etc.). Para completar el rito, me proveía de un cucurucho de cacahuetes recién tostados que me sabían a gloria. Todavía hoy me resulta especialmente placentera la lectura o la escritura en mi sillón favorito, acompañado de un platito de frutos secos. Está demostrado en mi caso que los frutos secos ayudan a disparar la imaginación y el pensamiento. Los nutriólogos sabrán por qué. Quizá sea un reflejo condicionado.

La experiencia formativa del Colegio fue para mí muy completa, más que nada porque la compaginé con la del Frente de Juventudes. Unos cuantos chicos formamos una centuria de estudiantes, "Cardenal Cisneros". Allí se organizaban muchas actividades culturales y de adoctrinamiento político. Mi relación fue más estrecha con dos camaradas, que llegamos a constituir una trinca inseparable: Julio Abad y Alfonso Manso. Ambos eran un poco mayores que yo y tuvieron siempre una gran ascendencia sobre mí. Julio llegó a ser más tarde un exitoso director de una Caja de Ahorros. Alfonso se dedicó al bufete de abogado.

Tengo una impresión muy favorable de la experiencia formativa del Frente de Juventudes. A partir de los diez años de edad teníamos que asumir responsabilidades. Debíamos escribir y dibujar en el periódico de la centuria (el mural o el que se tiraba a multicopista). Había que preparar la comida en las "marchas" (excursiones). En los campamentos era necesario disponer la limpieza de la ropa o de la tienda. Se fomentaba la práctica de hablar en público. He comprobado muchas veces que las personas que pasaron por esas experiencias luego han sido competentes profesionales o empresarios.

Destaca una gran paradoja: la formación del Frente de Juventudes no era tan autoritaria como la del Colegio. La prueba es que el paso por el Frente de Juventudes nos llevó después a muchos a favorecer la democracia en contra de la persistencia del franquismo. La explicación está en que la experiencia formativa del Frente de Juventudes nos acostumbró a tener opiniones personales desde muy pronto. Incluso se puede percibir en tiempos recientes una suerte de "socialismo", que yo llamo "del Frente de Juventudes", a favor del intervencionismo estatal. No participo yo de esa mentalidad, pero la percibo en algunos de mis contemporáneos más políticos y generalmente más de izquierdas. Es una mezcla de intervencionismo y de laicismo, o más bien, anticlericalismo. (También es curioso que las palabras "laicismo, anticlericalismo, agnosticismo" y otras parecidas se formen con raíces religiosas).

La limitación más grande de la experiencia formativa del Frente de Juventudes y del Colegio fue que los chicos nunca veíamos a las chicas. Era un extraño mundo de un solo sexo, como una manifestación más del autoritarismo o de los valores tradicionales. La estricta separación de sexos (y yo aún no tenía hermana) producía el efecto paradójico de una desmesurada y enfermiza curiosidad por todo lo femenino. Por eso nos fascinaba el cine, porque en las películas inevitablemente aparecían los dos sexos. Bien es verdad que funcionaba una férrea censura por la que los menores no podían ver las películas "no toleradas" o "con reparos". Naturalmente, esas eran las más atractivas.

La intensa formación religiosa, tanto en el Colegio como en el Frente de Juventudes, era consonante con lo que después se llamó irónicamente el "nacionalcatolicismo" de la época. Se trataba de una aparatosa religiosidad exterior que llenaba la vida toda. Las tandas de ejercicios espirituales o las procesiones de Semana Santa eran parte del paisaje. Especialmente sensual es el recuerdo de los oficios destinados a la Virgen María durante el mes de mayo. La capilla del Colegio estaba cuajada de flores olorosas. Los alumnos venían obligados a traer algún ramo. La práctica religiosa era tan intensa que el ritmo litúrgico marcaba la agenda del año. Los chicos sabíamos con naturalidad el color de la casilla del cura que correspondía a cada día. Yo ayudaba a misa muchas veces y, naturalmente, contestaba al cura en latín. Todavía hoy me resulta extraño, y hasta irreverente, la misa dicha en vernáculo. A veces me viene a las mientes el comienzo del Ave María no ya en latín sino en griego. *Aguía María, Méter Zeú*. Qué curioso, que nuestro "Dios" venga de "Zeus".

Ilustración de la Piedad de Miguel Ángel que dibujé para un certamen de redacción en el Colegio (1953). Confluye mi afición al dibujo con la intensa práctica de la escritura y la etapa mística. Por entonces, ese tipo de dibujos, a tinta china y en color, era tarea continua.

De los 12 a los 16 años atravesé una etapa mística, común a los adolescentes en esa época. Leía habitualmente el *Kempis* y la *Biblia*, entre otros libros de espiritualidad. Era el secretario de la Congregación de la Inmaculada en el Colegio, lo que me obligaba a levantar acta de las reuniones. El director espiritual me llamó la atención por la excesiva prolijidad con que redactaba las actas. En ellas introducía a veces algún toque con pretensiones literarias o por lo menos irónicas. Al mismo tiempo, el director espiritual me animó a publicar artículos en la revista del Colegio. Se titulaba *Reflejos*. Había sido fundada por Enrique Múgica Herzog, entonces un auténtico líder de los colegiales. Mucho más tarde sería ministro de Justicia y Defensor del Pueblo. La verdad es que, entonces, con sus pantalones bombachos, apuntaba maneras de intelectual. Lo recuerdo con un periódico bajo el brazo, una imagen insólita para un colegial. Enrique, por ser de familia materna judía, era el único alumno dispensado de asistir a la misa del Colegio.

Los artículos de la revista colegial, más los de la centuria del Frente de Juventudes, constituyen mis primeras obras, naturalmente perdidas y sin originalidad ninguna. Pero me dieron soltura para mi oficio perenne de juntar palabras por escrito. El ápice de ese género precoz fue un memorable ensayito que ganó el primer premio en un concurso literario. Lo convocaba el Instituto de Enseñanza Media "Peñaflorida". Se titulaba "Don Quijote y los ideales de la juventud". Tenía yo 16 años y lo escribí a máquina, una Olivetti portátil que me habían regalado mis padres. En el curso de ingreso en el bachillerato (10 años de edad), los alumnos leíamos en voz alta el Quijote como práctica de lengua. El tema del Quijote volverá a surgir en varios libros que escribí mucho después. No llegué nunca al virtuosismo de algunos colegas que podían recitar de memoria capítulos enteros del Quijote. Por ejemplo, Gustavo Villapalos o Manuel Funes Robert. Yo nunca pude pasar de las primeras frases con las que empieza la obra.

Aduciré algunos recuerdos mínimos de la etapa mística. Una de las iniciativas propuestas por el director espiritual fue la de comprometernos todos a llevar camiseta en la playa durante el verano. Se inauguraba la década de los 50, empezaban a llegar los turistas extranjeros. Lo de llevar camiseta nos parecía ridículo y prepóstero. La iniciativa fracasó. Otra actividad de apostolado moderno en la congregación fue la de fomentar el cine católico. Para ello escribimos a una productora para que nos enviara carteles y fotografías de películas con una temática religiosa. La productora nos invadió con una espléndida serie de fotografías de estudio. Representaban a Carmen Sevilla y a otras actrices de renombre. Llenamos el Colegio con tales despampanantes reclamos publicitarios. El director del Colegio se alarmó ante la desmesura icónica de aquella promoción del cine católico. Cierto era que Carmen Sevilla hacía de monja en alguna película. Sin embargo, sus fotos de estudio no eran precisamente un estímulo para la castidad. Así que la campaña del cine católico se clausuró sin más.

Lecturas

Aunque aprendí a leer prónto, la acumulación de lecturas empezó tarde, ya en San Sebastián, cumplidos los siete años. Simplemente, en Pereruela no había material de lectura, más allá de las hojas diarias del calendario y del periódico local (*El Correo*). La experiencia donostiarra supuso, de golpe, el estimulo de la lectura. Primero fueron tebeos, que al principio no los entendía. Se me saltaban las lágrimas por no comprender bien el lenguaje icónico de los tebeos. Pero en seguida superé ese desfase y me aficioné al género de manera compulsiva. Estaban encuadernados los tebeos en la biblioteca del Colegio y los había también en el "hogar" de la centuria. Un quincallero nos permitía cambiarlos por unos céntimos. Otro, aún más ingenioso, intercambiaba tebeos por chatarra (cartón, goma, hierros, etc.). Había un peluquero aficionado que nos cortaba el pelo en su casa y que nos proporcionaba tebeos para la larga espera. Entre todas esas fuentes de aprovisionamiento, se puede decir que había oportunidad de seguir las diferentes cabeceras. Mis tebeos favoritos fueron los del "Hombre enmascarado" y "Hazañas bélicas".

Tenía yo ocho años cuando me regalaron los dos primeros libros que tuve: *Robinsón Crusoe* y *Quo vadis.* El primero lo leí docenas de veces. El segundo me resultó muy difícil. Un tercer libro fue *Amaya, o los vascos en el siglo VIII,* que me fascinó. Luego vinieron los libros de Guillermo Brown, leídos en serie. En el Colegio teníamos la facilidad de la biblioteca que había en cada curso. Además, los sábados por la mañana (que eran lectivos) nos veíamos obligados a leer en clase libros de cuentos o tebeos. Aparte estaba la institución de la lectura en voz alta, que se hacía todos los días. Supongo que esas facilidades de lectura ya no existen en los sistemas pedagógicos actuales, si bien ahora se dispone del inmenso fondo de la televisión, vídeos y similares.

Cuando niño y adolescente, todos los libros que había en casa eran míos. Mi padre solo leía el periódico local (*La Voz de España*). Mi madre leía y comentaba conmigo las aventuras de Guillermo Brown, que nos resultaban desternillantes. Durante ese periodo siempre me sentí extasiado ante los hogares donde se guardaban muchos libros. En Pereruela no había libros más que en una casa, la del médico, don Gregorio. Él era el único habitante del pueblo que tenía coche. Pero no era ese artefacto lo que me maravillaba sino sus estanterías abarrotadas de libros. Conservo como una reliquia el diccionario de Latín que utilizaba don Gregorio; es de 1829. Luego, en San Sebastián, empecé a disponer de una pequeña estantería con libros y tebeos, que se fue ampliando. Hasta pude gozar de una cuenta de libros que mis padres me abrieron en Aguilar para adquirir libros a plazos. Los he ido perdiendo en los traslados y divorcios, pero conservo alguno como un tesoro. Por ejemplo, *Mil figuras de la Historia*, de Jaime Vicens Vives. Entonces ese nombre no me decía nada, pero, muchos años más tarde, profesé en la Facultad donde él enseñó. Colaboré con su editorial, dirigida por sus hijos. Hay que comprender el esfuerzo que supuso para mis padres comprarme docenas de libros antes de que en la casa entrara la ducha y los electrodomésticos.

La lectura no infantil que primero me impresionó fue *Tres horas en el Museo del Prado,* de Eugenio d´Ors. Lo leí a los 13 años. Era una edición muy pobre, con las láminas en blanco y negro, pero el libro me dejó turulato. Esa lectura me confirmó mi difusa vocación de ser algo así como pintor o historiador del Arte. Pero nunca di los pasos para perseguir esa vocación artística. No se cumplían las mínimas condiciones económicas o de ambiente para semejante sueño. O quizá mis capacidades artísticas eran muy limitadas. Cierto es que dibujaba mucho, pero siempre copiando. Otro autor "serio", que me impresionó, fue Chesterton, sobre todo la serie del padre Brown.

Puesto que lo mío ha sido siempre la escritura, bien estará recordar quién me enseñó a escribir. Las primeras letras, mi madre, muy tempranamente para mí. Antes de los 10 años ya hacía mis redacciones por mi cuenta. Los textos me los corregían en el Colegio si eran parte de las tareas escolares. Fuera de ellas, me ayudó mucho Carmen Banús, una jefa de mi padre. Recuerdo un borrador mío, que leyó Carmen Banús. Me tachó la calificación de "torrentoso" que yo daba al Ebro a su paso por Zaragoza. Naturalmente, yo no había estado nunca en Zaragoza ni había visto el Ebro. Simplemente, lo de "torrentoso" lo había leído en algún sitio y me gustó por ser una voz sonora. En esa circunstancia aprendí que las palabras no son hermosas o feas, sino ajustadas o desajustadas. Con esa regla por delante, ya se tiene medio camino andado en la carrera de escritor.

Sin duda, la influencia decisiva fue la de don Abilio Fraile, mi profesor de Literatura en la adolescencia. Era tal mi admiración por él que, durante el recreo, yo prefería escuchar su conversación que jugar al fútbol. En una de esas conversaciones de patio de recreo, se me grabó el comentario de don Abilio sobre la "ataraxia". Era una virtud de los griegos, el ánimo imperturbable. Se trata de una virtud difícil en una tierra de exaltados como la nuestra. Ya me gustaría dominarla. Don Abilio nos acostumbró a la tarea continua de componer redacciones, que él corregía minuciosamente. Los textos debían ser ilustrados a mano.

En los años universitarios nadie me enseñó a escribir; vergüenza me da decirlo. Tanto es así que mi tesis doctoral permanece inédita, tan mal redactada está. (Hice solo una edición de 25 ejemplares a multicopista, una exigencia de la Universidad). Quien me descubrió esa laguna fue mi maestro Juan J. Linz; aunque él, por políglota, no fuera precisamente un pendolista. Su posición era muy honrada: "Yo nunca podré escribir bien, pero tú tienes que lograrlo". La cosa era paradójica, pues los dos andábamos enfrascados con la Sociología numérica. Lo nuestro era la regla de cálculo. Pero Juan me impulsó a que leyera buenos textos literarios. Había que alternar entre los escritos de Robert K. Merton y los de la generación española del 98.

Muchos años después pasé de la Sociología numérica a la basada en fuentes literarias e incluso a escribir cuentos y novelas. Antes de ese último desarrollo, pasé por la experiencia de escribir para los periódicos. En ese caso fue muy iluminadora la enseñanza de Miguel Ángel Gozalo en el diario *Madrid* para poner "ladillos" a los artículos. Al poco tiempo, Manuel Martín Ferrand me impulsó a escribir "delantales" (artículos muy breves) para el *Diario de Barcelona*.

Años después, me marqué por mi cuenta algunas reglas de estilo, que todavía practico. Por ejemplo, los capítulos no deben superar las 30 páginas; los párrafos no deben pasar de las 30 líneas; las frases no deben contener más de 30 palabras. No siempre cumplo esas normas, pero trato de adaptarme a ellas. El hombre no se hizo para el sábado sino el sábado para el hombre. El esfuerzo de adecuarme a las normas dichas me autodisciplina y de paso consigo una prosa barojiana que agradecen los lectores. Solo me permito la alegría de espolvorear la prosa con la adjetivación trinitaria (tres adjetivos o tres nombres seguidos), pero de tarde en tarde y para jugar. Otra relajación barroca es la abundancia de paréntesis, un recurso muy socorrido, y también del punto y coma. Respecto a las comas, las justas. Todas esas reglas pueden parecer caprichosas, pero no hacen daño a nadie y facilitan la lectura.

Ciudad

Queda registrado el cambio tan brusco que supuso en mi infancia el paso del ambiente de Pereruela al de San Sebastián. A primera vista, puede parecer un retroceso el cambio de una vivienda rústica a un oscuro y húmedo sótano en la ciudad. Pero en el medio donostiarra todo nos parecía aliciente y progreso, sobre todo porque yo asistía al mejor colegio de la ciudad. El primer choque fue encontrarme con tantas personas en la calle, y todas desconocidas. Tanto es así que el hecho novedoso me produjo una suerte de alucinación. En efecto, continuamente creía reconocer en los viandantes a las personas que había dejado en Pereruela. Muchos niños se parecían a Pepito Garrote o a Jesús Mateos. No sé cómo llamarán esa distorsión los psicólogos. También sufrí al principio una pequeña desorientación con el Colegio. Yo sabía más que mis compañeros de clase de algunas materias, como cuentas, catecismo o caligrafía. Pero ellos tenían más mundo, sabían de más cosas; sobre todo tenían más familiaridad con películas, libros y tebeos. Hablábamos el mismo idioma, pero yo manejaba otras palabras.

Ese choque cultural hizo que al principio mis notas estuvieran por debajo de la media, pero pronto me situé a la cabeza de la clase. La misma dificultad del medio me estimulaba a esforzarme. Nótese que en la clase yo era el único venido de fuera, el "maqueto", aunque esa palabra no la oí entonces.

Junto al Colegio, el cambio fue muy positivo al sumergirnos en el ambiente de lo que para mi familia era una gran ciudad. Lo era, no ya en comparación con el pueblo, sino con Zamora capital. Recuerdo que mi madre se sentaba expresamente en un banco de la Avenida, durante los domingos en que había corrida, para ver la salida de los toros. (Se entiende, la salida del público que iba a la corrida). Consideraba que la aglomeración de gente y de coches era un espectáculo digno de verse. Algunas veces iba yo con mi padre a los toros. Durante los primeros años de la vida en San Sebastián, a él le regalaban una entrada en Hacienda. A mí me colaba, después de porfiar con el empleado del Chofre. Se apoyaba en el inverosímil argumento de que yo tenía menos de siete años. En esos casos la discusión terminaba con un puro que mi padre introducía en el bolsillo del empleado. La verdad es que solo entrábamos en la plaza después de intentar, sin éxito, revender la entrada. Cuando se realizaba esa operación de reventa, nos íbamos con mi madre y el niño (José Luis) a una sidrería y nos regalábamos con una espléndida merienda. Mi padre era muy aficionado a los toros y me enseñó el lenguaje y las normas de ese mundo tan complejo. El mejor torero era Domingo Ortega, un señor.

A partir de los diez años de edad, mi padre me llevaba también a ver algunos combates de boxeo. Eran veladas de los domingos por la mañana en las que él sacaba algunas propinas como acomodador. A nadie le parecía raro que hubiera niños en el público espectador. En cambio, eran poquísimas las mujeres que asistían a ese espectáculo. Mi boxeador favorito era un tal Paco Bueno, con ese nombre tan poco combativo.

De todas las fiestas donostiarras, la más bulliciosa y alegre era la tamborrada en el día del patrón de la ciudad, San Sebastián. Casualmente, coincide con mi cumpleaños (que en mi familia de origen siempre se ha llamado "santo"). Era muy agradable recorrer la Parte Vieja, atestada de gente, y comer bocadillos de chistorra recién frita. Queda en la neurona el olor a fritanga y el ruido de la tamborrada. Ya lo he dicho, los tambores me han dado siempre un temor telúrico.

Pero la fiesta que más me impresionó en los primeros años de la vida donostiarra fue la cabalgata de los Reyes Magos. Creía yo firmemente que eran efectivamente los Reyes Magos que venían de Oriente, lo que me producía un verdadero pasmo. Contrastaba esa inocencia con mi conocimiento suficiente sobre la reproducción sexual. No puedo entender ahora esa disonancia, pero era la realidad. La creencia en los Reyes Magos duró hasta los diez años. A los 15 hacía yo de paje del Rey Melchor. La cabalgata la organizaba el Frente de Juventudes. En

Alfonso Manso (a caballo, a la izquierda) y yo (a caballo, a la derecha). Hacemos de pajes del Rey Melchor en la cabalgata del 5 de enero de 1953.

la mañana del 6 de enero, el cortejo real, con sus pajes, se trasladaba a distintas instituciones benéficas para repartir juguetes. La escena más patética era la de la cárcel. Allí estaban las pobres mujerucas presas, endomingadas para la ocasión, con sus churumbeles. Se nos hacía un nudo en la garganta.

Por aquellas fechas mi padre seguía siendo un incondicional del régimen franquista, pero cada vez con menos entusiasmo. Recuerdo lo que nos contó el día del Referéndum de 1947. Oficialmente, se aprobaban los Principios Fundamentales del Movimiento o algo parecido. Sin embargo, la propaganda oficial redujo la votación a un plebiscito simplicísimo: "Franco, sí; comunismo, no". Mi padre acudió a votar, pero con tanto esmero, que votó siete veces en contra del comunismo. Alguien organizaba los comicios para que se produjera una alta participación y un decisivo plebiscito a favor de Franco. La preocupación primordial de los españoles (también la de mis padres) era sobrevivir a la terrible hambruna.

Vocación

Durante la adolescencia se tramita con angustia la duda de cuál pueda ser la misteriosa vocación de uno. La pregunta que hacían los adultos a los niños era "¿qué vas a ser de mayor?". Generalmente no tenía respuesta, lo que azoraba más al interrogado. En el Colegio nos insistían en que la vocación era una sola y profunda para toda la vida. Por tanto, había que acertar en la elección. De lo contrario, uno iba a ser un desgraciado para siempre. Visto ahora, el esquema me parece de una crueldad mayúscula. Ya he dicho que, a los 14 años, era yo secretario de la Congregación de la Inmaculada. Se trataba de una selección de los alumnos más píos y, curiosamente, con mejores notas. El director espiritual de la Congregación (un excelente profesor de Latín y Griego) trató de convencerme de que yo tenía vocación religiosa. La verdad era que, por entonces, yo comulgaba todos los días y leía libros místicos. Pero no me acababa de convencer lo de mi vocación de cura. Tampoco es que me atrajera especialmente el estado matrimonial, pero la vida de los clérigos me parecía poco estimulante. Hasta que el director espiritual me sacó de dudas con un argumento que seguramente venía en algún manual. Simplemente dejó caer este razonamiento: "Ya sabemos que sus padres tienen una posición humilde. Así que la mejor forma de ayudar a su familia es que se haga usted sacerdote". Eso me dijo, y ya no volví a confesarme con él. Se me hizo la luz de que yo no iba a ser cura como una especie de acomodo económico. Esa idea (tan común en la España de entonces) se me hacía estomagante.

La presión continua de mi padre es que yo estudiara Derecho o profesor mercantil para hacer una oposición a algún cuerpo de Hacienda. En su opinión un inspector de Hacienda era lo más grande del mundo. Me ponía como ejemplo a su jefe, Francisco Guijarro, a quien admiraba mucho y del que recibía un buen trato. Don Francisco pertenecía a la ACNP (Asociación Católica Nacional de Propagandistas) y era muy influyente en los medios católicos. Lo que son las cosas. Años después, en 1965, establecido yo como sociólogo, me presenté a un concurso de la Fundación FOESSA (Fomento de Estudios de Sociología Aplicada). Se trataba de hacer un informe sobre la situación social de España. La fundación estaba presidida por Francisco Guijarro. El concurso lo gané yo, pero Guijarro nunca se percató de que aquel sociólogo era el hijo de su antiguo ordenanza en San Sebastián. Solo años después de publicado el informe, me encontraba yo en el cruce de Goya y Serrano hablando con mi padre, cuando nos tropezamos con Guijarro. El hombre se iluminó: "Pero entonces, Diego, ¿este es tu hijo?".

Vuelvo al asunto de la vocación en la adolescencia. Es la clave de muchos sucesos posteriores. Mi madre decía que yo debía estudiar lo que quisiera, siempre que fuera una carrera universitaria y para ser profesor. Mi padre insistía en lo de opositar a un cuerpo de Hacienda. En previsión de lo cual me puso un profesor particular, el señor Molina, para que avanzara en las Matemáticas financieras. Pero esa materia me resultó tediosa. Debo recordar que, por entonces, mediado el bachillerato, yo sacaba buenas notas en todas las materias, fueran de letras o de ciencias. Pero lo que a mí me gustaba era la Historia, la Geografía, la Literatura y el Arte. Para mis adentros yo quería ser profesor de Literatura o de Arte. Sin embargo, me decía a mí mismo que esa vocación "no nos iba a sacar de pobres", como tantas veces me decía mi padre. Tenía razón.

Regreso a mi secuencia vocacional, que, como puede verse, no estaba nada clara. El señor Molina, compañero de mi padre y profesor mercantil, hizo lo que pudo para que yo entrara en las anfractuosidades de las Matemáticas financieras. Pero aquello no era lo mío. Mi profesor dedicaba más tiempo en la clase a hablar de política que a lo del "carrete partido por cien". Eso era no sé qué fórmula del interés compuesto. El señor Molina era un carlista furibundo, muy crítico de Franco y de los falangistas. La verdad es que a mí me interesaban más sus prédicas políticas y sus recuerdos de la guerra civil que los problemas de Matemáticas. Me fascinaba su conocimiento de los entresijos de la política.

Más influencia tuvo en mi formación otro profesor particular un tanto atípico. Era Julio Abad, mi jefe directo en el Frente de Juventudes. Estudiaba en la Escuela de Comercio, pero lo que destacaba era su amplia cultura, sobre todo de tipo político. Entre otras actividades de la trinca de amigos, Julio nos daba clases de Griego a Alfonso Manso y a mí. Las clases someras de Griego terminaban en copiosa merienda de huevos fritos con chorizo y en hablar de política. Esa influencia "informal" iba a ser decisiva en mi orientación definitiva de carrera. Entonces lo de

"Ciencias Políticas" sonaba a algo moderno. En donde se demuestra el profundo influjo que puede tener en la vocación el grupo pequeño, el de los amigos.

En el Colegio me fui decantando por la Literatura gracias a la cuidadosa labor de don Abilio, ya mencionado. Andando el tiempo, cuando yo era ya catedrático de Sociología volví a encontrarme con don Abilio, ya jubilado. Me puso en contacto con él Pedro González-Blasco, marianista y también discípulo de Juan J. Linz. Me reuní a comer con don Abilio en el Centro Riojano. No le pude apear el tratamiento, aunque él insistió en el tuteo recíproco. Al vernos otra vez, después de casi medio siglo, don Abilio me hizo un estupendo regalo. Durante todo ese tiempo había guardado mis cuadernos de redacción. Eran unos primorosos manuscritos con las correcciones en tinta roja por parte del profesor, escritos con letra caligráfica y cuidados dibujos a tinta china.

Volví a leer las redacciones, que me parecían de otra persona, pues se me habían borrado de la memoria. Una de ellas me impresionó particularmente. Estaba fechada en 1953 y se trataba de imaginar lo que el alumno estaría haciendo en la lejana fecha de 1980. Mi imaginación me llevó a escribir que en ese año "era" yo catedrático de Historia del Arte en la Universidad Central de Madrid y daba una conferencia en Londres. Así que esos eran entonces mis sueños adolescentes, aunque luego se olvidaran. Lo curioso del asunto fue que, en 1980, yo era efectivamente catedrático de Universidad y dicté una conferencia en Londres. El dios del azar a veces se divierte con los humanos. "Los sueños se cumplen" solía repetir Enrique Gómez Arboleya, el catedrático que yo tuve en la Facultad de Políticas y que tanto me influyó. Es más, a veces se cumplen los sueños de los que nos hemos olvidado.

A medida que avanzaban los años de la adolescencia se iba perfilando la dichosa vocación. Lo que más me apetecía era estudiar Letras, lo que todavía sigue siendo una frustrada vocación. Pero mi padre me convenció de que esa carrera tenía pocas salidas. Descartada

Soldado y poeta

(Semblanza de Garcilaso de la Vega)

Nace este príncipe de las letras españolas en la imperial Toledo, patria de poetas, residencia de reyes y rincón de leyendas.

No tendrá más de diecisiete años y Garcilaso es ya soldado del Emperador. Tentado por la gloria, se enrola en todas las expediciones y campañas que llevan a cabo los ejércitos imperiales: Lucha en Navarra, pelea contra los comu- neros en Tú en Francia...

Garcilaso es alto y bien morena y pelo negrísimo posado y lento pero firm guida y profunda, ancho de

musculatura... Un verdadero soldado bizarro y aguerrido.

... Pero también es poeta. Después de las batallas, cuando el fragor de la lucha se va apagando, cuando el ruido de las armas cesa, Garcilaso de la Vega escribe. Y escribe a su amigo Boscán, a su "Elisa", a su patria.

Sus campiñas, sus ríos, sus valles y sus árboles parecen moverse en un ambiente sobrenatural. Impregna sus églogas de misteriosos encantos; sus temas bucólicos están llenos de sublimes descripciones, de infantiles diálogos, de amorosos coloquios.

Canta el amor para descansar de la guerra. Canta la Naturaleza viva y radiante, para contrastar la que él ve, áspera y dura, de la guerra.

En sus campañas no ve más que ríos teñidos en sangre, bosques ardiendo, tempestades, gritería, confusión, espanto... Y allá, sentado frente al mar, en el arcádico y dulce rincón de Nápoles, cantará las

Ejemplo de una redacción, de las muchas que hicimos para don Abilio Fraile (1953). En este caso se trata de una semblanza de Garcilaso de la Vega. No aparece ni una sola falta.

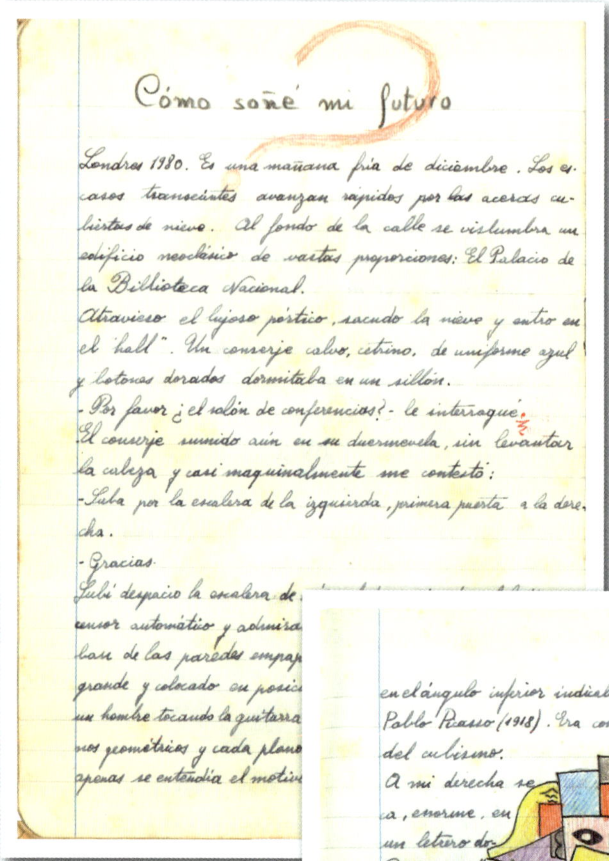

Cómo soñé mi futuro

Londres 1980. Es una mañana fría de diciembre. Los escasos transeúntes avanzan rápidos por las aceras cubiertas de nieve. Al fondo de la calle se vislumbra un edificio neoclásico de vastas proporciones: El Palacio de la Biblioteca Nacional.
Atravieso el lujoso pórtico, sacudo la nieve y entro en el "hall". Un conserje calvo, cetrino, de uniforme azul y botones dorados dormitaba en un sillón.
- Por favor ¿el salón de conferencias? - le interrogué.
El conserje sumido aún en su duermevela, sin levantar la cabeza y casi maquinalmente me contestó:
- Suba por la escalera de la izquierda, primera puerta a la derecha.
- Gracias.
Subí despacio la escalera de ...
censor automático y admira...
las de las paredes empap...
grande y colocado en posic...
un hombre tocando la guitarra...
nos geométricos y cada plano...
apenas se entendía el motiv...

en el ángulo inferior indicaba: "Arlequín tocando la guitarra". Pablo Picasso (1918). Era como pude colegir de la 1ª época del cubismo.
A mi derecha se ... abría una puerta blanca, enorme, en ... la que resaltaba un letrero do... rado "Salón de Conferencias".
Entré silencioso ... y me senté en la primera butaca ... con que tropecé. Delante de mí ... tenía un montón de ca... bezas humanas con ... sus respectivos cuer... pos, supuse) negras ... las unas y blancas ... o rubias las demás.
Una caritativa mano enguantada me alargó un programa:
"Biblioteca Nacional, hoy a las cuatro, el eminente profesor Dn. Amando de Miguel, catedrático de Historia y Arte moderno de la

Esta es la redacción de 1953 que nos propuso D. Abilio, el profesor de Literatura. Se trata de imaginar lo que iba a estar haciendo en 1980, a los 43 años de edad. Imaginé que iba a ser catedrático de Historia del Arte de la Universidad Central de Madrid. El texto se ilustra con un dibujo del cuadro de Picasso, "Arlequín tocando la guitarra" (1918).

la oposición a Hacienda, la solución de compromiso fue matricularme en Ciencias Políticas que, como digo, sonaba a algo moderno. La condición que puso mi padre fue que la simultaneara con Derecho, una carrera más "segurita" y que valía para muchas oposiciones. Esa fue la decisión que tomé. Mi madre seguía insistiendo: "Yo quiero que seas profesor". Yo entonces veía muy lejos la dedicación a la enseñanza universitaria. Me parecía un camino muy tortuoso y para el que se necesitaban "padrinos".

Quedaba el asunto logístico. La carrera de Ciencias Políticas solo se podía seguir en Madrid. Ese era un coste inasequible para mis padres. La solución pasaba por conseguir una beca en un colegio mayor de Madrid. No parecía difícil. Mis notas eran excelentes (premio extraordinario de bachillerato), tanto como modesta era la renta familiar. Solicité una beca en el Colegio Mayor San Pablo (dependiente de la ACNP). Mi padre logró una carta de recomendación de Francisco Guijarro. Yo aportaba, además, mi trayectoria en la Congregación del Colegio Santa María. Todo estaba a mi favor, pero la beca me fue denegada sin mayores explicaciones. Fue un hachazo, una de las frustraciones más dolorosas de mi vida. Siempre he lamentado no haber podido realizar mis estudios universitarios en un colegio mayor. El San Pablo fue la ilusión perdida, otra válvula que se cerró en el circuito hidráulico de mi vida.

En 1968 di una conferencia en el San Pablo. Como recuerdo me regalaron una pluma Parker que aún conservo y con la que he escrito muchos libros. A los que me invitaron nunca les dije la melancolía que sentí al hablar en esa tribuna. Recientemente he vuelto a dar una conferencia sobre Santiago Ramón y Cajal en la Universidad CEU-San Pablo, heredera del colegio mayor. De nuevo me asaltó la nostalgia. Se trata en este caso del raro sentimiento de algo que no pudo ser.

Abortada la beca del San Pablo, solo quedaba una opción: que me hiciera intendente mercantil en San Sebastián. Era entonces la única carrera posible en Donosti. Yo me resistí a esa alternativa por el desagrado que me inspiraban las Matemáticas financieras. Así que mis padres se liaron la manta a la cabeza y se dispusieron a trasladarse a Madrid con toda la familia. Éramos tres hermanos varones y mi madre se encontraba embarazada. El traslado de mi padre no fue difícil gracias a la recomendación de sus jefes, los inspectores de Hacienda. Pero mi padre tenía otro trabajo por la tarde, el de acomodador del cine Kursaal, del que obtenía la mayor parte de los ingresos. Así que era muy arriesgado trasladarse a Madrid con un solo sueldo. Encima, mi madre exigió que nos fuéramos a vivir al barrio de Salamanca, el más caro de Madrid. La razón era que los hijos pequeños tenían que asistir al Colegio del Pilar (el de los marianistas). Entonces no había transporte escolar o no éramos conscientes de que lo hubiera. Por tanto, la vivienda tenía que estar cerca del Colegio.

Todo se fue arreglando poco a poco. Mi padre encontró un piso bastante asequible al final de la calle Castelló, la misma del Colegio de El Pilar. La casa era relativamente modesta. Aunque pueda parecer extraño, mi padre llevaba la secreta intención de dejar de pagar el alquiler en caso de apuro. De esa forma podríamos seguir un año más sin pagar hasta encontrar otra cosa. Hay que tener valor para tomar una decisión así de premeditada. Mis hermanos consiguieron plaza gratuita en el Colegio de El Pilar, gracias a la recomendación del Colegio hermano de San Sebastián. Mi padre logró un empleo de acomodador en el cine Avenida de la Gran Vía. Yo obtuve una beca del SEU y me matriculé en Ciencias Políticas y Derecho. Lo de matricularme también en Derecho fue una forzada concesión a mi padre. La determinación que tomé fue la de seguir Ciencias Políticas de manera regular y dedicar los veranos a preparar las asignaturas de Derecho. Así logré pasar dos cursos de Derecho. En la práctica concentré el estudio en dos semanas de los meses de septiembre. Incluso aprobé el Civil de Castro (la asignatura "hueso") con notable. Los textos de Derecho los compraba de segunda mano en "la Felipa", una famosa librería cercana a San Bernardo. La compra se hacía en el mes de junio, cuando los libros estaban más baratos.

El final de la aventura jurídica estuvo en un examen oral de Derecho Penal, una materia facilona. El catedrático me exigió que citara de memoria un artículo del Código. Era sobre el "hurto famélico", tema que conocía yo muy bien. Lo desarrollé a mi modo, pero me negué a recitar el artículo del Código. El catedrático me interrumpió con el veredicto de que estaba suspenso. Le contesté con cierta insolencia que no había lugar para el suspenso, porque en ese momento abandonaba la carrera. Me marché del aula sin ni siquiera recoger la papeleta con el suspenso. Menos mal que, por el otro lado, fui aprobando las asignaturas de Políticas con sobresaliente. Mal que bien, me iba haciendo un hombre.

El definitivo salto migratorio para la familia, de San Sebastián a Madrid, en 1954, coincidió con un cambio de ciclo económico. Se había acabado el racionamiento alimentario, comenzaba una época de buenas cosechas y empezaban a llegar en masa los turistas extranjeros. Por aquellas fechas, me decía mi padre, entre quejoso y esperanzado: "¿Tú crees que algún día llegaremos a tener automóvil?". La pregunta puede parecer hoy ociosa, pero téngase en cuenta que, en 1958, en España había solo cinco automóviles por cada mil habitantes. Por lo menos, en esa fecha me pude comprar a plazos una moto. Me hizo mucho servicio, por la acumulación de actividades que yo entonces desplegaba. El primer coche lo pude adquirir en los Estados Unidos, en 1963.

Hay una constante que me ha intrigado siempre, desde la escuela primaria hasta los estudios de postgrado. No logro averiguar por qué he sido lo que se llama un "buen estudiante". Tengo una interpretación oficial para mí mismo. A saber, como disponía de pocos recursos económicos, estaba obligado a sacar buenas notas para obtener becas. No me convence el argumento; lo repito para no tener que pensar. Creo que la clave está, una vez más, en la influencia materna. María fue la que me metió en el cuerpo el espíritu de superación. Lo que no logro saber es de dónde había sacado mi madre esa fuerza y qué podía significar para ella. Vuelvo a ello una y otra vez; es la clave de mi vida. No es tanto ser más que los demás como ir siempre por delante. Es un esfuerzo constante que produce desgaste y no pocas tribulaciones. Además, he tenido que compensar la limitación de la inteligencia con dedicación. A su vez, esa dedicación me ha llevado a relegar otras obligaciones de relación humana.

5. El baño de Universidad

No sería lo que soy sin el gran rito de paso que supuso para mí el prolongado viaje a través del río sagrado de la Universidad. Primero fui estudiante y luego profesor; en total, más de media vida. Se entenderá ahora el sentimiento de carencia que tengo ahora, en 2010, al llegar el mes de junio y sin exámenes. Decididamente, me falta algo que jamás recobraré.

Políticas

Los años de estudiante en Ciencias Políticas (1954-61) fueron intensísimos, no solo por la parte discente, sino por la cultural, afectiva y política. Lo de "Ciencias" parece un término excesivo. Simplemente, había que darle un toque científico a lo que al principio iba a ser una escuela de mandos del Régimen. Realmente, fue más bien todo lo contrario, una escuela de líderes de oposición al franquismo.

Aquí estoy como estudiante de Políticas de primer curso (1955). La máquina de escribir (portátil, aunque no lo parezca) la tenía desde los años del Bachillerato.

Como queda dicho, durante los dos primeros cursos simultaneé la carrera de Políticas con la de Derecho. Me ayudó mucho mi compañero Dámaso Yagüe, que también seguía las dos carreras. Él se dedicó después a ser profesor de Español en Suecia.

Lamento ahora haber colgado los estudios de Derecho. El abandono fue un desplante mío sin muchas justificación. Puede que fuera en el fondo un acto de rebeldía contra mi padre, pues fue él quien me impuso la carrera de Derecho. En la vida corriente de los españoles los asuntos jurídicos están a la orden del día. No sé si habrá sido por haber truncado la carrera de Derecho, pero mi experiencia con los tribunales de Justicia ha sido lamentable. Por lo general, he tropezado con jueces (tanto civiles como militares) asombrosamente incultos e indolentes. Me he topado con más émulos del mítico juez Lynch (el vengador) que del famoso juez Holmes (el intelectual). Una excepción fue Joaquín Martín Canivell. Fuimos juntos a los Estados Unidos y compartimos el curso para extranjeros en Pennsylvania (verano de 1961).

En un juicio de José Luis Balbín contra Televisión Española, al que asistí como testigo, el juez me impidió tomar asiento. Le hice observar el contraste de que todos los demás en la sala tenían su banquillo, su silla o su poltrona (según la jerarquía), pero no sirvió de nada. Quizá era mi desconocimiento de las costumbres procesales por las que los testigos tienen que estar de pie. Pero me sigue pareciendo una anomalía. Naturalmente, al juez había que tratarlo de "usía", pero él no me reconocía el tratamiento de "doctor" o de "profesor". El juez me preguntó en cuántas pesetas estimaba yo el honor de Balbín. Respondí sin dudarlo: "Solo el buen Dios lo sabe". El secretario tomó puntual nota de la respuesta, sin que nadie advirtiera mi ironía.

En otra ocasión, al tener que firmar mi declaración ante el juez, aduje que contenía gruesas faltas de ortografía y de sintaxis. Así que me resistía a firmar hasta que no se enmendara el texto. El juez se irritó de tal manera que creí que me iba a procesar por desacato. Curiosa forma delictiva, esa del desacato. Un juez no puede desacatar, solo ser desacatado.

El juez más benévolo que me tocó fue en una querella por injurias que interpuso contra mí el lehendakari vasco, Carlos Garaicoechea. Mi afirmación había sido que "el terrorismo de la ETA beneficiaba al PNV". Aduje al juez que esa era mi opinión y que difícilmente nadie me iba a convencer de lo contrario. Por otra parte, era una impresión subjetiva y, como tal, indemostrable. El juez archivó la causa. Me llamó la atención que el lehendakari estaba representado en el juicio por un abogado del Estado y yo tenía que llevar a mi abogado particular.

En una de esas visitas a los juzgados de la Plaza de Castilla, observé un curioso fenómeno. Delante de la puerta había un nutrido grupo de personas endomingadas, que hacían corrillos, como si esperaran algún acontecimiento. El abogado me aclaró el misterio: –"Estos son testigos falsos. Todos los conocemos. Se ofrecen a declarar por un modesto estipendio".

Aunque las asignaturas de Políticas las saqué casi todas con sobresaliente, en algunas materias apenas asistí a clase. Era simplemente que los profesores no añadían nada a los textos correspondientes. En una materia, Derecho Constitucional Actual (o algo así), el catedrático, Carlos Ollero, nos dijo el primer día de clase: "Señores, tengo que explicar las Leyes Fundamentales del Reino, pero en España no hay Constitución. Las Leyes Fundamentales no llegan a esa categoría. Así que léanselas ustedes; quedan dispensados de asistir a clase. Nos veremos el día del examen". Luego tuve muy buena relación con don Carlos, a través de los seminarios del Instituto de Estudios Políticos y de las cenas del diario *Madrid*. Su influencia fue grande en la redacción del texto constitucional de 1978.

Aunque yo había "colgado" los estudios de Derecho, una de las materias que más me interesaron en la carrera de Políticas fue el Derecho Administrativo. Lo daba Fernando Garrido Falla, un fenómeno. Su adjunto, Rafael Entrena Cuesta, se encargó de unas prácticas muy bien llevadas. Obtuve la máxima calificación por un trabajo que hice sobre el servicio público del taxi.

Al lado mismo de la Facultad, en el viejo caserón de San Bernardo (antiguo Noviciado de los jesuitas) estaba el cine X. Me parece que fue el primero que funcionó en Madrid. Todos los días, desde las 10 de la mañana, echaban películas "dobles" (dos películas por sesión). Era fácil sustituir las clases de algunos aburridos profesores por la asistencia al cine.

En casi todas las asignaturas tomábamos apuntes. Más bien, en mi curso, yo era el principal encargado de tomar los apuntes. Había que pasarlos a máquina y luego distribuir las copias en papel cebolla (no había fotocopias) a través de las redes de amigos. La "minoría activa" (así la llamábamos) que asistía a clase no solía pasar de un par de docenas de alumnos, casi todos varones.

Los apuntes a los que dediqué más tiempo fueron los del curso de José Antonio Maravall sobre Historia del Pensamiento Español. Fueron tan completos (con citas de textos y referencias bibliográficas) que, al final del curso, me los pidió don José Antonio y me dio sobresaliente sin examinarme.

Los apuntes de los dos cursos de Sociología de Enrique Gómez Arboleya merecen especial atención. Daba tres clases a la semana, al final de la mañana. Las llevaba muy preparadas; eran verdaderas lecciones magistrales, muy influidas por José Ortega y Gasset y por Xavier Zubiri. A ese último se refería siempre como "Javier" sin más. El libro de Zubiri (*Naturaleza, Historia, Dios)* a los alumnos nos pareció indescifrable. Después de comer, nos reuníamos en mi casa tres compañeros (Juan Antonio Matesanz, Tomás Pérez Sáenz y yo) para pasar los apuntes a limpio. Contrastábamos las tres versiones de las notas que habíamos tomado e introducíamos algunas citas. Yo escribía a máquina la síntesis de los tres. Dedicábamos casi toda la tarde a ese menester con abundantes excursos a la situación política del momento. Tomás era crítico del franquismo; Juan Antonio añadía un punto de radicalismo. Tomás era una funcionario de Telégrafos, ya talludito, que estudiaba por verdadera afición. No se perdía una clase y luego hacía su jornada laboral por la noche. Me influyó mucho su espíritu de trabajo y su interés por la política.

El descubrimiento de la figura de José Ortega y Gasset se produjo a través de las clases de Paulino Garagorri y de Enrique Gómez Arboleya. Fue una especie de revelación de la verdad laica, un inesperado escopetazo de ideas brillantes. En definitiva, Ortega fue mi primer amor intelectual. Me gustó lo de "la claridad es la cortesía del filósofo". Nadie me había hablado de Ortega en el bachillerato, pero en los dos primeros cursos de la Facultad me devoré una buena parte de su obra. Por cierto, su libro más célebre, *La rebelión de las masas*, me impresionó menos que sus artículos en "El espectador". Ahora veo que esa preferencia era una prefiguración de mi futura vocación de comentarista.

Algunas tardes los compañeros de curso más interesados íbamos a estudiar a alguna biblioteca. Las preferidas eran la del Instituto de Estudios Políticos (antiguo Senado) y la del Instituto Nacional de Previsión en la calle de Alcalá. Su atractivo fundamental (aparte de la provisión de libros) era que contaban con buena calefacción en invierno. A veces estudiábamos (es un decir) en algunos cafés, por ejemplo, el Varela, en la plaza de Santo Domingo, que conservaba la decoración original. En esos casos lo que hacíamos verdaderamente era tertuliar y chicolear. A esas sesiones de los cafés asistía un reducido núcleo de compañeros que éramos más amigos: Juan Antonio Matesanz, Enrique Couceiro, Dámaso Yagüe, Mary Pepa García Mas, Mari Tere Riera, entre otros.

En cuarto curso algunos alumnos nos organizamos para ir todos los sábados por la tarde al Museo del Prado, que ese día era gratis. Aparte de los citados, venían otros compañeros de otras Facultades, como Carmina Ubierna, o de otros cursos, como Luis González Seara. Después de la visita guiada al museo (con un profesor de Arte), algunos proseguíamos la romería cultural por los bares de la zona cercana. La consumición preferida era vino con caracoles. Las chicas tenían que estar en casa antes de las 10, pero los chicos continuábamos un rato más.

Además de los cursos regulares, algunos estudiantes nos sumamos a los Seminarios de Sociología que había organizado Enrique Gómez Arboleya en el Instituto de Estudios Políticos. Recuerdo, por ejemplo, el seminario sobre Ciencia Política de Manuel Jiménez de Parga o el de Historia del Pensamiento de Luis Díez del Corral y José Antonio Maravall. En la Facultad, además de los profesores citados, quedan indelebles en la memoria los cursos de Manuel Fraga Iribarne (con

Antonio Carro), Manuel de Terán, Antonio Truyol, Fernando Garrido Falla (con Rafael Entrena) o Paulino Garagorri. Ese último no era catedrático titular, pero sus lecciones nos impresionaron tanto que los alumnos (dirigidos por Eloy Fuente, el delegado de curso) organizamos una comisión para ver al rector. Se trataba de Pedro Laín Entralgo, un ídolo para los estudiantes. Le pedimos formalmente que nombrara a Garagorri (discípulo de Ortega y Gasset) catedrático sin oposición. El rector nos escuchó amablemente, pero aseguró que eso era muy difícil. Nosotros adujimos el precedente del famoso médico Gregorio Marañón. Nos aseguró que estudiaría el caso. Naturalmente, la solicitud era un imposible administrativo.

Años más tarde, cuando tuvimos trato frecuente, Pedro Laín me comentó que la petición para distinguir a Garagorri le había conmovido. Téngase en cuenta que, en esos años 50, las comisiones de alumnos que llegaban a ver a Laín iban más bien con propósitos levantiscos. Recuerdo, por ejemplo, una mañana de febrero de 1956, con el patio de San Bernardo atestado de estudiantes. Estaba yo en segundo de carrera. Los "grises" estaban vigilando fuera de la verja, esperando la orden para entrar y repartir estopa. Se formó no sé qué comisión estudiantil. Se me han quedado los nombres de dos participantes, que luego han sido profesionales destacados, Fernando Sánchez Dragó y Gabriel Tortella. Entonces pasaban por revolucionarios. Fernando me cantaba las excelencias de su proyecto de revista *Aldebarán*, entre ácrata y unamuniana. Durante los últimos años de carrera, aparte de otras dedicaciones, formé parte del equipo del SEU de la Facultad, con Blas Calzada, entre otros.

En el primer año de carrera mi afición principal fue la Historia y la Geografía. Me dio por realizar un Atlas histórico de España y empecé a hacer mapas y esquemas. Se me ocurrió llevárselos a la Editorial Aguilar, que tenía entonces un buen servicio cartográfico. A la directora le gustó mucho mi Atlas artesanal; me sugirió que me incorporara a la casa para realizar el proyecto de manera profesional. Me proporcionó un despacho, puso a mi disposición una estupenda biblioteca y la colaboración de algunos dibujantes. Así estuve algunas semanas casi todas las tardes. Pero allí nadie hablaba de pagar, aunque todos los demás estaban en nómina. Así que me cansé del experimento. Una vez más, el fracaso servía para aprender y esmerarse.

Un buen estímulo de algunos profesores de la Facultad fue que me incitaron a leer novelas españolas del último siglo. Era una buena fuente de conocimiento para trazar el cuadro de la sociedad española. En algún caso tuvo lugar el increíble episodio de la recomendación que nos hizo José Antonio Maravall para leer *La Regenta* de Clarín y *AMDG* de Pérez de Ayala. No las pudimos encontrar ni en librerías ni en bibliotecas. Eran obras vitandas, perseguidas por la censura. A mí mismo me resulta difícil creer hoy que entonces no pudiéramos encontrar esas obras. El anticlericalismo que contienen parece hoy inocente.

Fruto de ese interés por las novelas españolas fue el primer libro que compuse, recién licenciado, antes de recibir el título de doctor. Se trata de *Pérez Galdós. Antología* (1960). Hay aquí algo curioso. El esquema sobre el que organicé entonces las citas de Galdós se corresponde fielmente con el que iba a organizar años después los trabajos sobre la sociedad española. La coincidencia quizá sea casual, pero resulta sorprendente. No hay más que ver los enunciados de algunos capítulos de la citada antología: "España como problema. Los males de España. Las dos Españas. El carácter de los españoles. Familia, mujer y juventud. La moral pública. Transformación, progreso y revolución social. La Prensa y la opinión. La política y los políticos. La Administración y los funcionarios. Los militares. Entendimiento de la Historia". Ese fue mi plan de trabajo durante décadas. Hasta ese punto me influyó la lectura de las obras de Galdós. Me las devoré en un solo curso académico. No fue la única actividad extraacadémica de ese curso. Lo de la lectura rápida es un don que Dios me ha dado y que agradezco de todo corazón.

Se ha escrito mucho sobre los "sucesos estudiantiles" de febrero de 1956 en la Universidad Central de Madrid. Yo los viví como delegado de curso en segundo año de carrera. Tuvimos conciencia de que el Régimen estaba obligado a dar un vuelco. Los estudiantes se manifestaron por primera vez contra el monopolio del SEU y fundamentalmente contra el Régimen. El estallido lo provocó una crónica del corresponsal del *The New York Times*, Camille M. Cianfarra, el 3 de enero de 1956. Se documentaba la encuesta que se había levantado a una muestra de estudiantes de la Universidad. La muestra no era nada representativa. Simplemente, en algunas aulas había un mazo de cuestionarios y los estudiantes que pasaban por allí rellenaban las hojas. Yo fui uno de ellos. La encuesta tuvo una gran resonancia. La comentó José Luis Pinillos y sus conclusiones las recogió el *The New York Times.* Esa noticia le costó a Pinillos retrasar durante un decenio su ingreso en el cuerpo de catedráticos. Lo fundamental de la crónica periodística era que la mayoría de estudiantes de la Universidad Central estaban contra el Régimen. Esa oposición la mantenían también los activistas del SEU. Me consta que esa era mi opinión y la de la mayor parte de mis compañeros. Hubo una manifestación ruidosa de los estudiantes. La policía ("los grises") entró en el recinto universitario, cosa contraria a las tradiciones hasta entonces. Durante unos días se clausuraron las clases. Un curioso efecto de esos sucesos de febrero de 1956, repetido por esas mismas fechas en los años siguientes, fue la institucionalización de los exámenes extraordinarios de febrero. Esa arbitraria costumbre todavía dura. Es un buen ejemplo de la inercia administrativa.

Durante los últimos cursos de la licenciatura y el doctorado mi actividad fue frenética. No solo llevaba las asignaturas al día, sino que me interesaba cada vez más por la política. Participé en la elaboración de las primeras encuestas científicas que se llevaron a cabo en España (la de Juventudes y la de Empresarios). Téngase en cuenta que, hasta finales de los años 50, las encuestas (las que no eran estrictamente de mercado) se consideraban materia sospechosa para el Gobierno. Di clases particulares a un estudiante de primer curso. Compuse, como digo, la antología de Galdós. Seguí unos cursos monográficos de estudios cooperativos y estudios sindicales en la Delegación Nacional de Sindicatos. Me estimuló a ello las becas que daba para seguir esas actividades. Me encargué de las clases de Sociología en una Escuela de Asistentas Sociales, lo que me obligó a leer mucho sobre problemas sociales. Ahora que escribo todo esto, me asombra que entonces pudiera sacar tanto tiempo para simultanear tantas actividades.

Tengo una curiosa anécdota de la Escuela de Asistentas Sociales Santa Luisa de Marillac, que dependía de las Hijas de la Caridad. Entré en 1959 por recomendación de mi tía Sole, que era una monja de dicha orden. Las clases las preparaba a conciencia. El texto de cada clase lo escribía antes a máquina. Creo recordar que por cada clase me pagaban 50 pesetas, realmente mi primer sueldo. En una junta de profesores, la directora de la Escuela, sor Montserrat, nos propuso como modelo de profesor al doctor Pozuelo, en su opinión "el heredero de Marañón en la Universidad española". No solo era una gran científico, según la directora. Lo admirable era que daba ejemplo de generosidad al donar su sueldo íntegro a las Hijas de la Caridad para que las monjas pudieran desarrollar su actividad benéfica. A mí aquello me cayó como un jarro de agua fría. Había que entender, por tanto, que los demás profesores, que no donábamos nuestro sueldo, éramos unos egoístas. Años más tarde, el "heredero de Marañón" se hizo muy famoso, no por su investigaciones científicas, sino porque atendió a Franco en su última enfermedad. Gracias al doctor Pozuelo la agonía del Caudillo se prolongó hasta un extremo patético, lo que le permitió al galeno escribir un exitoso libro sobre el particular. Fue el parto de los montes.

Vuelvo a mi incesante actividad durante los últimos años de la carrera. Puede que tal frenesí tuviera algo que ver con mis planes de casarme cuanto antes. No era tanto la urgencia del matrimonio como la de emanciparme del hogar paterno. Mientras realizaba el curso de doctorado (1959-60), me matriculé en la Escuela de Organización Industrial por ver de encontrar una salida profesional inmediata y práctica. Pensé que sería una buena cosa especializarme en Sociología industrial. La verdad es que lo que más me animó es que obtuve una generosa beca para seguir el curso de la EOI. Me atrajo sobre todo la Estadística que daba José Romaní y la Psicología a cargo de José Luis Pinillos. Pinillos fue una revelación. A través de él conocí a Juan J. Linz, pero ese episodio merece más detenimiento. La EOI, dirigida por Fermín de la Sierra, fue una de las primeras "escuelas de negocios" que hubo en España. Por lo menos, fue la primera fuera de la égida de los jesuitas o del Opus Dei. Se organizó gracias a la ayuda norteamericana (en compensación por las bases militares). El método de trabajo era el de las universidades norteamericanas de prestigio. Cada profesor venía obligado a entregar los apuntes mecanografiados. Las clases eran más bien reuniones de trabajo. De los condiscípulos, recuerdo a Pedro Ramón Moliner (físico) y Pedro Arévalo (jesuita), dos lumbreras.

Hay una fecha cargada de significación. El 21 de diciembre de 1959 el presidente Eisenhower llegó a Madrid y fue saludado efusivamente por Franco. Ese gesto significó un vuelco en la evolución del franquismo. En julio de ese año el Gobierno había lanzado el Plan de Estabilización con el que concluía la etapa de Autarquía. Personalmente ese año supuso un hito en mi evolución profesional. En octubre había empezado el curso de doctorado. En diciembre, antes de las vacaciones, Arboleya nos dio la última clase; versaba sobre el suicidio. Fue una verdadera lección magistral. Nos señaló que la obra de Durkheim sobre el suicidio era la clave para entender la Sociología como ciencia. De ella debíamos partir para hacer una Sociología empírica, verdaderamente científica. El detalle fue que Arboleya dio su ejemplar del libro de Durkeim a uno de los alumnos, Luis González Seara, para que después de vacaciones hiciera una exposición sobre su lectura. La tremebunda sorpresa fue que, el 21 de diciembre, al tiempo que Eisenhower entraba triunfalmente en Madrid, Arboleya se suicidó.

Profesor

Al tiempo del curso en la EOI (1959-60), ejercí como profesor ayudante (sin sueldo) en las cátedras de Salvador Lissarrague (Pensamiento sociológico) y de Manuel Fraga (Teoría del Estado). Es patente y patética la confusión vocacional que podía tener yo entonces. Pero, como dice San Pablo, el que se pierde, se salvará. La cita la repetía mucho por entonces José Antonio Maravall y a mí me vino muy bien.

El cargo de profesor ayudante implicaba el privilegio de asistir a las clases del maestro y sentarse a su lado. Parece una tontería, pero ese hecho es una buena estratagema de lo que se llama "socialización anticipada". Es decir, uno aprendía bien los trucos del oficio de profesor. Recuerdo con verdadera admiración el modo que tenía don Manuel de dictar su clase, llena de citas y nombres, con una asombrosa erudición. Aunque el puesto de profesor ayudante era "sin sueldo", al final del curso, el catedrático sacaba unos billetes de su bolsillo y los repartía generosamente entre sus colaboradores. En la cátedra de Fraga estaba conmigo de ayudante Miguel Carro, una gran persona, miembro de la tuna y que luego se haría abogado del Estado. Nuestro trabajo principal era el de corregir exámenes y dar algún seminario. Otra forma de retribución en especie era que teníamos derecho a hacernos tarjetas con el título de "profesor a. de la Universidad". Esa "a." (= ayudante) se prestaba a la estupenda confusión de que éramos "adjuntos". Mi padre se preocupó de dar una tarjeta mía a todas las personas que saludaba en Hacienda.

La intensísima actividad de los últimos cursos en la Facultad y en los otros centros fue una especie de medicina contra la frustración que había supuesto la muerte de mi novia en 1957. La misma función consoladora la tuvo el hecho de ennoviarme otra vez, además, con el deseo inmediato de casarme. Mi primera novia, Mari Tere, formaba parte de la pandilla de compañeros de curso que íbamos juntos a todos los sitios. En ella estaba también Mary Pepa, su amiga íntima, que luego sería también mi novia y en seguida mi esposa (en 1960) y la madre de mis hijos. Aparte de todo, Mary Pepa me ayudó muchísimo en mi voracidad profesional de entonces. Ella me pasaba los textos y las fichas a máquina, lo que era un trabajo agotador.

La frase citada de San Pablo resultó verdadera en mi caso. Mi formación universitaria era dispersa y hasta caótica. No había forma de que cristalizara una verdadera vocación. Es decir, al final de la carrera me encontraba literalmente perdido en medio de un laberinto de posibles salidas. Años más tarde, la colaboración con Juan J. Linz me ayudó a diseñar un camino profesional. No obstante, esa dispersión de conocimientos y curiosidades (incluyendo la política práctica) me iba a ser muy útil en mi definitiva orientación como sociólogo. Puesto que se trataba de entender la sociedad española en todos sus aspectos, bueno era tener un conocimiento enciclopédico. Esa iba a ser mi salvación terrenal. Con todo, lo de la Sociología (entendida a mi modo) no iba a ser precisamente una especialización. Más bien se trataba de una forma de justificar mi actividad intelectual, que entonces era manifiestamente caótica. Me temo que sigue siéndolo. Pero en este mundo de especialistas alguien tiene que ser generalista. Es una estupenda forma de vestir la ignorancia, dulcificada por la curiosidad.

El generalismo se impuso desde el principio porque me encontré con una deficiente oferta universitaria en España, y eso que la actual me parece todavía de peor calidad. Me he preguntado muchas veces si no pecaré de exceso de pesimismo al percibir de esa forma la actual Universidad española. Pero no. Tomo la observación de la Facultad de Sociología (antes Políticas y Económicas) donde estudié y he acabado profesando. Sinceramente, lo que he podido exigir a los estudiantes durante los últimos decenios es un estándar muy bajo. Por lo menos es mucho más bajo del que se me aplicó a mí como estudiante en el mismo centro. No se trata de laxitud en mi trabajo docente; es algo mucho más claro y objetivo. Los estudiantes de la última generación han llegado a la Facultad menos preparados que los de la generación anterior. Lógicamente, estos de ahora saben más de ordenadores, de cómo obtener información "internética", pero acumulan menos lecturas. Lo que resulta increíble, los estudiantes de la última generación tienen menos mundo que los de antes. La sociedad española habrá progresado mucho en el último siglo. Sin embargo, la Universidad que yo he conocido se ha quedado aún más estrecha y provinciana. No me impresiona mucho la proliferación de los "Erasmus" o la fiebre de "Bolonia". Lo único que se ha desarrollado, para peor, es una burocracia creciente y sumamente estéril. Por cierto, en los últimos cursos he tenido en las clases a docenas de alumnos "Erasmus". He podido comprobar que ninguno había leído nada del tal Erasmo de Rotterdam. El resto de los alumnos, tampoco. Qué difícil me era explicar a esos alumnos que el Quijote no se puede entender bien sin el erasmismo. Recuérdense, por ejemplo, los consejos que da don Quijote a Sancho antes de partir para la ínsula de Barataria.

Esa decadencia universitaria se ha producido en España al tiempo de un notorio progreso de la sociedad en su conjunto. La prueba de ese contraste es que el interés por la sociedad que han ido perdiendo los estudiantes reaparece en los asistentes a las conferencias. A lo largo del último medio siglo he dado muchos cientos de conferencias en España.

Muy pocas de ellas han sido en recintos universitarios. Los estudiantes universitarios hacen menos preguntas en las conferencias que el público general, estadísticamente sus padres. Los mejores estudiantes que he tenido en los últimos decenios han sido generalmente los que tenían más años y alguna experiencia laboral.

Bastará una ilustración para comprender mi razonamiento y liberarlo de la posible crítica de derrotista. Estamos en 1957. Los catedráticos Luis Díez del Corral y José Antonio Maravall organizaban un seminario conjunto para los alumnos que querían avanzar un poco más. Entre otros, asistían María Ángeles Durán, José Ramón Torregrosa, Luis González Seara, Luis Díez Nicolás, Juan Trías y yo mismo. Años después, todos hemos sido catedráticos. El seminario lo dábamos en un fastuoso salón del Instituto de Estudios Políticos, rodeados de una espléndida colección de cuadros que idealizan la Historia de España. El seminario se iba a centrar en la figura de John Locke, una de las luminarias para entender la Europa liberal. Para empezar, los alumnos nos debíamos proveer del libro de Locke, *Ensayo sobre el conocimiento humano*, pero en su versión inglesa, nada de traducciones. No es difícil imaginar el miedo escénico que se nos metió en el cuerpo a los asombrados estudiantes. Años más tarde, ya como profesor, iba a ser imposible replicar una experiencia de ese estilo. Y eso que ahora los estudiantes tienen más facilidad para viajar y familiarizarse con el inglés. Definitivamente, la Universidad ha ido para atrás, por lo menos la que yo he conocido.

Varias veces he profesado en varios centros universitarios de México y los Estados Unidos (1976, 1982 y 2008). Debo reconocer la triste realidad. Esas estadías de larga duración no me han servido mucho como méritos; más bien me han traído inconvenientes para mi carrera de sociólogo. Es la prueba definitiva de nuestro provincianismo universitario, valga el oxímoron.

Me pregunto a veces cómo es posible que las promociones estudiantiles tan bien preparadas de la generación anterior no hayan logrado transformar para bien la Universidad española. Es un misterio. Sin embargo sí se puede detectar un efecto positivo sobre la sociedad. Muchos de esos estudiantes realizaron más tarde con éxito la llamada transición a la democracia. Pero fueron los que se dedicaron a la política profesional. Quedó así preterido el avance científico. Para dedicarse a la política con buenos rendimientos, y más si se es de izquierdas, no hace falta leer mucho. No creo que Felipe González o José Luis Rodríguez Zapatero hayan sido grandes lectores. Es una gran contraste con los prohombres de la Restauración de hace más de un siglo. Muchos de ellos escribían artículos o libros de gran sustancia.

Baste un dato más de mi biografía en apoyo de la tesis de las páginas anteriores. En 1959 realicé mi examen de Licenciatura. El formato consistía en "encerrarse" durante varias horas con libros y papeles a discreción. El objetivo era la redacción de un tema propuesto por el tribunal. Una vez escrito, había que defenderlo ante el tribunal en audiencia pública. A ese examen llevé tres maletas con ficheros repletos de papeletas. Era el producto de las lecturas realizadas a lo largo de los cursos de licenciatura. Eran cientos de libros y miles de fichas ordenadas por temas y autores. Me tocó escribir sobre el concepto de planificación económica y las ideas de Karl Mannheim. Era un autor que conocía bien, pues había dado un seminario sobre su obra en la cátedra de Lissarrague. Estaba todo en mis fichitas. Había cientos de ellas sobre el particular. Me dieron premio extraordinario.

En 1960 obtuve el premio extraordinario de doctorado y el premio nacional Fin de Carrera del SEU. Lo recibí de manos de Franco. Implicaba una extraña condecoración: el Víctor de Plata del SEU. El "Víctor" era una antigua enseña de la Universidad de Salamanca. En los años de la guerra civil se incorporó a la simbología de Franco, a quien no le gustaban mucho las cinco flechas. Por cierto, ese símbolo tampoco fue una innovación de Falange Española, sino que proviene de los Reyes Católicos. Hago una aclaración tan obvia porque, en los últimos tiempos, hay personas cultas que parecen haber olvidado ese detalle.

Resulta impensable una acumulación de esfuerzo como la que describo si la quisiéramos proyectar sobre los estudiantes de los últimos decenios. Seguramente hoy confían en Google, pero la acumulación de información no digerida previamente sirve poco para establecer relaciones. Sin un haz de relaciones de covariación no hay ciencia que valga.

Me invade un gran sentimiento de culpa por no haber logrado trasladar a los alumnos de las últimas promociones la afición a la lectura, la que yo recibí de mis maestros. Es decir, por ese lado se interrumpe

Saludo a Franco con ocasión del premio Fin de Carrera del SEU en 1961. Supongo que el protocolo aconsejaba no acercarme demasiado al Caudillo. Detrás se ve a Jorge Jordana.

la vieja metáfora de la antorcha. Es la que ha servido tantas veces para señalar el proceso de transmisión de la cultura y el pensamiento. Por cierto, la famosa escultura "La antorcha", de Anna Hungtinton, en la Ciudad Universitaria de Madrid, está llena de chafarrinones de los toscos grafiteros. Menos mal que la limpian de vez en cuando, pero vuelven a pintarrajearla con inexpresivos acrónimos. Es todo un símbolo del desprecio por la cultura que caracteriza a nuestro tiempo. Acabarán por retirar la escultura con el pretexto de que está sucia o que es fascista.

Ya he dicho que, en la época estudiantil, nos "fumábamos" algunas clases. Ahora bien, también asistíamos a cursos, seminarios y conferencias mil, aparte de las tenidas políticas más o menos subversivas. Simplemente, manteníamos una curiosidad selectiva ante la vida y la cultura. No me convence la réplica de que antes éramos una minoría y ahora los jóvenes universitarios son la mayoría de sus respectivas cohortes de edad.

Supongo que toda consideración nostálgica de los años universitarios, por ser juveniles, produce un efecto halo. Es decir, el pasado aparece tendenciosamente falsificado en la dirección de la añorada felicidad. Bien, eso puede ser así, pero hay algo objetivo que fundamenta la comparación. He terminado mi carrera docente en la misma Facultad donde estudié. Puedo, pues, comparar con un mínimo de precisión, siempre tan relativa en estos asuntos. El espíritu de curiosidad y trabajo que despliegan hoy los estudiantes me parece mínimo. Daré un solo dato. Muchas veces, a lo largo de las clases de los últimos años, dejaba caer el nombre de algún libro que acababa de salir. Podía ser una novela o un ensayo, con frecuencia lejos del asunto central del programa, pero siempre interesante. Pues bien, llegado ese momento, era fácilmente perceptible cómo los estudiantes, que estaban tomando sus apuntes, dejaban de escribir. Entendían que ese detalle erudito o curioso no iba a ser materia de examen. Una reacción así habría sido impensable en la época en que yo era estudiante. Si bien se mira, lo más valioso del trabajo de un profesor es que sepa filtrar para los alumnos las obras más interesantes de la miríada que se producen. Eso no lo sabe hacer bien ningún Google, aunque también es verdad que hay profesores analfabetos, o por lo menos, ágrafos.

En la cultura anglosajona se entiende la biografía como la *education* que recibe una persona a través de muchos años. Pero la *education* es algo más que los estudios, la enseñanza, incluso más que los libros, los profesores o la convivencia escolar. *Education* es más bien conocimiento, comprensión, muchas veces basada en la experiencia. Algo así puedo decir yo también de mí mismo. Por fortuna, estudié en España una carrera nada especializada, algo así como la prolongación del bachillerato. Realmente, no aprendí Sociología, ni siquiera Ciencias Políticas de una manera suficiente. Sin embargo, el baño de Universidad me sirvió para adquirir un buen conocimiento práctico de la naturaleza humana. Me basta con la observación de las personas que me rodean. No solo cuenta el habla, sino el lenguaje corporal y hasta los silencios. Ese saber práctico es más útil que el recuerdo de todas las asignaturas juntas. Hay personas que, sin pasar por las aulas universitarias, adquieren ese conocimiento de manera suficiente. Y al revés, hay otras muchas personas que acumulan licenciaturas y no se enteran de la misa la media. No es menos cierto que la Universidad de los años 50 era provinciana y con pocos medios, pero el ambiente de entonces nos proporcionó ese conocimiento que digo sobre la naturaleza humana. Tampoco se crea que ese don garantice una especie de felicidad. Más bien, el conocimiento sobre la naturaleza humana contribuye a una sensación desengañada del mundo y pesimista sobre uno mismo. Ahora bien, casi siempre es mejor saber que no saber. Ese es ya un punto de optimismo. Como lo es la consideración de que procurar el conocimiento es una buena manera de dar sentido a la vida.

Veranos

Es una extraña constancia, pero se repite desde la infancia hasta ahora mismo. Lo que caracteriza a un año determinado de mi vida es el verano. Eso fue así de modo eminente durante el periodo de la licenciatura y el doctorado. Los veranos fueron etapas intensísimas, en los que hubo tiempo para todo: viajar, formarme, estudiar, enamorarme, hacer la mili. Desde luego, no fueron meras vacaciones. El año natural cede ante la realidad del curso académico, que concluye con el verano. Durante siglos, los campesinos han comenzado el año agrícola con la fiesta de San Miguel, a finales de septiembre.

Terminado el segundo curso de la Facultad, en 1956, ese verano lo dediqué a viajar por Inglaterra. Me fui en tren (entonces había "tercera clase") y me detuve en Burdeos. Allí me esperaba mi amigo Dámaso Yagüe. Estuvimos una semana recorriendo la zona en autoestop. Entre otras incidencias, nos recogió una vez el que decía ser discípulo reencarnado de Jesucristo. El mismo Cristo andaba también por la vecindad, dispuesto a salvar definitivamente al mundo.

Volví a coger el tren hasta París, donde permanecí algunos días. Me alojé en un albergue del Partido Comunista, muy barato, que estaba en las afueras. Todos los desplazamientos los hice caminando. Me recorrí la ciudad de punta a punta. Dediqué un día entero a visitar el Louvre, que me dejó turulato. Realmente me desmayé delante de la Victoria de Samotracia, pero yo creo que fue de hambre más que de pasmo estético. Por la mañana compraba una baguette y cien gramos de fuagrás. Ese era el condumio para todo el día. Después de esas agotadoras jornadas volví a coger el tren hasta Calais. La travesía del Canal de la Mancha fue un desastre, algo así como lo de la Armada Invencible; tal fue la tormenta que se desató. En Londres no tenía donde hospedarme, ni dinero para un módico hotel. Así que me alojé, con una turba de mendigos, en una especie de albergue del Salvation Army. Es algo así como una Cáritas protestante. El alojamiento era prácticamente gratuito y además nos daban un saludable desayuno. En reconocimiento a esa caridad había que cantar algunos himnos bíblicos. Allí conocí a unos estudiantes franceses y suecos, tan pobres de solemnidad como yo. A través de ellos me enrolé en un campo de trabajo para estudiantes, situado en la campiña inglesa. Realmente era una explotación colonial, como la de los ingleses en otros continentes. La regentaba un tal Mr. Wilson, a quien nunca conocimos. Poseía una plantación de una inmensidad de hectáreas con fresas, moras, grosellas, patatas y otros frutos. Allí se alojaban miles de estudiantes de toda Europa que dedicaban el verano a trabajar a destajo. La tarea era agotadora, pero estaba bien pagada.

La granja de Mr. Wilson había acuñado su propia moneda, que circulaba dentro del campo y en los pueblos cercanos. Seguramente las tiendas y bares de la zona eran también propiedad del mítico Mr. Wilson. Estuve todo el verano en esas labores y logré ahorrar una buena cantidad de libras que me permitieron disfrutar después de unos días de una merecida vacación en Londres. Más que nada, quería ver "la Venus del espejo" de Velázquez.

En el campo de trabajo (que físicamente se parecía a un campo de concentración) organizamos un día una huelga en toda regla. La razón fue que a los administradores no se les ocurrió otra cosa que ponernos fresas de postre. El olor a fresa impregnaba nuestras ropas y el ambiente todo. Durante años no pude comer fresas, tanta repugnancia me daban. La huelga del campo fue una buena enseñanza para los españoles que allí estábamos (no muchos). Veníamos de un país donde las huelgas estaban prohibidas. La estadía en el campo supuso poder chapurrear el inglés, aunque también el francés y el italiano. En general, la experiencia fue buena. Regresé a Madrid, nuevamente en tren, a finales de agosto, con tiempo suficiente para enfrascarme en la preparación de los exámenes de las asignaturas de Derecho.

El verano de 1957 fue mucho más amable. De nuevo repetí la experiencia inglesa, pero en este caso conseguí una beca del Ministerio de Asuntos Exteriores para seguir un curso de inglés para extranjeros. Lo mejor fue que el viaje lo organicé en compañía de Mari Tere Riera, ávida igualmente de aprender inglés. Nos fuimos a vivir a una especie de pensión para estudiantes, donde había una docena de varias nacionalidades. Dormíamos en habitaciones con literas, chicos y chicas por separado. Teníamos derecho a cocina, lo que equivalía a decir que el gas funcionaba con monedas. Era corriente la picaresca estudiantil de hacer trampas para colarnos en el metro o para hurtar algunas botellas de leche del repartidor mañanero. Un estudiante español que trabajaba de cocinero en un restaurante de lujo nos traía a veces unos estupendos filetes; los llevaba debajo de la camisa. No era cosa de hacer ascos a una vianda tan rica. Mari Tere y yo nos íbamos todas las mañanas al curso de inglés, pero a la hora del *lunch* nos perdíamos en algún parque o callejeábamos por la infinitud de Londres. Los fines de semana hacíamos autoestop por los alrededores. Naturalmente, nos hicimos novios. A la vuelta pasamos por París; parada y fonda. Empezaba una etapa definitiva de mi vida con el ánimo de profesionalizarme y de casarme. Pero eran los renglones torcidos de Dios, que más adelante revelaré.

El verano de 1958 me enrolé en la Milicia Universitaria para aprovechar el tiempo estival y hacer la mili de esa forma privilegiada. Los tres meses veraniegos los pasé en el campamento de La Granja en la condición de soldado raso ("maldito"). Oficialmente era nada menos que "caballero aspirante". El trabajo era durísimo, no tanto por las materias de estudio, como por los agotadores ejercicios físicos. Las tiendas circulares, con un radio de dos metros, trataban de aposentar en cada una a doce soldados. Se puede suponer que la higiene no era modélica. Hasta el agua de las duchas estaba racionada. El hacinamiento y la férrea disciplina provocaban muchas riñas y tensiones, compensadas por un ambiente de camaradería. Algunos dormían con el mono puesto para así ganar unos segundos con el toque de diana. Antes de terminar ese toque ya teníamos que estar formados delante de la tienda.

El campamento seguía el modelo de un campo de concentración, aunque sin castigos físicos. El tiempo estaba tasado y no había lugar para la privacidad. Fuera por el agua poco potable, por el tipo de comida o por el calor, el hecho es que menudeaban las diarreas. El capitán sostenía la extraña teoría de que la diarrea venía por ponerse a la sombra. La consecuencia es que nos daba las clases teóricas y prácticas a pleno sol. Eran corrientes los desmayos por el calor. La enfermería era una tienda como las otras, poco más que un botiquín de campaña de una guerra colonial. A la entrada había un bidón lleno de pastillas amarillas

Aquí estoy de recluta ("maldito") en el Campamento de La Granja (verano de 1958)

innominadas. Eran la auténtica panacea, pues las píldoras lo mismo servían para la diarrea que para el estreñimiento. La leyenda era que contenía bromuro, un inhibidor de la libido. De todas formas, tampoco había muchas ocasiones para ponerse enfermo. El capitán solo permitía que hubiera dos rebajados por enfermedad al día. Así que había que dejar esa oportunidad a los dos más enfermos. El mismo principio competitivo se aplicaba a la hora de "formar" como respuesta al toque de corneta. Simplemente, quedaba arrestado el último que se incorporara a la formación. Era un caso extremo del espíritu de disciplina, virtud fundamental que se nos inculcaba en aquel recinto. Visto desde el otero actual, no es mala virtud. Ojalá los jóvenes de hoy (varones y mujeres) tuvieran que pasar obligatoriamente por algo equivalente al servicio militar.

La disciplina del campamento era estricta, sobre todo por el control del tiempo, pero tenía sus compensaciones. A los 20 años viene bien la fatiga física, incluso aunque hubiera que desfilar cargados con los mosquetones, las bayonetas y las piezas de los morteros. Esas piezas se habían diseñado para ser transportadas por mulos, pero las teníamos que llevar a hombros. El mortero se disparaba, incluso por encima de las tropas, con un primitivo artefacto, compuesto de una cuerda y un doble decímetro. En los escasos descansos de la instrucción táctica, generalmente a pleno sol, yo sacaba del mono un librito y me ponía a leer. Era una forma de evasión. Al capitán le llevaban los demonios cuando me veía con un libro en la mano. Fuera esa u otra razón, el hecho fue que me gané muchos arrestos. Me viene a la memoria una escena fugaz. Un compañero de la compañía, Mario Camus, y yo estábamos sentados en la "prevención", arrestados por no sé qué falta de disciplina. Caía la tarde y el Sol se ponía, majestuoso, entre aquellos robledales. La escena era bellísima. Mario suspiró: "Algún día las cámaras recogerán esta luz". Se refería, claro está, a las cámaras cinematográficas. Años más tarde, Mario iba a ser un gran director de cine. Otro compañero que coincidía conmigo en los arrestos era Justo de la Cueva, que trabajaba en Cáritas, y era medio sociólogo, como yo.

El segundo campamento, en el verano de 1959, fue mucho más llevadero. No solo era ya "veterano" (por ser sargento), sino que mi novia Mary Pepa me venía a ver los domingos con la merienda consiguiente. Los días de faena se hacían más rutinarios. El curso anterior había dado un paso decisivo en el camino de mi profesionalización, como documento después en varios capítulos. Todavía me quedaban dos veranos por delante para hacer las prácticas de alférez. Eso iba a ser en 1960 y 1964, con la estadía en los Estados Unidos por medio. El asunto merece unos párrafos.

USA

En las universidades norteamericanas existe el solemne ritual de la graduación, que llaman *commencement* (= comienzo). Para los españoles el equivalente sería la fiesta del "fin de carrera". Obsérvese la terminología tan distinta. En mi caso estoy más de acuerdo con la idea de que el final de mi carrera en España supuso el "comienzo" de mi formación. Esa se realizó en los Estados Unidos.

El punto de inflexión de mi carrera universitaria estuvo en el momento de concluir los años de licenciatura y doctorado en Madrid (1959 a 1961). Ante mí se abrían varios caminos. Escogí el destino más laborioso. O quizá se pueda decir que el destino me escogió a mí. Por influencia de Juan J. Linz, en 1961 me presenté a la beca Fulbright, que era la más prestigiosa, para irme a la Universidad de Columbia, en Nueva York. En el curso siguiente (1961-62) Juan J. Linz iba a profesar

Sargento en el Campamento de La Granja (verano de 1959). Estoy vestido "de bonito" (= traje de paseo). La ametralladora antiaérea seguramente es un modelo alemán de la guerra civil.

en esa Universidad. El plan de mi viaje estuvo a punto de truncarse por un suceso mínimo, pero que a mí me marcó. Pasé un examen escrito de inglés y una entrevista personal con un comité. De todo ello salí muy satisfecho. Pero recibí una llamada de Ramón Bela, el secretario de la Comisión Fulbright, profundamente alterado. Se había recibido una denuncia de un profesor, en la que se afirmaba que yo había copiado el examen de inglés. En las costumbres norteamericanas eso de copiar un examen equivale a un delito gravísimo. Tuve que ir al consulado norteamericano. Delante de una adusta funcionaria, que no me quitaba ojo, me obligaron a hacer otra prueba escrita de inglés. Aunque yo estaba nerviosísimo, la pasé. Me dieron el número uno de las becas de aquel año. Así pude entrar por la puerta grande en Columbia.

Algunos años más tarde, Ramón Bela, con quien siempre mantuve una excelente relación, me encomendó un trabajo muy interesan te. Era una especie de crónica sociológica de lo que había significado la trayectoria de los becarios Fulbright. En esa conversación me dio el dato del profesor que años atrás me había denunciado falsamente por haber copiado el examen de inglés. Me hizo prometer que no iba a revelar nunca el nombre del profesor, pues se trataba de una persona muy encumbrada. Así que no lo revelo, a pesar de haberlo tenido cerca muchas veces. Por suerte todo quedó en nada, pero pudo haber alterado gravemente mi vida. En ese caso la válvula no se cerró.

La estadía en los Estado Unidos duró tres años, de 1961 a 1964. El primer verano lo pasamos (Mary Pepa y yo, ya casados) en la Universidad de Bucknell (Pennsylvania), enrolados en un curso de inglés para extranjeros. El descubrimiento de la sociedad norteamericana fue un agradable choque cultural. Un detalle. El primer día, en la cafetería con autoservicio, los españoles nos quedamos sorprendidos ante la oferta de unos inmensos vasos de lo que nos parecían "cubas libres". Era solo la apariencia. Se trataba de té con hielo. El curso fue muy ilustrativo. Entre otras excursiones y actos culturales, fuimos a visitar al ex presidente Eisenhower en su granja de Gettysburg.

En los últimos días del curso nos llamó Juan J. Linz desde Columbia, aquejado el hombre de una crisis sentimental. Así que nos fuimos inmediatamente para Nueva York. Nos instalamos en un piso de la calle 105 West y Broadway, cerca de Columbia. Era un barrio de puertorriqueños bastante degradado. El apartamento nos costaba 110 dólares al mes, la mitad de la asignación que teníamos como beca. Se entenderá que tuviéramos que hacer economías. Compartíamos franciscanamente la comida con las cucarachas, inmunes a todos los venenos.

Seguí durante dos cursos (1961-63) los estudios de maestría (postgrado) en el Departamento de Sociología, dirigido por Robert K. Merton. La tarea fue muy dura, sobre todo porque la compaginaba con el trabajo de análisis de las encuestas de Juventudes y Empresarios, bajo la dirección de Linz. En el Departamento aprendí Teoría Sociológica, Familia, Métodos y otras materias especializadas. Con Juan aprendí Historia del Pensamiento y, de modo práctico, Historia y Sociedad de la España contemporánea. La biblioteca particular de Juan estaba repleta de obras interesantes sobre la sociedad española. En algunos trabajos prácticos sobre Sociología de la religión colaboré con un compañero, Juan G. Anleo. Por ejemplo, hicimos juntos un estudio antropológico de una parroquia fundamentalista de puertorriqueños. Los años de Columbia (1961-63) fueron para mí los de más intensa dedicación universitaria. Realmente fue allí donde me profesionalicé. Seguí las directrices de la escuela etiquetada con el confuso nombre de "funcionalismo estructural". Equivalía a seguir una vía científica, opuesta al discurso de la dialéctica marxista y al radicalismo de la lucha de clases.

El tercer año (1963-64) nos fuimos a Palo Alto (California) con una beca de la Universidad de Chicago (curiosa combinación). A decir verdad, fui de colaborador (*research assistant)* de Juan J. Linz. Él había obtenido una prestigiosa ayuda del Advanced Center for the Behavioral Sciences (conocido por Ford Center). Ese año fue más sosegado, sin exámenes. Juan y yo lo dedicamos a escribir febrilmente una docena de *papers* (= monografías) sobre los empresarios y los jóvenes españoles. Por primera vez en mi vida pude sacar el carné de conducir y comprarme un coche (de segunda mano). Costó 300 $, menos de lo que suponía la asignación mensual de la beca. Recordé la reflexión de mi padre, años atrás, cuando se planteaba si alguna vez tendríamos un automóvil. Por cierto, siempre que he pasado largas temporadas en los USA mi padre me enviaba todas las semanas, por avión, un fajo de recortes de periódico. Para evitar un gasto tan oneroso, lo que hacía era dar unas pinceladas de cola a los sellos. De esa forma, el matasellos se estampaba encima de esa película transparente y no afectaba al valor de los sellos. Lo que hacía yo era ponerlos un ratito en agua tibia. De ese modo, los sellos se despegaban del papel y quedaban libres del matasellos. Los sellos así salvados se los enviaba otra vez a mi padre, quien los utilizaba en el próximo envío. Dado que la tarifa del envío era como "impresos", no podía contener ninguna carta. Pero mi padre aprovechaba la hoja del crucigrama del periódico para escribir algunos mensajes en las celdillas. Me da no sé qué recordar esta pieza de la picaresca familiar, que entonces no me avergonzaba mucho. Aunque pueda parecer extraño, apenas se hacía uso del teléfono para llamadas internacionales. Para nosotros era un medio demasiado oneroso.

6. La "papiromanía"

Uno de los secretos que explican por qué he escrito tanto es que muchas de mis publicaciones son colaboraciones de dos o más autores. No me refiero a los equipos que se forman para emprender muchas investigaciones, sino a los libros (dejo aparte artículos y monografías) firmados por dos o más autores. Ese es un hecho normal en todo el mundo por lo que se refiere a la producción de las Ciencias Sociales (y de las otras disciplinas). Sin embargo, no es muy común en España. Entre nosotros es más corriente el llamado libro colectivo, en el que cada autor se responsabiliza de un capítulo. Yo también he participado de esa forma, pero aquí voy a recordar solo los libros que he firmado con otras personas. El repaso me permite dar una pincelada sobre la personalidad de esos otros coautores: maestros, unos; discípulos o colaboradores, otros. Emplearé los verbos en pasado para subrayar que la impresión que tengo de ellos se fijó en el momento de la colaboración. Más que de la obra en sí, lo que recuerdo de cada trabajo es la experiencia de haber conocido lo mejor de la personalidad de los colaboradores. Puede resultar extraño, pero los coautores no solo participan en el texto común; suelen darse entre ellos una parte eminente de su personalidad. No importa tanto que haya una relación jerárquica o de conocimiento entre los que colaboran.

Linz

El primer libro en el que figuré como coautor fue *Los empresarios ante el poder público* (1966). Su autor principal es Juan J. Linz. Se trata realmente de una monografía más, de las 18 que escribimos Juan y yo entre 1961 y 1964 en Columbia (Nueva York) y Palo Alto (California). En este caso la monografía se fue engrosando a través de sucesivas versiones hasta que alcanzó la dimensión de un libro. El texto se debió fundamentalmente a mi maestro Linz. Yo solo aporté el trabajo estadístico y el tratamiento de los datos cualitativos. En los otros artículos y monografías que hice con Juan, mi aportación fue algo mayor. En todos los casos aprendí la técnica del análisis de encuesta ("análisis multivariable" o "polivariable" según la jerga), tan característica de la escuela de Columbia. Pocos estudiantes de Sociología habrán tenido tantas oportunidades de desarrollar los conocimientos aprendidos como yo tuve en esa intensa colaboración con Juan. La prueba es que se han publicado en España infinidad de encuestas, pero casi todas se quedan en los datos totales. No llegan a la fase de explicación al relacionar dos variables en presencia de una tercera. Ese es el secreto del "análisis multivariable", descubierto principalmente por Paul F. Lazarsfeld en Columbia. Tuve la suerte, además, de que manejábamos las computadoras de la época, con fichas IBM (tarjetas perforadas). Con ese sistema se veía físicamente la forma de las distribuciones según caían las fichas en sus respectivos cajetines. Hoy todo se hace en "tiempo real", que quiere decir "espacio invisible".

Juan J. Linz me impresionó desde el primer momento en que empecé a trabajar con él en las encuestas de Empresarios y de Juventudes. Esta última la dirigió José Mariano López-Cepero, un profesor típicamente "muchachista", es decir, muy popular en la hueste estudiantil. José Mariano era todo un señor de Jerez de la Frontera, dicharachero, fabulador y elegante.

La capacidad de trabajo de Juan era superior a la que había visto yo hasta entonces (y había de ver después) en otras personas. No solo dominaba la teoría y la técnica sociológicas, sino que tenía un profundo conocimiento personal de la sociedad española. Nació en Bonn (Alemania) y vivió allí sus primeros años. Regresó a España con su madre y vivió en Madrid hasta concluir las carreras de Derecho y Ciencias Políticas. Colaboró con la cátedra de Javier Conde (Derecho Político). Se trasladó luego a los Estados Unidos, donde estudió Sociología en Berkeley (California) y trabajó junto a S.M. Lipset. Por muy cosmopolita que pueda ser su biografía, siempre me pareció un tipo humano muy español, en sus virtudes y en sus defectos. Era muy español porque conscientemente tuvo que decidir serlo al volver con su madre (divorciada) a España. Luego, en los Estados Unidos se casó con una española (Rocío de Terán, hija del eminente geógrafo) y renunció a la posibilidad de la ciudadanía americana. Conocí a Juan en su época todavía juvenil, al menos por el ímpetu y la resistencia con que se enfrentaba a la vida. Puede dar una idea de su talante voluntarioso y esforzado el hecho de que nadaba con poco estilo. Sin embargo, era capaz de nadar de un tirón entre la playa de la Concha y la isla de Santa Clara en San Sebastián; una milla más o menos. Por lo mismo podía pasar noches enteras de claro en claro hasta rematar un *paper*. Juan era en todo la desmesura. Es la única persona que ha logrado desbordar ampliamente mi capacidad de trabajo. Siempre admiré también su vista de lince (en correspondencia con su apellido) a la hora de interpretar los datos.

No es cuestión de resumir aquí la impresionante vida académica de Juan J. Linz. Es el sociólogo español más renombrado en el mundo, aunque menos conocido en España, fuera del círculo profesional. Me interesa destacar algunos rasgos de su personalidad y la relación que tuvo conmigo. Durante los tres años de intensa actividad con él, fue mi verdadero tutor, el que moldeó mi vocación sociológica. En Columbia trabajábamos en el célebre Bureau of Applied Social Research (BASR), fundado por Paul F. Lazarsfeld. Lo hacíamos por las noches, después de que todos se hubieran ido. Solo coincidíamos a veces con el personal de limpieza (normalmente puertorriqueños). La razón de este trabajo nocturno *(moonlighting)* era que carecíamos de presupuesto para las computadoras IBM. Solo las podíamos utilizar cuando estaban ociosas. Aun así, al principio intentaron cobrarnos un canon según el consumo de papel continuo. Era el que se empleaba para imprimir las tablas de encuesta. Pero entonces ideamos un truco definitivo. Fuimos a la casa IBM y compramos varias cajas de papel continuo, cosa que extrañó mucho a nuestro proveedor. No supimos decirle a qué computadora se asignaban las resmas de papel. La operación era muy sencilla. Por la noche, al comenzar nuestro trabajo, quitábamos el papel continuo que alimentaba la máquina y poníamos el nuestro. Al terminar nuestra tarea nocturna, invertíamos la operación. Naturalmente, los

Juan J. Linz (1976) en su casa de New Haven (Connecticut), cerca de la Universidad de Yale.

responsables del BASR se dieron cuenta del truco, pero hicieron la vista gorda. Eran conscientes de nuestro interés científico y de la penuria de fondos con la que trabajábamos.

Juan J. Linz daba unas clases realmente magistrales. Como entonces ya estaba prohibido fumar en Columbia, y Juan era un gran fumador, disertaba con el cigarrillo sin encender entre los dedos. Era un modo de aplacar los nervios. La preparación de las clases la hacía con docenas de libros desparramados por el suelo de la habitación. Tomaba notas a máquina, que aporreaba febrilmente con dos dedos. En ese caso fumaba sin parar, aunque me parece que no tragaba el humo. Al tiempo de leer y escribir, devoraba latas enteras de frutos secos.

Aparte de los asuntos técnicos o teóricos de la Sociología, Juan me transmitió el interés por la Historia de la España contemporánea. Asimismo me influyó en el gusto estético. Juan estaba soltero y prácticamente formaba parte del hogar que habíamos establecido Mary Pepa y yo. Primero estuvimos dos años en Nueva York (1961-63) y luego otro año (1963-64) en Palo Alto (California). Muchas veces íbamos los tres juntos al cine, al teatro o a la ópera. Mary Pepa fue una ayuda excepcional para pasarnos a limpio los *papers*. En Palo Alto escribíamos febrilmente, quizá porque no había otra obligación. Además, ninguno de los tres sabía conducir un coche, lo que forzaba la inmovilidad en aquellos *suburbs* desparramados. Por fin, yo pude sacarme el carné de conducir, al segundo intento. Juan abandonó la prueba y se compró una bici para poder trasladarse por el "suburbio" de Palo Alto. Un *paper* mío para el curso de Columbia, "The Three Spains", acabó siendo una monografía firmada por los dos, "The Eight Spains". Desde entonces, el análisis de las diferencias regionales en España iba a ser una constante preocupación de Juan y también mía.

Las inacabables conversaciones con Juan recaían indefectiblemente sobre la posibilidad de una democracia para España. Hasta los últimos momentos del franquismo, él siguió apostando por el modelo italiano, es decir, una Democracia Cristiana hegemónica y un Partido Comunista fuerte. La verdad es que en esto el maestro se equivocó, y yo con él. Pero nadie ha podido demostrar que los sociólogos tengan la bola de cristal para adivinar el futuro. Bastante hacemos con interpretar el presente y el pasado cercano. Bueno, el error fue mínimo si consideramos que la UCD era una forma de Democracia Cristiana (como revelan sus siglas). Lo que no pudimos sospechar fue que el Partido Comunista acabaría por disolverse, fagocitado en parte por el Partido Socialista. Linz acertó plenamente en la tesis de que el problema nacionalista se iba a enquistar; iba a ser "el problema insoluble" de los españoles. (Bien que lo iba a sufrir yo). Asimismo, vaticinó con acierto el formidable desarrollo económico de la sociedad española. La encuesta sobre los empresarios nos daba suficientes pistas para esa predicción. A estas alturas, debo reconocer que, efectivamente, en España se alcanzó el desarrollo y la democracia. Cierto que nos hemos convertido en uno de los quince países más desarrollados del mundo (tampoco uno de los ocho primeros, como a veces se ha dicho) en valores absolutos. Sin embargo, la democracia española no ha resuelto el conflicto enquistado del separatismo, en algún caso agravado con el terrorismo. Por si fuera poco, añádase otro mal endémico: la corrupción. En definitiva, se ha producido una estrambótica continuidad con el régimen que ha durado más en la Historia española. Me refiero a los reinos de taifas. Claro que los "taifas" actuales no son tan refinados como sus antecesores moros.

Siempre me llamó la atención que un sociólogo tan avezado como Juan J. Linz tuviera un misterioso temor a los conflictos, tanto en el orden societario como en el personal. Puede que ese temor proviniera del trauma que supuso el divorcio de sus padres, en una época en la que eran bastante raros esos conflictos personales. Por eso mismo no pudo asimilar que yo me divorciara años después, o que me desgajara de DATA, la empresa en la que él era consejero áulico. El caso fue que esos sucesos hicieron que, a partir de los años 70, Juan y yo nos distanciáramos cada vez más.

Puede que Juan se sintiera incómodo con mi dispersión intelectual o con mi tropiezo con los militares. O quizá sintiera yo la necesidad de "matar el padre"; en términos psicoanalíticos, claro está.

Después de unos años de estricta observancia en la escuela de Columbia, pasaba yo a ser un sociólogo poco ortodoxo. En esto como en todo, llegaba un momento en el que yo no me comprometía más que de manera parcial. Puede que la dispersión que supuso mi entrada en los periódicos (y luego en los otros medios) no fuera adventicia, sino que yo mismo la propiciara. Ahora bien, con el tiempo, la figura de Juan J. Linz se ha magnificado todavía más para mí. Sin su influencia yo no habría hecho nada de provecho en la vida profesional o me habría dedicado a otros menesteres.

DATA

El primer informe FOESSA (1966) lo realicé en DATA, con la colaboración de Manuel Gómez-Reino y Francisco Andrés Orizo. Fue una verdadera innovación al mezclar datos estadísticos y de encuesta, tal como había aprendido yo en Columbia. Hasta la cubierta, de estilo "op-art", resultaba innovadora. Desde 1964 a 1968 trabajé intensamente en DATA con los dos colaboradores citados y otros varios, que se incorporaron más tarde. Destaco a Darío Vila y a Julio Feo. Manuel Gómez-Reino era un abogado con veleidades políticas y curiosidad sociológica. Lo conocí en 1959, cuando se empezó a codificar la encuesta de Juventudes, operación que él dirigió en parte. Era sobre todo un hombre de mundo, extrovertido, un amigable componedor y un decidido gestor y animador de la empresa. Fue el que se entendió mejor con Juan J. Linz, cuando lo incorporamos a DATA como una especie de asesor científico, como el maestro.

A Francisco Andrés Orizo lo conocí como parte del equipo de Francisco Vigil en la Delegación Nacional de Juventudes, presidida por Jesús López-Cancio. En ese grupo (al que yo me incorporé en 1959 para dirigir los seminarios) estaban también Adriano Gómez Molina, Gabriel Cisneros y otros jóvenes entusiastas. Nada menos que nos proponíamos alcanzar la democracia en España a través de la organización juvenil oficial. Una iniciativa fue, por ejemplo, los textos escolares de la editorial Doncel, con el destacado ejemplo del libro sobre Economía de Enrique Fuentes Quintana y Juan Velarde. Otros libros del mismo estilo fueron los de Torcuato Fernández Miranda o de Joaquín Navarro. Un atrevimiento más fue la Encuesta de Juventudes, en la que también participé al final. Paco Orizo (así lo llamábamos todos) me solicitó la

Equipo de DATA en 1966. De izquierda a derecha: Julio Feo, Darío Vila, yo mismo, Manolo Gómez Reino y Paco Orizo. Obsérvese el atuendo formal (camisa blanca, corbata, rasurados). Solo Julio, que había venido de California, se permite ir barbado. Supongo que estábamos haciendo un cuestionario.

primera conferencia profesional que di en mi vida, antes de acabar la carrera. Dio lugar a una publicación sobre "El liderazgo juvenil", que utilizaba los conocimientos de la sociometría.

En DATA, Paco Orizo fue el alma de la organización y el que mejor llegó a dominar las técnicas de investigación sociológica. Se trataba de una persona introvertida, pero con un gran sentido del humor. Sobre todo era un trabajador incansable. Ya se sabe que para mí ha sido siempre la cualidad que he valorado más.

La época de DATA significó la opción de una vida profesional intensísima, lo que supuso que yo descuidara la atención que merecía la vida familiar. Creo que mis hijos (Iñaki y Sergio) no entendieron por qué no les dediqué más tiempo en su infancia; yo tampoco. Era el precio de un "impulso de logro" (*need for achievement)*, que me ha consumido siempre, por lo menos hasta hace pocos años.

Mis hijos, Sergio e Iñaki (1969). Sergio fue siempre Tati para la familia y los íntimos. Iñaki siempre se presentó con el hipocorístico; su nombre de pila es Ignacio Javier Diego Francisco, por la influencia vasca y por los nombres de sus abuelos.

Serrano, 19

En 1969, ante la posibilidad de realizar el segundo Informe FOESSA, dejé la dirección de DATA y me lancé a trabajar por mi cuenta en un despacho particular (el de Serrano, 19). Era una decisión bastante arriesgada, pero entendí que DATA debía continuar con estudios de tipo comercial y rentable. El informe FOESSA no era ninguna de las dos cosas. En el capítulo 7 hablaré más detenidamente de los Informes FOESSA. Durante mucho tiempo fueron las obras por las que fui más conocido por el público, al menos por la fracción interesada en los asuntos colectivos.

El primer trabajo que publiqué en el despacho de Serrano, 19 fue *La documentación y organización de los datos en la investigación sociológica* (1969). Lo escribí en colaboración con Amparo Almarcha, Jesús M. de Miguel y José Luis Romero. Eran entonces tres estudiantes que trabajaban en DATA y se vinieron conmigo al despacho de Serrano, 19. Estaban también con ellos Benjamín Oltra y Jaime Martín Moreno, asimismo estudiantes de Políticas. El ambiente del despacho era de franca camaradería y de intensa dedicación. Los sueldos de todos eran muy parejos y la carga de trabajo máxima. El estudio citado se debió a la solicitud de José María Desantes, un buen gestor al que iba a encontrar poco después en la aventura del diario *Madrid*.

En el despacho de Serrano, 19 publiqué *El capital humano* (1969) con José Luis Romero. José Luis se especializó conmigo en el análisis de los datos sobre la enseñanza en España. Era un joven entusiasta, muy interesado por la política (realmente todos estábamos politizados en el despacho) y muy trabajador. Más tarde se orientó hacia la gestión empresarial.

Otra publicación del despacho fue la que hice con Juan Salcedo, *Dinámica industrial de las regiones españolas* (1972). Juan fue un brillante estudiante del curso que di en la recién creada Universidad Autónoma de Madrid. Colaboró intensamente en las otras investigaciones del despacho. Más tarde llegó a catedrático y a rector de Universidad; ha mantenido muy buenos contactos internacionales. Siempre fue el más político (en el mejor sentido) de los colaboradores que tuve y por eso triunfó en la vida académica.

Después de mi traslado (más o menos forzoso) a Barcelona en 1970 (véase el capítulo 15), el despacho de Serrano, 19 continuó con varios trabajos, dirigidos por Jaime Martín Moreno. Con él publiqué *Los arquitectos en España* (1975), *La estructura de las ciudades españolas* (1978), *La Universidad, fábrica de parados* (1979) y *Sociología de las profesiones (1982)*. Jaime fue el más amigo del grupo de colaboradores y el que dedicó más atención al despacho. Años después coincidimos ambos como profesores en el Departamento de Población de la Facultad de Políticas y Sociología (Universidad Complutense) y en otras aventuras intelectuales. En su etapa de gestor del despacho de Serrano, 19 recibió a muchos investigadores españoles y norteamericanos que trabajaban con los datos que habíamos acumulado. Por ejemplo, la colección de estadísticas sobre la sociedad española contemporánea era una de las más completas de España. Tuvimos una documentalista muy dedicada, Amparo Almarcha; más tarde sería catedrática.

Uno de los colaboradores del despacho en la época de Jaime Martín Moreno fue Félix Moral. Con él publiqué *La población castellana* (1984), *Panorama de la emigración española en Europa* (1986) y *Población y recursos humanos en Castilla y León* (1986). En esos trabajos colaboraron también Antonio Izquierdo (como coautor) y algunos estudiantes, como Miguel S. Valles, Pedro Iriso y José Melquíades. A la cuestión demográfica he dedicado muchos escritos. Es la materia de los cursos que he dado en la Universidad Complutense de 1983 a 2010. Félix Moral continuó su carrera como experto en encuestas del Centro de Investigaciones Sociológicas (CIS).

Con Antonio Izquierdo (discípulo de Manuel Sacristán) había trabajado muy intensamente en Barcelona. Estaba muy comprometido con la izquierda marxista y ecologista. Luego se moderó. La Sociología tiene ese efecto. A Antonio le dirigí su tesis sobre Sociología electoral. Culminó su carrera como catedrático en La Coruña.

En este repaso de los colaboradores del despacho de Serrano, 19 me asalta un misterio. ¿Cómo es que no colaboré más (en publicaciones) con mi hermano Jesús, cuando él estuvo conmigo desde el primer día? No solo fui su hermano mayor sino su tutor intelectual, su Pigmalión en el sentido pedagógico. Tanto es así que le dirigí materialmente su tesis doctoral sobre el suicidio. Pero, de forma oficial, la persona que apareció en los agradecimientos de la tesis no fui yo sino Juan Díez Nicolás. Supongo que ese cambio obedeció a alguna conveniencia académica, pero resulta ilustrativo. Más importancia tiene que, en una reseña que hizo Jesús sobre el despacho en los años 70, no citara a Jaime Martín Moreno. Es más, concluía que para entonces el despacho ya había sido clausurado. Es claro que esos extraños olvidos y tergiversaciones escondían un manojo de celos, que yo no supe atisbar en su momento, y que resolví mal. Aun así, debo reconocer que Jesús colaboró intensamente conmigo y con los otros miembros del despacho. Luego se integró en el equipo de Barcelona, en el Departamento de Pancho Marsal. Ha sido el colaborador más productivo que he tenido y sin embargo nunca hemos llegado a escribir él y yo un libro juntos. Bien que lo siento.

Después de la etapa de Barcelona, una colaboración muy fecunda fue la que mantuve con el periodista José Luis Gutiérrez en *La ambición del César* (1989). Es una biografía crítica e interpretativa de Felipe González y su círculo socialista, que se adelantó a otras obras en la misma línea. Fue una cooperación muy instructiva para mí; por primera vez trabajaba yo con un profesional ajeno a la Sociología. Más tarde, José Luis Gutiérrez fue director de *Diario 16*, periódico en el que colaboré regularmente. Continué haciéndolo en la época en la que el periódico lo dirigió Justino Sinova. José Luis Gutiérrez supuso para mí un descubrimiento, porque, además de conocer bien el PSOE por dentro, escribía un español deslumbrante. A partir de ese libro, que tuvo un gran éxito, empecé a simultanear las obras, digamos, científicas, con las más literarias y personales. Actualmente, José Luis dirige la influyente revista *Leer*, en donde he publicado algunas piezas.

El libro *La ambición del César* se presentó en el Hotel Palace de Madrid en abril de 1989. Hicieron el ditirambo ritual José Mario Armero y Pablo Castellano. En pocos meses se vendieron cien mil ejemplares. La primera versión del libro llevaba el título de *Generalísimo González*, pero la editora, Imelda Navajo (*La Esfera de los Libros*, del grupo El Mundo) sugirió el título definitivo. Se basó en una cita que hacíamos de José Antonio González Casanova, en la que llamaba a Felipe González "el joven César de la democracia". El título parecía un remedo de los que le dedicaban a Franco sus turiferarios, si bien, en este caso se estampaba en serio.

El éxito de *La ambición del César* fue extraordinario, a pesar de que tuvo la enemiga de los medios de comunicación dependientes del Gobierno o del "establecimiento". Por ejemplo, Javier Pradera arremetió contra el libro en *El País*. En Radio Nacional de España, Fernando Poblet me hizo una entrevista sobre el libro, pero el hombre fue destituido de su puesto. El dueño de la librería Paraninfo me contó que, al día siguiente de presentar el libro, recibió la visita de un motorista del palacio de La Zarzuela con el encargo de llevarse un ejemplar. Hay que suponer que era para el Rey o la Reina. Julio Cerón publicó en el *ABC* (25 de mayo de 1989) la broma de que el Ministerio de Educación estaba pensando poner el libro de texto en la enseñanza obligatoria. José Manuel Cuenca Toribio escribió una crítica resentida con el título "Felipe González, un retrato frustrado" (*Huelva Información*, 8 de julio de 1989). En ella se decía que era un libro "desconcertado, descentrado y desvertebrado". El libro representó para mí una nueva forma de escritura más comprometida, más literaria y que iba más allá de la Sociología descriptiva.

Tábula-V

Después de las etapas de Barcelona y Valencia, más la estadía en Florida, regresé a Madrid en 1983. Al poco tiempo se clausuró el despacho de Serrano, 19. La razón fundamental fue que los antiguos colaboradores habían encontrado su acomodo laboral en lugares más rentables. Es entonces cuando me planteé la aventura de Tábula-V, una iniciativa de mi hijo Iñaki en colaboración con Gonzalo Martínez de Miguel. Iñaki fue el alma de la nueva organización, dedicada a levantar encuestas e informes sociológicos. Yo era una especie de director de proyectos. Seguíamos con el esquema de trabajar con estudiantes, ahora ya de Sociología. Me separaba de ellos la distancia de una generación. La obra más influyente del equipo de Tábula-V fue la serie de cinco gruesos volúmenes sobre *La sociedad española* (de 1992 a 1997), auspiciados por la Universidad Complutense de Madrid durante el rectorado de Gustavo Villapalos. Era una réplica de los Informes FOESSA de 1966 y 1970. Ahora se hacían una generación después, con más colaboraciones firmadas y una acumulación extraordinaria de datos. Cabe añadir la impagable ayuda de Teresa Piedrafita (mi pareja entonces) en la ingente tarea secretarial de los informes sobre la sociedad española. Esa obra representa la máxima densidad de información sobre la sociedad española, que nunca se ha vuelto a repetir. La colaboración de Iñaki de Miguel significó, además, un progreso notable en la aplicación del análisis de encuesta, el diseño tipográfico y la presentación.

Tarjetón de Tábula V. Cuidábamos mucho los aspectos estéticos de diseño. El logotipo indicaba la estructura geométrica de las tablas de encuesta y el uso del color. La parte gráfica fue una verdadera innovación en los Informes de la Complutense.

Supongo que esa serie de los cinco volúmenes de *La sociedad española* de la Complutense algún día será de gran utilidad para los historiadores. La Historia de la democracia española no se reconstruirá solo con textos de los protagonistas. Contará mucho también la opinión del pueblo y los análisis que hicieron en su día los periodistas, los escritores y los científicos sociales. En los volúmenes de la obra citada se incorporaron las colaboraciones firmadas de Francisco Andrés Orizo, Federico Jiménez Losantos, José María Tortosa, Miguel S. Valles, María Ángeles Cea D´Ancona, Natalia Jiménez, Mónica Ramos, Roberto-Luciano Barbeito, Gregorio Varela, Julio Iglesias de Ussel y Luis del Val. Las presentaciones de los informes las realizamos por todo lo alto, normalmente en el Ayuntamiento de Madrid, dirigido a la sazón por José María Álvarez del Manzano.

Con José Mª Aznar en la presentación de La ***sociedad española*** *1992-93.*

Con Roberto-Luciano Barbeito publiqué tres monografías: *El impacto de la telefonía móvil en España* (1997), *La movilidad urbana y los vehículos de dos ruedas (1998) y El final de un siglo de pesimismo, 1898-1998* (1998). Ese último volumen fue patrocinado por el Banco Central en la última etapa de Alfonso Escámez, un gran empresario, recientemente fallecido. Precisamente el título original, "Un siglo de pesimismo", se cambió a petición de don Alfonso. De todas formas, los datos del estudio no ayudan a presumir que hemos llegado al final de la larga etapa pesimista. Roberto-Luciano Barbeito, que entonces era estudiante de Sociología, ha sido después profesor en la Universidad Juan Carlos I.

Con Marta Escuin publiqué *ABC de la opinión española* (1997), una selección de las colaboraciones que enviábamos al periódico *ABC*. Se trataba de pulsar la opinión de los españoles sobre cuestiones polémicas. Era lo que llamábamos el "tabulómetro".

Otras monografías de la época de Tábula-V (o Tábula Ikónica): *Los madrileños y el consumo* (1998), *Los derechos del consumidor en el municipio de Madrid* (1999), *Los madrileños y su ciudad* (1999). Las tres son de tipo aplicado y se levantaron con la colaboración de Guillermo Sánchez y el auspicio del Ayuntamiento de Madrid en la época del alcalde José María Álvarez del Manzano. Del mismo estilo aplicado son las monografías *Estudio sociológico SANOFI. Mujeres e hipertensión* (1999) y *Los emigrantes españoles* (2000), ambas con la colaboración de Isabel París. Con el mismo equipo publiqué también *Los españoles y los libros* (1998), promovido por Fernando Rodríguez Lafuente, a la sazón director general del Libro. Más entidad tuvo la réplica de la encuesta de Juventudes de 1959 en la publicación de *Dos generaciones de jóvenes* (2000). Colaboraron Guillermo Sánchez, Miguel S. Valles e Isabel París.

Aparte de la dirección de Tábula-V y de Tábula Ikónica, Iñaki de Miguel compartió directamente conmigo la elaboración de algunos estudios: *Los españoles y los impuestos* (2001). *La sociedad navarra: entre la escisión y la esperanza* (2002), auspiciado por Jaime Ignacio del Burgo y la Sociedad de Estudios Navarros. *Nuestros hijos* (2002), patrocinado por la Fundación Solidaridad Carrefour. *Saber beber, saber vivir* (2002), promovido por la Fundación Alcohol y Sociedad. *Calidad de vida laboral y organización del trabajo* (2002). *Sociología de la seguridad vial* (2003). *Las mentalidades de los españoles a comienzos del siglo XXI* (2004). *El futuro de la sanidad en España* (2004), con la colaboración de un equipo dirigido por Pepa Benavente. Ese estudio fue promovido por el Círculo de la Sanidad, bajo la dirección de Juan Ignacio Trillo

Sería muy laborioso rescatar de la memoria la larga serie de estudios e informes que hicimos en Tábula-V a título confidencial, para una persona en concreto. Como es natural, esos trabajos han permanecido inéditos. Por ejemplo, en esa categoría está la encuesta dirigida a los accionistas de ENDESA, la empresa eléctrica presidida entonces por Rodolfo Martín Villa. Se puede añadir la encuesta que hicimos sobre la imagen de Mario Conde; formaba parte de un informe más amplio, dirigido por Ramón Tamames. Realizamos también una interesante encuesta para El Corte Inglés sobre la actitud hacia el consumo de los jóvenes.

Como puede verse por los títulos, los trabajos de la época de Tábula-V y Tábula Ikónica respondían más bien a necesidades prácticas, aunque incorporaban técnicas modernas de análisis. (La idea de una Sociología "aplicada" formaba parte del esquema intelectual de Paul F. Lazarsfeld). Fue fundamental la dirección técnica y organizativa de Iñaki de Miguel, quien añadió una gran experticia en el tratamiento, graficación y presentación de los datos. Un ejemplo de esa aportación es el *Manual del perfecto sociólogo (1997).* Se trata de un vademécum o recetario para resolver los casos prácticos en el análisis de encuesta. Aparte de esa ayuda técnica, Iñaki fue mi salvación en algunos momentos de crisis personal por los que atravesé en esos años. En ese aspecto personal me ayudó mucho también mi colega José Jiménez Blanco. Iñaki introdujo a Pepe Jiménez Blanco en el uso del ordenador para los trabajos de análisis de textos. Ese tipo de análisis cualitativo lo vertimos Iñaki y yo en tres estudios auspiciados por el Instituto de Estudios Económicos (dirigido por Juan Iranzo): *Opinión pública y coyuntura económica* (1998), *Los pecados capitales de los españoles y el consumo (2002)* y *Las ideas económicas de los intelectuales españoles* (2003).

En Tábula-V realizamos diversos estudios sobre tráfico y seguridad vial para Miguel M. Muñoz, como director general de Tráfico y luego al frente de la Fundación Mapfre. Recuerdo una interesante encuesta que hicimos sobre los hábitos de los conductores cuando paraban en la carretera a tomar algo. La idea era comprobar en qué medida seguían con la costumbre de beber alcohol. Como estábamos

La portada de uno de los cinco libros de la serie ***La sociedad española*** que se editaron anualmente entre 1992 y 1997. Se trata de el retrato más completo y el análisis más exhaustivo sobre la sociedad española que fue auspiciado por la Universidad Complutense de Madrid, con Gustavo Villapalos como Rector y Alfonso Escámez al frente del Banco Central como patrocinador de la obra.

en un momento de transición, la gran mayoría de los entrevistados aseguraban con solo tomaban café o refrescos. Pero la realidad era que los entrevistadores apuntaban que muchos de esos sujetos, vocalmente morigerados, tenían delante de ellos una cerveza, un vaso de vino o una copa de licor. Ahí se demostraba cómo la observación antropológica completaba muy bien los datos numéricos de la encuesta.

Hubo otra ocasión en la que la encuesta me fue de verdadera utilidad personal. En los años 70 sostenía yo que la imposición del cinturón de seguridad como obligatorio para los conductores era una práctica que iba en contra de la libertad. En una encuesta sobre el particular, hablé con Miguel M. Muñoz del asunto. Su argumento fue decisivo. Vino a decirme: "De acuerdo, es tu libertad abrocharte o no el cinturón. Pero, si hay un accidente y te quedas impedido por no llevar puesto el cinturón de seguridad, yo, como contribuyente, tendré que costearte una parte de tu tratamiento". Francamente, cambié de conducta ante una argumentación tan convincente. Y eso que Miguel era tan liberal como yo en todos los terrenos.

A veces, en Tábula-V, hacíamos estudios de interés general que gozaban de alguna forma de ayuda por parte de diversas empresas. Por ejemplo, en 2002 Iñaki y yo publicamos *Nuestros hijos.* Fue una encuesta sobre la conducta de los hijos que dirigíamos a los padres. Recibió una generosa ayuda de la Fundación Solidaridad Carrefour. En 2004 publiqué *Sobre gustos y sabores. Los españoles y la comida.* Era un estudio de vida cotidiana que sufragó la empresa Mercadona.

Hay otros muchos estudios realizados por el equipo de Tábula-V y Tábula Ikónica, pero no es cuestión de abrumar o aburrir al lector. Quizá la labor más fecunda y callada fue la de formar a muchos colaboradores, normalmente estudiantes o recién egresados de la Universidad. Esa tarea supuso un coste enorme de tiempo y recursos.

Algunos de los títulos que acabo de reseñar se realizaron con los datos de las encuestas del CIS (Centro de Investigaciones Sociológicas). Normalmente, ese centro publica los datos totales, pero nosotros conseguimos hacer un análisis más detallado de ciertas series. En el caso de los datos referentes a la salud y a las diferencias según el sexo de los entrevistados, los análisis han permanecido inéditos. Los historiadores del futuro tendrán que hacer una labor arqueológica para encontrarlos.

Con Jesús Ignacio Martínez Paricio (antiguo alumno de la Autónoma de Madrid y colaborador del despacho de Serrano, 19) publiqué *Servir al Rey. Recuerdos de la "mili"* (2005). Debo decir que la mayor parte del trabajo de esa investigación cualitativa se debió a mi coautor. Ha sido después catedrático en el Departamento de Población de la Facultad de Políticas y Sociología (Universidad Complutense de Madrid).

En la Misión de San Antonio (Tejas), cuando la ciudad era de piedra. (2008). Cira y yo "hicimos la América" a nuestro modo

En Georgia con Cira (2008).

En Georgia con Cira y Francisco Marcos Marín (2008).

*Con Milton Azevedo y Francisco Marcos Marín en el campus de Berkeley (California). El letrero permite aparcar solo a los NL (**Nobel Laureates** o Premios Nobel) que enseñan en la Universidad.*

Cultura

Con el lingüista Francisco Marcos Marín publiqué *Se habla español* (2009), obra patrocinada por la Fundación Del Pino. Fue el producto de una colaboración en la Universidad de Texas (San Antonio) en 2008, donde Paco es catedrático regular. Supuso para mí una novedad, la de trabajar con un colega del campo lingüístico, y, por tanto, aprender cosas nuevas. Esa colaboración implicó la posibilidad de una provechosa estadía en San Antonio con mi mujer, Cira de León. En las vacaciones llegamos hasta California por un lado y hasta Georgia por otro. Es decir, fuimos a por atún y a ver al duque, como es costumbre en nuestra orden mendicante de los profesores. En la excursión a Georgia nos acompañó Sole, la mujer de Paco. La estadía en San Antonio supuso salirme de los límites estrictos del campo de la Sociología y acercarme a la felicidad.

Como puede verse, en muchos de los trabajos publicados me aparté un gran trecho de la línea de investigación empírica o de encuesta que había aprendido con Linz en Columbia. Otra línea de investigación que frecuenté a ratos fue la antropológica, que también estudié en Columbia, pero que me vino directamente de las obras de Simmel. Ese autor lo había leído antes gracias a la traducción de Revista de Occidente y a la recomendación de algunas obras de José Ortega y Gasset. A través de esas influencias me chapucé en las interioridades de la vida cotidiana. La mejor ocasión la tuve en 1969 con la publicación de *Introducción a la Sociología de la vida cotidiana*. Realmente fue la "lección magistral" de una oposición a cátedra, en la que fracasé. Por consejo de Aranguren y de Pinillos, planteé la táctica de la sorpresa. Era la de disertar en el ejercicio de la "lección magistral" sobre un tema muy alejado de mi imagen de sociólogo cuantitativo. Nada mejor que seguir los pasos de Jorge Simmel y de Erwing Goffman para acercarme a la comprensión de la vida menuda de cada día. La obra de Simmel era ya conocida en España, pero la de Goffman constituía entonces una novedad.

Lo anterior puede que se entienda solo como un ejercicio teórico o especulativo. Pero luego, a través de los medios de comunicación, me he entretenido en observar detalles mínimos de la vida corriente. Pondré un ejemplo. Obsérvese el comportamiento del anfitrión que nos invita a comer según su clase social. Al terminar la comida, si el anfitrión es de clase baja, dirá al camarero: "Se cobre" o "¿Cuánto es?". Si quiere pasar por un poco más refinado, dirá: "La cuenta, por favor". Todavía es de más clase referirse a "la nota". Pero, si el anfitrión quiere pasar por elegante, hará solo un gesto al camarero, algo así como si firmara en el aire. Así entenderá el camarero que él es el que va a pagar y que va a hacerlo con discreción. Pero todavía cabe un paso más en la elevación de clase. El anfitrión verdaderamente elegante o de clase alta, terminada la comida, se levantará de la mesa sin hacer ningún gesto de hacerse cargo de la factura. En ese caso, los camareros le corresponderán con sonrisas y reverencias, pero allí nadie habla de pagar. Se comprende que una conducta así la despliegue, sin mayor mérito, un alto cargo político o empresarial. Pero, en el caso de una persona particular, se trata de un toque de verdadera distinción. Podría citar algunas ilustraciones. Me sorprendió esa elegancia en el profesor Fraenkel, representante de la Fundación Ford en España allá por los años 70. La repitió en varios restaurantes, lo que me dejó anonadado. Años más tarde, le escribí a una Universidad norteamericana, donde estaba al frente del Departamento de Humanidades. En lugar de darle el título de *chairman*, se me ocurrió poner *chairperson*, que me parecía más políticamente correcto. Naturalmente, hice el ridículo.

Más ridícula para mí fue la escena con el antropólogo norteamericano Michael Kenny. Lo recibí en Madrid en 1969. Estábamos en la primera oficina de DATA, situada en la Gran Vía, y bajamos a tomar unos vinos. Lo llevé a hacer la ronda por las tascas cercanas para que conociera sitios típicos. Pero, en el primer figón donde entramos, el antropólogo recibió el cariñoso saludo del vendedor de lotería. Le abrazó con este saludo: "Hombre, don Miguel, cuánto tiempo sin verle por aquí; qué alegría". Está claro que es difícil sorprender a un antropólogo.

En España me he encontrado con algunos nativos que han practicado conmigo la elegancia suprema de invitarme a comer y no hacer ningún gesto de pagar. Puedo citar a dos andaluces, Antonio Fontán y Carlos Herrera. Para mí es la mejor indicación de clase social, de "magisterio de costumbres y refinamiento", si se me permite la cita de José Antonio Primo de Rivera. Con ella, el marqués de Estella definía la aristocracia, que podríamos llamar natural. Es un ejemplo del punto al que puede llevar la Sociología cualitativa.

Aparte del trabajo de los coautores, los libros citados contaron con el aporte de nutridos grupos de colaboradores, en su mayor parte estudiantes. El hecho de trabajar con tanta gente supuso también tensiones de todo tipo. De ahí que se sucedieran las organizaciones: DATA, Serrano, 19, Tábula-V y Tábula Ikónica. Desde el punto de vista económico, el hecho de que yo dedicara tanto tiempo a formar a estudiantes en esas organizaciones supuso una considerable merma de beneficios. Pero fue superior el aspecto positivo de aprendizaje mutuo, de satisfacción de trabajar en equipo y de innovar. Una acumulación tal de esfuerzo hubiera sido imposible de haberse llevado a cabo en la Universidad. Una vez más, mi despacho profesional era el equivalente funcional del trabajo de seminario con estudiantes dentro del recinto universitario.

Para mí, el trabajo de colaboración ha supuesto no solo una buena marca de productividad sino aprender y enseñar a la vez. Esa ha sido verdaderamente la actividad más remuneradora para mí. Por eso el momento de la última clase en la Facultad (enero de 2010) representó un verdadero trauma. Lo resolví con la decisión de empezar a escribir las Memorias. *Similia simílibus curántur* (= los males se curan con lo que parece próximo), aunque esta vez con una dosis generosa.

En casi todos los casos de colaboración me ha tocado la tarea de corregir el estilo. Ese ha sido un estímulo para interesarme por la cuestión de la lengua. Desde ahí ha sido natural que haya pasado a la creación literaria, primero como ensayo, y al final también como ficción. Desde 1969 toda mi producción científica o literaria la he simultaneado con la publicación regular de artículos periodísticos y colaboraciones en la radio o la televisión.

Como puede verse por la serie de trabajos conjuntos, aparte de los estrictamente individuales, se trata de una tenaz exploración de la sociedad española. Ha sido mi personal manera de entender el oficio de profesor. La imagen de la "exploración" es literal. Se trata de continuas expediciones a la tierra incógnita de la sociedad española. Quizá no me he alejado mucho en esa tarea de exploración de la costa. Pero mi misión ha sido la de trazar los mapas necesarios para que otros emprendan incursiones tierra adentro. Esa ha sido la razón por la que mi trabajo pueda parecer demasiado descriptivo y poco especializado. Al llevar a cabo estudios aplicados para distintos clientes, no había más remedio que tocar diversos aspectos de la sociedad, en los que a veces se perdía la significación del conjunto. Siempre seguí el certero consejo de Juan J. Linz de no especializarme, aunque creo que me pasé un poco en mi afán generalista.

La idea de un ensayo de conjunto sobre la sociedad española, alejado de la demostración empírica, la he practicado en un librito poco conocido, pero muy satisfactorio para mí. Me refiero a *La gran transformación de la sociedad española contemporánea* (2004). Mereció el premio de ensayo Miguel Espinosa, de Murcia. Con ese trabajo cierro el ciclo de curiosidad que abrí con la Antología de Galdós, casi medio siglo antes.

En mi carrera profesional he desplegado también algunos signos de distinción. No todo va a ser rutina pedagógica. Por ejemplo, he participado varias veces como ponente en una institución tan eminente como los seminarios de la Reina Sofía. Se dan regularmente en el antiguo caserón de San Bernardo, del que guardo tantas complacencias. La

Asistentes a uno de los seminarios de la Reina, como espontáneamente se llaman (1995). De izquierda a derecha figuran algunos participantes: Francisco Tomás y Valiente, Mª Eugenia Rincón (la organizadora de esos eventos), Alain Touraine, Sofía de Grecia, yo mismo, Ramón Tamames, Francisco Grande Covián y Gregorio Varela, entre otros.

Reina sabe escuchar, hace honor a su nombre y toma apuntes de manera incansable. Supongo que, después de esa experiencia, la Reina podría pasar cualquier examen de licenciatura en la Universidad a Distancia. Es un caso ejemplar de formación continua. Recuerdo algunos de esos seminarios con Ramón Tamames, Francisco Grande Covián, Gregorio Varela, Alain Touraine, entre otras figuras de la intelectualidad.

Establecimiento

No puedo quejarme del papel tan destacado que he tenido en la cultura de mi tiempo y de mi nación. La honra de catedrático de Universidad no puede ser mayor y se alojaba en mis ensoñaciones infantiles. La he entendido como una obligación de enseñar y de trabajar con estudiantes. Sin embargo, preciso es reconocer que no he pertenecido a lo que se podría llamar el "establecimiento" cultural español. Me ha faltado el indicador supremo: escribir en *El País* y "salir" en los otros medios del grupo PRISA.

Empecé a escribir en *El País* al principio de su andadura, porque antes lo había hecho en *Informaciones,* dirigido igualmente por Juan Luis Cebrián. Ambos habíamos colaborado en *Cuadernos para el Diálogo,* si bien yo no pertenecía al sanctasanctórum de ese grupo. Pero al cabo de pocos meses se me cerró la colaboración en el periódico de Polanco. Es más, ni siquiera mi nombre ha podido aparecer en sus páginas, a no ser con carácter afrentoso o simplemente cuando una noticia venía de agencia. Durante años, al acercarme a una localidad para dar una conferencia, el corresponsal de *El País* me hacía la rutinaria entrevista. Nunca se publicó ninguna. Solo hubo un caso, que yo sepa, el 11 de enero de 1980. En esa fecha *El País* lanzó un número extraordinario en colaboración con un periódico holandés (*de Volksrant*). Juan Luis Cebrián entrevistaba a un intelectual holandés y el director del diario holandés me entrevistaba a mí. Como los dos periódicos se publicaban en ese día con el mismo contenido, la versión española no tuvo más remedio que publicar la entrevista que me hizo el de los Países Bajos. El hombre se quedó boquiabierto cuando le dije que la solución al problema del terrorismo en España era la independencia del País Vasco. Más grave fue esta afirmación mía: "El Partido Socialista que ahora está en el poder en España no es realmente un partido socialista sino un conjunto de clanes". La primera afirmación la tendría que matizar: la independencia solo sería posible si al menos la apoyaran el 90% de los vascos. La segunda afirmación sigue en pie sin ningún añadido. Naturalmente, con esas ideas en el zurrón, no puedo pretender que se me aloje en el "establecimiento".

La vesania que se cuece en el círculo intelectual español no tiene límites. Ha habido algún anuncio (pagado) de un ciclo de conferencias en el que figuraba mi nombre con el título correspondiente. El anuncio se publicaba en varios periódicos, pero en el de *El País* desapareció bonitamente mi nombre y el de la conferencia que daba.

Razono sobre lo que tenía que haber hecho yo para que mi nombre formara parte del "establecimiento" que representa *El País:* (1) No debería haber criticado al PSOE. (2) Debería haber ensalzado la calidad literaria de la obra de Juan Luis Cebrián, bastante mediocre, como es sabido. (3) Habría sido útil que yo consumiera alcohol destilado y drogas en cantidad apreciable, y mejor todavía si hubiera alardeado de ello. (4) Tendría que haberme declarado ateo o agnóstico, y mejor todavía, anticlerical. Bien es verdad que los anticlericales de la turba intelectual tienen envidia del púlpito. Por eso andan siempre predicando la mala nueva. (5) Debería haberme mostrado como antinorteamericano, por lo menos con ocasión de la segunda guerra de Irak, la que acabó con la dictadura en ese atribulado país. (6) Habría sido conveniente pertenecer a una familia con posibles. (7) Me habría venido bien una formación francesa, con marxismo literario incluido. Es evidente que ese "heptálogo" me resulta de imposible cumplimiento, unos preceptos por herencia o carácter, otros por convicción. Así que nunca figuraré en el parnaso de PRISA. La triste consecuencia es que tampoco podré aspirar a ser Premio Príncipe de Asturias o miembro de la Real Academia Española, entre otras dignidades que dispensa el "establecimiento". Pero no se puede pretender todo al mismo tiempo. Más aún, no se puede ser crítico del "establecimiento" cultural y político y a la vez gozar de sus privilegios. También puede suceder que, con la desaparición del fundador del grupo, Jesús de Polanco, el grupo PRISA vaya a decaer. Pero es igual; el "establecimiento" continuará con otros medios.

Se comprenderá el éxito tan notorio que, a pesar de lo anterior, ha supuesto llegar a ser el sociólogo más conocido en España. No he contado con muchos apoyos públicos e incluso me he manifestado muchas veces como rebelde frente a lo establecido. Y sin embargo, como digo, he salido adelante. La explicación de tal hazaña está en haber trabajado en equipo y en haber contado con el impulso de la "sociedad civil". Esa es la parte de la sociedad que no es estrictamente política ni "establecida". Frente a ella, la vida oficial se halla contaminada del lastre ancestral del "particularismo". En la jerga sociológica así llamamos al nepotismo, la corrupción, el favoritismo, el amiguismo. Cuando no se tienen otros medios para abrirse paso en la jungla intelectual española, el único impulso es el de acumular una desusada cantidad de trabajo. Ese ha sido mi caso. No es difícil triunfar en una nación de indolentes.

Bastantes quebraderos me ha dado el mundo oficial o "establecido". Me he librado un poco de esa amenaza al trabajar "por cuenta propia". El coste ha sido que la mayor parte de mi tiempo y de mis ingresos han sido para mantener el funcionamiento de los equipos de trabajo. Tampoco ha sido una opción libérrima lo de trabajar "por la libre", como dicen en América. No me ha quedado más remedio que hacerlo así. El paciente lector de estas páginas lo entenderá perfectamente.

Libros

La cantidad e intensidad de mis escritos no es solo un indicio de una alta productividad, mucho mayor de la que se exige a un profesor universitario. Aparte de la remuneración económica de las publicaciones (en conjunto más bien magra), mi escritura ha sido realmente compulsiva. Es decir, me he visto obligado a escribir como un fin en sí mismo. A veces ha sido algo patológico, como fue la lectura para Alonso Quijano o lo ha sido en tiempos contemporáneos para Fernando Savater. Esas veces eran porque me sentía solo por dentro, aunque estuviera formalmente acompañado. Sin embargo, en los últimos lustros he llegado a escribir fundamentalmente por deleite. Son los escritos más personales o convencionalmente más literarios, como lo son, en grado extremo, estas Memorias. En este caso no hay un "cliente", fuera de la cariñosa invitación de *INFOVA*.

Durante mucho tiempo fui una especie de "lobo estepario", como me llamaba cariñosamente Jaime Martín Moreno. Llegaba al punto de dormir con la cama llena de libros y recado de escribir. Afortunadamente, esa enfermedad la he superado, aunque queden secuelas.

Mis enfermedades han sido casi siempre psicosomáticas. Ahora mismo el cuerpo tiene derecho a sus naturales alifafes y alferecías. (Esos dos sonoros arcaísmos indican que los médicos de antes eran musulmanes). Tan excelente ha sido antaño mi salud corporal que, durante décadas de profesor, no he tenido que recurrir nunca a la baja sanitaria. Si he faltado alguna vez a clase ha sido por la urgencia de alguna otra obligación. Recuerdo una muy emotiva. Dictaba yo mi última "lección magistral" de modo solemne al cumplir los 70 años y jubilarme como catedrático ordinario. El acto estaba presidido por el decano y otros queridos colegas. Asistían muchos alumnos y amigos. Peroré sobre "El habla de los españoles". Era el avance de mi libro *La magia de las palabras* (2010). Con ese libro se inició la actividad editorial de INFOVA; es el resultado de la evolución de Tábula-V. Todo se hila. Vuelvo a la lección magistral que dio origen a ese libro. A los pocos días de ese evento recibí un oficio de la sección de Personal de la Facultad. Me reconvenía que, en la misma fecha y hora de la "lección magistral", había faltado a mi obligación de dar la última clase del curso.

Un suceso aún más lacerante tuvo lugar hace poco tiempo, en enero de 2010. Era el día de la última clase en la Facultad como catedrático emérito, es decir, el fin de la carrera académica. Bastante nervioso me encontraba yo ante esa ocasión, después de medio siglo de docencia. Por una de esas casualidades de la vida, ese día cayó una generosa nevada sobre la Sierra madrileña y no pude salir de casa. Fue tanto el disgusto por no poder dar esa última clase de mi vida que me ocurrió lo de otras veces en situaciones de tensión. Se me inflamó la cara. Es una vieja dolencia psicosomática que me persigue desde hace mucho tiempo y que seguramente es una herencia de mi madre. Lo único que se puede hacer es sobrellevarla. Comprendo que es una venganza del cuerpo frente a la mente puritana. Lo sarcástico del asunto es que volví a recibir una nueva comunicación de la oficina de Personal para que justificara mi ausencia en mi último día de clase. Me presenté a cumplir el trámite, pero ese día la funcionaria que tenía que tramitar ese expediente no había acudido al trabajo.

Me resulta tedioso volver a referirme a los libros que he escrito. Más o menos ya he ido desgranando algunos de los títulos y de las circunstancias en que se escribieron. A lo largo de estas páginas el lector curioso encontrará más detalles. No he dado una explicación cabal de mi "papiromanía", el exceso de páginas publicadas, tantas que es imposible registrarlas todas. Eso que no cuento los muchos miles de páginas escritas y que permanecen inéditas, por razones que no son del caso. Hay una causa formal que multiplica los efectos de esa enfermedad. En mi primer contrato de separación conyugal acepté una cláusula por la que me comprometía a pasar a mi ex mujer todo el sueldo íntegro que recibiera de la Universidad. La obligación se extendía hasta la fecha en la que mis hijos acabaran las respectivas carreras. Esa obligación (que luego he cumplido por exceso) me obligaba a buscar otras fuentes de ingresos: conferencias, artículos, libros y demás. Los beneficios de esas actividades eran tan escasos que por fuerza tenía que multiplicar mi trabajo. Naturalmente, ese efecto no se habría producido si a mí no me gustara escribir, si no me resultara fácil hacerlo.

Como es natural, no habría escrito tantos libros si las regalías hubieran sido más generosas. Muy pocos libros míos se pueden considerar *best sellers* (varias ediciones, decenas de miles de ejemplares). Prácticamente solo estos: *Sociología del franquismo (1974)*, *La perversión del lenguaje (1985)* y *La ambición del César* (1989, con José Luis Gutiérrez). Hubo un libro que se vendió muy bien, *40 millones de españoles, 40 años después* (1976), más que nada porque se tradujo al ruso. La edición española la presentó José Luis Aranguren, un acto multitudinario que recuerdo con mucho cariño.

Los artículos, y más aún las conferencias, han sido para mí mucho más rentables que los libros, por lo menos en términos económicos. La acumulación de libros publicados ha servido para fundamentar el

*Con José Luis Gutiérrez en mi casa de Pozuelo (1989). Escribíamos **La ambición del César.***

*Cubierta de **La ambición del César** (1989), diseñada por Mª Luisa López Celada con una foto de Rafael Samano. La chaqueta de pana había dado paso al esmoquin.*

prestigio profesional. En principio, habría que pensar que el mercado selecciona los títulos más valiosos, pero ese resultado no se corresponde siempre con mi impresión. Para mi gusto, los libros más valiosos (míos o de cualquier otro autor) son los que, leídos una y otra vez, siguen estimulando el pensamiento. En mi caso, el libro que me sigue diciendo más cosas cada vez que lo hojeo es *El libro de las preguntas* (1999), pero apenas se vendió. Creo que ni siquiera me llegaron a liquidar los derechos de autor. Sin embargo, como digo, es para mí el más válido. No deja de ser curioso que ese libro sea tan profuso en signos de interrogación, algo raro en la mayoría de mis escritos. Otra curiosidad es que se trata de un texto que tiene poco que ver con lo que convencionalmente llamamos Sociología. Se basa más en el sentido común, en la observación de las relaciones interpersonales, en el conocimiento de la naturaleza humana. Otra particularidad de ese extraño volumen es que no lo escribí en

Cubierta del libro ***40 millones de españoles 40 años después*** *(1976), diseñada por Ricardo Recio. La fotografía, hecha por mí, corresponde a un pueblo de Guadalajara. Intentaba representar el contraste de los poderes tradicionales (la iglesia, el castillo y el peso de la agricultura moderna a través de los silos).*

Presentación de mi libro ***40 millones de españoles 40 años después****, con José Luis Aranguren y el editor (1976). Llevo gafas con cadenita, melena y barba descuidadas; me resisto a encorbatarme, aun en un acto tan formal. Aranguren lleva un terno elegante.*

primer lugar y luego busqué al editor, según la pauta usual, sino que el editor me buscó a mí. También es verdad que algunos libros de mayor éxito (el del franquismo o la biografía de González) fueron a iniciativa de los respectivos editores. En los artículos de periódico también me ha sucedido que los más redondos han sido los que me los ha pedido el director de la publicación. Esa paradoja se reproduce asimismo con las conferencias; suelen tener mejor acogida cuando el tema me lo solicita el anfitrión. No sé explicar por qué se producen esas paradojas.

La descomunal producción literaria (de todos los géneros) que logré a partir de 1970, centrada en el análisis de la sociedad española, se debió a un conjunto de factores. Una razón adicional a las ya expuestas es que, en esos años, anduve oscilando continuamente sobre si quedarme en España o irme a otro país, vamos, los Estados Unidos. Esa dicotomía me llevaba a tratar de entender por todos los medios en qué consistía la sociedad española, por la que provisionalmente había optado. Ahora pienso que esa duda debía de ser poco sincera. La prueba es que, aunque realicé algunas salidas como profesor a los Estados Unidos (1976, 1982 y 2008), siempre me ha atraído mucho más vivir en España. Es una atracción fatal por lo problemático pero también por lo propio.

La obsesión de escribir tanto no se explica solo por razones profesionales o crematísticas. En España te pagan más y consigues más prestigio por hablar que por escribir. La "papiromanía" obedece en mi caso a razones más profundas. Una de ellas, muy escondida, es el impulso de la vanidad, con el que quizá se amortigüe un poco el complejo de desear ser lo que no soy. Otro estímulo más altruista es el de dejar una obra como testimonio para compensar lo que tantas personas han hecho por mí. Esa idea de "devolución" (por ejemplo, del dinero que he obtenido como becario) me ha asediado de continuo. Una razón oculta (y vergonzante) de mi "papiromanía" es que me ha servido muchas veces de medicina tranquilizante para mis recurrentes depresiones. No sé si es muy ortodoxo lo que digo, pero mi ánimo depresivo se levanta muy bien con papel y bolígrafo.

Algunos de los libros más personales que he escrito han sido sobre los temas que tenía que explicar a los estudiantes.

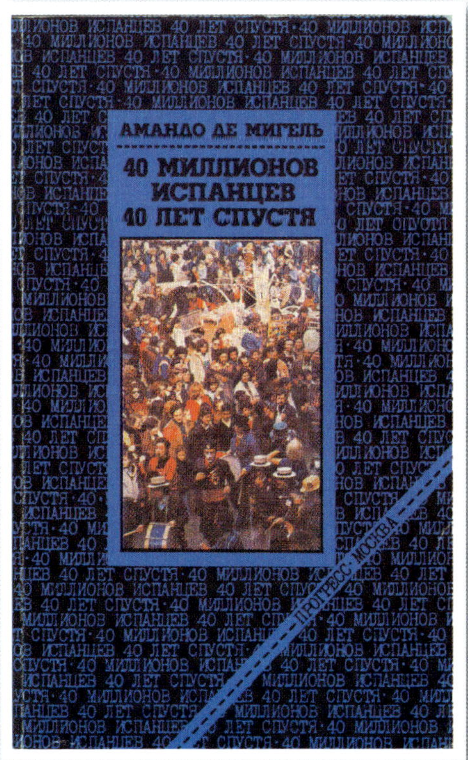

Edición rusa de 40 millones de españoles 40 años después (1976).

Por ejemplo, *Sociología de las páginas de opinión* (1982) para los estudiantes de Periodismo de Bellaterra. Por cierto, en ese librito empezó mi preocupación por el lenguaje público, lo que luego llamaría el "politiqués". En esa misma línea de responder a las exigencias de los alumnos está *España cíclica* (1987), en este caso para los estudiantes de Sociología de la Facultad de Madrid. Ese libro se acerca más a la Historia económica. El libro conjunto con Francisco Marcos Marín, *Se habla español* (2009), y su complemento, *La magia de las palabras* (2009), se derivan de las lecciones dadas en San Antonio de Texas. Son textos cercanos a la Sociolingüística.

Hay libros de índole más literaria que los he escrito por el mero placer de solazarme con algunos autores clásicos. Por ejemplo, los que he compuesto en torno al Quijote: *El espíritu de Sancho Panza* (2000), *Sancho Panza lee el Quijote* (2004) y *Sociología del Quijote (2005).* Esa serie debe mucho a los apoyos de Luis Miguel Enciso y Fernando Vallespín. Me sirvieron también mucho las críticas de algunos colegas, pero especialmente la de Ángel Martínez de Lara, alumno de doctorado en aquellos momentos. Valga la curiosidad de que la cubierta del último libro de la serie se basó en un dibujo espontáneo de mi nieto Jorge. Como se puede comprender, esos libros sobre el Quijote son la réplica madura del primer trabajo sobre el Quijote que realicé en mi adolescencia y que mereció un premio en unos juegos florales.

Sería un abuso que intentara reseñar aquí las muchas colaboraciones que he enviado a diferentes libros colectivos o antologías. Realmente no llevo cuenta de esas colaboraciones. Sí tengo que mencionar un libro colectivo que yo organicé. Se titula *Los mayores activos* y lo auspició la organización no lucrativa Seniors Españoles para la Cooperación Técnica (SECOT), dirigida por Lucila Gómez-Baeza y Virgilio Oñate. Me ayudó mucho a organizar ese libro Luis Grandal. Yo mismo escribí el capítulo "Qué significa cumplir 65 años". De la lista de eminentes contribuyentes a la antología entresaco los nombres de

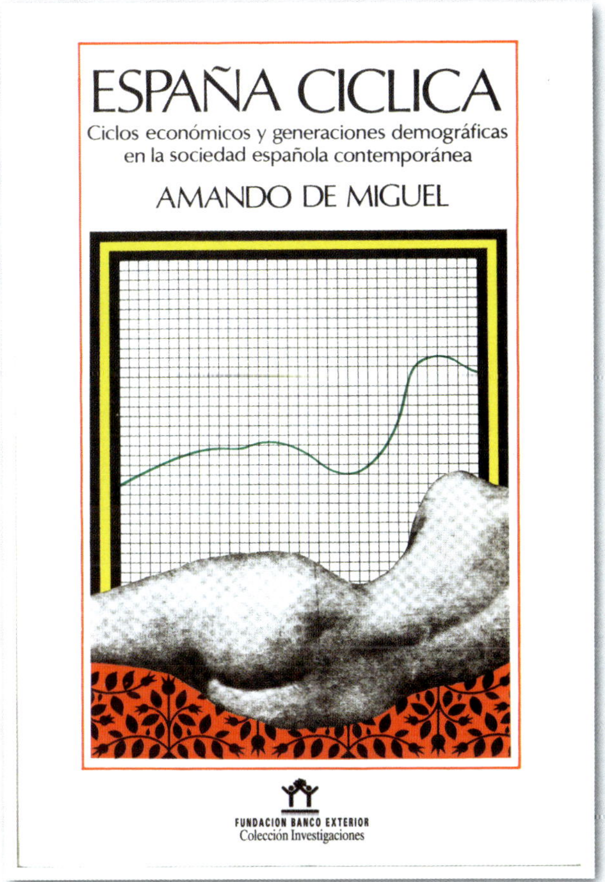

Cubierta de España cíclica, diseñada por Eugenia Alcorta y Rosaura Marquínez. La traza de los ciclos se inspira en las curvas de "La Venus del espejo" de Velázquez.

Enrique de Aguinaga, José Barea, Benjamín García Sanz, Enrique Gil Calvo, Juan E. Iranzo, Antonio Izquierdo, Jaime Martín Moreno, Jesus I. Martínez Paricio, Alberto Moncada, Mónica Ramos, Pedro Schwartz, Miguel S. Valles y Juan Velarde, por citar solo a los más amigos.

De todos los géneros cultivados por mí, el más fructífero ha sido el ensayo. Pedro Laín, en las reuniones del jurado para el premio Espasa de ensayo, repetía siempre su definición de "ensayo": "Es una teoría de urgencia". Supongo que esa definición provenía de Ortega y Gasset, pero la hago mía sin dificultad. El carácter urgente es porque no hay más remedio que publicar lo que se ha escrito de forma provisional y con prisas.

Cubierta de la ***Sociología del Quijote*** *(2005), diseñada por Julián Zapata, con un dibujo de mi nieto Jorge.*

Ante la acusación repetida de que he escrito demasiado o que mis escritos son insustanciales, podría defenderme con el argumento de que se trata de un rasgo del menester intelectual. No me vale. En la España por la que me he movido tanto tiempo no hace falta escribir mucho para ser considerado como intelectual.

Teóricamente, los diplomas educativos sirven para justificar que lo aprendido es lo que luego ejercitamos como profesores o como escritores. Reflexiono sobre la utilidad que han tenido en mi trabajo posterior los contenidos que recibí en la carrera. La conclusión resulta decepcionante. La mayor parte de lo aprendido se me ha olvidado y me ha servido muy poco para alimentar mis escritos posteriores. Más práctico ha sido lo que yo he leído por mi cuenta y la necesidad de tener que enseñar a los alumnos y colaboradores. Me fue útil el trabajo de organizar mis apuntes en la época de estudiante y luego el de ordenar los materiales para las investigaciones. He cavilado muchas veces sobre la paradoja de que sea yo tan descuidado en mis asuntos materiales y tan organizado en las cuestiones de trabajo. No he llegado a ninguna conclusión.

De todos los libros publicados, los que me han dado más satisfacción han sido las novelas y los ensayos sobre las novelas. A partir del análisis de las novelas del último tercio del siglo XIX y el primero del siglo XX (la "edad de plata") compuse en 1995 el ensayo *La España de nuestros abuelos*. Con el mismo método, siguió en 2005 *Historias de amor*. Un colega me comentó: "Te faltan lecturas". Me dejó anonadado. Francamente, después de José Carlos Mainer, no conozco a nadie que haya acumulado tantas lecturas como yo sobre esa etapa literaria. (Debo advertir que Mainer fue el que acuñó la expresión "edad de plata" para el período indicado. En ese campo lo considero mi maestro). Precisamente, de la lectura de esas novelas surgió la idea de escribir yo mismo obras de ficción. He citado los títulos por doquier. Ese empeño culmina de momento en la novela *Historia de una mujer inquieta*, que es mi texto más querido. Ahora mismo estoy dando vueltas a una idea, que es volver sobre las novelas de la "edad de plata" para construir un ensayo sobre las relaciones interpersonales en España. Debo recordar la reflexión de Manuel Azaña en *La velada de Benicarló,* donde se sostiene la tesis de que la mala gestión (diríamos hoy) de las relaciones interpersonales condujo a la guerra civil. Por otra parte, dichosa edad aquella en la que los jefes de Gobierno o de Estado escribían libros.

Después de un rato de ojear y de hojear mi producción literaria para redactar estas páginas, llego a una conclusión de que en el fondo he escrito un solo libro. Es un continuo palimpsesto, del cual estas

*Cubierta de **Historias de amor** (2005), diseñada por Ángel Sanz Martin con "La montaña verde" de Josep y Francesc Masriera i Manovens. Tengo una fijación por el género novela del primer tercio del siglo XX, nuestra "Edad de Plata" (Mainer).*

Memorias son solo el epílogo. Ahí se ve lo premioso que soy. El tema (o mejor, la tema) de ese inconcluso libro es la crónica del mundo que me ha tocado vivir.

Los libros van junto a otros elementos del currículum. Ahí es donde noto la obsesión que he tenido siempre de hacer méritos. Me resulta ahora desproporcionada. Por lo menos revela una inseguridad compulsiva, que tampoco acierto a interpretar. No sé cómo me he dedicado a este oficio de explicar el mundo que me rodea, cuando tan torpe he sido para entender la conducta de esa persona que soy yo mismo. A lo mejor es esa insatisfacción lo que me lleva a la afición de escribir de cutio, como si fuera la obligación más perentoria de cada día. No sé quién dijo lo de "ni un día sin una línea", pero a mí me ha servido ese propósito.

Al hablar de mis libros, me he referido exclusivamente a su factura, a su autoría. Pero cada libro es un precipitado de muchas conductas, que ni siquiera se recogen en los "agradecimientos". Los editores han sido tantos y tan esforzados que menester sería un capítulo entero para consignarlos. Reconocidos están sus nombres en las cubiertas de los libros. Quizá no se destaque del mismo modo la labor de los libreros. Por lo menos debo citar a Carlos Pascual y Luis Domínguez (Marcial Pons), Jesús Ayuso (Fuentetaja) y Sr. Gálvez (Paraninfo), de Madrid. Todos ellos han distribuido mis libros, aunque ha sido El Corte Inglés y VIP´s quienes han colocado más ejemplares. Es sabido que yo he procurado escribir para el público general, no tanto para los colegas. En El Corte Inglés he firmado muchos libros, así como en la Feria del Libro de Madrid. Decididamente, mi mundo verdadero ha sido el de los libros, es decir, no es de este reino, un reino tan iletrado como el que me ha tocado en suerte.

Artículos

Resulta imposible consignar aquí las decenas de miles de artículos que he publicado a lo largo de mi vida en periódicos y revistas. Anoto solo algunas de las cabeceras periodísticas donde he colaborado de modo más o menos regular. Ordeno los títulos según el orden aproximadamente cronológico de mis colaboraciones: *Madrid, Diario de Barcelona, El Periódico de Catalunya,* los periódicos de la cadena *COLPISA, Las Provincias, Diario 16, El Mundo, ABC, El Independiente,*

La Razón, El economista, Libertad Digital, La Gaceta. Hay otras muchas cabeceras en las que he publicado trabajos ocasionales. Hay que añadir los títulos de algunas revistas en las que publicado colaboraciones regulares: *Cuadernos para el Diálogo, Gentleman, Mundo, Penthouse, Interviú, Época, Tribuna, Cambio 16, La Ilustración Liberal, Tiempo*. Se podrían añadir otras muchas revistas que me han pedido artículos de modo ocasional, pero he sido incapaz de archivar todos esos papeles.

Algunos de los artículos publicados en periódicos o en revistas los he ido recogiendo en libros, pero la mayoría siguen enterrados en las hemerotecas. Felicito de antemano al paciente investigador que acierte a descubrirlos. Mi aportación personal al género quizá sea la introducción de datos y tendencias de la realidad social al tiempo de mis opiniones. Mi primer libro de artículos, fundamentalmente los del *Madrid*, fue *España, marca registrada* (1972).

Por otro lado, soy poco perfeccionista en esto de la escritura, aunque los originales puedan someterse a distintas podas y versiones. Quiero decir que, en cuanto dispongo de un texto legible y leíble, a la imprenta va. Por suerte, la realidad social española es siempre cambiante y revela nuevos territorios inexplorados. Ahí estoy como adelantado, dispuesto a tomar posesión de la tierra incógnita. Cada vez lo hago más como comentarista en las tribunas o ante los micrófonos o las cámaras de televisión. Lo próximo va a ser mi baño en las redes informáticas. En el fondo vuelvo a la pizarra de la primera escuela a la que asistí. Aunque lo mío verdaderamente sea el papel. A veces me asalta la sospecha de si no habré contribuido a talar demasiados bosques. Por eso planto todos los árboles que puedo.

No tengo mucho mérito en esa tarea, casi cotidiana durante años, de enviar artículos a los periódicos (ahora también digitales). Sencillamente no me cuesta gran cosa. Es una extraña facilidad que Dios me ha dado, la de rellenar cuartillas con palabras. Algunas veces, ante la urgencia de la tarea, me proveo de dos mazos de cuartillas, las

Cubierta del primer libro de artículos, ***España, marca registrada*** *(1972). La cubierta es un diseño de Nuria Pompeia.*

sitúo sobre la mesa y escribo dos artículos a la vez. La escritura de estas Memorias me está costando un poco más, sobre todo porque tengo que introducirlas en las tripas del ordenador con estos dos deditos. Lo hago porque quiero. Esa sí que es una "libertad digital".

Los artículos más lúcidos son los que se presentan a un premio y lo obtienen. No voy a reseñar las muchas veces que he concursado a diversos premios y no he obtenido el deseado galardón. Recuerdo con especial afecto el premio que me dieron por una "tercera" de *ABC* en la Fundación Independiente, presidida por Ignacio Buqueras. En la mesa del jurado estaban con él Antonio Garrigues, Camilo José Cela, Pedro Navarro e Isabel Tocino (1997).

Con Camilo José Cela. Me entrega un premio de artículos, otorgado por la Fundación Independiente, que preside Ignacio Buqueras (1997).

Junto con Juan Iranzo en el Auditorio Rafael del Pino, donde presentamos para mi hijo Iñaki y Gonzalo Martínez de Miguel su libro sobre "El modo de pensar de los directivos". Tanto Iñaki como Gonzalo son los editores de esta obra que recoge mis memorias.

7. Un estilo de hacer Sociología sin ni siquiera intentarlo

Los Foessas

A lo largo de mi vida profesional he levantado muchas encuestas de muy distinta factura. Sin embargo, de todos los trabajos de Sociología empírica, los que me han dado más renombre han sido los "Foessas". Son dos informes tempranos, de 1966 y 1970, respectivamente. El mérito de esos trabajos estuvo en la novedad. Hasta entonces no se había hecho nada parecido en España. Además, estrenábamos una limitada libertad de prensa, o más bien, era el final de la "censura previa", lo que podríamos llamar la etapa totalitaria del régimen cultural.

Más tarde, en los años 90, repliqué ese mismo esquema de los "Foessas" en los cinco informes sobre la sociedad española. Los auspició la Universidad Complutense de Madrid y los realizó Tábula-V bajo la dirección técnica de mi hijo Iñaki. Sin embargo, esa segunda salida al campo de la Sociología empírica (aunque era un trabajo objetivamente más completo) no tuvo tanto eco. Simplemente no era una novedad y se daba en el contexto político de una amplia libertad. Todavía hoy, encuentro muchas personas que me siguen identificando con los "Foessas", asaz primitivos para mi gusto.

Hace unos años, me entrevistaron en la televisión regional de Castilla y León. Estaba yo ya sentado en el plató y vi cómo se acercaba la presentadora que me iba a entrevistar. Hizo un gesto confidencial a uno de los ayudantes y le preguntó en voz baja: "Oye, ¿quién es ese señor que tengo que entrevistar?". El ayudante musitó: "Es el autor del Informe FOESSA". Con esa información por delante, la presentadora se situó frente a mí y empezó la entrevista. La chica no llevaba ningún papel. La primera pregunta fue así de directa: "¿Por qué no ha escrito usted más que el Informe FOESSA?". Nunca me he sentido más azorado ante una cámara de televisión. La chica, tan tranquila, como si por dentro fuera solo un juego de relés biónicos. Siempre me ha parecido admirable esa hermosa impersonalidad de algunas presentadoras de televisión.

En su día, los "Foessas" fueron un atrevimiento en el contexto de un régimen autoritario, en el que ciertos críticos pugnábamos por conquistar algunos espacios de libertad. Por lo menos para mí, marcaron un estilo de hacer Sociología, que luego impregnó la forma de redactar libros y artículos sin cuento. Nunca sabré si FOESSA me descubrió a mí o yo descubrí los Foessas.

A la vuelta de los Estados Unidos, en 1964, pasé unos meses como director técnico de encuestas de mercado en Iberométrica. Era una empresa que dirigía José Romaní (mi antiguo profesor de Estadística en la EOI) y Rubén Caba (un escritor de la izquierda elegante). Pronto me desgajé de Iberométrica para fundar DATA, una empresa dedicada a hacer estudios de mercado y de opinión. Romaní y Caba tenían también acciones, pero en seguida me las vendieron. Seguramente pensaron que aquello de la Sociología iba a tener muchos riesgos; razón tenían. Contraté a dos antiguos colaboradores del Instituto de la Juventud,

Francisco Andrés Orizo y Manuel Gómez Reino. En 1965 ganamos un concurso, convocado por la Fundación FOESSA (Fomento de Estudios de Sociología Aplicada), para realizar un informe sobre la situación social de España. Un año después, tras un trabajo agotador, estaba en la calle y tuvo una acogida extraordinaria. Para los periodistas fue una mina de datos y observaciones. Se generalizó la idea de "situación", que era algo más que la coyuntura. En ella tenía mucho que ver la política del Gobierno. Esa es una creencia que todavía pervive; me parece que de forma exagerada. Quiero decir que se confía demasiado en las decisiones del Gobierno para resolver los problemas económicos y de todo orden. Frente a ese "politicismo", mi posición actual es que el desarrollo intenso de los años 60 se debió sobre todo a ciertas conductas colectivas. Concretamente, prendió en la población un desconocido espíritu de trabajo, de esfuerzo, de emulación. Por cierto, la crisis económica actual (a partir de 2007, pero incubada un poco antes) obedece al negativo del diagnóstico descrito. Es decir, ha decaído mucho el espíritu de trabajo y de emulación de los españoles (y de los nacionales de otros países). La causa oficial de la crisis financiera es una consecuencia de esa profunda razón que digo. Compréndase la licencia de este salto temporal. Es para indicar que lo individual está inscrito en lo colectivo. Vuelvo a la narración principal.

La Fundación FOESSA era una creación de Cáritas y de otros "católicos sociales". En el jurado que determinó el concurso estaban Francisco Guijarro, Ramón Echarren, Francisco Murillo, José Luis Pérez de Ayala, Aristóbulo de Juan, Román Perpiñá y Luis Sánchez Agesta. El cerebro de la institución era Francisco Guijarro. Por aquel entonces, como queda dicho, el bueno de Guijarro no había caído en la cuenta de que yo era el hijo mayor del ordenanza que él había tenido en San Sebastián.

El Informe FOESSA de 1966 se benefició del nuevo espíritu de tolerancia (dentro de un orden, claro) que significó la Ley Fraga de esa misma fecha. Por lo menos eliminaba la censura previa, que era un resto de la guerra civil. Los periódicos estaban ávidos de datos y críticas sobre la realidad social, y el Informe proporcionaba abundante munición. Nos encontrábamos en el oportuno momento del auge de los Planes de Desarrollo y con las tasas de crecimiento del producto económico más altas de nuestra Historia. Nunca más se han vuelto a alcanzar. Partíamos de una sociedad mayormente agraria que se industrializaba a marchas forzadas. El contraste era mayúsculo con la situación de intervencionismo económico, corporativismo y penuria extrema de los años 40. El régimen de autarquía cedía paso a la liberalización económica, si bien Franco seguía allí, como en el famoso cuento del dinosaurio. El formidable desarrollo se logró a costa de una fuerte inflación y del control de los salarios. Es decir, el desarrollo lo pagaron los pobres, bueno, las clases modestas. Quizá no había otra forma de conseguirlo, dado que la ayuda exterior fue muy escasa.

El dato más difundido del Informe fue el que estimaba el umbral de la pobreza en el 20% de la población. La idea provenía de los Estados Unidos, donde estaba en auge la "guerra contra la pobreza". El cálculo que se estableció para los Estados Unidos fue el de trazar un corte convencional en la curva nacional de ingresos según los intervalos de magnitud. De esa manera se destacaba el 20% de pobres como una de las colas de la distribución normal. Esa conclusión se repitió una y otra vez en todos los medios. Ahora bien, se comentaba, como un descubrimiento, que en España un 20% de la población se encontraba por debajo del umbral de la pobreza. Nadie añadía el detalle de que era por definición, una definición operativa. Lo más curioso del asunto es que, desde entonces y hasta hoy mismo, los medios han seguido dando este mismo titular: "En España hay un 20% de pobres". Tampoco se suele comentar hoy que se trata de una definición operativa, esto es, convencional.

La magia del 20% está en que es el porcentaje que más se repite en los cálculos socioeconómicos (junto a su complementario, el 80%). La explicación es que mentalmente seguimos contando con los dedos. Un dedo de cada cinco (lo mínimo) es el 20%. Cuatro dedos (lo máximo) es el 80%. Así pues, se trata de guarismos que se recuerdan muy bien. Me he referido varias veces a esa observación, tan pedestre, pero que sigue maravillando a la gente. Se me perdonará el inciso.

La peculiaridad técnica del Informe FOESSA era que integraba datos de encuesta con estadísticas y referencias comparadas con otros países. Todo ello se adobaba con nociones teóricas. Debe anotarse que por entonces la censura oficial era mucho más tolerante con los textos de inspiración marxista. La condición era que esos textos fueran ininteligibles. Pero esa misma censura era implacable con el intento de desvelar la realidad con datos y testimonios fáciles de entender. Se trataba de la misma lógica por la que se levantaba un poco la censura de los medios escritos, pero seguía siendo férrea en la radio y en la televisión.

Lo novedoso del Informe de 1966 era no solo la incorporación de las técnicas de la Sociología empírica. Contaba también la presentación, por ejemplo, con un original diseño de cubierta, realizado por Francisco Espinosa. Representaba lo que entonces era la novedad del *op-art*. Lo sorprendente fue que los datos del Informe se difundieron masivamente a través de los periódicos y las revistas. Nunca se había logrado nada igual con otros estudios sociológicos, incluyendo el *Plan CCB*, el estudio precursor que habían llevado a cabo Justo de la Cueva, Ramón Echarren y otros. Esa difusión masiva fue, como digo, un efecto de la Ley de Prensa de 1966. No era tanto que el régimen abriera la válvula de

Cubierta del informe FOESSA de 1966. Diseño Op Art de Francisco Espinosa.

la libertad como que la aspiración masiva de libertad desbordaba todos los cauces anteriores. De todas formas, como digo, la libertad (siempre relativa) no había llegado todavía a la radio o a la televisión.

En 1968 se planteó un nuevo concurso de la Fundación FOESSA para realizar un segundo informe de mayor alcance. El proyecto desbordaba la estructura de una empresa de mercados, por lo que me desgajé de DATA para montar un despacho profesional. Así nació el despacho de Serrano, 19 con este rótulo en la puerta: "Amando de Miguel, sociólogo". Era la primera vez en España que alguien se atrevía con un marbete así. Me llevé conmigo a un núcleo de estudiantes que habían colaborado en el primer Informe: José Luis Romero, Jesús M. de Miguel, Amparo Almarcha, Jaime Martín Moreno y Benjamín Oltra. Esa era la estructura del capital humano para preparar el segundo Informe.

Celebración de la salida del FOESSA de 1970. De izquierda a derecha: José Luis Romero, Marisol Sanz, Juan Salcedo, Amparo Almarcha, Benjamín Oltra, Jaime Martin Moreno, Paz Juárez, Jesús M. de Miguel, Paloma de la Peña, Eduardo Sevilla y Juan González Anleo. El fotógrafo soy yo.

En seguida se incorporaron algunos estudiantes más del curso que daba yo en la Universidad Autónoma de Madrid. Ahí estaban Juan Salcedo, Jesús I. Martínez Paricio y Eduardo Sevilla-Guzmán. El trabajo era agotador y se añadieron Isabel Sebastián, Paz Juárez y Paloma de la Peña. Algunos de los estudiantes citados a los pocos años serían catedráticos. Dispusimos también de algunas ayudas técnicas y administrativas de DATA, por ejemplo, para realizar el laborioso "trabajo de campo".

El segundo Informe se llevó a cabo con las personas citadas más una eficiente ayuda secretarial (todos en el despacho de 100 metros cuadrados). Contamos también con la colaboración exterior de Juan González-Anleo, que había estado conmigo en Columbia y participamos juntos en algunas prácticas. En menos de un año se terminó un grueso informe de 1.500 páginas en cuarto con profusión de gráficos, tablas y desplegables. La tabulación de los datos de encuesta la hicimos con la colaboración de José Luis de Miguel. Como ya he dicho, mi hermano José Luis nos había diseñado la decoración del despacho y de algunos muebles. Se inspiraba en la *Bauhaus.* Los gráficos, verdaderamente primorosos, se debieron al rotulador de Antonio Benítez; muchos de ellos fueron diseñados por Jesús M. de Miguel con verdadera maestría.

El Informe FOESSA de 1970 alcanzó una difusión extraordinaria. No solo se debió a la ingente acumulación de datos que ofrecía, sino al estímulo del capítulo sobre política, que fue ominosamente censurado. Ese capítulo conflictivo del Informe de 1970 se titulaba "Vida política y asociativa". Por entonces, se hablaba de "asociaciones políticas" como una suerte de eufemismo. De esa forma no se mencionaban los infamantes partidos políticos, incompatibles con el régimen.

Aunque en aquellas fechas no había ya censura de prensa, por precaución, enviamos el original multicopiado al Ministerio de Información (dirigido por Alfredo Sánchez Bella) para "consulta voluntaria". El manuscrito recibió algunas pequeñas correcciones de poca monta por parte de la "consulta". Así que el Informe se imprimió y se encuadernó con todas las de la ley. Fueron 5.000 ejemplares, una tirada que se salía de los usos para un libro técnico, lleno de tablas, gráficos, mapas y desplegables. A punto de su distribución, recibí una llamada del ministro Vicente Mortes, con quien había colaborado yo en algunos trabajos para el Plan de Desarrollo Económico y Social. (Por cierto, lo de "y Social" se añadió en la imprenta al original del Plan). Mortes me comunicó la decisión del Consejo de Ministros: el capítulo sobre la vida política y asociativa del Informe no podía ver la luz. Su texto era "intolerable para las alturas". Seguramente se refería a Carrero Blanco o quizá al mismísimo Franco. El ministro (de la camada de los "tecnócratas" del Opus Dei) me dijo que él personalmente se identificaba conmigo, pero que "quien manda, manda". Añadió, incluso, que algunos artículos "aperturistas" que publicaba yo por entonces en el diario *Madrid* le parecían estupendos. Pero el capítulo de marras no podía salir por orden expresa del almirante Carrero Blanco, entonces jefe de Gobierno. La única solución era hablar con el subsecretario de Información para ver de llegar a un acuerdo.

El subsecretario delegó en un alto funcionario, Alejandro Muñoz Alonso, para que se reuniese conmigo con el fin de limar el capítulo. (Alejandro y yo habíamos sido condiscípulos en los cursos de Sociología del Instituto de Estudios Políticos; él era tan liberal como yo). Después de una laboriosa reunión, comunicamos al subsecretario que no se podía expurgar el dichoso capítulo sin alterar su sustancia. Yo alegué, tímidamente, que, según el Derecho Administrativo, la cosa no tenía solución. El subsecretario, visiblemente contrariado, cortó por lo sano. Replicó: "No hay solución administrativa, pero sí la hay mercantil". Su decisión inapelable era la de comprar allí mismo los 5.000 ejemplares del capítulo de marras a precio de coste editorial. El editor que me acompañaba (Leopoldo Arranz) no tuvo más remedio que firmar el extraño contrato de adhesión. El subsecretario insistió en que esos 5.000 ejemplares, que no se iban a distribuir al público, se enviarían a los altos cargos del régimen. La razón es que "ellos sí tenían madurez suficiente parea conocer la realidad". El capítulo fue arrancado de todos los ejemplares y se procedió a encuadernar otra vez el Informe sin que nadie cayera en la cuenta de la incongruencia que representaba la paginación. En efecto, en el índice detallado figuraban los apartados del infausto capítulo que había desaparecido. Así pues, los lectores podían imaginar perfectamente que el capítulo había sido arrancado del volumen. Eso hizo que en el despacho lanzáramos por nuestra cuenta varias ediciones multicopiadas de esas páginas, que corrieron de mano en mano como pliegos de cordel. Una parte se publicó más tarde en inglés en un libro compilado por Stanley Payne. En el año 2003 reproduje el texto íntegro del capítulo en mi libro *El final del franquismo: testimonio personal.* Al final, ese capítulo fue el más difundido del Informe.

El texto del famoso capítulo evaporado puede parecer hoy sumamente ingenuo, pero en su día constituyó un revulsivo de la opinión. Simplemente, venía a decir que, incluso en el régimen autoritario, había lugar para muchos "poderes fácticos", como se decía por entonces. Recuerdo el comentario que repetía algunas veces Enrique Gómez Arboleya: "Los avatares de la Sociología son un reflejo de la marcha de la sociedad". Que me lo digan a mí.

A estas alturas nos podríamos preguntar por qué se escogió un título tan rimbombante y redundante como el de los Foessas: "Informe sociológico sobre la realidad social de España". Se manejó la palabra "informe" porque se pretendía dar la impresión de una serie de datos objetivos, que se alejaba de los discursos ideológicos al uso. Por otro lado, la palabra "informe", sin más, se unía a la tradición de los estudios económicos. Por eso se añadió lo de "sociológico", un adjetivo que resultaba entonces novedoso y atrevido. Pero, a su vez, lo sociológico se entendía entonces como algo referido a la Teoría sociológica o, más propiamente, a la Filosofía social. Así que hubo que añadir "realidad social de España". Debo consignar que la Fundación FOESSA dio completa libertad a los autores para que expusieran sus datos y conclusiones. Esa libertad no era entonces muy corriente. Hicieron gala de ella los componentes del "equipo de expertos" que nombró la Fundación para que hicieran el seguimiento de nuestros trabajos. Lo formaban: José Jiménez Blanco, Enrique Martín López, José Ros Jimeno y Miguel Siguán Soler.

La inusitada difusión que alcanzaron los "Foessas" no se debió solo a la novedad o a su valor intrínseco, sino al clima de efervescencia política que dominaba en esos años. Un ejemplo; en diciembre de 1970 el Gobierno suspendió por seis meses el artículo 18 del Fuero de los Españoles, lo que significaba una especie de estado de excepción. Se entiende "excepción" dentro de la libertad vigilada que había entonces. En ese contexto, recuerdo haber presentado el libro *Celtiberia Show* de

Luis Carandell. Como entonces se hablaba de "rescatar cerebros" para la Universidad española, propuse a Luis como catedrático extraordinario en la Facultad de Filosofía y Letras. Contestó Luis con su personal ironía: "Quite, quite, don Amando, ¿se imagina usted saliendo yo del brazo de Camón Aznar de un claustro de profesores?". Otra anécdota de esa presentación fue que en ella participó también Julio Caro Baroja, etnólogo de renombre y sobrino de Pío Baroja. Don Julio creyó que lo de "Celtiberia" iba en serio y aprovechó su intervención para darnos una conferencia científica sobre los celtíberos. El hombre no podía comprender que sus palabras fueran aclamadas con risas y gritos de entusiasmo por parte del público. El cual entendió que las alusiones del sabio se decían en clave política. El acto fue una verdadera fiesta.

Una peculiaridad de los "Foessas", que entonces se llevaba mucho, era la preocupación por el futuro, la prospectiva. Por ejemplo, en el Informe de 1970 se incluía un mapa con los posibles trasvases entre las cuencas de los ríos españoles. La cosa venía de los tiempos de la República (Plan de Lorenzo Pardo) y el franquismo impulsó el trasvase Tajo-Segura. Sin embargo, años después, con el Gobierno socialista, ese impulso se paralizó. No deja de ser paradójico que el mismo partido que planteó el primer trasvase (el PSOE de Indalecio Prieto) fuera el que más tarde renegó de esa política. Eran otros tiempos, los de Felipe González y José Luis Rodríguez Zapatero. Años después, los fracasos sobre la anticipación del futuro me llevaron a escribir un ensayo, *Las profecías no se cumplieron* (2001). Mereció el premio Jovellanos, en cuya decisión influyó mucho la opinión del general Sabino Fernández Campo, con quien tuve muy buena relación, a través, sobre todo, del pintor Álvaro Delgado.

Alberto Míguez publicó en *Desarrollo* (22 de noviembre de 1970) una extensa reseña del Informe de 1970. Comentó, extrañado, que el volumen se presentara con un notable error de impresión: "Pasa de la página 371 a la 435 sin solución de continuidad". Sugería que ese error debería subsanarse en posteriores ediciones. Naturalmente, se trataba de un sarcasmo del gallego, que todo el mundo entendió.

Aparte del equipo habitual del despacho, pasaron por él muchos becarios o estudiosos, que utilizaban para sus trabajos los datos acumulados. Algunos se incorporaron al equipo. Recuerdo algunos nombres: Anna Úbeda, Isabel Sebastián, José Ramón Andérica, Benjamín González, Félix Moral, Antonio Izquierdo, Fernando Reinares, Félix Arias, Fernando G. Urbaneja, Ignacio Mazarrasa, Juan Díez Medrano. Añádase los nombres de algunas eficientes secretarias: Mari Sol Sanz, Isabel Frutos, Josefina Núñez, María Cristina de Ena. Seguro que, sin ninguna intención, se me olvidan muchos nombres de las muchas personas que pasaron por el ático de Serrano, 19. Era corriente que vinieran periodistas nacionales y corresponsales extranjeros a solicitar información. La verdad es que fueron 100 metros cuadrados muy aprovechados. La jornada laboral se acercaba para muchos a las 12 horas. Era una minúscula manifestación de la extraordinaria productividad que alcanzó en esos años la sociedad española.

Puede producir asombro una mirada retrospectiva sobre el trabajo que se acumuló en la época de los "Foessas". Por un lado, constituíamos un grupo de universitarios politizados hasta el tuétano, pero, por otro, no éramos de los que iban a las algaradas estudiantiles. El famoso "mayo del 68" fue para nosotros irrelevante, azacaneados como andábamos con las encuestas. Los compañeros políticamente más activos de la Universidad estaban ocupados en hacer una revolución imposible. Los sociólogos del despacho de Serrano, 19 no contábamos con el apoyo de familias pudientes. Quizá por eso no nos podíamos permitir el lujo de hacer una revolución universitaria. O puede que estuviéramos demasiado metidos en las mediciones que tomaban el pulso a la sociedad española. Desde luego, nuestra impresión era que esa sociedad no estaba para revoluciones de perfil, como la del mayo francés de 1968. Más dramática fue la matanza de Tlatelolco unos meses después. Precisamente por eso nos pegábamos a los datos, porque entendíamos que en el conocimiento estaba la salvación de nuestro pueblo. La verdad es que esa reacción positivista quizá fuera tan utópica como la contraria, la del "liberacionismo" de la izquierda elegante. Esa última es la que impregnaba el ambiente universitario de aquellos encendidos años. La elegancia estaba en el origen social acomodado de sus representantes y en el predominio de las actitudes estéticas. La izquierda elegante era una sucursal de París.

Fue sorprendente el éxito de público de los "Foessas" y de otros trabajos del despacho de Serrano, 19. Sin embargo, los colegas fueron en general bastante reticentes con ese modo de hacer Sociología. Muchos lo veían despectivamente como una Sociología descriptiva o norteamericana, y en parte tenían razón. Era el tipo de Sociología que yo había aprendido en Columbia y principalmente con mi maestro Juan J. Linz. Quizá el añadido particular que yo pude hacer fue un estilo periodístico o divulgativo. Esa otra faceta la había adquirido con la experiencia de mis artículos en el diario *Madrid* y en las clases y conferencias. Se fue así decantando un estilo personal de hacer Sociología; era, a la vez, una forma de crítica social. No me apoyaba tanto en obras de autoridad como en el intento de "desautorizar" lo que se sabía o se creía saber. Reconozco ahora que ese estilo podía llegar a ser molesto, dado el ambiente intelectual que predominaba entonces. Lo que menos nos perdonaban nuestros colegas utópicos o revolucionarios era que no rindiéramos pleitesía a los marxistas de turno. Ellos se creían aposentados en la verdad histórica. Nosotros no nos identificábamos con los representantes de las clases proletarias porque, paradójicamente, teníamos que trabajar para vivir.

Siempre he creído que la ciencia sociológica no es tanto buscar la verdad como eliminar el error poco a poco. Después de todo, esa es la clave de la lógica científica sin más, aunque la Sociología sea una ciencia menor. El esfuerzo incesante de desautorizar sistemáticamente el error me ha valido algunos disgustos cuando me he atrevido a atravesar la raya de lo convenido. Un ejemplo puede ser el artículo "El nuevo espíritu de cruzada", que me costó la cárcel, entre otras contrariedades. El suceso se comenta más adelante (capítulo 15).

Reconozco haber tenido siempre un ánimo provocador, en el sentido intelectual más que político. Es decir, el hecho de hacer una Sociología *coram pópulo* (= para el público) en conferencias, artículos y comentarios en los medios me ha llevado a amplificar la crítica a lo establecido. Esa disposición me ha dado un cierto halo de popularidad y reconocimiento, pero también me ha traído no pocos quebraderos de cabeza. Repito lo que me advertía Pancho Marsal tantas veces: "No puedes tener éxito y que todos te quieran". Ese "todos" empieza por los del círculo íntimo. Citaré un ejemplo de mi incontinencia verbal. En octubre de 1983 di una conferencia en Alicante sobre la dificultad que habían tenido los economistas y políticos para predecir las crisis económicas. Era una de las tesis de mi libro *España cíclica* (1987), que estaba ultimando por entonces. El diario *La Verdad* tituló así la reseña de la conferencia: "Amando de Miguel: los economistas no sirven para nada". El Ilustre Colegio Oficial de Economistas de Alicante publicó una réplica en la que se refería a mi conferencia como "sofismas... razonamiento falso... manifestaciones que ofenden directamente la dignificación de la profesión de economista". El Ilustre Colegio me pedía una "retractación pública". No sé si la hice, pero la hago ahora con toda mi obra por delante, en la que hay mucho de Economía. Precisamente mi libro *España cíclica* es un homenaje a la capacidad predictiva de la Economía. Siempre es mejor saber que no saber, aunque uno se pueda equivocar. Cierto es que en España no ha surgido ningún premio Nobel de Economía, pero tenemos a un Carlos Rodríguez Braun o a un Juan E. Iranzo que han sabido criticar con acierto las tesis de algunos premio Nobel de Economía. A lo largo de estas páginas se puede ver la gran relación que he tenido con algunos economistas, de los que tanto he aprendido. Ahora bien, sigo pensando que los economistas, en conjunto, no han sido muy duchos en anticipar las crisis económicas. Aunque menos sagaces hemos sido los sociólogos en la previsión de los estallidos sociales o los cambios políticos.

En otra conferencia, reseñada en *El Heraldo de Aragón* (14 de junio de 1983), decía yo que "el relanzamiento de la crisis económica vendrá de la mano de un aumento de la productividad, propiciada por la aplicación de la tecnología electrónica". La expresión era bastante pobre. Realmente quería decir que la salida de la crisis se deberá a las aplicaciones informáticas. Pensaba yo entonces (ingenuo de mí) que pronto tendríamos ordenadores verdaderamente inteligentes, que, incluso, se podrían reproducir entre ellos como si fueran organismos. Ahora sabemos que esa tecnología informática no ha sido tan revolucionaria como las anteriores olas de innovación técnica (el vapor, la electricidad, el automóvil, etc.). Esa es la razón por la que, después de la crisis del petróleo de 1973, en los países occidentales no se han vuelto a lograr las tasas de desarrollo anteriores a esa crisis. Hay que añadir que tampoco se ha vuelto a reavivar el espíritu de trabajo, esfuerzo y emulación, al menos en los países occidentales. A propósito, en la conferencia citada, un economista de Zaragoza, Antonio Gallart, me hizo la observación de que el verbo "relanzar" era tanto como "rechazar o repeler". Por tanto se trataba de un error que yo había cometido en mi intervención. En verdad ese es todavía el único significado que le da el Diccionario de la Real Academia Española, pero entonces yo le asignaba el nuevo sentido de "volver a impulsar". Es el que recoge ahora el Diccionario de Manuel Seco. Siempre a vueltas con el idioma.

Una crítica más ponderada sobre mis trabajos de los "Foessas" es la que me hizo el economista Román Perpiñá. Mucho sentí no haberlo tenido de profesor. Cuando iba a serlo, le ganó la cátedra José

Luis Sampedro, mucho mejor situado en el "establecimiento". Pero, aposentado en la cátedra, Sampedro pidió la excedencia (que resultó indefinida) y se dedicó a sus novelas y utopías.

Esa ausencia del magisterio directo de Perpiñá hizo que me leyera de un tirón casi toda su obra, realmente original. Tuve después muchas conversaciones con él. Solterón como era, y con escasos posibles, vivía el hombre modestamente en la Residencia de Estudiantes. Alguna vez le invité a que diera unas charlas a los alumnos de la Autónoma y de otros centros. La hueste estudiantil quedó muy agradecida. Más quedó don Román, pues conseguí unas pesetillas para remunerar sus charlas. Expresó su agradecimiento con la crítica al trabajo de los "Foessas". Su opinión era que esos trabajos demostraban una idea científica un poco primitiva al contener un exceso de información. Lo primitivo, y hasta pueril, estaba en el esfuerzo de publicar todos los materiales que habíamos manejado. Así, las citas largas, las tablas detalladísimas y reiterativas, la obsesión de detallar las fuentes hasta la minucia. Para don Román, la ciencia madura estaba precisamente en simplificar todos esos materiales que se habían acarreado. Buen latinista como era el de Reus (de formación alemana), me citó el apotegma de Guillermo de Occam: *Entia non sunt multiplicanda praeter necessitatem*. Es decir, "no hay que complicar los datos, salvo que sean necesarios". Desde entonces he procurado asimilar esa máxima tan ponderada. Por ejemplo, se recortan o se eliminan los decimales, las citas se reducen al testimonio imprescindible, se reduce el número de tablas. Lo fundamental es el argumento, no la demostración. Aun así, la ciencia sociológica seguirá siendo descriptiva. No hay que esperar síntesis elegantes del tipo $E=mc^2$, la famosa ecuación de Einstein. Otra lección que aprendí de don Román fue que las ciencias deben aliarse con el conocimiento del mundo clásico. Me temo que, por ese lado, no haya sido yo un buen discípulo.

Casi al mismo tiempo, Antonio Fontán me hizo comprender que no era ningún capricho étnico la utilidad de conocer el mundo grecolatino. Simplemente, se trata de la única civilización que ha proporcionado datos completos sobre sí misma, desde el principio hasta el final. Encima ha sido la matriz de nuestra civilización occidental, especialmente de la hispánica.

Algunos años después tuve ocasión de hacer un homenaje al maestro Perpiñá, que también lo había sido de Juan Velarde. Se planteó con ocasión de dar el premio Príncipe de Asturias de Ciencias Sociales. Juan Velarde y yo estábamos en el jurado. Alguien propuso a un destacado profesor, pero se adujo que el premio debía ser para personas con muchos años. Rápidamente, Juan y yo nos pusimos de acuerdo y alegamos que el criterio de veteranía se podía aplicar con justicia a Román Perpiñá, entonces octogenario. El argumento prosperó. Aparte de los honores del premio, la cuantía económica del mismo permitió que don Román terminara su vida sin ahogos económicos. Aunque hoy nos pueda parecer increíble, entonces el de Reus no tenía pensión ni ningún otro tipo de ingresos.

"Complus"

La fórmula de trabajo de los "Foessas" (con la corrección de la crítica de Román Perpiñá) la apliqué a partir de 1991 en la serie de los cinco informes anuales sobre la sociedad española. Fue el resultado de una elegante iniciativa del rector de la Universidad Complutense, Gustavo Villapalos. Daba la casualidad de que, años antes, ese magnífico rector, cuando era estudiante, había trabajado como entrevistador en el FOESSA de 1970. El hombre adujo el sentimiento de nostalgia de su primer trabajo. Sin embargo, para mí fue más bien una respuesta de solidaridad con la situación de mi hijo Iñaki, sometido a un infamante juicio, que trataré en su momento (capítulo 16). Subrayo el gesto por lo ejemplar que puede ser en la sociedad española, especialmente en el mundillo intelectual, tan medroso.

La serie de los cinco Informes de la Universidad Complutense supone la más completa colección de datos que se ha realizado nunca sobre la sociedad española. Por lo menos eso es así por la continuidad del método y de los autores. Los llevé a cabo en una empresa, Tábula-V, creada por mi hijo Iñaki (nacido en 1964) en colaboración con su amigo (no pariente) Gonzalo Martínez de Miguel. Hasta ese punto se perfila el lapso generacional (25-30 años) que va desde los Informes de FOESSA a los de la Complutense. Reconozcamos que es la generación adulta que ha sido protagonista de las transformaciones más intensas de la sociedad española. Esos españoles fueron los que, poco después, llevaron a cabo la llamada "transición", esto es, la instalación de la democracia.

Tábula-V fue una continuación del despacho de Serrano, 19, pero con más medios técnicos y organizativos. Los colaboradores eran ahora mucho más jóvenes que yo; eran coetáneos de Iñaki, el verdadero gestor de la aventura. El alma organizativa correspondió a Javier Castillo, una persona entregada. Aunque en algunos círculos la imagen que teníamos era la de una "factoría", con cientos de empleados, nunca llegamos a sobrepasar un par de docenas en puestos fijos. Casi todos eran estudiantes o recién licenciados. Mi actividad principal consistía en escribir los informes, presentarlos y enseñar técnicas de análisis y redacción a la turba de entusiastas colaboradores. Por esa razón, a la empresa la llamábamos cariñosamente "el cole". Había, incluso, una sala con una pizarra, en la que se daban clases de Sociología práctica. Naturalmente, esa estructura hacía muy difícil que la empresa fuera económicamente rentable. Pero al menos se consiguió una altísima productividad del trabajo.

Aquí estoy con Pepe Jiménez Blanco y mi hijo Iñaki. Los tres aparecemos muy puestos para la ocasión. En la presentación de la "Complu" de 1995-96. El acto se celebró en el Ayuntamiento de Madrid, cuyo burgomaestre, José Mª Álvarez del Manzano nos encargó diversos estudios. A las presentaciones de las "Complus" solían asistir algunos notables del PP (Esperanza Aguirre, José María Aznar, Francisco Álvarez Cascos, Mariano Rajoy, etc.).

En los Informes de la Complutense se añadía la novedad de una Sociología cualitativa, literaria. Ese es el tipo de Sociología que he venido haciendo desde entonces. Por ejemplo, son obras ensayísticas que se apoyan en la novela como fuente de conocimiento. Incluso me he adentrado en la escritura de obras de ficción (cuentos, novelas), como un método más de acercarme a entender la realidad social. Por ejemplo, el problema de la violencia doméstica lo he tratado de forma novelada en *Hacían una pareja estupenda* (2006). La significación de la mentalidad femenina en la España de mi generación queda registrada en mi novela inédita *Historia de una mujer inquieta*. Me refiero a las mujeres de mi ambiente.

El nuevo estilo de las "Complus" se puede ver en el símbolo del segundo, el de 1993-94. El prólogo es de Francisco Murillo y el epílogo de José Luis Pinillos. Esos dos admirados maestros marcaban muy bien el límite de mis influencias no estrictamente sociológicas.

Escritura

Instalado ya en el siglo XXI, mi producción sociológica ha sido ha sido cada vez más literaria y personal. Tábula-V cumplió su ciclo. Iñaki recogió la antorcha y reanudó la tarea de investigación y enseñanza con INFOVA, otra vez en colaboración con Gonzalo Martínez de Miguel. A través de esa empresa, han prosperado en la organización de cursos para directivos. Han iniciado asimismo una tarea editorial, cuyo primer libro ha sido *La magia de las palabras* (2009), al me he referido varias veces. Lo cito tanto porque es el último.

La esencia de casi todos los estudios sociológicos que he realizado ha sido la comparación. No es ningún secreto de una ciencia esotérica. Cualquier ejercicio de la inteligencia es comparativo, mucho más si tiene pretensiones científicas. Pero ese modo de proceder se enfrenta a la imaginería popular española, que aborrece las comparaciones. Nunca he logrado explicar por qué. Recuérdese el repertorio de frases hechas: "en el marco incomparable", "las comparaciones son odiosas", "no se puede ni comparar", "no es lo mismo". En el fondo, se trata de la vieja mentalidad española, enemiga de la ciencia e incluso reacia al simple conocimiento. Quizá no se puedan sumar "peras con manzanas", pero ambas son frutas y tienen un precio. La base de las comparaciones es el de las pertinentes mediciones. Desgraciadamente, en España tenemos una larga tradición de "las dos varas de medir". Es claro que la ciencia no es lo nuestro.

Al finalizar el siglo XX cambia sustancialmente mi modo de hacer Sociología. Concluye la etapa de las grandes encuestas, de los documentados informes. Comienza un género más personal, ensayístico, literario. Un ejemplo puede ser el libro *El sexo de nuestros abuelos* (1998). En su presentación, dijo Camilo José Cela: "Este libro me gustaría haberlo escrito yo, pero llegué tarde". El elogio no pudo ser más halagador para este prosista. Por las mismas fechas, presenté yo el libro de Jaime Campmany, *Jinojito, el lila*. Como agradecimiento, el de Murcia me dedicó estos versitos: "El sexo de nuestros abuelos / presentó mi amigo Amando / de Miguel / y resulta que el buñuelo / es el mismo que, colgando, / lleva él" (*ABC*, 30 de mayo de 1988).

«El sexo de nuestros abuelos», último libro del sociólogo Amando de Miguel

Camilo José Cela en la presentación de mi libro ***El sexo de nuestros abuelos*** *(1998). Detrás aparece Marina Castaño.*

Al redactar estos recuerdos, caigo en la cuenta de una constante de mi vida laboral, que es todo un privilegio. Resulta que siempre he sido jefe. Incluso en la mili fui alférez. Solo he sido "ayudante" en mis primeras tareas académicas. Pero, aun así, el trabajo del profesor o del investigador es más que nada "autónomo" en el sentido laboral. El privilegio de haber sido casi siempre jefe de una pequeña organización ha supuesto también algún defecto. Por ejemplo, me resulta difícil hacerme cargo de tareas ancilares. A lo largo de mi vida profesional siempre he dispuesto de la dedicación de eficientes secretarias. Hasta se me olvidó manejar el teclado de la máquina. Debo recordar a Marta González que estuvo conmigo de paciente secretaria durante años, hasta que me jubilé en su estricto sentido laboral como trabajador por cuenta ajena en la Universidad. Se podría recordar la jocosa conversación entre el jefe y la secretaria de un pequeño negocio de los Estados Unidos:

-Jefe: Por favor, señorita, póngame con mi mujer,
que es su cumpleaños y quedé en llamarla.

-Secretaria: *Anything wrong with your finger?*
(= ¿Le ocurre algo malo con el dedo?).

Como ejercicio de compensación por mi dependencia del trabajo secretarial, me he propuesto no solo redactar estas Memorias sino pasarlas yo mismo al teclado del ordenador. Solo manejo dos dedos, pero es increíble cómo recuerda el cerebro los movimientos sobre las teclas después de no haberlas tocado durante decenios.

El hecho reiterativo de haber sido siempre jefe o autónomo (en términos fiscales) lleva al rasgo de la independencia. En primer lugar se presenta con una cara económica. La independencia se logra cuando la mayor parte de los ingresos no dependen de favorecer

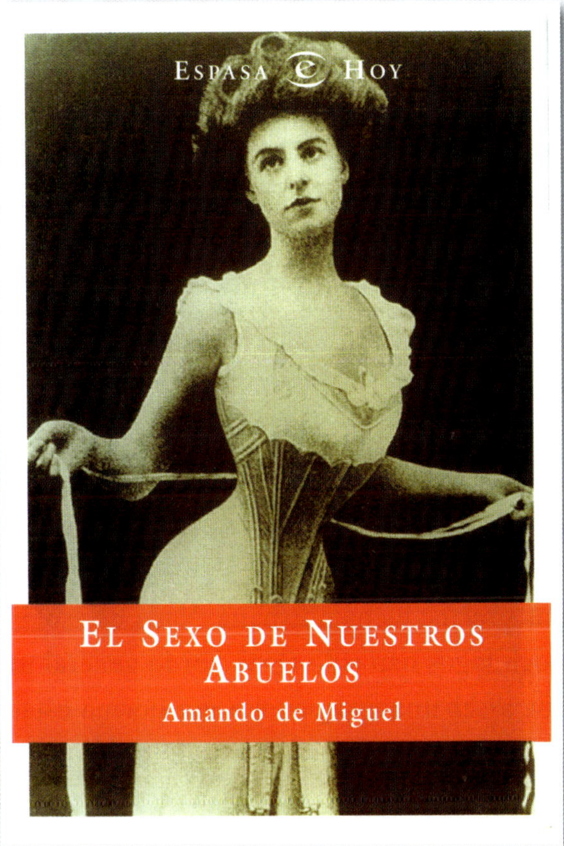

Cubierta del libro **El sexo de nuestros abuelos** (1998), diseñada por Tasmanias y Ángel Sánchez Martín.

a una organización, idealmente al Gobierno. En los comentaristas de los medios se aprecia muy bien ese rasgo de la independencia. Es una virtud difícil de mantener en un mundo que se distingue por la interpenetración de todo tipo de organizaciones. Hay comentaristas que viven decorosamente de dar opiniones. Ahora bien, están en ese oficio, aparentemente libérrimo, porque tienen una organización detrás. Cuando esa dependencia se extrema, son más bien portavoces. Es una posición dignísima, pero ambigua cuando no se reconoce como tal. Es una paradoja, pero el portavoz carece de opinión; dice lo que tiene que decir. Hay veces en las que uno asiste al espectáculo de una tertulia, una mesa redonda o similar, pero el resultado es más bien una "junta de portavoces".

Tengo que volver sobre la explicación de por qué he publicado tantos libros y artículos. Bosques enteros han tenido que ser talados para colmar mis ansias de papel impreso. El método de trabajo posibilita esa bulimia papirográfica. Normalmente pongo por escrito mis intervenciones en las clases, conferencias y similares. De ese modo, casi sin querer, quedan enjaretados los libros. Muchos de los cuales son, a su vez, resultado de cortar y pegar artículos.

No descarto tampoco el factor de la vanidad. Ya que no he sido reconocido por el "establecimiento" cultural y político, no me ha quedado más remedio que estampar mi nombre en todo tipo de publicaciones. He sido así muchas veces una especie de pionero, adelantado o corsario.

Se podría pensar que la opción de llegar a ser un sociólogo instalado (o por lo menos, muy conocido) habría sido una forma de integrarme bien en España. Nada de eso. En todas partes y tiempos los sociólogos han sido tipos por lo general inadaptados. Por tanto, yo no iba a ser una excepción a esa norma estadística. Precisamente es una suerte de marginación psicológica lo que le da al sociólogo la distancia suficiente para realizar sus observaciones. Pero también sucede que ese mismo despego hace que el sociólogo lleve mal su red de relaciones dentro de su círculo íntimo. Por lo menos, ese ha sido mi caso; lo digo con una cierta frustración, solo que irremediable.

El hecho de publicar tanto ha generado muchas envidias por parte de algunos colegas más bien premiosos para escribir o incluso ágrafos. Ellos sostienen que yo soy algo así como la Corín Tellado de la Sociología. Más fuerte es decir que siempre escribo lo mismo con distintos títulos y formatos. Ambas críticas pretenden ser denigratorias, pero me dejan bastante ufano. Más injusto es que me digan que los trabajos colectivos me los han escrito los colaboradores de la "factoría". No obstante, ese es un comentario cariñoso que deslizan algunos admirados colegas (como Germán Yanke, por ejemplo). La verdad es que yo he escrito más páginas firmadas por otros que las que otros me han escrito a mí. Quizá lo que sucede es que en España no se entiende muy bien la sustancia del trabajo en equipo, al menos en el campo sociológico. Más justa sería la crítica de que escribo mucho para ganar dinero. Es cierto, pero (fuera de unos pocos libros), los escritos no dan muchos réditos. Más rentables son las conferencias. Aun así, siempre he vivido a la cuarta pregunta. Muchas veces he tenido que pedir prestado algún dinero para pagar el impuesto sobre la renta. Solo en los últimos años he visto que las finanzas particulares empiezan a resultar equilibradas, paradójicamente, en medio de una grave crisis económica. Algo tendrá que ver mi mujer. Últimamente gasto poco en libros; no doy abasto a leer los que me regalan.

A mí me ha parecido siempre normal lo de trabajar con gente, tener colaboradores, pero reconozco que en España esa es una conducta bastante rara. Ese contraste de normas me ha llevado a otra constante en mi vida: lo mucho que me ha costado siempre consolidar las amistades. La prueba es que algunos amigos se han quejado muchas veces de que los esquivaba, los dejaba a un lado, para establecer yo nuevas relaciones. Esa crítica es muy justa; alcanza, incluso, al modo que he tenido de saturarme en las relaciones afectivas más íntimas. Me percato ahora de esa tacha, al hacer esta confesión general que son las Memorias. No tengo perdón de Dios.

Sea por haber escrito tanto o sea por vanidad, el hecho es que, con el tiempo, he ido componiendo mis propias normas de estilo. La idea central es la de resistirme lo más posible a la desmesura y el barroquismo que caracteriza la prosa culta de mis contemporáneos. Ya he aludido a la regla de limitar el número de palabras por frase. No empleo los signos de interrogación o de exclamación más que cuando resultan imprescindibles. Me satisface mucho el símbolo del paréntesis, que sustituye con ventaja a las frases desangeladas entre guiones. Recurro lo menos posible a las citas de autoridad en forma de "como dice...", fuera de la evocación de los clásicos. Todo lo anterior va en apoyo de la austeridad y la claridad. Solo me permito en ocasiones el lujo barroco de la triada de nombres o de adjetivos. Se trata de dar un poco de ritmo y color a la prosa.

Ya de puestos, me he encariñado con el capricho de algunas licencias ortográficas (aunque no lleguen a la manía de la <j> de Juan Ramón Jiménez). Por ejemplo, el adverbio "solo" no lleva nunca acento, ni tampoco los pronombres demostrativos (este, ese, aquel y derivados). Detrás de los dos puntos puede seguir mayúscula o minúscula según cuadre. Antes de las adversativas (mas, pero, aunque, sin embargo) no va una coma, a no ser que sigan una frase con verbo. Se restringe todo lo posible el uso de las mayúsculas. En cambio, empiezan con mayúscula los nombres de las ciencias o asignaturas, por respeto a que originariamente se identificaban con diosas o musas. Por eso mismo suelen ser femeninas. Hay voces vitandas en la escritura en español; por ejemplo, el demostrativo "aquel" y sus derivados. Pocas veces se verán en mis escritos un "aquellos", salvo que desee dar un toque de nostalgia. No me agradan mucho los gerundios. En cambio, cultivo con gusto las expresiones cautelosas o que buscan relativizar los juicios. Por ejemplo, las cláusulas "antes bien" o "en contra de lo que puede parecer" (o expresiones análogas).

Movilidad

Alguien podría asombrarse de que he llevado una vida demasiado azacaneada, de trabajos variopintos, contraria a la idea que se tiene de un catedrático universitario. No se olvide que "cátedra" significa "silla", o más bien, "poltrona". En efecto, mi condición de catedrático ha sido siempre adventicia, por lo menos si la asociamos a esa imagen de comodidad, de estabilidad. Resulta curioso que pocas veces me llamen públicamente "doctor" o "profesor", títulos que reciben muchos colegas. Ese tratamiento me lo han dado más en Barcelona o en el extranjero que en Madrid. He trabajado con muchos alumnos de distintas promociones, pero casi siempre fuera de los recintos universitarios. Normalmente no he solicitado ayudas a la investigación a través de los cauces universitarios. El dinero para investigar lo he buscado fuera, en el mercado de las empresas o de las instituciones sin ánimo de lucro. Ese método me ha dado más libertad y autonomía, aunque ha supuesto un estilo de trabajo más próximo al modelo empresarial.

Mi experiencia como profesor universitario se ha beneficiado del hecho de una intensa movilidad geográfica. De cada uno de los centros donde he profesado recuerdo su cara benéfica. Los mejores alumnos los he tenido en la Universidad Autónoma de Madrid. En el primer curso eran solo unos 40, pero, de ellos, una docena han llegado a catedráticos. Con dos de ellos (Jesús Martínez Paricio y Juan Salcedo) he publicado libros conjuntos. El mejor ambiente intelectual y político lo percibí en la Universidad Autónoma de Barcelona. Allí fructificó la colaboración con Juan F. (Pancho) Marsal, Benjamín Oltra y Jesús M. de Miguel, entre otros. El departamento más amable fue el de la Universidad de Valencia y también el más politizado, para bien y para mal. Destaco los nombres de Josep Vicent Marqués, Rafael Ll. Ninyoles, Josep Picó y Damià Mollà. El equipo decanal que mejor me acogió fue el de la Universidad de Barcelona (Pedralbes). El decano Joan Hortalá me hizo vicedecano, el máximo nivel de incompetencia académica al que he podido llegar. El ambiente que mejor me dispuso para investigar fue el de las universidades americanas: El Colegio de México, Florida, Yale y San Antonio (Texas). En esa última escribí un libro en colaboración con el filólogo Francisco Marcos Marín, una experiencia única para mí.

En la Facultad de Sociología de la Universidad Complutense de Madrid he tenido buenos amigos (José Jiménez Blanco, Benjamín García Sanz, Jesús Martínez Paricio y Miguel S. Valles, entre otros).

Creo que una movilidad universitaria y profesional tan intensa me ha servido de mucho, como el resto de los saltos de la alta movilidad espacial y social. No he sido en esto un español típico, el que se resiste a dar tumbos, a "calvariar" de uno a otro sitio. Para muchos españoles (incluso de mi generación y mi ambiente) el hecho de moverse mucho es cosa de gitanos, de gente de mal vivir. No es mi idea. Esa pauta es más característica del mundo norteamericano y a mí me gusta. Aunque al final he recalado definitivamente en Madrid, y, ya se sabe, que "de Madrid al Cielo". Los barceloneses lo dicen de otra manera: "roda el mon i torna al Born" (El Born es el equivalente de la ciudad vieja). El inconveniente de la extrema movilidad geográfica es que ha terminado por afectar también a la estabilidad afectiva, pero no se puede estar a la vez en misa y repicando. Mi inestabilidad afectiva estaba escrita en mi código genético, o quizá ese juicio sea una racionalización. Cuánto he envidiado siempre a los estables en todos los órdenes.

Continuamente hablo de movilidad en estas páginas. Es un término caro a los sociólogos y uno de los signos de nuestro tiempo. Para empezar, es una movilidad espacial desplazarse de un lugar a otro con la idea de mejorar de posición. En la España actual se ha contenido mucho la apetencia de cambiar de lugar de residencia. Es una consecuencia de que la movilidad laboral es mínima o que predomina la vivienda en propiedad. En cambio, se ha multiplicado hasta el paroxismo la movilidad episódica, la de trasladarse de lugar por motivos de ocio, aprovechando las ofertas de bajo coste de algunos transportes públicos. Ya no hay maleteros (personas que acarreaban los equipajes) y los coches no llevan baca. El equipaje se ha reducido al mínimo y las maletas van sobre ruedas. (Asombra el tiempo que ha tardado la humanidad en ponerle ruedas a las maletas). En los aeropuertos es gozoso el espectáculo de ver tantos niños y ancianos en sillas de ruedas. Es decir, viajan también los que no pueden desplazarse por su propio pie.

Después de rodar por tantos departamentos universitarios, he llegado a una conclusión inquietante. Los profesores somos los alumnos que no hemos querido (o no hemos podido) dejar de serlo. Por eso tiene mucho sentido que la calificación de "universitario" se aplique tanto a los profesores como a los estudiantes. El *alma máter* (= madre nutricia) alimenta a todos ellos. Por cierto, no puedo menos de recordar una sabrosa anécdota que tuvo lugar en una lectura de tesis. Era en la Facultad de Ciencias de la Información de la Universidad Complutense. El doctorando presentó su tesis, magníficamente encuadernada, en cuya primera página venía esta cariñosa dedicatoria: "A mis dos almas máter, las Universidades de México y de Madrid". Entendía el hombre que las dos habían sido sus "almas", como si esa voz fuera un sustantivo y requiriera el plural. Pues, a pesar de esa pifia, se le dio sobresaliente al muchacho; aunque no con mi voto ni con el de Julio Iglesias de Ussel.

Ya me ha pasado otras veces, que tengo la manía de romper la unanimidad de los tribunales de tesis. Esa conducta dificulta la comida posterior y hace que no me inviten más a otro tribunal del mismo ambiente. Por una razón parecida, a lo largo de mi carrera he dirigido muy pocas tesis doctorales. Seguramente piensan los doctorandos que les voy a exigir mucho. Por cierto, mi tesis doctoral no me la dirigió realmente nadie, si bien me dieron el *cum laude,* como a tantas otras. Los laureles son baratos en la Universidad española. Mi tesis no llegué a publicarla nunca como tal; sirvió de base para las ulteriores monografías que escribí con Juan J. Linz. Por lo menos fue el estímulo para tragarme el enjundioso *The Language of Social Research*, de P. F. Lazarsfeld. Ese libro era algo así como el manual para iniciados que iban a estudiar a Columbia.

La constante de la movilidad (incluso de puestos profesorales) ha sido la causa de mi modo de hacer Sociología, enfocado al estudio de las transformaciones de la sociedad española. Yo he sido solo una minúscula pieza de esas transformaciones. Habrá quien piense que también son "transformismos", tan frecuentes han sido los disfraces y adaptaciones a las circunstancias que impone la fortuna.

Prefiero decir "transformaciones" que "cambios". Primero, porque se trata de un haz de vectores, no todos en la misma dirección. Segundo, porque la idea de "cambio" ha sido muy manoseada por la izquierda y por la derecha. Al final, porque en el cambio lo que se altera es la cúpula, lo de arriba, mientras que permanece la estructura. En otras palabras, da la impresión de que el cambio es solo de decorado, cuando continúa el mismo argumento de la obra.

He pertenecido a la generación que más se ha movido geográfica y socialmente de toda la Historia de España. No hay en ello ningún mérito personal. Será un destino colectivo. La movilidad de nuestra generación se ha hecho contra corriente. Quiero decir que, en el franquismo, el poder político no era muy partidario de ese impulso. En 1966 (es decir, a punto de coronar yo los simbólicos 30 años de edad) proclamaba Franco: "Es nuestra ilusión evitar el éxodo rural sobre las capitales… Confiamos en que el sentido de la emigración se cambie, regresando a sus pueblos sus naturales". Por fortuna, ese deseo del Caudillo no se cumplió. Realmente, la política de su Gobierno estaba promoviendo todo lo contrario: la industrialización a toda costa. En los años 60 dejamos de ser el Tíbet de Europa para convertirnos en una de las economías más abiertas del mundo. Solo quedaba el detalle de que Franco desapareciera. Costó un poco, la verdad.

Esa disonancia entre las intensas transformaciones de la sociedad durante los últimos lustros del franquismo y la inercia vital del Caudillo provocó un efecto inesperado. Muchos intelectuales del momento se resistieron a aceptar la realidad. En 1972, un representante de la corriente democrática escribió que la España de entonces era "una sociedad sin cambios o con muy pocos cambios". No era así; solo que Franco seguía mandando. El error, asaz común, consistía en creer que las transformaciones sociales se derivan del poder político, para bien y para mal. Lo que sucede es que los gobernantes suelen valerse del tirón que da la sociedad en ciertos momentos. Esa transformación la utilizan en su beneficio como un mérito político. La venganza es que, cuando una sociedad se estanca, decae. Esa misma lógica echa la culpa del retroceso a los gobernantes.

Seguramente me estimaría más el lector si yo repitiera el lugar común de la gente encumbrada o de prestigio: "lo mío es el ocio creador". No hay nada de eso. Antes bien, confieso mi vulgaridad en aferrarme al trabajo como una bendición, a veces, como una terapia. El ocio no me parece que sea nada creador. Puede que los mecenas de todos los tiempos hayan sido personas ociosas, pero sus protegidos, los artistas o científicos, bien que se han esforzado en lo suyo.

Otra cosa es que me guste lo que hago para ganarme la vida, pero a lo mejor es porque me he resignado a ello, y, de la necesidad, hago virtud. Para mí el ocio viene mucho después del trabajo, en un orden temporal y de valores. Al repasar los pequeños sucesos de mi vida, confirmo que los largos viajes de placer a distintos países los he realizado más bien en los últimos años. Han sido casi un premio a la jubilación. Antes de esa etapa, los numerosos viajes largos han sido casi siempre por la necesidad de asistir a un curso, una conferencia, un congreso. En definitiva, venía obligado a viajar por algo relacionado con el trabajo. Ese es el papel que más acerca a los sociólogos al modelo de las órdenes mendicantes. Tampoco es que me sienta demasiado orgulloso de ese pasado "trabajista"; ya digo que ha sido más bien por necesidad. Sí siento cierto orgullo colectivo al pensar que ese compromiso con el trabajo ha sido también el destino de muchos compatriotas de mi generación. Recuerdo la ironía de Enrique Tierno Galván cuando, despojado de su cátedra en España, se disponía a dar un curso en alguna Universidad norteamericana. Decía el "viejo profesor" que iba otra vez a la "vendimia", como los trabajadores que salían de Andalucía para recoger la uva en Francia. Ya sé que, en la España actual, da mucho predicamento decir que a uno lo que le va es la holganza, la buena vida. Sin embargo, no son esos mis sentimientos. Nunca he entendido bien ese galicismo de "saber vivir" como no hacer nada provechoso, aunque resulta tentador.

Se podría pensar que, si tanto me ha satisfecho trabajar, es porque las dedicaciones que he tenido (hablar o escribir para un público) han sido una especie de juego. En efecto, eso ha sido así, pero con tal de que se entienda por juego lo que significa su étimo, esto es, algo que choca, en el sentido que sorprende. La esencia del juego no está en ganar sino en sorprenderse de lo inesperado. Por eso los juegos son tantas veces de azar. La suerte interviene mucho también en los juegos de competición y también en el avance profesional.

Mi dedicación a una tarea ha durado siempre el tiempo en que me ha tenido en suspenso por la novedad. Superada esa fase, la continuidad o la rutina ha dejado de despertar mi ánimo curioso. Esa es la razón por la que, haciendo siempre lo mismo, he alterado tantas veces el objeto de mi atención. Me ha gustado más abrir trochas que recorrer caminos trillados. Desgraciadamente, los dichosos "planes de estudios" de la Universidad me han obligado a impartir las mismas asignaturas durante lustros. Para mi gusto habría variado de asignatura cada curso escolar. Menos mal que, por lo menos, en muchas ocasiones, he enseñado Sociología a los que no iban a ser sociólogos sino asistentes sociales, economistas, publicitarios o diseñadores textiles. Por eso me ha gustado más dar conferencias que impartir clases regulares. La clase acaba siendo rutina; la conferencia es para un público indeterminado y obliga a renovar las lecturas. Hace un par de años, me quedé atónito ante la pregunta de un alumno. Traía consigo el programa de la asignatura, donde figura al final la "lista de lecturas". La pregunta fue: "De todas estas lecturas, ¿cuál es la que hay que leer?". Es el momento de recordar la revolución pedagógica que impuso en su día Francisco Franco cuando lo pusieron al frente de la Academia Militar de Zaragoza. La decisión fue que, de cada asignatura, los alumnos solo tenían que leer un libro.

Conferencias

En los años finales del franquismo, el género favorito de los sociólogos y otros trabajadores del intelecto fue el de las conferencias. La razón era bien sencilla. Funcionaba la censura de hecho para los escritos, pero había una gran tolerancia para las intervenciones orales. No era un capricho del poder; tenía su lógica. El público de los escritos era indeterminado y los escritos permanecen. Sin embargo, el público que asistía a las conferencias y otros actos parecidos estaba controlado y, además, se encontraba previamente convencido.

Pues bien, la experiencia me dice que hoy asistimos otra vez a una especie de final del régimen. No pasará mucho tiempo sin que se reforme la Constitución. Por lo menos se nota el inusitado interés que despierta el género de las conferencias. He vuelto a encontrar afluencias masivas de un público entregado que hace cola para asistir a algunas charlas. No tengo una explicación clara de esa renovada afición. Puede que funcione el esquema de ver y oír personalmente al que se considera familiar, más que nada porque "entra" por la radio o la televisión. Con todo, hay una diferencia entre los dos momentos. En los años finales del franquismo, tanto el conferenciante como el público eran jóvenes. Ahora, en mi caso, el público suele ser más bien entrado en años y el conferenciante es un vejancón. Los jóvenes de hoy no están para conferencias. Recuerdo una reciente charla que di a los estudiantes de la Universidad de Málaga. No había más de una veintena de oyentes. Nos fuimos después a cenar a un restaurante de la calle Larios. La calle estaba atestada de jóvenes, sin duda, muy lejos de las preocupaciones que había suscitado la conferencia. Al poco tiempo daba una conferencia en Benidorm para una asociación cultural. Una hora antes de la conferencia ya había una cola de centenares de personas, ávidas de llenar el local. La policía tuvo que ordenar el tumulto. Casi todas eran personas próximas a la edad de jubilación, como corresponde a la pirámide de edades que se dibuja en Benidorm.

Cartel típico de una de las miles de conferencias que he dado por esos mundos de Dios. Esta fue en Albacete (1999).

Las conferencias constituyen un género útil para el conferenciante porque permiten visualizar y hablar con personas de distintos ambientes. Aparte de las Universidades donde he profesado de modo regular, recuerdo algunas ciudades extranjeras donde he dado conferencias. Selecciono algunas: Berkeley (California), Madison (Wisconsin), Lima (Perú), Buenos Aires (Argentina), Belfast (Reino Unido), Londres (Reino Unido), Bruselas (Bélgica), Hamburgo y Ratisbona (Alemania), Venecia (Italia), Estambul (Turquía). Hay más. Realmente, el cosmopolitismo no es tanto como parece. Lo normal es que las

Der Staatsminister im Auswärtigen Amt
Frau Dr. Hildegard Hamm-Brücher
gibt sich die Ehre

Herrn Professor Amando de Miguel

aus Anlaß der Eröffnung des Wissenschaftlichen Forums
der Konferenz über Sicherheit und Zusammenarbeit in Europa
zu einem Empfang (kaltes Buffet) am Montag, dem
18. Februar 1980, um 19.00 Uhr, in das Congress-Center,
Hamburg, einzuladen.

Antwort auf beiliegender Karte erbeten.

Diese Einladung dient der Einlaßkontrolle

Tarjeta de invitación para una recepción oficial en un congreso celebrado en Hamburgo en 1980. Aunque yo era un miembro más de la delegación española, mi tratamiento era de Herrn Professor.

conferencias se hayan dado en congresos o en centros asociados a la cultura hispánica. Dentro de España he dictado conferencias en todas las provincias. Resulta llamativo que en dos provincias donde he vivido muchos años, Guipúzcoa y Barcelona, haya dado muy pocas charlas. Las invitaciones han sido nulas por parte de las Universidades de dos provincias donde he profesado: las dos literarias de Barcelona y la de Valencia. Hace pocos años me invitaron a un tribunal de tesis en la Universidad Autónoma de Barcelona, lo que me provocó un efluvio de cariñosa nostalgia. El presidente del tribunal se apresuró a despertarme del sueño: "Que conste que te hemos invitado únicamente porque has salido en el BOE". Es decir, mi visita era obligada por las reglas de la burocracia universitaria.

El reciente interés por las conferencias y otros actos culturales quizá se deba a la paradoja de que las épocas de crisis económica son también de fuerte curiosidad artística y cultural. No ya las conferencias, las exposiciones de arte atraen hoy a grandes multitudes. Puede suceder que, al tiempo de la crisis económica, se produzca un proceso de selección natural por el que sobrevivan los mejor adaptados. Sea como fuere, resulta apasionante haber experimentado la vivencia de dos extrañas combinaciones. Una es la segunda parte del franquismo, en la que se dio un fortísimo desarrollo económico y los coletazos de una dictadura. La otra es la época actual, caracterizada por una democracia consolidada (esperemos) y un fuerte declive económico. Para mí, ambas combinaciones contradictorias han dado lugar a épocas muy creadoras.

Uno de los aspectos más agradables del papel de conferenciante es la comida en común con los organizadores. Mi experiencia me dice que el número de comensales es inversamente proporcional a la cantidad que se recibe como honorarios por la conferencia. No es menos cierto que, cuantas más personas se junten en ese ágape, más interesante es la reunión. En esos casos el conferenciante tiene la ocasión de conocer muchas opiniones y experiencias. También es verdad que el conferenciante viene obligado a hablar más que los demás, con excepción del anfitrión principal. Ya he señalado que el público que generalmente asiste a mis conferencias no suele ser de estudiantes, sino de personas de cierta edad, por lo general más mujeres que varones. Claro que, según se dice, ese perfil es el que corresponde al público lector. Es sabido que las mujeres de cierta edad presentan una mayor variedad de intereses, de curiosidades.

La lectura ha sido siempre para mí un gran placer; qué duda cabe. Pero esa sensación es compatible con el hecho de la lectura como obligación para organizar mi trabajo. No solo eso. Compruebo que, cuando he acumulado más lecturas ha sido en ciertos momentos de especial angustia o presión, como en la mili o en la cárcel. En esos casos la lectura se convertía en el remedio para aliviar la angustia de no poder escribir a gusto. Me sucede una cosa curiosa con la lectura. Cuando tengo que preparar una intervención ante el público (clase, conferencia, presentación, mesa redonda) o en el trance de pergeñar un artículo, el mejor estímulo es ponerme a leer. No importa que la lectura se encuentre lejos del objeto de mi intervención. No sé cómo llamarán los psicólogos a ese extraño efecto. Quizá sea un reflejo condicionado. De ahí que nunca haya experimentado esa angustia que dicen del "folio en blanco", es decir, la estupefacción ante la tarea de tener que escribir algo. Ahora bien, si me dan a elegir entre leer y escribir, me quedo con lo segundo. Solo que hay más ofertas para hablar que para escribir, y nadie te paga por leer.

8. Intermedio mediterráneo: Barcelona y Valencia

Nací en un lugar de Zamora y he vivido mucho tiempo en Madrid. Por tanto, se puede decir que soy mesetario. Pero en mi trayectoria profesional he pasado por la interesante experiencia de dos hermosos lugares mediterráneos: Barcelona y Valencia.

Barcelona

La salida de la cárcel, a finales de agosto de 1971 (véase capítulo 15), supuso una liberación momentánea, pero una verdadera encrucijada vital. La pena no escrita era que se alejaba *sine díe* la toma de posesión de mi cátedra de Valencia. Tampoco podía volver a mi anterior plaza de profesor agregado contratado en la Universidad Autónoma de Madrid; me lo vetaba la autoridad. Así me lo hizo saber Pepe Jiménez Blanco, por indicación de Luis Sánchez Agesta. El quebranto mayor fue, sin duda, el divorcio de hecho (la Ley de Divorcio iba a tardar diez años). Esa separación llevaba latente durante algún tiempo y se precipitó por mi forzada estadía en Barcelona. Menos mal que, en términos profesionales, se me abrió el portillo de la Universidad de Barcelona. Recuerdo que el 17 de febrero, cuando fui detenido por los militares, casualmente tenía que asistir a una reunión en Barcelona. La convocaba el rector, Vicente Villar Palasí, para tratar de la reforma universitaria, asunto sobre el que yo había publicado algunos artículos. En ese encuentro hice buenas migas con el rector y otros colegas, sobre todo después de que se percataran de que yo estaba detenido por los militares. Eso era algo que daba un cierto halo romántico.

El hecho paradójico de que Vicente fuera hermano del ministro de Educación (José Luis Villar Palasí, un "tecnócrata") le daba la libertad que no tenía ningún otro rector para contratarme. Y así lo hizo. Debo suponer que habló con su hermano. Yo debía de ser un "caso", un expediente imprevisto. Influyó mucho también un miembro de su equipo, Francesc (Paco) Noy. Otra de las casualidades fue que, antes de la cárcel, (véase capítulo 15) me fui a vivir al piso que dejaba vacío Pancho Marsal en la calle Provenza. Más tarde, a ese mismo piso vendrían unos meses Benjamín Oltra y su mujer, Maite Algado. Así seguíamos reservándolo para cuando regresaran de la Argentina Pancho y su mujer, Angélica Armas. Más tarde lo ocupó durante unas semanas el hispanista Carlo M. Rama, que se vino huido de Uruguay a nuestro Departamento en Barcelona. Con tanto trasiego, el piso de Provenza se ganó el título de "casa cuartel" de los sociólogos. Precisamente Paco Noy vivía a la vuelta de la esquina. En una gran ciudad suele haber espacio para pequeñas aldeas.

Paco Noy era un hombre muy liberal en todos los sentidos. En seguida me entendí muy bien con él. Algunos días desayunábamos juntos unas ensaimadas de exposición. Aparte del tema político, Paco me hablaba con entusiasmo de la Edad Media, que era su especialidad académica, aparte de dedicarse al periodismo. Su influencia fue decisiva para que la Universidad Autónoma de Barcelona me contratara hasta que se produjera el nombramiento en la de Valencia. Era un suceso que todos suponíamos inminente, pues la oposición la había yo ganado por unanimidad del tribunal. Pero era más bien un deseo que una probabilidad. Mi amigo y abogado, Fernando Albero, que llevaba el caso con mucho tino, me desengañó: "Hasta que Carrero no desaparezca del mapa político, no te nombrarán". En efecto, Carrero desapareció del mapa, no solo político sino físico, en diciembre de 1973. Después de comulgar, fue asesinado por la ETA. Solo a partir de ese evento, Fernando Albero pudo empezar a mover las piezas para la mecánica de mi nombramiento. Hasta entonces, las peticiones que habíamos hecho se resolvían con la donosa doctrina del silencio administrativo. Ya se sabe, "si la Administración Pública no contesta, es que niega". Fantástico.

Detrás de la doctrina del silencio administrativo suele estar la acción de alguna persona con poder. En mi caso, esa persona era nada menos que Carlos Pinilla, abogado del Estado adscrito al Ministerio de Educación. El cual emitió un informe jurídico (es un decir) que expresamente vetaba mi nombramiento. Su argumento era que, dada mi condena por el consejo de guerra, mi eventual juramento de los Principios Fundamentales del Movimiento (requisito formal para tomar posesión) iba a ser perjurio. Con la condena del consejo de guerra yo había perdido la "dignidad y buena conducta" que debe tener todo funcionario. Era la lógica de la Inquisición, o mejor, la de un régimen autoritario que utilizaba el Derecho *pro domo sua*. Esa es la esencia de un régimen autoritario: la imprevisibilidad para los súbditos, el capricho para los que mandan. Una interpretación más sencilla es que se trataba de una aplicación del principio del resentimiento que planea sobre la sociedad española. Se traduce en la máxima de echar la culpa a la víctima. A lo largo de estas páginas hay lugar para muchos testimonios sobre esa regla de oro de nuestra convivencia.

Lo de Carlos Pinilla no era un azar. Como ya he dicho, su padre había sido paisano y muy amigo de mi abuelo Amando. Mi padre trató mucho a Carlos Pinilla por esa razón y porque ambos fueron combatientes falangistas en la guerra civil. Pinilla fue a la División Azul y, a su vuelta, ganó una de esas "oposiciones patrióticas", por la que le dieron la regalía de abogado del Estado. A otros les daban un estanco. Pinilla fue un íntimo colaborador de José Antonio Girón, el ministro "revolucionario" de Franco. De Girón es esta frase, en un discurso de 1951, que parece escrita anticipadamente para mí: "Impropiamente se llaman liberales aquellos otros falsos profetas que corroen la inocencia de los jóvenes con la siembra de ideas tóxicas y de simples ideas indecentes, disfrazadas de ciencia o disfrazadas de Sociología". Santo Cielo.

Contra el vejatorio dictamen de Pinilla, en 1972 presenté un recurso, avalado por los dictámenes que habían escrito para el caso algunas eminencias del Derecho: Mariano Baena, Eduardo García de Enterría, Fernando Garrido Falla, Alejandro Nieto y Gonzalo Rodríguez Mourullo. Todos eran amigos de Fernando Albero, director de la operación, y se llevaban muy bien conmigo. De momento, esa artillería jurídica no sirvió de nada, excepto para darnos mucha moral a todos los que ansiábamos la democracia. Por lo menos se logró que el Consejo de Estado, en febrero de 1972, emitiera un dictamen por el que se me reconocía el "derecho a ser nombrado catedrático de Valencia". Para el reconocimiento de ese derecho faltaba el detalle de la fecha propicia. Solo cabía esperar, de momento agazapado como estaba yo en la Universidad Autónoma de Barcelona. Cuyo contrato era un prodigio de finura jurídica. Nada menos que mis clases, una por una, figuraban como "conferencias", y a mí me pagaban con ese presupuesto cultural. Así estuve, como "profesor conferenciante", cerca de tres años. Una vez más, me encontraba en la secreta pertenencia a la orden mendicante de los sociólogos. Naturalmente, esa fórmula no me iba a contar nunca en mis méritos académicos o laborales. Era pura "economía sumergida"; impuesta, claro está.

Mientras tanto, logré que algunos colaboradores del despacho de Serrano, 19 se trasladaran a dar clases en la Universidad Autónoma de Barcelona, en Económicas y Periodismo. Este fue el caso de Benjamín Oltra y de Jesús M. de Miguel. Todos estábamos muy a gusto en el común Departamento de Sociología, bajo la dirección de Pancho Marsal. De esta forma, el despacho de Serrano, 19 se doblaba con la sucursal de Bellaterra, donde se erigía la Autónoma. El espíritu organizador del Departamento era Joan Estruch. Durante la estadía en Bellaterra mi secretaria fue Carme Maltas, quien tuvo el acierto de hablarme siempre en catalán. A lo largo de esos años colaboré en el *Diario de Barcelona* de Manuel Martín Ferrand y Josep Pernau. Por entonces estaba yo felizmente emparejado con Petra María Secanella, profesora de Periodismo de Bellaterra. Los que veníamos de fuera nos ilusionamos con la sensación de que Barcelona era entonces la capital de la cultura española. En ella se respiraba un excepcional aire de libertad, en términos relativos, claro está. Pocos años más tarde esa ilusión se iba a desvanecer.

Entre tanto, a lo largo 1971-72, la Universidad de Valencia se paralizaba de modo intermitente debido a una serie de algaradas estudiantiles. Eran comunes en toda España. Anticipaban el ocaso del régimen. Un centenar de profesores de la Universidad de Valencia firmaron una carta pública en febrero de 1972. En ella se protestaba contra la retención de mi nombramiento de catedrático a causa de la expresión de mis ideas.

Tengo muchos recuerdos gratos de mi estadía en la Autónoma de Bellaterra, un verdadero oasis de libertad en aquellos años de ocaso del franquismo. Baste un testimonio. Recibí un día la llamada de una asociación de vecinos de Sabadell, una barriada obrera cercana a Bellaterra. Querían que les diera una conferencia sobre la situación de la enseñanza en España. Aunque en Barcelona nadie se "cortaba" a la hora de referirse a los honorarios de las conferencias, esta vez no se habló de dinero. Me dio la rara impresión de que seguíamos así el uso madrileño que considera de mal gusto referirse al asunto crematístico. Entendí que era lo lógico, dado que mis anfitriones eran "charnegos" como yo y mucho más humildes. Supuse que era uno de tantos actos altruistas a los que veníamos obligados los profesores politizados. Me sorprendió un público entregado que abarrotaba el salón. Había personas de todas las edades, cosa que no es frecuente en las conferencias. Antes de empezar a hablar me aplaudieron como si yo fuera un artista. Al final, después de un sabroso debate, el que presidía la mesa me dio las gracias y procedió a lo que para ellos era la costumbre. Solo a mí me dejó sorprendido. Dijo el presidente de la mesa: "Tengo que decirle a don Amando que nosotros somos trabajadores y por eso mismo valoramos la cultura. Consecuentemente, vamos a hacer lo de siempre. Como no tenemos presupuesto para conferencias, lo que hacemos es pasar la gorra. Todo lo que se recoja es para el profesor". Literalmente pasaron una boina a guisa del fisco de las iglesias. Cada uno fue depositando su óbolo. No había billetes, solo monedas, pero en conjunto una buena cantidad. Nunca me he sentido mejor remunerado por mi trabajo, y no tanto porque cobrara en "dinero negro".

Lo anterior es solo un ejemplo de lo que yo consideraba más admirable del ambiente de Barcelona. No se limitaba a las "chafarderías" políticas con Pancho Marsal, Carlos Barral, Salvador Pániker, Xavier Rubert de Ventós, Paco Noy, José Luis Aranguren, Fabián Estapé, Joan Hortalà o Carlos M. Rama, entre otros intelectuales con los que me relacionaba a menudo. Con José Luis Aranguren coincidí en la Escola de Disseny Textil, donde ambos éramos algo así como profesores extraordinarios. Aranguren, aunque jubilado, estaba en el apogeo de su gloria intelectual. Siempre me entendí muy bien con él, a pesar de que proveníamos de orientaciones intelectuales muy distintas. Aranguren era la estrella en los saraos que se organizaban con frecuencia en algunos domicilios burgueses con pretensiones culturales. Con lo feo que era, las mujeres le echaban miradas de arrobo y quedaban prendadas de sus paradojas y retruécanos.

Amando de Miguel y Salvador Pániker echaron un pulso en Madrid

De Miguel y Pániker echan un pulso en Madrid

■ **Amando de Miguel**, sociólogo, y **Salvador Pániker** echaron un pulso intelectual la pasada semana en Madrid a propósito de la presentación de la *Segunda memoria*, las últimas 400 páginas escritas por **Pániker**, ensayista, filósofo, industrial y, sobre todo, catalán de origen hindú.

Amando de Miguel cargó su pluma en la tinta de la ironía humorística al definir el libro sin saber cómo titularlo "no **sé aún si es**

dio, en se programa rio matutino que cada mañana realiza **Iñaki Gabilondo**, pregonero este año de la Feria de San Isidro, la fiesta local que empezó con toda la lluvia de mayo y el frío de invierno. **María del Mar Bonet** le cuenta a **Gabilondo** que siente Madrid también como una isla. **María del Mar**, tan isleña, quizás aislada en este Madrid lluvioso en el que **Manel** se pone práctico y reclama para la canción moderna, la que

Con Salvador Pániker (1988) en la presentación de su libro ***Segunda memoria****. Salvador ha sido uno de los catalanes que más me han influido, desde luego por su curiosidad autobiográfica.*

Recuerdo una conferencia de Aranguren pocos años después en la Facultad de Económicas, donde yo era vicedecano, y que me tocó presidir. Se celebró en marzo de 1978 ante centenares de alumnos. Aranguren nada menos que propuso la "destrucción de la Universidad", y se quedó tan pancho. La multitud estudiantil rugía de alborozo. Por entonces, Jaime Martín Moreno y yo escribimos el ensayo *La Universidad, fábrica de parados* (1979). La metáfora no era nuestra sino de Joaquín Costa. Vuelvo al hilo cronológico.

En 1974 me nombraron, por fin, catedrático en Valencia y a los dos años volví a Barcelona, ahora como catedrático por concurso de traslado. Más adelante cuento mi aventura valenciana y la experiencia como catedrático en la Universidad (Central) de Barcelona. Salto ahora sobre esa experiencia de pura rutina para concentrarme en un suceso posterior que tuvo una gran repercusión en la vida nacional y en la mía particular.

Manifiestos

La etapa barcelonesa concluyó abruptamente en 1981. A finales de 1980 me llamó un catedrático de Instituto, Santiago Trancón, asociado a la UGT. Junto a Federico Jiménez Losantos y otros colegas, habían redactado un atrevido manifiesto. Se denunciaba en ese escrito el propósito nacionalista de desplazar la lengua castellana de la vida pública de Cataluña. El manifiesto me pareció justo y lo firmé. Los primeros firmantes, con sus nombres, iban a ser Amando de Miguel, Carlos Sahagún, Federico Jiménez Losantos, Santiago Trancón, José Luis Reinoso, Jesús Vicente, José Manuel Vizcay, Leandro Sánchez Moreno, Esteban Pinilla de las Heras, José Ramón Moliner, Manuela Citoler, José Sánchez Carralero, Amelia Romero, José María Fernández, Benjamín Oltra, Alberto Cardín, Baudilia Berbel, José Ramiro Gallegos y Benjamín López. Casi todos eran profesores y afines al socialismo. Muchos tuvimos que irnos de Cataluña por lo que en seguida se verá. Así hasta 2.300 firmas, aunque la cifra parecía un tanto inflada. El manifiesto se llamó "de los 2.300 intelectuales". La verdad, nunca creí que fuéramos tantos. Con sorpresa, me vi de "primer firmante", una categoría penal más que otra cosa. Sin embargo, para mí fue un halago. Quizá me destacaron así por ser vicedecano de la Facultad de Económicas. Es claro que con ese documento se trataba de presionar o, por lo menos, llamar la atención de la anestesiada opinión pública. Por lo menos, cabe la satisfacción intelectual de que el aciago manifiesto vaticinó la política de "inmersión lingüística" que se iba a implantar en Cataluña para desgracia de muchos catalanes. La metáfora de la "inmersión" no podía ser más lamentable. Creo recordar que fue un invento léxico de Miguel Siguán, un psicólogo que vivió siempre muy bien instalado, tanto con los franquistas como con los nacionalistas catalanes.

DISIDENCIAS LOS ENCUENTROS CON LAS LETRAS DE DIARIO 16. NUMERO 17. 12 DE MARZO DE 1981

«DISIDENCIAS», suplemento literario de DIARIO 16, publica hoy, íntegro en exclusiva nacional, un manifiesto firmado por 2.300 profesionales e intelectuales residentes en Cataluña, en favor de la igualdad de derechos lingüísticos.
El manifiesto, redactado el 25 de enero de 1981, ha sido rubricado por los firmantes desde ese día, sin otra motivación que la de suscribirlo textualmente. Entre los firmantes, «DISIDENCIAS» ha entresacado, por carencia de espacio para publicar los nombres de todos, los siguientes:
Amando de Miguel (catedrático de la U. de Barcelona), Carlos Sahagún (poeta, premio nacional de P.), Federico Jiménez Losantos (escritor), Santiago Trancón (escritor, PSC-PSOE), J. Luis Reinoso (profesor, secretario del Colectivo de Funcionarios del Estado), Jesús Vicente (diputado provincial del PSC-PSOE por Barcelona), José María Vizcay (profesor, de FETE-UGT), Leandro Sánchez Moreno (profesor, secretario de ASPE-CESPE), E. Pinilla de las Heras (sociólogo), Pedro Peñalva (profesor de Derecho Romano), José R. Moliner (catedrático Univ. Politécnica), Manuela Citoler (catedrática de Literatura), J. Sánchez Carralero (catedrático Facultad Bellas Artes), Amelia Romero (editora), J. María Fernández (profesor Universidad de Tarragona), Benjamín Oltra (catedrático), Alberto Cardín (traductor), Baudilia Berbel (FETE-UGT), J. Ramiro Gallegos (Concejo Comunero) y Benjamín López (abogado, de la Comunidad Cultural Castellano-Leonesa).

Por la igualdad de derechos lingüísticos en Cataluña

Manifiesto

Los abajo firmantes, intelectuales y profesionales que viven y trabajan en Cataluña, conscientes de nuestra responsabilidad social, queremos hacer saber a la opinión pública las razones de nuestra preocupación por la actual situación cultural y lingüística. Llamamos a todos los ciudadanos para que suscriban y apoyen este manifiesto, que no busca otro fin que el de restaurar un ambiente de libertad, tolerancia y respeto entre todos los ciudadanos de Cataluña, contrarrestando la actual tendencia hacia la intransigencia y el enfrentamiento entre comunidades, lo que, de no corregirse, puede originar un proceso en el que la democracia y la paz social se vean amenazadas.

No nace nuestra preocupación de posiciones o prejuicios anticatalanes, sino del conocimiento de hechos que vienen sucediéndose desde hace tiempo, en que *derechos tales como los referentes al uso público y oficial del catalán y el castellano, a recibir la enseñanza en la lengua materna o a no ser discriminado por razones lingüísticas* —derechos reconocidos por el espíritu y la letra de la Constitución y el Estatuto de autonomía, leyes básicas que nosotros estaremos siempre dispuestos a defender— están siendo despreciados, no sólo por personas o grupos particulares, sino por responsables de poderes públicos, sin que el Gobierno central hasta ahora, ni los partidos políticos, parezcan dar importancia a este hecho gravísimamente antidemocrático, por provenir precisamente de instituciones que no tienen otra finalidad que la de salvaguardar los derechos de todos los ciudadanos.

No hay, en efecto, *ninguna razón democrática que justifique el pro pósito de convertir el catalán en la única lengua oficial de Cataluña*, tal y como lo muestran, por ejemplo, los siguientes hechos: presentación de comunicados y documentos del actual Gobierno de la Generalidad y de parte de los organismos oficiales redactados exclusivamente en catalán; uso casi exclusivo del catalán en reuniones oficiales; nuevas rotulaciones públicas exclusivamente en catalán; declaraciones de organismos oficiales y de responsables de cargos públicos que producen malestar entre la población, como las recientes del Colegio de Doctores y Licenciados de Cataluña y de responsables de cargos del actual Gobierno de la Generalidad; proyecto de leyes, como el de «normalización del uso del catalán», que no tienen en cuenta la realidad social y lingüística de Cataluña, etcétera.

Partiendo de una lectura abusiva y parcial del artículo 3 del Estatuto, que habla del catalán como «lengua propia de Cataluña» —afirmación de carácter histórico y no jurídico— se quiere invalidar el principio jurídico que el mismo articulado define a renglón seguido al afirmar que el castellano, lo mismo que el catalán, es lengua oficial de Cataluña. *Si el castellano es también lengua oficial de Cataluña, su desaparición de la vida pública sería un motivo de discriminación para la mitad de la población de Cataluña que tiene como lengua propia el castellano. El principio de cooficialidad, pensamos, es muy claro y no supone ninguna lesión del derecho a la oficialidad del catalán, derecho que todos defendemos* hoy igual que hemos defendido en otro tiempo, y acaso con más voluntad que algunos de los personajes públicos que ahora alardean de catalanismo.

No nos preocupa menos contemplar la situación cultural de Cataluña, abocada cada día más al empobrecimiento de continuarse aplicando la política actual tendente a proteger casi exclusivamente las manifestaciones culturales hechas en catalán, como lo mostraría una relación de las ayudas económicas otorgadas a instituciones oficiales o particulares, grupos de teatro, revistas, organización de actos públicos, jornadas, conferencias, etcétera. La creación cultural en castellano, que es también un enriquecimiento para Cataluña, empieza a carecer de medios económicos e institucionales no ya para desarrollarse, sino para sobrevivir. Esta marginación cultural se agrava si pensamos que la mayoría de la población castellanohablante está concentrada en zonas urbanísticamente degradadas, donde no existen las mínimas condiciones sociales y materiales que posibiliten el desarrollo de su cultura.

Resulta en este sentido sorprendente el argumento con que altos cargos del actual Gobierno de la Generalidad tratan de justificar la sustitución del castellano por el catalán como lengua escolar de los hijos de los inmigrantes. Se dice sin reparo que esto no supone ningún atropello, porque los inmigrantes «no tienen cultura» y que, por tanto, ganan mucho sus hijos pudiendo acceder a alguna. Sólo una malévola ignorancia puede desconocer que todos los grupos inmigrantes proceden de solares históricos cuya tradición cultural en nada, ciertamente, tiene que envidiar a la tradición cultural catalana, si más no, *porque durante muchos siglos han caminado juntas construyendo un patrimonio cultural e histórico común que hoy debiéramos, más que nunca, afianzar*. Que una desgraciada situación económica, creada por el franquismo, haya obligado a miles de familias a dejar su tierra, es ya lo bastante penoso como para que, además, se acentúe su despojo con la pérdida de su identidad lingüística. Cuando esta situación se da, cumple a la sociedad remediar en los hijos la injusticia cometida con sus padres. Nadie, sea cual sea su origen, nace culto, pero todos nacen con el inalienable derecho a heredar y acrecentar la lengua y cultura de sus padres. Nadie nace con una lengua, pero todos tienen derecho a acceder al conocimiento de ese vehículo intelectual y afectivo que une al niño con sus padres y que, además, comporta toda una visión del mundo.

Resulta, por tanto, insostenible, *pretender que esa inmensa mayoría de inmigrantes, que comparte la lengua española, no forma una comunidad lingüística y cultural, sino que sólo posee retazos de culturas diversas reducibles a folklore*. Que digan esto los mismos y razonables defensores de la unidad idiomática de Cataluña, Baleares y Valencia —unidad, si acaso, menor que la de las diversas hablas de la lengua española—, resultaría intrascendente si el resultado no fuera el de disgregar esa conciencia cultural, común y solidaria, que hoy tanto necesitamos. ¿Habrá que recordar que la lengua de Cervantes, en la actualidad, no es ya el viejo romance castellano, sinó el fruto de aportaciones de todos los pueblos hispánicos y que sirve para unirnos cultural y solidariamente con otros pueblos del mundo?

Se comprenderá que *no estamos, evidentemente, en contra del conocimiento del catalán ni de su uso por parte de quien lo desee, sino de la pretensión de sustituir, por principio y mayoritariamente, la lengua de los castellanohablantes por el catalán*, sustitución que ha de realizarse de grado o por fuerza, como algunos llegan a decir, mediante la persuasión, la coacción o la imposición según los casos.

Se dice que la coexistencia de dos lenguas en un mismo territorio es imposible y que, por tanto, una debe imponerse a la otra; principio éste no sólo contrario a la experiencia cotidiana de la mayoría de los ciudadanos de Cataluña —que aceptan de forma espontánea la coexistencia de las dos lenguas—, sino que, de ser cierto, «legitimaría» el genocidio cultural de cerca de tres millones de personas.

Se suele presentar en contra de las preocupaciones aquí manifestadas acerca del futuro de la lengua castellana en Cataluña, el hecho conocido de que gran parte de los medios de comunicación (cine, TV, prensa, radio) siguen expresándose en castellano. *No creemos que pueda ser negativo el que existan medios de comunicación que se expresen en castellano, porque responden a una necesidad social. Lo negativo será que no se creen otros tantos medios, o más, de expresión en catalán.* No creemos honesto el argumento que trata de hacer responsables a los castellanohablantes de esta falta de medios de comunicación en catalán. *Afróntese la situación en sentido positivo, construyendo y desarrollando la lengua y cultura catalanas y analizando las verdaderas causas lingüísticas y culturales que puedan impedir su desarrollo y no intentado empobrecer, culpabilizar o desprestigiar a la lengua española.*

No podemos pasar por alto en este análisis la situación de la enseñanza y los enseñantes. El ambiente de malestar creado por los decretos de traspasos de funcionarios ha puesto de manifiesto una problemática a la que ni el Gobierno central ni el de la Generalidad han dado hasta ahora una respuesta seria y responsable. Se parte de *no reconocer la existencia de dos lenguas en igualdad de derechos y que, por tanto, la enseñanza ha de organizarse respetando esta realidad social bilingüe, mediante la aplicación del derecho a recibir la enseñanza en la propia lengua materna a todos los niveles*. Este derecho está siendo hoy públicamente contestado y empieza a no ser respetado con relación al castellano, como si no fuera el mismo que se ha esgrimido durante años para pedir, con toda justicia, una enseñanza en catalán.

De llevarse adelante el proyecto de implantar progresivamente la enseñanza *sólo en catalán* —no *del* catalán, lo que indiscutiblemente sí defendemos—, los hijos de los inmigrantes se verán gravemente discriminados y en desigualdad de oportunidades con relación a los catalanoparlantes. Esto supondrá, además, y como siempre se ha dicho, un trauma cuya consecuencia más inmediata es la pérdida de la fluidez verbal y una menor capacidad de abstracción, comprensión y adaptación.

Se intenta defender la enseñanza en catalán para todos con el argumento falaz de que, en caso contrario, *se fomentaría de existencia de dos comunidades enfrentadas. Falaz es el argumento porque el proyecto de una enseñanza sólo en catalán puede ser acusado —y con mayor razón— de provocar esos enfrentamientos que se dice querer evitar.* Se quiere ignorar, por otra parte, que actualmente ya existe esa doble enseñanza en catalán y castellano sin que ello sea causa de enfrentamientos. Sí lo será, indudablemente, el ver cómo se respetan los derechos lingüísticos de unos y no de los otros.

Tampoco podrá achacarse a la coexistencia de las dos lenguas, los posibles conflictos nacidos de diferencias sociales —agudizadas ahora por la crisis económica y el paro—, diferencias que coinciden en este caso, en gran medida, con las diferencias lingüísticas. *No cabe duda de que la lengua se está convirtiendo en un excelente instrumento para desviar legítimas reivindicaciones sociales* que la burguesía catalana no quiere o no puede satisfacer, aunque la deuda que la sociedad catalana tiene para con la emigración sea inmensa y en justicia merezca mejor trato (bastaría recordar las condiciones laborales o las estadísticas de muertos en accidente de trabajo ocurridos durante el franquismo). En este momento de crisis el *conocimiento del catalán puede ser utilizado —y ya lo está siendo— como arma discriminatoria y como forma de orientar el paro hacia otras zonas de España*. El ambiente de presiones y el malestar creado ha originado ya una fuga considerable no sólo de enseñantes e intelectuales, sino también de trabajadores.

No es menos criticable el [illegible] *en torno a la necesidad de hablar catalán si se quiere ser catalán o simplemente vivir en Cataluña.* Se ha querido de este modo identificar a la clase obrera con la causa nacionalista y, aunque se ha fracasado en este empeño en gran medida, la mayoría de los trabajadores han acabado aceptando que las expectativas, no ya de su propia promoción social, sino simplemente de que sus hijos puedan encontrar trabajo, pasa porque éstos «se hagan catalanes» ya que ellos no pueden llegar a serlo. Esta degradante situación les lleva incluso a avergonzarse de su origen o su lengua, a catalanizar el nombre de sus hijos, etcétera, situación humillante que constituye una afrenta a la dignidad humana y a la que sólo una injusta presión social les ha podido llevar.

Mientras no se reconozca políticamente la realidad social, cultural y lingüísticamente plural de Cataluña y no se legisle pensando en respetar escrupulosamente esta diversidad, difícilmente se podrá intentar la construcción de ninguna identidad colectiva. Cataluña, como España, ha de reconocer su diversidad si quiere organizar democráticamente la convivencia. Es preciso defender una concepción pluralista y democrática, no totalitaria, de la sociedad catalana, sobre la base de la libertad y el respeto mutuo y en la que [illegible] *enraizado y amar a Cataluña, hablando tanto en catalán como en castellano. Sólo así se podrá empezar a pensar en una Cataluña nueva, una Cataluña que no se vuelque egoísta e insolidariamente hacia sí misma, sino que una* [illegible] *pueblos de España para construir un nuevo Estado democrático que respete todas las diferencias. No queremos otra cosa, en definitiva, para Cataluña y para España, que un proyecto social democrático, común y solidario.*

Barcelona, 25 de enero de 1981.

Texto del Manifiesto, signado en Barcelona el 25 de enero de 1981. Se publicó el 12 de marzo de 1981 en Diario 16. *El azar quiso que entre una y otra fecha se entrometiera el 23-F.*

El Manifiesto de los 2.300 intelectuales tiene su pequeña historia, muy reveladora del ambiente catalán de entonces. Sus efectos se empezaron a notar con el sofoco que supuso el cuartelazo del “23 F” (el 23 de febrero de 1981). La primera respuesta de los colaboradores de *El Periódico de Catalunya* a ese intento de pronunciamiento fue un manifiesto en defensa de la democracia y de la libertad de expresión. Se publicó en ese diario el 27 de febrero de 1981. Lo redactó Joaquín Marco y lo firmamos Josep Pernau, José Antonio González Casanova, Santiago Trancón y yo mismo, entre otros 200 intelectuales. La sorpresa fue que uno de los firmantes, Josep Faulí, publicó el 10 de marzo en *El Periódico* el artículo "La única lectura política". Su tesis era que la única interpretación del citado manifiesto era la "defensa de la libertad de Cataluña y de su Gobierno". No era ese el propósito de los demás firmantes, por lo menos no era el mío. Pero, como Faulí tenía un gran ascendiente sobre el propietario de *El Periódico*, yo fui destituido de la nómina de colaboradores. Había enviado al diario un artículo titulado "Tantas lecturas como posibles lectores". En esa pieza criticaba la intención monista de Faulí respecto a la posible "lectura" del manifiesto del 27 de febrero. Mi interpretación era que el manifiesto se había publicado "contra el peligro de la dictadura que asolaría todas las libertades" y "en pro de la democracia". El artículo fue censurado. Me despidieron, aunque pude publicar, semanas más tarde, un último artículo, "Adiós a Cataluña". Efectivamente, me despedía simbólicamente de Cataluña y de *El Periódico* y hacía votos para que ese medio se publicara en catalán.

A los pocos días del Manifiesto indicado, se publicó en *Diario 16* el más famoso Manifiesto titulado "Por la igualdad de los derechos lingüísticos en Cataluña" (12 de marzo de 1981). En adelante, el Manifiesto sin más. El azar quiso que pareciera una respuesta al frustrado golpe militar del 23 F, pero, como queda dicho, realmente se gestó y se firmó en las últimas semanas de 1980. De forma pública el Manifiesto se firmó el 25 de enero de 1981. La fecha no tenía ninguna significación. Era simplemente que nos reunimos después de las vacaciones navideñas y decidimos cerrar ese día el acopio de firmas que nos llegaban a raudales. Pero luego, Francesc Vallverdú (en un artículo de la revista *Treball, 20* de marzo de 1981) sugirió que esa fecha del 25 de enero se había elegido para conmemorar el día de la entrada de las tropas de Franco en Barcelona en 1939. De esa forma, los firmantes del Manifiesto aparecíamos como una continuidad de las "fuerzas de ocupación". Extrañas fuerzas de ocupación los 2.300 firmantes, casi todos profesores. Curiosamente, después de cerrada la lista, nos llegó una carta de adhesión con mil firmas de trabajadores de la SEAT, la fábrica de coches.

El Manifiesto se rebelaba contra la tendencia a convertir el catalán en la única lengua de la vida pública de Cataluña. Nuestra tesis era que, de afirmarse esa tendencia, se empobrecería la vitalidad de Cataluña. Por tanto, el Manifiesto abogaba por el bilingüismo oficial en Cataluña como expresión del bilingüismo real. Ese principio debía traducirse, por ejemplo, en el derecho a elegir la lengua familiar en el correspondiente centro de enseñanza para los niños. A estas alturas en las que escribo (2010) parece mentira que ideas tan sensatas provocaran la polvareda que se levantó entonces en los medios con el dichoso Manifiesto.

Curiosamente, el Manifiesto fue rebatido y denostado en todos los medios catalanes, aunque de momento solo se publicó el texto completo en *El Correo Catalán* y en *La Vanguardia*. Las reacciones públicas al Manifiesto fueron abundantísimas. Predominaron las críticas por parte de los medios catalanes, pero recibimos muchas adhesiones de gente anónima y de los medios de fuera de Cataluña. Debe registrarse la excepción de la expresa hostilidad de *El País*. Un telegrama de apoyo que me enviaron desde La Felguera a la Universidad de Barcelona, donde yo profesaba, fue devuelto con la nota de "destinatario desconocido".

En muchos medios catalanes el nombre que se daba al Manifiesto era el de "contra la normalización de la lengua catalana" o "contra la lengua catalana". Recordemos que su título auténtico era "Por la igualdad de los derechos lingüísticos en Cataluña". El elenco de firmantes no constituíamos ninguna "plataforma política" ni representábamos la nostalgia del franquismo. En todo caso, los firmantes que yo traté eran más bien afines a la izquierda, singularmente al Partido Socialista.

Como ya he señalado, el texto del Manifiesto se publicó por primera vez en *Diario 16*. Resulta ilustrativo que en el periódico *El País* aparecieron muchos editoriales y artículos críticos contra el Manifiesto, pero ese periódico no publicó el texto hasta el 5 de julio de 1981. Antes de esa publicación, *El País* editorializaba así: "[El Manifiesto fue] lanzado de manera demagógica y oportunista por la Prensa amarilla, al aire, sin duda, de problemas y preocupaciones reales, sabia y maquiavélicamente utilizados [*sic]*)"(24 de mayo de 1981). Hasta la falta de concordancia de la frase resulta hiriente.

La cantante Elisa Serna nos tildó, a los firmantes del Manifiesto, de "autotitulados intelectuales y profesionales" (*Avui*, 18 de marzo de 1981). Eso de "autotitulados" me recuerda lo de "las llamadas" Comisiones Obreras de las declaraciones oficiales del franquismo. Esa calificación de "autotitulados intelectuales" (otras veces éramos "sedicentes, supuestos o presuntos") fue la más benigna que recibimos por parte de la prensa subvencionada de Cataluña. Anoto otras descripciones más hirientes; "fuerzas de ocupación, ocupantes, perseguidores, payasos, gente despreciable, rusos en Ucrania, lerrouxistas, sectarios, demagogos, envenenadores, despreciables, peligrosos, indocumentados, anticatalanes, pequeños funcionarios, pluriempleados, los que vienen a quitar el pan a los catalanes, desestabilizadores". Me da vergüenza declarar que los autores de esos floridos epítetos eran reconocidos escritores. Esa forma de violencia verbal o "verbicidio" es la demostración de que los firmantes del Manifiesto no andábamos desencaminados. Es sabido que el insulto dice más del que insulta que del insultado.

Anoto, como muestra, algunas reacciones inmediatas al Manifiesto. Un editorial de *El Periódico de Catalunya* (13 de marzo de 1981) calificó a los firmantes del Manifiesto de "sectarios". El dirigente socialista Joan Raventós nos llamó "demagógicos". Para otros políticos del mismo partido, "destilábamos veneno". Heribert Barrera, presidente del Parlamento de Cataluña, tildó el Manifiesto de "bajeza" (*La Vanguardia*, 14 de marzo). La directora general de Política Lingüística de la Generalidad, Aïna Moll, nos rebatió de este modo : "[En Cataluña] no hay dos comunidades [lingüísticas], una catalana y otra castellana, sino un núcleo de origen y un conglomerado de otras culturas" (*El Correo Catalán*, 13 de marzo). Esa idea de "conglomerado" era muy típica de Jordi Pujol, para quien los inmigrantes no tenían cultura propia. Era Cataluña la que les iba a dar una verdadera patria, una auténtica cultura. Fernando Savater declaró que "ni en el campo legislativo ni en la vida práctica catalana hay base alguna para que se justifique el manifiesto" (*Avui*, 18 de marzo). El mismo día, Josep Ramoneda, en un artículo de *La Vanguardia*, recogía otra declaración de Savater contra los autores del Manifiesto: "Lo que buscan es liarla, que es lo que hace vender". (A estas alturas, todavía no logro entender qué es lo que intentábamos "vender"). En solemne acto de agravio o de desagravio, presidido por el rector de la Universidad de Barcelona, Antoni Badía Margarit, Jordi Carbonell calificó a los autores del Manifiesto de "cuatro indocumentados".

A uno de los principales firmantes, Federico Jiménez Losantos, lo secuestraron y le pegaron un tiro en la pierna. Menos mal que los terroristas de *Terra Lliure* erraron el tiro, y la bala (que iba dirigida a la rodilla) solo afectó al fémur. Por lo menos, Federico no se quedó renco para toda su vida. Pero la acción terrorista fue de una vileza desconocida. La pintada que se vio entonces en algunos edificios de Barcelona fue: "Hay más rodillas". Federico acertó al advertir que "atacando el Manifiesto se intenta encubrir la poca respuesta de Cataluña en defensa de la democracia tras el golpe de Estado (del 23 de febrero)" (*El Periódico de Catalunya*, 20 de marzo de 1981). Santiago Carrillo declaró que el Manifiesto "haría sentirse satisfechos a los golpistas [del 23 de febrero]" (*El Periódico de Catalunya*, 21 de marzo de 1981). Como broma, puede pasar.

Se repetía la queja de Josep A. Vandellós, en 1935, cuando argumentaba que el autonomismo catalán de entonces no era "una afirmación optimista de nuestras características", sino un "último intento de defensa… frente a la amenaza que representa para las cualidades raciales [nuestras] una corriente inmigratoria tan poderosa" [como la que admitía entonces Cataluña]. Se refería a la inmigración del primer tercio del siglo XX; la de la segunda mitad del siglo iba a ser realmente masiva.

En la época del Manifiesto el resentimiento nacionalista contra los inmigrantes era más lacerante. En *La Hoja del Lunes* de Barcelona (editada por la Asociación de la Prensa), de 16 de marzo de 1981, se contenía este juicio: "Hay catalanes, con titulación y dominio del propio idioma, que no tienen ningún contrato laboral, mientras que no-catalanes, como Amando de Miguel y compañeros [los del Manifiesto] practican el pluriempleo universitario y periodístico, gracias precisamente a la discriminación que se les crea a los catalanes que no tienen trabajo, ni cátedra, ni diario donde escribir". En ese mismo ejemplar de *La Hoja del Lunes*, se contenía un artículo de Alvar Maduell, en el que, a los firmantes del Manifiesto, se nos tachaba de "colonizadores", que estábamos en Cataluña por "el derecho de conquista". El independentista Jordi Carbonell sentenció que el Manifiersto "era una ofensa a la lengua [catalana]" (Crónica de Francisco Mora, *Diario 16*, 20 de marzo de 1981).

El periódico *Avui* arrojó una descalificación por incompetentes contra Benjamín Oltra y contra mí por haber participado en un tribunal de tesis doctoral en abril de 1981. En él se juzgaba la tesis de Francesc Mercadé, brillante discípulo de Pancho Marsal, sobre los intelectuales políticos en la Cataluña democrática. Recuerdo que, tanto Marsal, como Oltra o como yo mismo, habíamos publicado libros enteros sobre Sociología de los intelectuales. Francesc Mercadé y Francesc Hernández habían colaborado con nosotros en diversas investigaciones.

La reacción iracunda frente al Manifiesto fue en Cataluña tan general e insultante que por fuerza hemos de reconocer que los "manifestantes" habíamos dado en el clavo. Esa reacción adversaria no fue solo por parte de los independentistas, sino alcanzó también a las fuerzas de lo que podríamos llamar el "establecimiento". Por ejemplo, Carlos Barral, quien me había editado el libro *Homo sociológicus hispánicus (1973)* y cuya obra principal se había escrito en castellano. Escribió con petulancia el famoso editor: "No reconozco [en el conjunto de los firmantes del Manifiesto] el nombre de ningún escritor notable, nacido o residente en Cataluña" (*La Vanguardia,* 4 de abril de 1981). Por lo visto, yo no lo era, ni tampoco Esteban Pinilla de las Heras (compañeros de fatigas literarias de Carlos Barral), Alberto Cardín o Federico Jiménez Losantos, entre otros. En una agria carta dirigida a *El País* (15 de julio de 1981), Carlos Barral, después de asegurar que él y yo nunca habíamos compartido "los mismos manteles", sentenció: "No estoy dispuesto a discutir en público o en privado con el profesor De Miguel sobre sociolingüística". Pues más de una vez habíamos discutido sobre ese y otros asuntos compartiendo los "mismos manteles". Por cierto, qué horror de metáfora (la de compartir manteles) en un escritor tan pulido. Aludo a esa minucia para indicar el extremo de acrimonia que levantó el famoso Manifiesto. Mi pequeña venganza contra la arremetida de Carlos Barral fue la de criticar el circunloquio galicista "es por esto por lo que". Fue la que empleó Barral en un artículo por el que le dieron el premio Conde Godó. Lo hice en la *Sociología de las páginas de opinión* (1982).

Otro autor "establecido", de la misma cuerda que Barral (los de la "generación etílica"), Jaime Gil de Biedma, describió así el suceso del Manifiesto: "Es un espectáculo profesional e intelectualmente vergonzoso" ("A propósito de un manifiesto surrealista", *La Vanguardia*, 27 de marzo de 1981). La explicación de esa animosidad es clara. Tanto Barral como Gil de Biedma tenían que haberse sumado a la rebelión contra el intento de arrinconar el castellano de la vida pública de Cataluña. Si no lo hicieron fue por anteponer sus intereses económicos y, en definitiva, por resentimiento. Por primera vez en Cataluña ellos no eran los firmantes de un manifiesto de protesta cultural. Eran la izquierda exquisita, no ya elegante sino petulante.

Lo fundamental es que el malhadado Manifiesto anticipaba la tendencia que se iba a imponer en la siguiente generación. Me refiero al arrinconamiento de los castellanoparlantes en los escalones del poder cultural en Cataluña. La consecuencia más grave fue que, en ese mismo plazo generacional, Barcelona iba a dejar de ser la capital económica y cultural de España. Esa delantera la iba a tomar Madrid, paradójicamente en un momento de radical descentralización política. Los esfuerzos de la clase política catalana se iban a polarizar hacia la "normalización" lingüística, lo que significaba la pérdida de un enorme recurso cultural, como es el idioma castellano.

La defensa del catalán se basa en la premisa de que es la "lengua propia" de Cataluña. Pero esa es su debilidad. Como contraste, el español no es la lengua propia de España, al serlo de una veintena más de países. Por eso, el Manifiesto de marras no se refería a ninguna defensa del español sino a la convivencia de las dos lenguas en Cataluña. Las lenguas con vitalidad no son "propias" de las naciones sino de los hablantes. Ojalá se cumpliera ese principio para el idioma catalán. De esa forma llegaría a tener su ansiado premio Nobel de Literatura. Personalmente me sentiría muy honrado con ese logro. La razón es clara: la lengua catalana es también parte de mi patrimonio cultural, como español de nación que soy.

En los medios catalanes se comentó mucho la metáfora que yo dejé caer en algunas entrevistas en 1981: "Me siento un chicano en Barcelona". Creo ahora que me quedé corto. Si hubiera tenido entonces la bola de cristal, habría visto que, cinco lustros después, iba yo a estar dando un curso en la Universidad de San Antonio de Texas.

Precisamente, su rector, Ricardo Romo, es un verdadero chicano. Por lo visto, los chicanos en los Estados Unidos han ascendido culturalmente más que los castellanoparlantes en la Cataluña democrática. Por cierto, en una pintada expuesta en mi Facultad de Económicas en Barcelona, se pegó un recorte con mi declaración de que yo me consideraba un chicano en Barcelona. El anónimo grafitero añadió por su cuenta: "Chicanos son en USA los delincuentes, drogadictos y homosexuales". Qué finura.

Mi expresión de "chicano en Barcelona" era el equivalente de "judío en Praga", que tantas veces se ha utilizado en el mismo sentido de exclusión. En una entrevista que hice a Federico Jiménez Losantos, al referirse a Enrique Sopena, el de Teruel me confesó: "Les ha quedado la mala conciencia de que a los del Manifiesto nos trataron como se trataba a los judíos en la Europa fascista" (*Diario 16*, 5 de marzo de 1991).

En medio de la polémica sobre el dichoso Manifiesto me llamó, alarmado, el secretario de Estado de Universidades, Manuel Cobo del Rosal. Era un eminente abogado que había sido rector de la Universidad de Valencia, cuando me concedió un año de excedencia para irme a la Universidad de Yale. Me dijo que, después de lo del tiro a Federico Jiménez Losantos, yo no podía correr más riesgo y que me viniera a Madrid. Fue una decisión forzada. Casualmente, unos días antes, Petra María y yo habíamos enmoquetado el piso con la moqueta de lana más elegante del mercado. Tuvimos que malvender rápidamente el piso. Se lo quedó un muchacho del pueblo donde vivíamos (Sant Esteve Sesrovires), Francesc Riera, que había sido nuestro fiel secretario. Inmediatamente se convocó el concurso de traslado de una cátedra en mi antigua Facultad de Políticas, ahora de Políticas y Sociología. En el entretanto, mientras se arreglaban los papeles, solicité una excedencia y me trasladé a la Universidad de Florida (Gainesville). La ocasión fue un intercambio de profesores que hizo Petra María con un colega de Florida. Yo me obligaba, como consorte, a dar un curso sobre la sociedad española y a redactar un libro sobre ciclos económicos y demográficos. Para lo cual conseguí una beca de Cultura Hispánica (ahora Instituto de Cooperación Iberoamericana), que incluía una corta estadía en El Colegio de México. De momento, conseguí una excedencia (sin sueldo; era lo legal) como catedrático. Era la forma elegante de decir adiós a Barcelona. Se había acabado el sueño de Barcelona, que al principio y al final fue un *malson*, esto es, una pesadilla.

La decisión de abandonar Barcelona se precipitó por un suceso minúsculo. Benjamín Oltra y yo salíamos de una reunión en mi Departamento de la Universidad. Fuimos a coger mi coche y cumplimos la rutina de aquellos días: antes de abrir la puerta, mirar en los bajos del coche por si había algún explosivo. Tampoco sabíamos muy bien cómo tenía que ser la bomba. Miramos cada uno por nuestro lado y nuestras miradas se cruzaron en los bajos del coche. En esa posición tan desairada, comentamos al unísono: "Estamos haciendo el ridículo. Hay que irse de aquí cuanto antes". Sentados ya en el coche, nos entró a los dos una gran congoja.

A pesar del episodio anterior, guardo de la etapa barcelonesa un estupendo recuerdo. Sigo creyendo que la sociedad catalana es más burguesa y más individualista que la del resto de España. (Debo precisar que, para mí, el individualismo y la burguesía son cosas buenas). Por ejemplo, en Barcelona era corriente que algunos colegas me invitaran a cenar en sus respectivas casas de la ciudad o, a veces, en sus masías del campo. Esa costumbre no es muy frecuente en Madrid, aunque un poco más en Valencia. Definitivamente, el Mediterráneo significa un estilo de vida más refinado que el de la adusta España interior.

Lo de la pesadilla que he dicho antes no es una metáfora. Hace unos años, con el fin de presentar un currículum para conseguir no sé qué trienios, escribí a la Universidad de Barcelona. Pedí que me enviaran un certificado con el dato de que había sido catedrático y vicedecano en la Facultad de Económicas. (De entrada renuncié a la petición del mérito que supuso mi paso anterior por la Autónoma de Bellaterra como "profesor conferenciante"). Lo extraordinario del caso fue que el funcionario de la Universidad de Barcelona me devolvió mi solicitud con este frío comentario: "Este señor no figura en los archivos que haya sido catedrático de esta Universidad". Quizá, efectivamente, la década de Barcelona, la de los años 70, había sido una pesadilla. No debe de ser casualidad que Orwell pensara en Barcelona su novela *1984*.

Valencia

Retrocedo un poco en el tiempo y en el espacio. El 20 de diciembre de 1973 Carrero Blanco fue asesinado por la ETA. Literalmente, su coche voló por los aires. No tengo la impresión de que el suceso me alegrara. Más bien me sobresaltó por la temida reacción del búnker (los franquistas asilvestrados). Pero por lo menos se abría para mí la esperanza de que concluyera la ordalía por la que se había retenido mi nombramiento de catedrático en la Universidad de Valencia. El 12 de febrero de 1974, el sucesor de Carrero, Carlos Arias Navarro, pronunció un famoso discurso (redactado por Gabriel Cisneros), que auguraba una vía pacífica a la transición democrática. Me consta que ese era el sentir general, por lo menos por parte de los profesores o los periodistas que yo trataba.

Había dos ministros que representaban lo que se llamó el "espíritu del 12 de febrero" y con los que yo tenía una excelente relación: Fernando Suárez y Antonio Carro. La conjunción era óptima para mi nombramiento en Valencia. Mi abogado (aunque nunca me cobró los honorarios), Fernando Albero, movió todos los hilos posibles. Por fin, el 31 de julio el Ministro de Educación, Cruz Martínez Esteruelas, firmó mi nombramiento. Supongo que así se lo aconsejó su colaborador Federico Mayor Zaragoza, con quien yo me llevaba muy bien. La resolución me la comunicaron el 9 de agosto.

Al día siguiente me llamó Fernando Albero: "El nombramiento sale hoy en el BOE. Tienes que tomar posesión en Valencia esta misma mañana, antes de que la noticia salga por las agencias. El rector es del búnker, pero te estará esperando, porque así se lo han ordenado desde el Ministerio. Él es el primero a quien le interesa hacer todo esto muy rápido. Ahora está todo el mundo de vacaciones". La llamada me pilló en Gandía, donde yo estaba pasando unos días con mis hijos, que veraneaban con su madre. Entonces no había teléfonos móviles y yo había bajado a una cafetería de la playa para llamar a Fernando. Tal como estaba, con el desaliño de la indumentaria playera, cogí el coche y me planté en Valencia. (Lo curioso fue que, con los nervios, se me olvidó en la cafetería el manuscrito del libro "Sociología del franquismo". Por suerte, lo pude recuperar).

En efecto, estaban esperándome el rector (Rafael Báguena), el decano de Económicas (Manuel Vela) con los vicerrectores y algunos funcionarios, todos encorbatados para la ocasión. Aquello más parecía un velatorio que una toma de posesión. El rector, con toda la frialdad burocrática, me dijo: "Quiero que sepa que con usted voy a aplicar la letra de la Ley para que no se le olvide. Va a jurar usted los Principios Fundamentales del Movimiento como Dios manda". Recalcó mucho el tratamiento de "usted", ajeno a la costumbre entre catedráticos. Todo estaba dispuesto como si fuera un teatro. Destacaba un escabel y un cojín de terciopelo para arrodillarme delante de los Evangelios, el crucifijo y una hoja apergaminada con los Principios Fundamentales del Movimiento. Creo que había también dos candelabros con las velas encendidas, aunque es posible que eso sea un falso recuerdo. Me sorprendió un detalle administrativo: antes de empezar con el ritual, tuve que enseñar mi carné de identidad. Con mi atuendo playero, me arrodillé y juré. En ese momento me hizo sonreír por dentro el recuerdo de la consulta que había hecho unos años antes al oficial mayor de la Universidad Autónoma de Madrid. Le planteaba yo mi problema de conciencia a la hora de jurar los Principios Fundamentales del Movimiento. Era un trámite requerido para ocupar la plaza de adjunto por oposición. Mi argumento era que los citados Principios entraban en colisión con el programa de Sociología. El honrado funcionario me contestó muy serio y sin vacilación alguna: "Todo está previsto. Haga usted una restricción mental". Eso es lo que hice también ahora en el solemne acto. Concluida la pequeña farsa, sobre el mismo libro de los Evangelios, tuve que firmar un cheque para pagar no sé qué pólizas. Tras de lo cual, el rector y su cohorte me estrecharon protocolariamente la mano y se retiraron por una puerta excusada. Nadie me dio la enhorabuena.

Nunca imaginé que fuera a estar tan desolado en mi toma de posesión como catedrático. Me dirigí al bar más cercano para tomarme un vermú y una ración de "sepionet" con alioli. Llamé a Fernando Albero y le dije: "*Consumatum est*". Había que seguir hablando en clave; ahora en clave de humor.

Se me olvidaba una advertencia que me hizo el rector: "Le recuerdo que durante el periodo lectivo no podrá salir usted del distrito [la región] sin mi permiso por escrito". Con el tiempo, esa norma tan absurda se fue relajando. Una vez, incluso, coincidí con el rector en el aeropuerto (entonces diminuto) de Manises. Ambos íbamos a Madrid en el mismo avión. Hicimos como que no nos conocíamos y en paz.

Fernando me insistió en que podíamos recurrir judicialmente para obtener el puesto que realmente me correspondía en el escalafón de catedráticos. A ello se podía añadir el sueldo no percibido durante los tres últimos años. No me decidí nunca a dar ese paso, no tanto por orgullo como por flojera moral. Lo curioso es que algún atento funcionario había dejado un hueco en los números correlativos del escalafón, por si a mí se me ocurría reivindicar el que legalmente me correspondía. De esa forma me podrían asignar ese número sin tener que correr el escalafón. No hizo falta, porque yo no di el paso de solicitar esa merced. Supongo que el escalafón sigue con ese misterioso hueco, que nadie reclamó y que los historiadores meticulosos del futuro no sabrán explicar.

A pesar de tener al rector en contra, todos los demás compañeros me acogieron con los brazos abiertos. Por ejemplo, José Corts Grau, catedrático de Derecho Natural, quien me había dado su voto en una previa oposición a cátedra que perdí. Me atendió con verdadero cariño Manuel Broseta, decano de Derecho, a quien conocía de las cenas del diario *Madrid*. (Años más tarde Broseta sería asesinado por la ETA). Carmen Alborch era adjunta a la cátedra de Broseta y se casó ese año con Damià Mollà, colega de Sociología. Ambos me recibieron en su casa con todos los honores. Años más tarde Carmen sería ministra de Cultura con Felipe González. Consuelo Reyna, directora de *Las Provincias*, me ofreció el periódico de mayor prestigio para que yo colaborara con más asiduidad.

La acogida de los compañeros del Departamento fue emotiva. Allí estaban Josep Vicent Marqués, Damià Mollà, Josep Picó, Rafael Ll. Ninyoles y Salvador Salcedo. Todos eran valencianoparlantes y con todos me llevé admirablemente. Solo disponíamos de un despacho para todos nosotros. Las reuniones del Departamento las celebrábamos en la sala de profesores, que era una especie de cuarto de banderas civil. Nunca he visto un conjunto de colegas universitarios tan dispuestos.

Los alumnos me recibieron con expectación en un ambiente sumamente politizado, que siempre me lo recuerda Rita Barberá (hoy alcaldesa de Valencia y entonces oyente de mis clases). Para que no hubiera celos, decidimos que yo diera una clase rotatoria (la misma lección) a cada uno de los siete grupos del curso. Además de esas lecciones (inevitablemente magistrales) monté un seminario sobre "franquismo" para los alumnos más interesados. El primer día se presentaron más de 50 alumnos y varios profesores. Entre ellos estaba Ernest Lluch, que era el líder de la Facultad. Nos caímos bien. Años más tarde, cuando era yo vicedecano en la Facultad de Económicas de Barcelona, apoyé la propuesta del decano Hortalà para que Lluch se trasladara a Pedralbes. No quiero recordar el final de Ernest, otro asesinado por la ETA. Qué país de locos.

El ambiente del Departamento de Valencia fue cálido, participativo, sumamente politizado. La Policía nos asignó a un miembro del cuerpo para que informara regularmente de las actividades del Departamento, dentro y fuera de la Universidad. El hombre tenía faena y se hizo amigo mío. Tanto es así que, en 1974, me ayudó a conseguir el pasaporte, del que yo no disponía por tener antecedentes penales. Así pude salir de España a algunos congresos y reuniones profesionales. Vivíamos en los contradictorios amenes de una estólida dictadura, dulcificada por el general incumplimiento de las leyes. Con mis antecedentes carcelarios, yo tenía fama de "rojo", pero realmente no pasaba de ser un moderadísimo demócrata.

Además de mis colegas del Departamento de Sociología en la Facultad de Económicas de Valencia, tuve una estupenda relación con el catedrático de Derecho Administrativo, José Ramón Parada. Me pareció un competente jurista, sanamente escéptico, que me recordaba mucho a otro administrativista que había tratado en Bellaterra, Alejandro Nieto. En las conversaciones peripatéticas postprandiales, José Ramón y yo lucubrábamos sobre lo que iba a ser la transición democrática, que ya había empezado a rodar. Recordaré siempre su apotegma: "Amando, esto va a ser el paraíso de los abogados". Era la lógica anticipación de un largo período constituyente. Su tesis era que el Derecho iba a sustituir a las creencias religiosas como criterio para distinguir socialmente lo que está bien y lo que está mal. En efecto, hemos llegado a esa situación. No hay más que analizar el contenido de los debates y tertulias en los medios. La mayor parte de los asuntos que se discuten en esos foros acaban por tocar algún aspecto jurídico. Ese juicio cabe hacerlo, incluso, respecto al contenido de las páginas de estas Memorias, y eso que hago ostentación de mi ausencia de mentalidad jurídica. Pero la realidad puede más que mis inclinaciones. Definitivamente, la España que me rodea es una nación de abogados. El retrato estaba ya en Galdós. Qué pena me da ahora no haber terminado la carrera de Derecho.

Eran continuas las actividades extramuros de la Facultad valenciana, por lo general con un cariz político. Baste una mención. Fue una sonada conferencia que di en el Ateneo de Valencia, sito en la antigua plaza del Caudillo, al poco tiempo de tomar posesión de la cátedra. Era un verdadero teatro, que estaba a rebosar de público. Mi tema era el "caso valenciano", que yo etiquetaba como "nacionalismo lacrimógeno-mendicante". Consistía en quejarse continuamente para así obtener pingües dádivas del poder central. La conferencia estaba cuidadosamente escrita y prometía ser polémica. Presidía el acto un comisario de Policía, quien declaró enfáticamente que se había permitido la conferencia para demostrar que en España había libertad. Precisó: "Pero no voy a tolerar que se hagan preguntas". Hasta ahí podíamos llegar. Así que terminó el acto y nos quedamos todos a la Luna de Valencia (nunca mejor dicho), con las ganas de discutir un poco. A la salida menudearon los parabienes. Unos cuantos nos fuimos a Barrachina, un café que estaba en frente, para explotar el éxito o comentar la jugada.

Durante mucho tiempo seguimos hablando en Valencia del "nacionalismo lacrimógeno-mendicante". Creo que la fórmula, irónica como era, resultó acertada. Tal como preveía mi argumento, la Comunidad Valenciana ha sido desde entonces una de las que más han prosperado en España. Los políticos valencianos de todas las etiquetas han sido unos voluntariosos "mendicantes" de los favores del poder central. Mi predicción sobre la capacidad expansiva de la región valenciana era la opuesta de la que se estilaba en los círculos intelectuales y políticos. Téngase en cuenta que, hasta entonces, lo que destacaba era la primacía económica del País Vasco y de Cataluña. Nótese que Barcelona y Bilbao tuvieron conexión por autopista antes de que el trazado llegara a Madrid. Eso sucedió con un Gobierno autoritario y centralista.

La conexión con los tertulianos de las cenas del *Madrid* me proporcionó la ocasión para asistir a algunas cenas políticas que se celebraban entonces en Valencia. Entre los asistentes, recuerdo a Manuel Broseta, Vicent Ventura, Joaquín Muñoz Peirats, Paco Burguera y otros líderes regionales; iban también a muchas cenas madrileñas. Las cenas valencianas eran más ruidosas y mantenían un delicioso aroma de conspiración. Estaban presididas por un policía, requisito indispensable para que pudieran celebrarse. Pero las discusiones eran enteramente libres, como si el policía no existiera. El hombre comía con buen apetito sin decir oxte ni moxte; yo creo que se sentía un tanto avergonzado. En una ocasión, al levantarse de la mesa, se le cayó al suelo el pistolón que llevaba en la sobaquera. Se hizo un silencio embarazoso.

De la época de Valencia he rememorado hace poco una historia insignificante pero tierna. Daba yo una conferencia en Valencia y al final se me acercó una señora bien puesta. Era Lucila Moscardó, quien me alquiló el piso en 1974, donde iba yo a residir un par de años. La historia se me había olvidado, pero mi antigua casera me la hizo patente. Cuando dejé el piso (de manera algo precipitada, pues me iba un año a los Estados Unidos), dije a Lucila que se quedara con la fianza mensual. De esa forma podía ella atender a los gastos de limpieza, pues el piso estaba muy descuidado. Me olvidé del asunto, pero Lucila consideró que, después de proceder a la limpieza del piso, todavía quedaba un remanente de la fianza mensual. Así que consiguió mi teléfono y me llamó para ver dónde debía devolver el dinero que quedaba. Yo le sugerí que lo mejor que podía hacer con ese dinero era comprar flores para su casa. Así lo hizo la buena casera. No la volví a ver más hasta hace muy poco tiempo en la conferencia que di en Valencia. Lucila me saludó afectuosamente y me recordó lo que, por lo visto, había contado a todo el mundo: que yo era un caballero de los que quedan pocos. Se agradece el cumplido.

Narcisos

Después de dos intensos cursos en Valencia conseguí una estupenda beca para trasladarme por un año a la Universidad de Yale (New Haven) como investigador visitante (1976-77). Mi idea era realizar un estudio sobre la vida intelectual de los Estados Unidos. De ese trabajo resultaron varios artículos y dos libros, *El poder de la palabra* (1978) y *Los narcisos* (1979). La novedad fue para mí que, atareado siempre en el análisis de la sociedad española, ahora daba el salto a estudiar otra sociedad. Después de todo, la sociedad norteamericana era el modelo de los países avanzados y democráticos. Yo seguía con la idea fundamental de que la base de la Sociología es la comparación. No se puede entender bien la vida de un país o de una época sin comprender algo más de otro país o de otra época. Estuve todo un curso sumido en la inmensa biblioteca de Yale bajo la advocación de un fresco de la diosa Minerva. La irónica traducción de esa imagen era la de *Notre Dame of the Stacks* (= Nuestra Señora de las Estanterías). De la biblioteca de Yale me traje decenas de miles de fotocopias. Solo las analicé en una pequeña parte a través de los dos libros citados. Lo interesante para mí es que me daba pie a hacer una comparación con España.

Por ejemplo, se podía aplicar a España el tipo humano que describí en *Los narcisos* (1979). Se derivaba del perfil de los líderes estudiantiles de los Estados Unidos (los de los años 60). Lo curioso fue que, después de muchas conversaciones con Pancho Marsal, la caracterización de ese

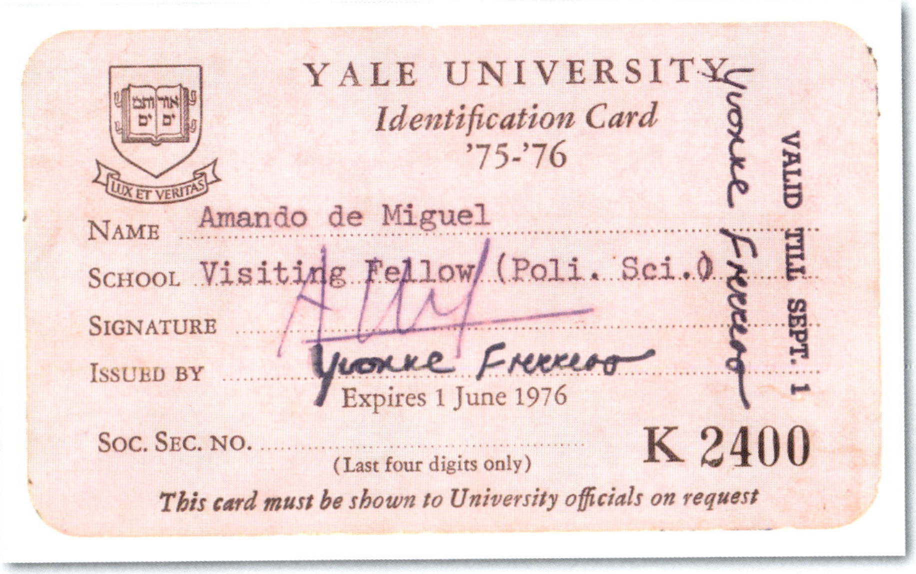
YALE UNIVERSITY
Identification Card
'75-'76

LUX ET VERITAS

NAME Amando de Miguel

SCHOOL Visiting Fellow (Poli. Sci.)

SIGNATURE

ISSUED BY

Expires 1 June 1976

VALID TILL SEPT. 1

SOC. SEC. NO.

(Last four digits only)

K 2400

This card must be shown to University officials on request

Tarjeta de "Visiting Felow" en la Universidad de Yale en 1976. Esta vez fui a investigar sobre la sociedad norteamericana.

Primavera de 1978 en Inglaterra. Un campo de narcisos me recordó el libro que acababa de escribir. El libro era una proyección autobiográfica del medio donde me movía.

tipo para España resultó otra cosa. Nada menos que esa caracterización del narciso correspondía perfectamente a un querido colega de Bellaterra. Era otra forma de volver a introducir el caso único, el factor de personalidad, en el análisis sociológico, tradicionalmente grupal o gregario. (Hay un prólogo famoso de S.M. Lipset sobre "La Sociología del caso único"). En esa circunstancia se agregaba, además, la travesura intelectual.

A guisa de resumen y de recuerdo, recojo ahora algunos de los rasgos con que caractericé al tipo ideal del "narciso":

1. El narciso es amigo de regalar cosas, pero sobre todo de que le regalen. Además, los regalos han de ir bien envueltos.
2. Es brillante, hedonista y fantasioso.
3. Es perfeccionista.
4. Anhela la continua autosatisfacción.
5. Impone a todos su propia visión del mundo.
6. Es manipulador y promiscuo en sus relaciones de amistad.
7. Busca llenar de continuas experiencias su vacío interior.
8. Se le hace difícil amar y prefiere ser amado.
9. Su sistema de valores es oscilante.
10. Carece del sentido de culpa.
11. Depende continuamente de la aprobación de los demás.
12. Se preocupa excesivamente por su salud hasta llegar a la hipocondría.
13. Arrastra su adolescencia.
14. Muestra un gran encanto personal. Es obsequioso y simpático.
15. Sabe manipular a los demás sin establecer afectos sólidos.
16. Desarrolla continuas fantasías de ser otra cosa.
17. Tiene el don del exhibicionismo en su atuendo y en sus maneras.

Esa caracterización del narciso corresponde a lo que era común y privativo de la generación de jóvenes en los años 60 y 70. Lo divertido, como digo, fue que el perfil descrito (derivado en principios de los jóvenes norteamericanos) lo apliqué a España como una especie de juego o de farsa. Todo ello fue de acuerdo con Pancho Marsal. El mismo Pancho me pidió que no estampara en el libro lo que habíamos decidido los dos *ánimo iocandi*. Reconocíamos ambos nuestro narcisismo, en la medida en que, de jóvenes, habíamos vivido en los Estados Unidos. El libro era, pues, una proyección autobiográfica un tanto irónica de nuestra experiencia norteamericana. Pero lo sobresaliente era que íbamos a ser imitados hasta la caricatura por la promoción siguiente de jóvenes españoles. Ellos sí que iban a dar el tipo verdadero del narciso según la especificación dicha. Pancho insistía que nos atuviéramos a individuos concretos, como en su día hiciera Freud con algunos de sus contemporáneos vieneses. Yo, al principio, me resistí mucho a esa individuación o como se quiera llamar. Al final me rendí ante la utilidad del juego descrito. En donde se demuestra que a veces el razonamiento científico es también eutrapelia.

Para mí (como para Freud) la tacha fundamental del narciso es que carece del sentido de culpa. De ahí su simpatía, su frescura, su sentimiento de que es el centro del mundo. Por eso el narciso necesita completar una extensísima red de amigos. Por este lado, hoy le ha venido Dios a ver con la vastísima ampliación de las redes informáticas.

Lo contrario del narciso es el puritano, introvertido, metido en sí mismo, sin poder quitarse nunca el sambenito del sentido de culpa. Si lo sabré yo. En el momento de redactar *Los narcisos*, mi pareja me llamaba afectuosamente "el puritanico", y Pancho repetía el mote a todas horas. Por ese lado no debo de haber cambiado mucho.

Los narcisos fue parte de mi trabajo en New Haven, aunque lo redacté finalmente en Barcelona. Fue en respuesta a una solicitud que me hizo Salvador Pániker para su editorial Kairós. Volví de momento a

Barcelona, ahora a la Universidad tradicional (impropiamente llamada Central). Iban a ser unos años muy productivos, los finales de los 70. Me recibieron muy bien mis colegas de la Facultad de Económicas (Pedralbes). Con los alumnos tuve una buena relación. En 1979, con la salida de *Los Narcisos*, los alumnos me llevaron a clase un ramo de espléndidos narcisos. Formé parte del equipo del decano Joan Hortalá junto a Javier Paniagua, José María Vidal Villa y Benjamín Bastida, entre otros. La participación en el equipo decanal y la dirección del Departamento de Sociología supusieron una dedicación muy intensa. Mantuve una excelente comunicación con algunos colegas, como Fabián Estapé o Pedro Voltes, ambos muy cultivados. Queda dicho cómo esa integración se vino abajo en un día tras la reacción contra el Manifiesto de 1981. Tras un año de estadía en Florida (Gainesville), regresé definitivamente a Madrid después de tanto "calvariar". (Lo siento, repito un zamoranismo muy expresivo. Equivale a ir de un lado para otro con un aire de excitación y de sufrimiento). Así he sido una especie del sociólogo errante que siempre he andado trabado con muchos trabajos.

Mis andanzas desde Barcelona hasta Madrid son paralelas a la evolución que han experimentado esos dos polos en la reciente vida española. Ya lo he dicho; en los años 70 Barcelona era más capital de España, en el sentido económico y cultural, que Madrid. Recuerdo un suceso mínimo de esa centralidad de Barcelona. En septiembre de 1971 asistí a unas jornadas económicas que organizaba la revista barcelonesa *Mundo*, donde yo era colaborador. La estrella de esa reunión fue Milton Friedman, entonces no muy conocido en España, y algunos economistas locales, como Joan Sardá. A la hora del almuerzo las mesas se organizaron por idiomas predominantes, catalán o castellano. El pobre Friedman se sentía aislado idiomáticamente. Así que Nuria Beltrán (que llevaba las relaciones públicas de la revista) y yo nos fuimos a comer con el economista de Chicago. De esa forma la conversación pudo desenvolverse en inglés. Friedman estaba interesado en el fabuloso desarrollo español sin ayuda exterior. Entre mis papeles olvidados he encontrado el original manuscrito de la intervención de Friedman en aquella reunión. Yo también me pregunto ahora cómo es que España se convirtió en una potencia económica sin mucha ayuda exterior. Claro que, en el momento en que redacto estas líneas, más bien lo que se observa es el fenómeno inverso. Esa gran potencia económica española, aun con empresas multinacionales, tiene el peligro de convertirse en un protectorado económico de los países que mandan en Europa, que son los de siempre. Vivir para ver.

9. La conversación inacabada

No me imagino el Cielo como una infinitud de nubes donde se apoltronan las almas de los justos. Más bien especulo que sea un lugar donde todos los humanos que han sido conversen amigablemente por los siglos de los siglos. Es decir, se trataría de la tesis de Sartre sobre el Infierno, pero al revés. El habla (y también el tacto) cs lo quc nos distinguc dc los otros animalcs. "Hablarsc" significa en castizo tener una buena relación. En el Cielo de los españoles, especialmente ruidoso, será posible mantener varias conversaciones al tiempo. Sin llegar a ese final feliz, la vida terrenal es una conversación inacabada con las personas que uno elige o con las que le envía el destino. Al escribir estas líneas, yo mismo siento cómo fluye interiormente mi comunicación con algunas personas que de momento han desaparecido y que tanto me han ayudado en la vida.

Muchas de las personas que aparecen en estas páginas las conocí en su juventud. Al final algunas han terminando siendo personajes. Yo mismo puedo representar esa evolución. Me expongo a ello cuando mi rostro sale por la tele o mi voz se oye (ahora decimos "se escucha") por la radio. Inevitablemente, los personajes (o personajillos) representamos un papel. A veces me resisto a ello, pero es inútil. En la televisión no me maquillo nunca, porque me sientan mal los afeites o quizá para convencerme a mí mismo de que así soy más auténtico. Sin embargo, sigo representando un papel, con todo lo que tiene de espectáculo, de falsedad. La audiencia (o la "videncia") me suele considerar como un espíritu batallador. Pero yo me siento más bien un mesurado observador, lo que puede parecer un contrasentido. Resulta que el personaje tapa a la persona. Muchos me dicen que en la tele parezco más viejo que al natural. Será, quizá, por la ausencia de maquillaje. También me dicen: "Más caña, don Amando". Es el equivalente del "arrímate" que gritaba el aficionado al torero. El cual replicó: "Baja tú a hacerlo".

He vivido demasiado y, por tanto, he conocido a muchas personas pertenecientes a muy diferentes ambientes sociales. De todas ellas, voy a rememorar a algunas, simplemente porque me parecen admirables, porque me han influido o porque han estado cerca de mí. No son todas las que cumplen esas condiciones, porque, de ampliar la lista, este texto llegaría a ser un palimpsesto. Algunas personas que me han influido quedan aquí desvanecidas para respetar su intimidad. Solo puedo ser un cronista auténtico de mí mismo. No se vea en estas páginas un menester de retratista. En el fondo, cuando hablo de estos personajes de mi circunstancia, me refiero al sujeto que soy yo. Por eso soy tan subjetivo y muchas veces arbitrario. Así que los personajes que aquí van a dar testimonio lo harán de forma muy parcial como figuran en mi recuerdo. Una vez más, la memoria es harto selectiva y hasta caprichosa. De mis personajes solo he conocido una parte de ellos. Por lo mismo, de mi persona solo doy cuatro pinceladas.

Amigos

Me asalta la evocación de Pancho Marsal, Juan Francisco para su familia de origen. También lo llamaban Panxo en Barcelona, pero el hipocorístico se lo pusieron en México y así se quedó. Era un catalán auténtico, pero de la costa, contrapuesto a los del *bosc* (= los paletos), como él decía. La distinción era entre la gente emprendedora y la localista. Pancho perteneció originariamente al grupo intelectual de la revista *Laye*. Era un órgano de expresión de lo que podríamos llamar catalanismo españolista. El hombre emigró a la Argentina como un verdadero indiano. Pasó largas temporadas en México y en los Estados Unidos (Princeton). En 1961 nos conocimos en Nueva York, donde yo trabajaba con Juan J. Linz. La exposición a los regímenes autoritarios de España, Argentina y México hizo que el catalán virara hacia la izquierda, siempre moderada. En 1965 volvió a España con sus hijos para que conocieran a su familia catalana. Recuerdo que los recogí en el aeropuerto de Barajas y los llevé a que pararan en casa. Pasamos por la calle Alcalá y los chicos se quedaron asombrados ante el emblema gigantesco de las cinco flechas que ornaban la fachada de la Secretaría Nacional del Movimiento. Le dije al mayor, Pablo: "Fíjate bien, cuando vuelvas otra vez a España, ya no estará ese símbolo". La verdad es que ya entonces resultaba extemporáneo.

Pancho y yo hablábamos muchas veces de la clásica distinción de Merton entre los "locales" y los "cosmopolitas". La cosa era bien sencilla. Una gran parte de nuestros compatriotas eran "locales", es decir, a lo largo de su vida mantenían el mismo elenco de conocidos. Pancho y yo,

Pancho Marsal y Angélica Armas (1977).

por nuestros pecados, pertenecíamos al otro polo de los "cosmopolitas". Esa etiqueta no era tanto por haber viajado mucho. Lo fundamental es que habíamos variado continuamente de amigos, conocidos, vecinos, colegas, maestros. El tipo del "cosmopolita" representa un modo distintivo de ver la vida: individualista, relativista, proclive a la inestabilidad y cultivador de la ironía. No es que el "cosmopolita" tenga que ser un refinado. Pongo un ejemplo trivial. A Pancho y a mí nos fascinaba el espectáculo de "El Molino", una especie de cabaret del Paralelo barcelonés, escandalosamente chocarrero.

Pancho era un aguerrido debelador de la burocracia oficial. En Argentina se manejaba con el carné de identidad y el pasaporte de España. En España presentaba siempre el pasaporte argentino y hasta imitaba el acento porteño en caso de necesidad. A la hora de poner el número del DNI en los impresos oficiales, escribía cada vez un número distinto. Nunca nadie comprobó nada, ni le llamó la atención por ese juego de falsas identidades. Él decía que todo eso era para hacer prácticas de Sociología.

En 1970 Pancho regresó a Barcelona y se hizo cargo del Departamento de Sociología de la Universidad Autónoma, donde me dio asilo. Nunca he tenido un colega tan entregado, tan apasionado por la vida intelectual y política. Él me introdujo en ciertos ambientes del socialismo catalán, que más bien provenían del catolicismo social o de la evolución del grupo de la revista *Laye*. Su amigo del alma era Esteban Pinilla de las Heras. Por encima de las ideologías, Pancho me enseñó a desplegar una actitud pragmática y mesurada ante la política y ante la vida en general. En 1977 estuvimos juntos en la entrada triunfal del presidente Josep Tarradellas en Barcelona y participamos del entusiasmo de la multitud. Pancho no llegó a ver cómo, pocos años después, se iba a difuminar (e incluso a falsificar) ese entusiasmo.

En el ambiente de sus amigos, Pancho tenía fama de tacaño, acaso porque así lograba mantener el estereotipo del catalán. Por ejemplo, cuando comíamos fuera de casa (circunstancia muy frecuente), al llegar al postre, preguntaba cómo íbamos a pagar la cuenta. Luego añadía a veces que él no había sacado dinero. Si yo accedía a pagar la nota, entonces pedía para él un *crocant* (= helado de almendra) y un digestivo (un licor de hierbas). Pero ese mismo catalán tan "agarrado" coincidió otra vez conmigo en Nueva York en 1976. Él volvía de un corto viaje con su mujer, Angélica Armas, y yo llegaba con la mía, Petra María Secanella, para una estadía de un año en Yale. Las dos parejas nos alojamos en un hotel muy barato de Nueva York. Todos sus empleados y clientes eran hispanos. Tuvimos una cálida cena de despedida. Pancho pagó generosamente la cuenta y, con toda naturalidad, nos dio unos cientos de dólares que le habían sobrado del viaje. Con un gesto elegante muy suyo, alegó que en los cambios de divisas se pierde un dinero tonto como comisiones. Así que era mucho mejor que nosotros nos quedáramos con los dólares. Ese era Pancho. Otro gesto de liberalidad que desplegaba muy a menudo consistía en regalar los libros que ya había leído. Es decir, lo de su tacañería era una representación.

Pancho fundó la revista *Papers* (que todavía sigue), asociada al Departamento de la Autónoma. Era un título que se escribe igual en inglés y en catalán, si bien la mayoría de los artículos han sido siempre en castellano. Publiqué en *Papers* algunos artículos, por ejemplo, uno muy sonado en colaboración con Benjamín (Jaíto) Oltra, otro incondicional de Pancho. Jaíto procedía del despacho de Serrano, 19, donde le dirigí su tesis doctoral sobre los intelectuales españoles contemporáneos. Luego sería catedrático en Alicante. Casualmente allí había estado "desterrado" (aunque pueda parecer mentira) unas semanas en una redada de estudiantes y profesores que había hecho el régimen en el estado de excepción de 1969. Esa ocasión le sirvió para volver a ver y ennoviarse con una compañera de estudios, Maite Algado, con la que luego se casó. Extraños renglones torcidos en los escritos benevolentes de la Providencia.

Pancho pereció en un accidente de coche en 1979. Aprendí su última lección, que la muerte propia es la integral de las muertes de las personas cercanas. Es decir, los que realmente nos vamos muriendo poco a poco somos los que nos consideramos supervivientes.

Otro buen amigo que se me murió prematuramente fue Fernando Albero, el abogado de los imposibles, como lo llamaba yo por los casos que me llevó. Nos habíamos conocido de estudiantes. Él formaba parte del grupo del Colegio Mayor José Antonio: Luis González Seara, Alberto Gutiérrez Reñón, Francisco Andrés Orizo, Gabriel Cisneros, entre otros. Nos volvimos a encontrar a propósito de mis líos jurídicos: la cárcel de los militares, la última oposición a cátedra, los divorcios, los casos penales de mis hijos. Nunca me cobró nada por asuntos tan enmarañados como yo le planteaba. En esos momentos él estaba volcado del lado de los socialistas, aunque tenía amigos en los dirigentes de todo

Mi amigo del alma Fernando Albero (1986), un señor.

el espectro político. Era un conversador nato, muy afectivo, muy culto. Mantenía la excentricidad de leer y trabajar toda la noche; dormía solo unas horas por la mañana. Las tardes estaban dedicadas a sus muchos contactos profesionales o políticos. Mostraba una gran capacidad para darse cuenta de los detalles minúsculos de todo. Es una rara habilidad que he comprobado muchas veces en los miopes (por ejemplo, Paco Noy, Juan Antonio Matesanz o Feliciano Llanas). Por encima de su aparente desorden, Fernando era un gran jurista. Aunque ejerció la abogacía con dedicación, Fernando presumía de no llegar a juicio. Los asuntos los arreglaba con negociaciones, pactos e intercambios de favores. Mantenía una buena relación con el bufete de Uría-Menéndez y con los administrativistas más encumbrados, como Mourullo. Mucho lamenté la muerte de una persona tan fiel, tan cálida y que tanto me influyó en mi formación intelectual y política.

Fernando Albero se asocia en el recuerdo con Jaime Martín Moreno, mi socio en el despacho de Serrano, 19 y mi compañero de tantas aventuras intelectuales. Es otro amigo que ha fallecido prematuramente. Jaime fue la persona que más me ayudó durante años en mi difícil equilibrio doméstico y profesional. En 1974 era yo catedrático en Valencia, con mi mujer en Barcelona y el despacho en Madrid. Casi todas las semanas subía a Madrid, aparte de las obligaciones profesionales, a ver a mis hijos, que vivían con su madre. Esa múltiple esquizofrenia se alivió mucho gracias a la colaboración de Jaime. Tanta era la compenetración que manteníamos que los cheques de mi cuenta bancaria los pagaban si el que los firmaba era Jaime. Mi firma había dejado de ser fiel según la ficha que tenía el Banco.

Me he referido ya con alguna extensión a la figura de Juan J. Linz, la persona que realmente me formó en el perfil de sociólogo que luego he ejercido. Aparte de la ayuda académica y profesional, debo a Juan una gran influencia en mi actitud ante la política y ante la vida en general. Mi sentimiento primero hacia él es el de admiración y agradecimiento. Como recordamos los dos a veces, todo empezó en el verano de 1960 en el puerto de San Sebastián. Estaba yo en la mili y nos reunimos los dos una tarde en una terraza del puerto. Nos pimplamos un par de botellas de sidra y dimos cuenta de un kilo de sardinas asadas; o quizá fueran dos kilos. Ambos éramos entonces lo que los vascos llaman *tripasain* (= comilones). En esa sardinada histórica de 1960 se decidió que yo iba a colaborar con él en el análisis de la encuesta de empresarios. Después me iría a estudiar a Columbia, donde él profesaba. En la carta de recomendación (según el uso norteamericano) que me escribió para que me dieran la beca Fulbright, sacó a relucir un argumento definitivo. Su vaticinio fue que, si no me daban la beca, mi destino pasaría por ser el sucesor político de Manuel Fraga. Menos mal que me concedieron la beca; de otro modo el futurible habría sido para mí algo así como una especie de réplica de Jorge Verstrynge. La verdad es que tampoco tenía yo entonces la menor intención de seguir la carrera política de Fraga, con quien colaboraba en la cátedra. Pero tampoco me sentía muy lejos del de Villalba en su orientación modernizadora del régimen. Recuérdese mi paso por el Frente de Juventudes y el SEU.

Del Frente de Juventudes guardo excelentes recuerdos. Me influyeron especialmente algunos "mandos", como Antonio Castillo de Urberuaga (todo un endecasílabo de estilo y elegancia). Más cercana fue la influencia de mis amigos Julio Abad Mata y Alfonso Manso de las Moras. Los tres fundamos (con otros) en San Sebastián una centuria de estudiantes, la Cardenal Cisneros. La triada funcionó admirablemente en la etapa adolescente que nos tocó. Julio fue siempre el "jefe". Nos llevaba muy poca diferencia de edad, pero era mucho más maduro. Después de muchos tumbos por la vida, Julio y yo nos hemos vuelto a ver en Madrid, donde él recaló por estar amenazado por la ETA. Siempre lo he visto con una extraordinaria dosis de sentido común, honradez y patriotismo. Son cualidades hoy tan escasas como admirables.

Tendría que mencionar a muchos colegas, por ejemplo, a Francisco Murillo, el líder de la escuela granadina de Sociología. Lo conocí en una visita que hizo a Columbia en 1961. Llegó por la noche al Bureau of Applied Social Research en el momento en el que yo estaba rodeado de montones de fichas IBM de todos los colores. Me vio bregando con la computadora y el hombre se quedó patidifuso. Él era un profesor clásico, una figura influyente en la Ciencia Política española de entonces. No creo que hubiera manejado nunca una regla de cálculo. Juan del Pino (catedrático de Málaga) cuenta una anécdota del ambiente de estudio y recogimiento que se respiraba en la cátedra de Murillo en Granada. Hay que imaginarse la escena. El catedrático leía absorto en la mesa central. A su vera, en mesas más pequeñas, estaba la cohorte de adjuntos y ayudantes, todos concentrados en su respectiva tarea. El más joven era Juan del Pino, un becario. De pronto, el silencio de la sala se rompió con la pregunta respetuosa de Juan del Pino. "Don Francisco, ¿puedo hacer uso del sacapuntas de la cátedra?".

Paco Murillo (a quien tuteé desde el principio; gran privilegio) me pareció una persona con un envidiable sentido del humor. Hablaba siempre con retranca y sabía reírse de sí mismo. No es ningún estereotipo esa cualidad en los andaluces. Se asocia en mi mente esa impresión a la figura de Carlos Herrera, con quien colaboro ahora en la radio en un ambiente de estupenda inteligencia. No hay más que ver el estilo que mantiene en la famosa "tertulia de los carromatos" de las mañanas de Onda Cero. Yo creo que los castellanos envidiamos un poco a los andaluces. Quién pudiera enlazar las palabras como lo hace Antonio García Barbeito. Es algo que da el ambiente. Recordemos el "Y Sevilla...".

Otro sevillano egregio es Jesús Quintero ("el loco de la colina"). Me hizo algunas entrevistas memorables. No conozco a ningún locutor que haya sacado tanto partido a los silencios. Recuerdo especialmente una cena estival en su terraza del ático que mantiene al lado de la Giralda. Llegadas las 12 de la noche, se apagaba la iluminación de la torre por prescripción municipal. En ese momento, Jesús destapaba unos gigantescos reflectores que había traído desde Londres. Eran los que se empleaban en la segunda guerra mundial para detectar los aviones alemanes. Jesús encendía esos potentes reflectores y con ellos iluminaba un poco la Giralda, que así nos presidía la tertulia durante un buen rato más.

Con la llamada escuela sociológica de Granada ("el clan mudéjar", decía Carlos Ollero) he tenido mucha relación. A veces he pensado que yo debo de pertenecer a esa escuela sin tener méritos para ello. A través de Murillo, conocí a Luis Sánchez Agesta, la figura patricia de la escuela granadina. Con don Luis siempre utilicé el usted y él me lo reciprocó. Era lo mandado. Agesta organizó en los años 60 unos excelentes cursos de verano en el Valle de los Caídos. A ellos asistían, entre otros muchos, los granadinos Francisco Murillo, José Jiménez Blanco, José Castillo, José Cazorla, Miguel Beltrán y Juan del Pino. Con todos ellos me he llevado siempre muy bien. En los últimos años la mejor relación con la escuela granadina la he mantenido con Julio Iglesias de Ussel. Él y yo estamos interesados en la Sociología de la familia y de la vida cotidiana.

Con José Jiménez Blanco mantuve una intensa amistad hasta su muerte en 2009. Durante algunos años fuimos vecinos de despacho (en la Facultad) y de municipio. Hubo un tiempo en que nos veíamos casi todos los domingos por la mañana con largos paseos antes del vermutito. Fue después de un arrechucho del corazón; el médico le recomendó caminar. Era muy sano el ejercicio de estirar las piernas y de criticar a los conocidos, amigos y políticos. Pepe me ayudó mucho

Recuerdo de la investidura de Juan J. Linz como doctor honoris causa por la Universidad de Granada. Aparecen algunos de los nombres citados en el texto. En cuclillas: Alberto Gutiérrez Reñón, Miguel Beltrán, José Juan Toharia y Paco Orizo. De pie y de paisano Manuel Gómez Reino, Román Perpiñá, Juan del Pino, Julio Iglesias, yo mismo, Pedro González Blasco y Jaime Martin Moreno. De pie con traje académico Pepe Castillo, Pepe Jiménez Blanco, Pepe Cazorla, Juan J. Linz y Paco Murillo.

en los terribles momentos en que yo estaba hundido con una fuerte depresión y también fue una gran ayuda moral para mi hijo Iñaki. Con Pepe siempre se hablaba de libros. Quizá sea una observación obvia, pues ambos éramos profesores. Pero la experiencia me dice que, en el ambiente universitario, hay muchos profesores que nunca hablan de libros. Pepe tenía un gran conocimiento de la Historia contemporánea de España y sobre todo de la naturaleza humana. Así que la conversación con él era muy productiva. Tenía la costumbre de agarrarme del brazo mientras paseábamos. Luego he visto que es un hábito muy granadino. Lo he comprobado también en su hermano Antonio, tan parecido a Pepe en su manera de ver el mundo. Antonio es el político de la familia, uno de los prohombres de la UCD.

Hay más colegas con los que he mantenido una relación afectiva, lo cual no es fácil cuando se comparte gremio. Cito el caso excepcional de Octavio Uña, zamorano, poeta y sociólogo cultivado. Él no habla en público; declama. Es de los que, paseando y hablando, tiene que parase de forma intermitente para dar énfasis a su discurso. Esa es una costumbre muy zamorana; la he visto en mis parientes. Octavio sabe juntar palabras como nadie. Esa es la virtud de los poetas.

Guardo para el final la amistad sostenida con dos compañeros del Departamento donde ha concluido mi carrera. Son Benjamín García Sanz y Jesús Martínez Paricio, dos dedicados catedráticos de los que quedan pocos. Si se añade el nombre de Miguel S. Valles, son los tres compañeros de la Facultad con los que al final he mantenido una relación más afectiva. Eso es así, una vez desaparecida la figura senatorial de Jiménez Blanco. Al final, lo que llamamos pomposamente la Universidad se reduce a una docena de personas. Cuento en ella la figura de Gustavo Villapalos, el único rector al que pude acceder como amigo. Los demás han sido (y no todos) simplemente magnificencias.

En el pueblo de Vicky, la mujer de Benjamín García Sanz. De izquierda a derecha, yo mismo, Benjamín, Cira, Vicky, Puri y Jesús Martínez Paricio.

Afines

Tendría que referirme a mis parientes, a algunos de ellos más cercanos. En la lista de las personas a las que verdaderamente admiro y que me han influido destaco a mi primo y ahijado José Antonio de Miguel. No completó la escuela, pero posee una inteligencia práctica y unas dotes empresariales fuera de lo común. En su juventud fue torero y luego vendió biblias por las casas. Luego montó el negocio por su cuenta, que amplió a las enciclopedias. Ahora sabe de Bolsa como si fuera un *broker* neoyorquino. En los momentos de verdadero apuro me ha echado siempre una mano con la mayor elegancia. Lo bueno de los parientes es la comunidad de genes, pero lo malo es que no se eligen. En el caso de José Antonio la afinidad es también electiva.

He admirado la capacidad de mis hijos para hacerse hombres, a pesar de los momentos tan duros por los que han tenido que atravesar. Iñaki y Sergio han sabido enfrentarse a los malos ratos del destino y han dado un buen ejemplo de espíritu de superación. Espero haber contribuido a ello en mi modesta, pero consciente, medida. Queda que Iñaki me ha dado lo mejor de sus conocimientos y de su capacidad de organización para enderezar mi actividad profesional. Este libro de las Memorias es una expresión de su saber hacer en el campo de las artes gráficas. Por su parte, Sergio me hizo la casa soñada, la auténtica *domus áurea*. En esa casa-castillo de Cámelot, dominando la sierra de Guadarrama, he escrito lo más personal de mi obra y ha transcurrido lo mejor de mi vida. Menos mal que los políticos todavía no han descubierto el impuesto sobre el paisaje y sobre la felicidad.

He de ser consecuente con mi experiencia en la formación del carácter. Por tanto, debo reconocer que en la herencia genética de mis nietas y nietos va a contar la influencia decisiva de sus padres, pero especialmente la de sus madres. Confío en ese privilegio y esa responsabilidad de Mary Paz y de Cristina.

Sería injusto que, por respeto, me olvidara de las mujeres con las que he convivido antes de sentar la cabeza: Mary Pepa García Mas, Petra María Secanella y Teresa Piedrafita. Las tres me enamoraron sucesivamente en momentos difíciles para mí. Creo que las tres derrocharon paciencia conmigo y todas ellas me dejaron por imposible. Si se presentó la ruptura en cada caso, culpa mía fue, quizá explicable por la movilidad o inestabilidad de mi biografía. No me refiero a una culpa moral, pues mi poligamia ha sido siempre sucesiva. Es decir, nunca hubo infidelidad por mi parte, aunque sí inmadurez. Debo reconocer que he vivido largas temporadas en soledad, pero me apaño muy mal sin compañía. Para mí la pareja es una larguísima conversación o no es nada. La he mantenido con más personas, que estarán siempre en el recuerdo.

Con mi mujer definitiva, Cira de León, he conseguido la plenitud de la horaciana *áurea mediócritas*, una especie de premio a tantas tribulaciones. Una cosa hay de común en todas las mujeres que han organizado mi vida en circunstancias tan diversas. En todas ellas he admirado su excepcional capacidad de trabajo. Cira y yo nos casamos en Cámelot. Hemos recorrido muchos hermosos paisajes; a veces por puro placer de viajar, esto es lo nuevo para mí. Destaco las excursiones para ver museos en Amsterdam, Londres, Roma o Berlín. Hemos ido con los Llanas y los Pérez. Gloria suele hacer de piloto.

Llego a mi vida íntima de los últimos años. Mi círculo afectivo se ha completado definitivamente. Ya iba siendo hora. Supongo que mi etapa formativa ha terminado y llega la plenitud de la vida, que llaman vejez. Mi mujer, Cira de León, arquitecta de interiores ha hecho conmigo su mejor proyecto. Su hijo, Carlos, estudia Arquitectura Técnica. No sé por qué, pero estoy rodeado de arquitectos en la parentela. No solo mi hijo Sergio y mi hermano José Luis son arquitectos, sino que lo son también sus respectivas mujeres (Cristina y Pilar). Es un curioso remedo de mi frustrada vocación, una de las varias que he tenido. Por eso, como compensación, vivo definitivamente en una casa que es una obra de arte. Claro que, como decía el gran Mies, una obra de arte a la intemperie suele tener goteras.

No quisiera forzar muchas interioridades si estampo aquí el soneto (un tanto ripioso) que leí ante los parientes y amigos en la ceremonia de la boda con Cira.

El anillo céltico (epitalamio en forma de soneto)

Elegir, privilegio de la edad.
Para frutos y amores, los tardanos.
Para celebraciones, los veranos.
Para andar por el mundo, la verdad.

Con los años, una facilidad;
nos la enseñaron a los castellanos.
Para conquistar a los más cercanos,
dar el doble a cambio de la mitad.

Aplico, Cira, esa firme promesa,
y la prueba es este céltico anillo,
joya única por Gloria diseñada.

Su valor: más de lo que en oro pesa,
como vale el Sol por ser amarillo
y enciende la cabeza de la amada

Oficiaba la ceremonia Julio Henche, concejal entonces de Collado-Villalba, donde se alza el Cámelot de nuestros recogimientos. De los amigos y familiares asistentes al acto, selecciono a la diseñadora del anillo, Gloria Lumbierres, y su marido, Feliciano Llanas, que fueron los padrinos. El anillo es una réplica de los que utilizaban los caciques de las tribus ibéricas. Imagino que lo llevaría mi paisano Viriato.

En la cubierta de este libro va la firma del pintor que me retrató morosamente un día: José (Pepe) Sánchez Carralero. Reconocerán conmigo que el genial berciano logró captar el alma. También estaba en la ceremonia nupcial. Fue uno de los firmantes del "manifiesto de los 2.300" intelectuales de Cataluña en 1980. Nos conocimos en esa extraña circunstancia. Junto a otros muchos firmantes del manifiesto, ambos volvimos a Madrid, antesala del Cielo. Admiro su pintura, pero aún más su personalidad, imaginativa e inquieta, como fueron los indianos de su tierra. En mi reencarnación me gustaría ser tan creador como Pepe Carralero.

Tertulias

De todas las personas citadas en otras páginas, lo que recuerdo con intensidad es los buenos ratos de conversación, de risas y a veces de lágrimas. Después de todo, el hombre es el único animal que habla, ríe y llora. Una manera estupenda de conocer a una persona es conversando con ella en una tertulia. El género es esencialmente español, sobre todo si se practica con el espíritu de la tertulia del Café Suizo, ya desaparecido. Era la tertulia a la que asistía, por ejemplo, Santiago Ramón y Cajal hace un siglo. El principio era que los tertulianos no debían hablar de sus respectivos conocimientos profesionales. La ventaja de un sociólogo como yo para ser tertuliano es que no estoy especializado en nada y, por tanto, puedo hablar de casi todo. Por una vez la dispersión me ha servido de algo.

La primera tertulia a la que asistí formalmente fue la que nos reunía en La Cruz Blanca de la calle Goya los sábados por la noche a un grupo de estudiantes. Ya me he referido a ellos. Se hablaba de política y de los libros que leíamos. Consumíamos cerveza y leche, según gustos, como puede verse, muy morigerados.

En el periodo del diario *Madrid* (1968-1970) se organizaba todas las semanas una cena-tertulia en el restaurante Sixto con los colaboradores y simpatizantes del periódico. La dirigían Rafael Calvo

Serer y Antonio Fontán. Eran muy vocales Juan Ferrando, Antonio Herrero Losada, Miguel Ángel Gozalo, Joaquín Bardavío, Miguel Ángel Aguilar, Enrique Sopena, Jesús Picatoste, Alberto Míguez, Miguel H. Rodríguez de Miñón, Carlos Ollero, José Oneto, Javier Carvajal, Javier Calderón, Jesús Carnicero, entre otros muchos. Asistían regularmente más de 30 personas, pero la conversación estaba bien dirigida y normalmente hablaba una sola por turno. Lógicamente, la Policía debía de estar al tanto de todo lo que allí se decía. Se hablaba con algunas palabras en clave pero con plena libertad. Por ejemplo, la anunciada muerte de Franco era "el día de la gran orfandad" o "el suceso biológico". Este tipo de cena-coloquio se repetiría más tarde en el *Diario de Barcelona*, en los primeros años 70, y en el *Diario 16* (época de Justino Sinova). Una razón que facilitaba esos encuentros era que entonces había que llevar físicamente el artículo al periódico (no existía la internet). En las tertulias de *Diario 16* se reunían comunicadores tan destacados como los que aparecen en la foto con el patrón Juan Tomás de Salas: José María Gallego, Miguel Ángel Gozalo, Carlos Dávila, Antonio Alférez, Lourdes Ortiz, Carlos Rodríguez Braun, Ignacio Amestoy, Justino Sinova, José Luis Gutiérrez, Antonio Alemany, Álvaro Delgado-Gal, Juan Pedro Aparicio, Julio Rey, Ramón Cotarelo, Javier Tusell y el que suscribe.

Una tertulia periodística que recuerdo con especial cariño es la que dirigía Eugenio Suárez con los colaboradores de la revista de humor *El Cocodrilo*. Era una réplica del estilo que había caracterizado a *La Codorniz*. En la tertulia del saurio, presidida por su director y propietario, Eugenio Suárez, participaban, entre otros, Carlos de Vega, José Luis Souto, Pepe García, José Ramón Alonso, Chumy Chúmez, Manolo Summers, Manuel Funes Robert, Santiago Amón, Miguel Ángel García Juez, Jimmy Giménez-Arnau. En mi vida he asistido a una reunión tan divertida como la que convocaba Eugenio Suárez en el Centro Riojano. La revista satírica, prodigio de retruécanos, representó una acerba

*Consejo de redacción de **Diario 16** (1990). De izquierda a derecha: José Mª Gallego, Miguel Ángel Gozalo, Carlos Dávila, Antonio Alférez, Lourdes Ortiz, Carlos Rodríguez Braun, Ignacio Amestoy, Justino Sinova (director), José Luis Gutiérrez, Antonio Alemany, Álvaro Delgado-Gal, Juan Pedro Aparicio, Juan Tomás de Salas (editor), José Rey, Ramón Cotarelo, Javier Tussell y yo mismo. La foto se hizo en la sala de bobinas.*

crítica contra el felipismo y el "establecimiento" cultural, especialmente la prepotencia del diario *El País*, desde 1984 a 1986. La revista pereció por los expedientes judiciales que cayeron sobre el director. Por mi parte, colaboré asiduamente con lo que llamé "divertículos". Ahí empecé a desgranar el análisis crítico del "caudillismo felipista". Mi conversión a la crítica del felipismo se fue gestando en los almuerzos del Centro Riojano con los otros colaboradores de *El Cocodrilo*, a cual más brillante y entretenido. Pocos años más tarde, ese espíritu sarcástico respecto al felipismo se afinó en la biografía crítica de Felipe González que "perpetré" junto a José Luis Gutiérrez. (El verbo "perpetrar" es uno de los favoritos de José Luis). Ese mismo espíritu lo plasmé después en el libro *Fantasía fiscal* (1990), con ilustraciones de Gallego & Rey.

*En la redacción de **El Cocodrilo** (1985). Sentados: Santiago Amón, yo mismo, Eugenio Suárez y Pepe García. (Obsérvese el extraordinario parecido entre Pepe y yo. Los dos llevábamos por casualidad el mismo tipo de gafas y hasta la cinta para sujetarlas). De pie vemos, entre otros, a Carlos de Vega (en el centro) y Chumy Chúmez a la derecha.*

Eugenio Suárez fue una de las pocas personas con las que me pude desahogar en relación con la ordalía que significó el procesamiento de mi hijo Iñaki. Eugenio tenía en su despacho la foto de un hijo suyo que había fallecido muy joven. Esa era la parte humana. Luego estaba la parte surrealista. Por ejemplo, Eugenio guardaba un revolver en el cajón de la mesa. Cuando se le presentaba algún motivo de disgusto o de euforia, sacaba el revólver y disparaba al aire un par de tiros (con balas de fogueo, supongo).

En uno de los artículos de *El Cocodrilo* (4 de julio de 1985) comenté un pequeño suceso que vale la pena rescatar. Era una carta que me llegó de un alto cargo político. Me la entregó personalmente un motorista del ministerio. Con la carta iba un cheque de 1.000 pesetas. El alto cargo

Ilustración de uno de los artículos para ***El cocodrilo****. Aquí desvelo algunos de los secretos de "La clave" el programa de José Luis Balbín.*

decía en la misiva que, en 1968, se había hecho una suscripción para sacar una publicación clandestina de carácter socialista. Cada suscriptor (y yo era uno de ellos) aportaba 1.000 pesetas. La publicación nunca salió a la luz, pero mi comunicante me decía que ahora: "Los anhelos que nos reunieron en el año 1968 se han hecho felizmente realidad en España". En consecuencia, el proyecto se daba por liquidado y me devolvía las 1.000 pesetas. Como estábamos entre socialistas, el dinero no recibía intereses ni se ajustaba al coste de la inflación, pero el hecho de devolverlo era todo un detalle.

A comienzos de la transición democrática, con la liberalización informativa en las emisoras de radio privadas, empieza el género de las tertulias radiofónicas. Fue un invento de Ramón Pi en la SER. En la tertulia de la COPE, dirigida por Luis del Olmo, participé en 1983 con José Mario Armero, José Luis Gutiérrez, Juancho Armas Marcelo y Pablo Sebastián, entre otros. Era una tertulia sumamente politizada

Con José Luis Gutiérrez y Pepe Mario Armero en la tertulia de la Cope, dirigida por Luis del Olmo (1983).

y se anticipó a la crítica que iba a recibir el felipismo. Al poco tiempo, José Luis Gutiérrez y yo nos trasladamos a la tertulia de *Antena 3 Radio* ("El primero de la mañana") que dirigía Antonio Herrero. A principios de los años 90 fue la tertulia líder de la radio. *Antena 3 Radio* había sido una creación de Manuel Martín Ferrand en 1979 y constituyó una revolución en el medio radiofónico. En 1992 llegó a ser la emisora con la mayor audiencia de España. Pero se produjo un vuelco empresarial (el "antenicidio", según feliz expresión de Federico Jiménez Losantos). La mayoría de los tertulianos, con Antonio Herrero a la cabeza, tuvimos que emigrar a la COPE. *Antena 3 Radio* fue fagocitada por Jesús de Polanco en beneficio de la *SER*, la emisora del "establecimiento".

Me pongo a rememorar nombres con los que compartí mesa y micrófono durante años en la COPE bajo la dirección de Antonio Herrero, Luis Herrero, Federico Jiménez Losantos, Pepe Arozamena,

César Vidal, Antonio Jiménez, Alfonso Merlos y Nacho Villa, entre otros. La lista va sin ningún orden: Carmen Martínez Castro, Germán Yanke, José María Marco, Pedro J. Ramírez, Consuelo Sánchez Vicente, Fernando Vizcaíno Casas, Miguel Ángel Aguilar, Alberto Recarte, Álvaro Delgado Gal, Víctor Márquez Reviriego, Andrés Amorós, Manuel Martín Ferrand, Alberto Míguez, César Alonso de los Ríos, Pilar Miró, José María Beneyto, Julia Navarro, Fernándo Sánchez Dragó, José Luis Gutiérrez, Ricardo García Damborenea, Nicolás Redondo Urbieta, Teresa Doueil, Melchor Miralles, Matías Antolín, Gabriel Albiac, Javier Rubio, Dieter Brandau, Lorenzo Bernaldo de Quirós, José García Domínguez, Juan Carlos Girauta, Jesús Cacho, Tomás Cuesta, Ramón Tamames, Pablo Sebastián, Luis María Anson, Justo Fernández, Jaime Campmany, Víctor de la Serna, Rosana Labiada. El elenco es impresionante por la acumulación de inteligencia que significa, pero estoy seguro de que se me olvidan muchos más nombres. Para mí ha sido un privilegio haber dialogado con todos ellos, la crema de la intelectualidad radiofónica.

En *El Periódico de Catalunya* se publicó esta reseña: "[En la tertulia de la COPE] Amando de Miguel no hace más que demagogia barata sobre los errores del Gobierno…Solo da ideas radicales para exaltar a una parte del público radioyente, que, como borregos, se solidarizan con el autor" (5 de septiembre de 1988). Es un buen ejemplo de que las tertulias apasionan.

La muerte por accidente de Antonio Herrero en 1998 supuso un duro golpe para todos nosotros. No obstante, Antonio (hijo de Antonio Herrero Losada) había creado escuela. Le sucedió Luis Herrero y luego Federico Jiménez Losantos. Se sumó César Vidal y un grupo egregio de tertulianos. Algunos de ellos, con Federico de jefe de filas, fundaron *Libertad Digital* en el año 2000, un medio internético, en el que yo también he colaborado desde entonces. También lo hice al principio en *La Ilustración Liberal*, la revista intelectual del grupo.

Cuadro de Álvaro Toledo que retrata la tertulia de "El primero de la mañana" de Antonio Herrero en la COPE (primeros años 90). De izquierda a derecha, sentados, Ramón Tamames, Pedro J. Ramírez, Manuel Martin Ferrán, Luis Mª Anson, Federico Jiménez Losantos, Jaime Campmany, yo mismo y Víctor Márquez Reviriego. De pie: José Luis Gutiérrez, Justo Fernández, Antonio Herrero, Pablo Sebasttián y Fernando Sánchez Dragó. Aunque el cuadro quiere ser hiperrealista, se trata de una composición. El pintor hizo un retrato de cada uno por separado y luego realizó la composición un tanto idealizada. Nótese la réplica de la Santa Cena con el halo de la figura central (Antonio Herrero), rodeada de los 12 apóstoles secularizados.

En 2008, a mi vuelta de los Estados Unidos, me encontré sin función en las tertulias de la COPE y elegí la opción de Carlos Herrera en *Onda Cero*. Algunos de los tertulianos en ese nuevo medio son Iñaki Ezquerra, José Oneto, Pilar Cernuda, Nicolás Redondo Terreros, José Antonio Vera, Lucía Méndez, José María Calleja, Antonio Casado, Carmen Gurruchaga, Ángel Expósito, José Antonio Gómez Marín, Antxón Urrusolo, José María Fidalgo, Justino Sinova, entre otros. Da gusto tertuliar con personas tan informadas. Se impone a todas ellas el estilo mesurado y bien humorado de Carlos Herrera. Su papel es muy difícil; como el buen director de orquesta, debe saber tocar todos los instrumentos, pero la perfección está en dirigir a los músicos. No siempre es algo que consigan los directores de tertulias. Con Carlos mantengo, además, unos minutos semanales de comentarios sobre el habla cotidiana. Participan en ese divertido espacio Enrique de Miguel (mi hermano putativo en la ficción), Jesús Melgar y Lorenzo Díaz, entre otros. Sigue a un espacio de versos satíricos de Alfonso Ussía y a una clase surrealista de inglés a cargo de Alfonso Rodríguez.

Merece la pena recordar la anécdota del momento en que se produjo la cesura entre mi colaboración con la COPE y la de Onda Cero. Llamé a Carlos Herrera y me invitó a que discutiéramos el asunto a mesa y mantel en Sevilla. Cogí el primer AVE y desembarqué en la estación de Santa Justa. Subí al taxi y dije al taxista: "A Bailén, 17, por favor". El taxista se volvió hacia mí y me espetó con la gracia sevillana: "Hombre, don Amando, eso quiere decir que deja usted a Federico y se viene con Carlos Herrera".

Federico Jiménez Losantos merece un recuerdo especial por las peripecias que hemos vivido juntos durante años y por la influencia intelectual que ha ejercido sobre mí. Algunas veces nos decíamos en broma que, a la muerte de uno de los dos, el otro le haría el obituario. No hay que llegar a ese trance para cumplir con mi parte de la promesa, más que nada porque el supérstite va a ser Federico. Es una especie de Diógenes de la radio y de todos los medios electrónicos e informáticos. El de Teruel se merece un elogio en vida, por mucho que en algún momento él y yo hayamos disentido del estilo de opinar en la radio. El mío es menos apasionado y no tengo tanto dominio del calambur y del epíteto cáustico. Pero admiro la honradez intelectual, el sentido patriótico y el fondo de cultura ecuménica que hace modélico a Federico.

Junto a las tertulias de la radio, mi colaboración se extiende a varias tertulias televisivas. Ocasionalmente asisto a la de Ernesto Sáenz de Buruaga en Telemadrid. También he participado alguna vez en "El gato al agua", de Intereconomía, dirigida por Antonio Jiménez. Con mayor frecuencia he tertuliado en "Más se perdió en Cuba", de Intereconomía, conducida por Javier Horcajo, y en "Hay mucho que decir", dirigida por Teresa Fernández. Asimismo soy bastante asiduo de las tertulias de Veo7 Televisión que organizan, respectivamente, Juan Fernández Miranda, Miguel Toral y Carlos Cuesta. Algunos de los tertulianos más vocales son Ramón Tamames, Antonio (Chani) Pérez Henares, Graciano Palomo, Paco Rosell, Miguel Ángel Gozalo, Antonio Miguel Carmona y Consuelo Sánchez Vicente, entre otros.

En principio, la discusión en las tertulias radiofónicas o televisivas da la impresión de una libérrima expresión de ideas personales. No es así del todo. Las opiniones de cada uno son perfectamente previsibles. Al menos hay dos principios para esa previsibilidad. Uno es el "dentrismo": solo los de "dentro" de una cuestión están capacitados para opinar con conocimiento. Así, los catalanes sobre Cataluña, los sindicalistas sobre los problemas laborales, las mujeres sobre problemas de "género". El "dentrismo" vendría a ser una versión de lo que, en las discusiones sobre fútbol, es el "forofismo". Es decir, solo los acérrimos partidarios o seguidores de un equipo son capaces de entenderlo. Hay un segundo principio para hacer automáticas ciertas opiniones en las tertulias. Es la norma de agradecimiento: no morder la mano del que te da de comer. Se colige mejor cuando, ante una cuestión problemática, no se manejan argumentos personales, sino que se reflejan miméticamente los que interesan a un partido político. Esa adscripción no es fácil de distinguir. Por ejemplo, los más fieles al partido del Gobierno suelen ser los que se autoproclaman como "independientes". No sé por qué da tanta vergüenza reconocer que uno apoya al Gobierno.

Lo peor que les suele ocurrir a los escritores o comunicadores de mi extravagante gremio es que se conviertan en personajes. Esa transfiguración se produce sobre todo en cuanto uno aparece repetidamente en la pantalla de la televisión. La radio también hace mucho. A partir de ese estadio, todo consiste en vivir según las expectativas que demanda la nueva personalidad pública. Por un lado, me habría gustado sustraerme a ese predicamento, pero es inútil oponerse a lo que está escrito en el misterioso libro del destino.

Es muy corriente que algunas personas, desconocidas para mí, me saluden con afecto en la calle o en los transportes públicos. Lo normal es que comenten algo de lo que me han oído por la radio o en la tele; algunos se extienden a lo que he escrito. Todos me hablan como si nos conociéramos de toda la vida. Lo curioso es que ese efecto de aproximación casi nunca se produce en la Universidad, ni con estudiantes ni con profesores, salvo que sean amigos. Un comentario muy repetido en esos breves intercambios es "eso que usted ha dicho es lo que yo pienso". Es algo que me resulta halagador y estimulante. Otro comentario más sorprendente es el de los que se extrañan de verme viajar en autobús o en metro. No entiendo a qué viene esa extrañeza, cuando es la mejor forma de trasladarse dentro del mapa madrileño. Ahora que recuerdo, es muy raro ver en los transportes públicos a personajes encumbrados, por ejemplo, políticos. Solo una vez, como excepción, me topé en la estación de metro de Sol a Joaquín Leguina. Iba el hombre leyendo el *ABC*, como un buen oficinista. Solo que entonces era presidente de la Comunidad de Madrid. Dejó la política Joaquín y ascendió a la categoría de tertuliano y de comentarista de Prensa.

El género de las tertulias de la radio o de la tele se ha hecho consustancial con la vida corriente. Tanto es así que a veces se constituye en objeto de reflexión por parte de los mismos tertulianos. He asistido en alguna ocasión a ese tipo de formato. Recuerdo, por ejemplo, una especie de mesa redonda en la Feria de Muestras de Gijón, en agosto de 1989. Interveníamos Joaquín Prat, Laura Valenzuela, Ramón Sánchez Ocaña y yo mismo en un auditorio abarrotado de público veraneante. Hablábamos sobre las tertulias y los famosos de los medios. Mi tesis fue que "la claridad es la cortesía de las tertulias de la radio y de la tele". (Era una réplica de una famosa frase de Ortega y Gasset). Me refería a mis compañeros de mesa, reyes del micrófono y de la pantalla. La identificación del público con ese tipo de líderes de opinión en las ondas es porque muchas personas necesitan que los famosos piensen como ellas. El periodista Ramón Sánchez Ocaña logró que todo el mundo creyera que era doctor en Medicina.

El género de las tertulias adquiere una variante especial, más bien particular, que es la de las reuniones prandiales con algunas figuras de la política. Recuerdo especialmente las que organizaba José Mario Armero en su casa (En Alfonso XII o en el chalé de Pozuelo) o las del presidente Aznar en La Moncloa.

En ocasiones lo que se dice en reuniones privadas se transmite al público como rumor. Pondré un ejemplo. En 1986 participé en el jurado de los Premios Príncipe de Asturias de Comunicación y Humanidades. Estaban conmigo José María de Areilza, José María Alfaro, Domingo García Sabel, Eduardo Punset, Juan Cueto y algún otro que se me escapa de la memoria. Me ha quedado como mejor recuerdo una comida en un restaurante junto a la catedral con Alfaro y Areilza. Ambos fueron testigos excepcionales de una época política pintoresca, la española y la argentina. Relataron mil historias divertidas. Pero a lo que voy. La anécdota fue que se planteó la posibilidad de dar el premio a un gran comunicador. Yo propuse a José Luis Balbín, maestro que había sido del programa “La clave”, madre de todas las tertulias. Alguien comentó que sería bueno dar el premio a RTVE. Me opuse terminantemente. Comenté con sarcasmo que, de seguir así, acabaríamos dando el premio a José María Calviño, a la sazón director de RTVE y hombre de disciplinada filiación socialista. Lo divertido del caso fue que, al día siguiente, un periódico local adelantó la primicia de que yo había propuesto a Calviño para el premio. No valía la pena desmentir el infundio, pero para las hemerotecas quedará para siempre mi estrambótica propuesta. Por si acaso, mi versión la conté en *Diario 16* (5 de mayo de 1986).

No deja de ser curioso que, al final, el papel más significativo de mi vida haya sido el de tertuliano y comentarista de los medios. Es decir, soy más parecido a un periodista que a un sociólogo. Otra vez la dispersión; qué le vamos a hacer. Por mi carácter, me considero más bien reconcentrado y observador. En los informes psicológicos que me hacían en el Colegio de los marianistas me decían que yo descollaría más en los exámenes escritos que en los orales. Efectivamente, esa premonición se ha cumplido. Lo mío es propiamente leer y escribir. Tanto es así que esas dos actividades representan para mí la mejor expresión del descanso. Pero la realidad me fuerza a ese papel extrovertido de ser profesor, conferenciante, comunicador o tertuliano, esto es, la faceta oral de mi trabajo.

Otra forma de comunicación ha sido las entrevistas que me han hecho en distintos medios. Es imposible acordarme de todos los interlocutores, ni siquiera de muchos de ellos. Daré algunos nombres de los que me han entrevistado con gracia ante las cámaras o los micrófonos: Fernando García Tola, Jesús Quintero, Jesús M. Amilibia, Julián Lago, Andrés Amorós, Pedro Ruiz, Álvaro Luis, José F. Pérez Gállego, Fernando Sánchez Dragó, Isabel San Sebastián, Pepe Cañaveras, Javier González Ferrari, Encarna Sánchez, Pepe Cavero, Ramón Pi, Luis Ángel de la Viuda, Adolfo Marsillach, Luis del Val, Herman Tertsch, Ana Samboal, Santiago Tamarón entre otros muchos profesionales de la palabra. Aunque pueda parecer extraño, resulta menos comprometido responder a las preguntas de un entrevistador que hacer yo preguntas o disertar como tertuliano o conferenciante. Como es natural, las entrevistas han completado siempre mis otras tareas públicas (conferencias, prólogos tertulias, etc.).

Sobre las conferencias he dicho ya alguna cosa. (Véase capítulo 7). Es una actividad constante y creciente en mi vida. Viene a ser una especie de ejercicio de misionero laico. La charla normal suele tener un carácter vespertino, con turno de preguntas, más el rito final de la cena con los organizadores y afines. Es una buena ocasión para pulsar el estado de opinión. En esos casos los anfitriones gustan de reproducir una tertulia en donde introducen los asuntos locales o gremiales. Se supone que el conferenciante debe hacer el gasto principal de las opiniones y debe "mojarse" en asuntos controvertidos. Los comensales de provincias esperan que el conferenciante les traiga primicias de lo que se "cuece" en los cenáculos madrileños.

El número de conferencias empieza a menudear tanto últimamente que he decidido ponerme en manos de una organización especializada, Thinking Heads, para que me gestione en exclusiva esos "eventos". Así se llaman en la jerga actual, aunque no tienen nada de imprevistos; antes bien, están perfectamente programados, a veces con mucha antelación y detalle. Por eso exigen una creciente dedicación profesional. Eso es lo que hacen admirablemente los de Thinking Heads, aunque yo hablaría mejor de *thinking brains*. Curiosamente conocí a su director, Daniel (Dani) Romero-Abreu cuando él era estudiante del ICADE (Escuela de Negocios de los jesuitas). Dani estaba encargado de contratar conferenciantes para dar charlas culturales a los alumnos. A mí me propuso hablar de la Sociología de las catástrofes. Después de la conferencia, tomando un café, le dije a mi anfitrión que por qué no se dedicaba profesionalmente al negocio de organizar conferencias. Así lo hizo en cuanto terminó la carrera, con notable éxito, por cierto. A veces la vida depara agradables casualidades. No es la menor que Dani estudiara en su día con los marianistas de Jerez de la Frontera. Está demostrado que el paso por la férula de los "levitas" imprime carácter. Lo he comprobado en otros personajes: Fernando Sánchez Dragó, Luis María Anson, Luis H. de Larramendi, entre otros muchos.

10. Aproximaciones cautelosas a la política

Algunos parientes y amigos siempre pensaron que yo haría carrera política. Puede que yo también haya alimentado alguna vez ese sueño. Todo apuntaba a ello. Recuérdese mi temprana formación en el Frente de Juventudes y en el SEU, los estudios en la Facultad de Ciencias Políticas. En mi papel inicial como sociólogo o escritor colaboré en algunos ambientes de oposición al régimen franquista. Pienso, por ejemplo, en la revista *Cuadernos para el Diálogo* (su acrónimo, C.D., aludía a la Democracia Cristiana) y sobre todo en el diario *Madrid*. Por esas tribunas pasaron muchas personas que iban a ser los protagonistas de la llamada "transición" a la democracia. He conocido muy de cerca a muchos dirigentes políticos. Es más, he escrito miles de páginas sobre los problemas políticos de mi país. Mi biblioteca particular está repleta de libros sobre la materia. Las conversaciones y tertulias con los amigos han girado indefectiblemente hacia los asuntos políticos. Aun hoy, lo que veo en la televisión o "escucho" (como ahora se dice) en la radio son tertulias políticas, que a veces se dicen económicas. Esas son las más políticas.

A pesar de todo lo anterior, nunca me convenció seguir la carrera política. Quizá sea porque lo mío es más el conocimiento que la acción. Una razón más convincente es que, para aspirar al poder político, hay que dedicar a ese esfuerzo una atención exclusiva. Ya lo he dicho, yo no soy amigo de exclusividades, y menos en el terreno ideológico. No consigo entregarme por completo a una causa; me puede la curiosidad por conocer otras formas de observación y de participación. En el mercado de las ideas soy más trujimán que fabricante. Supongo que esa manera de pensar podría ser tildada de veleidad, de inconstancia, pero es la mía.

Voy a relatar someramente algunas aproximaciones cautelosas que he tenido a puestos que podrían haber sido el primer escabel para la carrera política. Se verá que no los aproveché con ese fin, quizá en contra de lo que se esperaba o al contrario de lo que habrían hecho otras personas en mi lugar. Tampoco puedo decir que fracasara en mis aspiraciones políticas, porque insisto en que ni siquiera las hice mías. Al final ni yo mismo entiendo por qué no he aprovechado mejor las oportunidades para disfrutar de las amenidades del poder político. Que conste que de ellas gozan no solo los que gobiernan sino los que están en la oposición. Ambos conjuntos integran la categoría de "los que mandan", aunque sus intereses no sean coincidentes. Insisto, es un club al que no me ha interesado pertenecer, a pesar de tener tantos conocidos metidos en ese círculo. A muchos de ellos los he admirado, pero me ha faltado capacidad de entusiasmo o de disciplina para tenerlos como conmilitones.

Seuístas

La carrera de Ciencias Políticas (1954-61) la realicé con una beca del SEU, que al final la cambié por otra más sustanciosa del Ministerio de Educación. Mi cercanía natural al SEU hizo que fuera delegado de Curso y luego delegado de Facultad. Esos puestos no indicaban que yo me sintiera a gusto con el franquismo. Antes bien, mediada la carrera, poco a poco me fui aproximando a las posiciones que podríamos llamar liberales. Eran las que abogaban por un sistema de libertades y de partidos políticos. Con todo, no llegué a participar activamente en ningún grupo de oposición frontal al régimen. Ya he dicho que lo de las dedicaciones exclusivas (y, por tanto, excluyentes) es algo que nunca me ha ido. Los militantes disciplinados no suelen ser buenos observadores y pierden el sentido de la autocrítica. En las tertulias políticas lo he comprobado muchas veces. Los que actúan como militantes de algo (aunque se declaren independientes) suelen repetir lo que está escrito en la cartilla invisible que llevan con ellos; les cuesta salir del guión. Mi caligrafía no necesita falsilla. Por eso puedo criticar a los "míos", que, por tanto, no lo son enteramente. Hace unos meses pedí públicamente la destitución de Francisco Camps y de José Bono. No necesité esperar a ninguna sentencia judicial. Simplemente, eran dos personajes que no habían dado ejemplo de probidad. Hay muchos más.

Una persona del elenco político que me impresionó favorablemente al principio fue Enrique Tierno Galván. Un buen amigo y compañero de curso, Juan Antonio Matesanz, me introdujo en el grupo de iniciados que caían bajo el mesmerismo del "viejo profesor".

(Ese último epíteto se lo puso, irónicamente, Raún Morodo; en su día se empleó para Hegel). Asistíamos a un seminario doméstico (y casi clandestino) en la casa de Tierno en Madrid. Teníamos que entrar de uno a uno, y espaciados, para no llamar la atención de los posibles policías o informadores. Naturalmente, la función latente de todo aquel ritual era para mantener el interés. Aunque se llamaba "seminario", la tenida en casa de don Enrique era más bien un largo soliloquio del maestro. El ambiente parecía más bien una sesión espiritista. La luz de la sala era tan mortecina (Tierno no resistía la luz) que apenas se veía para tomar apuntes. Sin embargo, las lecciones del maestro eran sencillamente magistrales. En contra de lo que se pudiera pensar, no eran discursos de adoctrinamiento político sino disertaciones académicas, a veces de gran profundidad filosófica. O al menos así lo parecía, porque el lenguaje tiernista estaba lleno de abstracciones y neologismos. Por ejemplo, la palabra "funcionalismo" indicaba lo contrario de lo que luego iba a significar. Tierno se decía "funcionalista" para evitar palabras vitandas, como "marxista" o "revolucionario". Curiosamente, la dedicación principal de Tierno era entonces la de preparador de opositores a la Escuela Diplomática.

El seminario doméstico de don Enrique carecía de programa. Al comienzo de cada sesión, el maestro preguntaba mirando humildemente por encima de las gafas: "¿De qué quieren que les hable hoy?". Alguien sugería un tema, siempre de lo más variado. Podía ser, por ejemplo, la Revolución Francesa o la rutinización del carisma. Tierno cerraba los ojos, como para concentrarse, y, tras unos minutos de silencio, empezaba a desgranar su disertación con una vocecita apenas audible. Duraba su parlamento más de una hora, sin que nadie osara interrumpir sus cogitaciones. A veces eran de verdadero fervor revolucionario, aunque sin alterarse. Téngase en cuenta que Tierno era entonces un asiduo colaborador del Instituto de Estudios Políticos, un órgano de Falange.

Años más tarde, cuando don Enrique llegó al poder, me decepcionó e incluso me di cuenta de que era un tanto farsante. Claro que, para entonces, yo no era tan ingenuo.

En el último año de la Facultad, el amigo Matesanz me llevó a unas extrañas reuniones políticas o conspiratorias. Se convocaban bajo la protección del jesuita José María Llanos, antiguo falangista y al final compañero de viaje de los comunistas. Las reuniones se celebraban en una dependencia de la iglesia de los jesuitas de la calle Serrano, en frente de la embajada de los Estados Unidos. Los asistentes más vocales eran mayormente líderes estudiantiles de la Agrupación Socialista Universitaria (ASU). Aunque pueda parecer raro, mi impresión era que aquellos mocitos pertenecían a familias de clase acomodada e incluso bien instaladas en el régimen. La verdad es que yo me encontraba más en mi ambiente social de clase media con los chicos del SEU. Pienso en Fernando Suárez, Francisco Eguiagaray, Félix Izquierdo, Alberto Gutiérrez Reñón, Manuel Galea o Rodolfo Martín Villa. Por otra parte, esos "seuistas" no me parecían muy entusiastas del franquismo.

Lo común de los ambientes políticos con los que yo trataba en mi época de estudiante universitario era que todos se planteaban la democracia. Sin embargo, lo que generalmente se presumía era que el advenimiento de la democracia se iba a producir una vez que hubiera muerto Franco. Visto ahora, ese planteamiento tan melindroso fue el verdadero éxito del invicto Caudillo.

Algún compañero de estudios en la Facultad, como Luis González Seara, ya en el primer año, nos decía que él iba para ministro. Y lo fue con la UCD. A mí me parecía poco ambicioso ese deseo. Con ninguna seriedad y mucha petulancia, decía yo: "Alguna vez seré presidente de Europa". De momento, mis compañeros me eligieron delegado de Curso. Al final de los estudios llegué a delegado de la Facultad de modo efímero. Era una forma de empezar la imposible carrera política. En aquel momento yo me sentía cerca del SEU, aunque eso no quería decir gran cosa. Ese sindicato estudiantil tenía una significación oficial, pero mi punto de vista estaba más próximo a los que aspiraban a una democracia (inorgánica, claro).

En los dos últimos cursos de la Facultad (1959-61) fui ayudante de clases prácticas de la cátedra de Manuel Fraga. Esa personalidad apuntaba maneras de una decidida carrera política. En las clases, tanto Manuel Fraga como Antonio Carro, manifestaban un gran aprecio por el sistema político británico. Sin embargo, la colaboración académica con esos dos profesores no consiguió afianzar en mí la vocación política. Antes bien, por esas fechas, la influencia conjunta de José Luis Pinillos y de Juan J. Linz alentó todavía más mi oculta vocación por el conocimiento. Me tiraba más el lado científico de la política y, cada vez más, de la sociedad. Así que me embarqué para los Estados Unidos (Universidad de Columbia, Nueva York) con el fin de estudiar Sociología empírica. He contado ya algunos rasgos de esa etapa formativa (capítulos 5 y 6).

En 1964 tuve que regresar escopeteado de los Estados Unidos por un telegrama que me envió el Ministerio del Ejército. El año anterior había conseguido una ampliación del permiso por estudios que me habían dado en 1961 para trasladarme a los Estados Unidos. El permiso era porque había hecho ya el primer verano de prácticas de alférez de la Milicia Universitaria. Me quedaba un segundo verano para completar mi obligación. La ampliación del permiso lo conseguí gracias a una encomiástica carta de Robert K. Merton, el director del Departamento de Columbia. La carta, en inglés clásico, iba dirigida a "His Excelency the Minister of War". El maestro Merton venía a decir que era de un alto valor estratégico el hecho de que yo pudiera completar mi doctorado en Columbia. Total, que el telegrama de 1964 decía que ya no había más permisos y que, en el plazo improrrogable de 60 días, tenía que incorporarme a mi puesto de alférez. Mi destino estaba en el Regimiento de Cazadores de Montaña de San Sebastián. Así que mi mujer y yo hicimos el equipaje (un camión lleno de cajas, principalmente de libros y papeles) y regresamos por barco a España. La travesía fue un horror por las galernas. El barco era mixto, de carga y pasaje, por lo que nos encontrábamos bastante hacinados. Dormíamos en literas. Compartimos mesa con una deliciosa pareja de indianos, que habían salido de su aldea gallega hacía 50 años. En todo ese tiempo no habían podido volver a España. Nos preguntaron si en España había *ice cream*; ni siquiera conocían la palabra "helado", seguramente algo desconocido en su infancia rural.

He relatado ya algunas incidencias en el cuartel de Loyola, cuyo coronel era Alfonso Pérez Viñeta, en el libro *Servir al Rey* (en colaboración con Jesús I. Martínez, 2005). Pero hubo dos pequeños sucesos que sí cumple reseñar aquí por la relación que tienen con mi accidentada carrera política, si se puede llamar así. La primera fue una reunión urgente del coronel con todos sus oficiales. Estábamos todos de pie en el despacho del coronel, naturalmente decorado con muebles de falso estilo plateresco. Recuerdo que ese mismo coronel, unos días antes, había hecho imprimir un "decálogo del soldado" que contenía siete puntos. Esta vez el asunto parecía mucho más serio, aunque a mí me sonara igualmente ridículo. Vino a decirnos que los servicios de información del Ejército habían detectado un plan de la Unión Soviética para invadir a España por los Pirineos. De momento, habían infiltrado a muchos comunistas en las filas de la Administración e incluso del Ejército. Nuestra misión, como Cazadores de Montaña, era la de extremar la vigilancia en el Pirineo Occidental con el fin de alertar sobre la inminente invasión soviética. La escena era un tanto peliculera. La consecuencia feliz de esa arenga fue que, en los días siguientes, hicimos una estupenda excursión por el Pirineo.

La segunda incidencia fue más personal. Hacía la mili conmigo Alfonso Manso, mi amigo de la adolescencia, como queda reseñado (capítulo 5). Precisamente él me indicó la conveniencia de que solicitáramos el destino de Loyola para las prácticas de la Milicia.

La razón es que, como se decía de Cazadores de Montaña, no había muchas solicitudes. Además, así estaríamos juntos en esa experiencia obligada y única. Alfonso estaba más metido en el SEU y se vio en San Sebastián con Rodolfo Martín Villa, a la sazón jefe nacional del SEU. Yo conocía bien a Rodolfo, porque él había sido jefe del Distrito de Madrid cuando ambos éramos estudiantes. Rodolfo le pidió a Alfonso que le ayudara a ponerse en contacto conmigo. Rodolfo quería dejar la jefatura del SEU para continuar con su carrera política. (La verdad es que la completó con éxito). El de León había pensado en mí para que le sucediera en el cargo. Habían diseñado el perfil de un candidato más o menos independiente, con un buen historial académico, y ese era yo. Para tratar de convencerme, Rodolfo organizó una entrevista con el ministro del Movimiento, José Solís. Era el verano de 1964.

Rodolfo y yo nos vimos con el Ministro en su lujosa suite del Hotel María Cristina. Estábamos en el mes de agosto y la mayoría de los ministros se alojaban en San Sebastián. La entrevista con Solís fue apacible. El Ministro derrochaba gracejo. Naturalmente, los tres nos tuteábamos. Solís hablaba sin parar con su ceceante acento andaluz mientras se vestía de gala para no sé qué recepción política. Rodolfo asistía silente a la conversación; solo intervino para confirmar que yo era el mejor candidato para la jefatura nacional del SEU. El argumento de Solís era que, efectivamente, ahora se imponía un profesional aperturista con un buen currículum académico. Yo me resistía de la forma más educada. Incluso llegué a decir que, de aceptar el cargo, iba a ser el último jefe nacional del SEU. "El sindicato único y oficial tiene sus días contados", dije yo ante la sonrisa incrédula y benevolente del Ministro. A todo esto yo lo veía en una postura tan poco decorosa como la de ponerse los pantalones blancos y ajustarse la camisa azul. Como ya no me quedaban argumentos para rechazar el amable ofrecimiento del Ministro, aporté el último: "Lo que yo pretendo es llegar a catedrático de Sociología y dedicarme a investigar". Solís tenía la réplica estudiada: "Eso no es ningún inconveniente, muchacho. Que te diga Rodolfo. Nosotros hemos hecho catedráticos a muchos. Tú no vas a ser una excepción. Es más, el cargo del SEU es hoy el mejor trampolín para llegar pronto a la cátedra. Desde ella podrás servir mejor a España".

Me quedé sin habla. Pensé: "Dios mío, estoy experimentando *in vivo* con la médula del sistema autoritario". La entrevista terminó abruptamente, porque el ayudante de Solís entró para decirle que lo llamaban desde el palacio de Ayete para reunirse con el Caudillo. La "sonrisa del régimen", como se le conocía, se dio por vencido, pero no hubo rencor. Solís me animó a seguir mi carrera científica, si era eso lo que de verdad me interesaba. "Jóvenes como tú son los que nos hacen falta", me dijo como despedida. En el bar del hotel, Rodolfo y yo nos consolamos mutuamente. El hombre me miró con ternura por encima de las gafas y se congratuló de mis planes profesionales. Para relajar la tensión, me recordó la historia de Solís con Adolfo Muñoz Alonso, uno de esos catedráticos por méritos políticos. Un día, Solís preguntó con sorna al filósofo Muñoz Alonso cuál era la utilidad de estudiar Latín. El catedrático le contestó: "Ministro, tú eres de Cabra; por eso, con el latín en la mano, tienes la suerte de ser egabrense". Siguió una larga conversación con Rodolfo sobre la pugna entre los "azules" y los "tecnócratas". Hablamos de que José Miguel Ortí Bordás podía ser un jefe nacional del SEU mucho más apto que yo. En efecto, fue el que nombraron y luego seguiría una ortodoxa carrera política con Alianza Popular, más tarde el Partido Popular. Con Rodolfo siempre mantuve una buena inteligencia. Algunos años después, cuando estaba el de León al frente de ENDESA, le hice una precisa encuesta sobre la opinión de los accionistas. Es otro de esos informes de Tábula V que permanecerán inéditos; los hubo a docenas. Lo fundamental era que, en 1964, Rodolfo y yo podíamos plantearnos con naturalidad que pronto iba a haber partidos políticos en España.

Después de la Ley Fraga de 1966 se empieza a emplear el eufemismo de "contraste de pareceres" o de "asociaciones políticas". Era una forma sibilina de reconocer que estaban empezando a germinar los partidos políticos. De forma difusa se percibía la Democracia Cristiana, el Socialismo o el Comunismo, cada uno con sus distintas facciones "fulanistas". En abril de 1967 el Caudillo salió al paso de esa impetuosa corriente y afirmó en un discurso: "Si a disculpa del contraste de pareceres lo que se busca son los partidos políticos, sepan en absoluto que eso jamás vendrá". (Curiosa esa expresión enfática de "saber en absoluto"). Franco tenía razón en que él no iba a legalizar nunca los partidos políticos. Pero un año después de su fallecimiento ya habían sido reconocidos oficialmente más de 200 partidos; y eso que faltaba todavía por legalizar el Partido Comunista de España.

Hasta pasado el momento de "la gran orfandad", no volví a tener ofertas políticas, en vista de mi posición favorable a un sistema de partidos y libertades. En los comienzos de la "transición" me llamó José Manuel Romay, a quien conocía del Club Jovellanos. Era una especie de club liberal que congregaba a algunos intelectuales, principalmente juristas. Romay era subsecretario de Obras Públicas y me ofreció la Dirección General de Urbanismo o algo parecido. Era una materia en la que yo había hecho algunos estudios. Le dije que un amigo mío, Juan Díez Nicolás, estaría más dispuesto que yo para ese menester. En efecto, así fue, y de esa forma se reforzó la brillante carrera política y profesional de mi amigo. Años más tarde, con Aznar, Romay llegó a ministro de Sanidad y ha continuado siendo una persona influyente en el PP y en la Fundación FAES, donde yo he publicado un libro (*Entre dos siglos,* 2005). Un dato simpático de Romay es que, cada vez que recibe a una persona en su despacho, le regala un libro, que él ha leído antes, y así puede recomendarlo. Actualmente es tesorero del PP. Representa muy bien el prototipo de político honrado que procede de los grandes cuerpos de la Administración, en su caso letrado del Consejo de Estado.

Valga la nota marginal de que los casos de corrupción política, tan frecuentes en todos los partidos y territorios, afectan a funcionarios que no pertenecen a los grandes cuerpos de la Administración.

La oportunidad lógica para que yo hubiera hecho carrera política fue en el Gobierno de Aznar (1996-2004). Me aproximé al presidente del Gobierno, pero solo para escribir una biografía sobre su personalidad política y humana, que me encargó Ymelda Navajo para La Esfera de los Libros. (En 1989 Ymelda nos había convencido a José Luis Guitiérrez y a mí para que escribiéramos una biografía de Felipe González; fue un éxito editorial). El biografiado no pareció muy entusiasta con mi trabajo. El cual se basó en entrevistas con sus conmilitones. Puede ser también que Aznar no sea precisamente un hombre que se entusiasme por nada. Es una buena cualidad para un político en un país de apasionados. Lo cierto es que la biografía de Aznar (*Retrato de Aznar con paisaje al fondo*, 2002) pasó sin pena ni gloria.

Antes de llegar Aznar al Gobierno (en 1996) se procedió a nombrar un Consejo de Administración de Radiotelevisión Española. Los nombramientos los hacía el Congreso de los Diputados por un sistema de consenso. Se componía así un Consejo con las cuotas que correspondían a los distintos partidos. A mí me propusieron por el PP junto a Miguel Ángel Gozalo y Eugenio Nasarre, entre otros. Al funcionar el consenso, todos los propuestos fuimos automáticamente nombrados. En este caso mi fulgurante carrera política solo duró unos pocos meses. En septiembre de 1995 dimití como consejero a través de una carta que envié al presidente del Congreso, Félix Pons. Nunca me contestó, pero mi cese salió inmediatamente en el BOE. La razón que aduje para mi dimisión era estrictamente individual. Había intentado, por todos los medios disuasorios, que RTVE fuera mínimamente objetiva en las noticias políticas. Me ayudaron los otros consejeros del PP, pero no conseguimos nada. La gota que colmó el vaso de la paciencia fue el tratamiento, no ya sesgado sino sectario, de RTVE ante las escuchas telefónicas del CESID o el aborto. Como las propuestas de los consejeros del PP no surtían efecto, entendí que debía dimitir y así lo hice. Siempre he creído que las dimisiones no cabe que sean rechazadas.

Cuál no sería mi sorpresa cuando, después de haberse publicado mi dimisión, recibí una llamada de Rodrigo Rato. Era un alto cargo del PP y nos pedía a los consejeros que nos reuniéramos con él. Aunque yo ya no lo era, asistí por cortesía y recibí una agria reprimenda por parte de Rato delante de los otros consejeros. No supe qué decir; solo que creía haber obrado en conciencia. La tesis de Rato era que los ceses los tenía que tramitar él, doctrina con la que yo no estaba de acuerdo. Era una cuestión semántica. Para mí, el verbo "cesar" es intransitivo, sinónimo de "dimitir". Para Rato, "cesar" es transitivo, sinónimo de "destituir". Así no había forma de ponerse de acuerdo. (Que conste que el diccionario de Rato es el usual en los círculos políticos; el mío es el académico). Se veía que Rato era un señor de buena familia, acostumbrado a mandar. En este caso la criada le había salido respondona. Estaba visto que lo mío no era la carrera política. Bastante tenía con estudiar el comportamiento de los políticos. Ese es un trabajo que me fascina. Solo que me viene a la memoria la conseja clásica que me repetía mi amigo Fernando Albero con ironía y retranca: "Si quieres ser tan feliz como me dices/ no analices, muchacho, no analices". Lo malo es que no hay forma de saber quién compuso ese pareado tan prosaico y tan atinado. Es otra manifestación desengañada de la resistencia de los españoles al modo de utilizar el intelecto que tienen los científicos.

Todavía cabe un episodio más en mi truncada carrera política. En 2004 la presidenta de la Comunidad de Madrid, Esperanza Aguirre, me incluyó en el grupo de "expertos" del Consejo Económico y Social (CES). En ese caso "expertos" quiere decir no representantes de los empresarios o de los sindicatos. Es decir, son los que van a título individual, no corporativo. En ese cargo, estrictamente consultivo, sigo desde entonces. Lo acepté y lo he mantenido porque es más técnico que político y porque lo preside un economista tan competente como Francisco Cabrillo. El resto de los consejeros "expertos" son también buenos profesionales, sobre todo economistas o empresarios del ala liberal: Luis de Guindos, Carlos Rodríguez Braun, Miguel Ángel Belloso, Juan Mato, José Luis González Quirós, Fernando Bécker, Elena Pisonero, Salustiano del Campo, Emilio Sáinz de Murieta, Emilio Díaz, Rocío Albert. Ese puesto de consejero me ha permitido observar con atención la ideología de los dos sindicatos de clase (UGT y Comisiones Obreras) que forman parte del CES. Por cierto, en casi todos los casos ambos sindicatos mantienen el mismo signo del voto, pero siempre tiene que haber representantes de las dos siglas. Se podría escribir un libro sobre esa curiosa supervivencia corporativista del franquismo que significan los sindicatos privilegiados, insertos en el aparato del poder. Muchas veces nos preguntamos los "expertos" por qué hay solo dos sindicatos presentes en el CES y por qué suelen estar tan de acuerdo. A pesar de lo cual, pierden todas las votaciones, porque los "expertos" normalmente nos sentimos compenetrados con el tercio empresarial.

En otro lugar de este capítulo acompaño alguna ilustración de las dificultades personales que he encontrado en los sindicatos. Es natural, pues mi opinión es que esos vestigios del corporativismo están de sobra en la vida pública española. Deberían ser sustituidos por verdaderas asociaciones profesionales, plenamente independientes de los partidos y sin subvenciones del Gobierno. De esa forma, dejarían de ser "palmeros" del Gobierno, cuando es de izquierdas, o "escuadristas de asalto" contra el Gobierno, cuando es de derechas.

Autoritarismo

Como puede verse, mi abigarrada carrera política ha tenido más fracasos que éxitos. La razón es que no he aceptado nunca comulgar con las ruedas de molino de los respectivos gobiernos. No he sido lo que se dice un político disciplinado, ni siquiera como liberal, que es lo que vengo a ser. Mi interés como observador de la política ha primado más que mi deseo de participar de las amenidades del poder. He protestado siempre contra los ramalazos de autoritarismo de los que mandan, y eso no gusta a nadie. Tengo visto que el autoritarismo es más perceptible en los que obedecen que en los que mandan.

La izquierda intelectual abomina la distinción entre el régimen autoritario y el totalitario. Le interesa hacerlo así para condenar por "fascista" el franquismo sin mayores averiguaciones. De esa forma, la izquierda queda legitimada y hasta aureolada. Pero esa consideración olvida que en la II Guerra Mundial los fascistas fueron derrotados por los demócratas. Pero en esa victoria los demócratas se asociaron tácticamente con los comunistas, que también respondían al esquema del totalitarismo. La prueba de esa confusión es que en la Europa democrática (incluida España) ha sido legítimo ser comunista pero no fascista o nazi. Es más, en la España actual, se produce el sarcasmo de que se tilda de "fachas" o fascistas a los liberales. Mayor confusión no cabe.

La calificación de totalitario no define bien al régimen franquista, por lo menos en su segundo hemistiquio, a partir de 1959, que es el que yo he observado con atención. En cambio, lo de régimen autoritario (tal como lo define Juan J. Linz) le cuadra admirablemente. En los años

60 existía un pluralismo limitado y una tolerancia dentro de un orden para ciertos personajes de la oposición. A lo largo de estas páginas he aportado numerosos testimonios en esa línea. De ningún modo trato de justificar el franquismo con la calificación, aparentemente benévola, de "autoritario". Pero es indudable que esa caracterización, perfectamente querida, le dio una gran capacidad de subsistencia. Franco abrazó a Hitler durante la segunda guerra mundial y a Eisenhower durante la guerra fría. Esa circunstancia única le permitió morir en la cama, en una cama de la Seguridad Social. Un personaje con esa capacidad de supervivencia no puede ser totalitario.

No me compete entrar aquí en la polémica teórica o doctrinal sobre la materia. Juan J. Linz y yo hemos escrito abundantes páginas sobre el particular. Aquí cuenta más lo vivido del régimen de Franco que la teoría en la que se inscribe. Lo que aporto en estas páginas es una serie de testimonios para entender lo que fue un régimen político. Al final, esa solemne expresión se reduce a lo que sucede en un círculo muy reducido de personas.

Lo típico de un régimen autoritario es que mantiene una oposición consentida dentro de unos límites controlados aunque difusos. Por ejemplo, el franquismo podía permitir la blanda oposición de la democracia cristiana, pero era implacable con los comunistas. En el primer caso simplemente la cooptaba. Por eso pudo darse el caso de la oposición del diario *Madrid*. En ese cenáculo (nunca mejor dicho) no había comunistas, por lo menos a título institucional. Con el tiempo, la mayor parte de los comunistas dejaron de serlo, e incluso algunos se aproximaron al PP. Véase el caso de Antonio (Chani) Pérez Henares, un periodista sin tacha. O el más extremoso de Federico Jiménez Losantos, en su día a la izquierda del PP y hoy a la derecha del PP, pero siempre integérrimo. En mi círculo sociológico se puede citar a Antonio Izquierdo y tantos otros. Asombra que todavía hoy pueda haber algún comunista en España con un mínimo de información.

Los grupos de oposición bajo el franquismo (sobre todo a partir de la cesura de 1959) se encontraban reprimidos pero con muchos matices. La Policía controlaba las actividades de la oposición, pero más bien de forma preventiva y cautelosa. Recuerdo un pequeño incidente, más que nada divertido, en el año final de mi licenciatura, en 1959. Era un momento en el que yo estaba provisionalmente de delegado de la Facultad. Ante no me acuerdo qué algaradas estudiantiles, los delegados de Facultad acordamos reunirnos secretamente en los bajos de una cafetería de la calle Alcalá. Se suponía que todos los delegados eran sospechosos para el régimen por apoyar a los estudiantes levantiscos. Comenzada la reunión, caímos en la cuenta de que faltaba uno de los delegados; no sé si era el de Farmacia o el de Veterinaria. Se comprobó que nadie le había informado del lugar de la reunión. En esto que bajó por las escaleras el delegado que digo. Nos contó, divertido, que, ante la ignorancia del lugar de la reunión, a través de un familiar, contactó con un policía amigo. Así se enteró del lugar de la reunión. Es decir, que lo que creíamos que era un cónclave secreto, se trataba de algo perfectamente controlado por la Policía. Es un detalle nimio, pero, junto a otros, ilustra muy bien el modo de proceder del régimen autoritario. Parecía que los estudiantes eran los enemigos del régimen, pero los estudiantes, como conjunto, eran más bien los hijos de los que mandaban. Por otra parte, los estudiantes más radicales no eran tan peligrosos como parecían. En efecto, no pretendían cambiar el régimen sino la Historia y hasta la naturaleza humana. Es decir, planteaban una hermosa utopía, pero la utopía quiere decir que no tiene lugar. Soñar con utopías es perder el tiempo.

"Madrid"

A lo largo de estas páginas se cruza muchas veces el diario *Madrid* de mis gozos y tribulaciones. Mi colaboración con ese periódico de la oposición moderada fue muy corta, pero muy intensa; me marcó mucho. Tanto, que determinó el salto definitivo del papel de sociólogo empírico, más o menos aséptico, al de comunicador. No lo intenté; resultó así.

En 1966 salió a la calle la definitiva época del *Madrid* al amparo de la Ley Fraga, que suprimía la censura previa. La iniciativa principal la llevó a cabo Rafael Calvo Serer. Era un personaje un tanto pintoresco, que había sido católico tradicional (enfrentado a los falangistas) y ahora promovía la transición democrática del régimen. Siempre fue monárquico y muy honrado. El *Madrid* aglutinó a unos 300 colaboradores de todas las tendencias políticas, quizá con la excepción de los comunistas, salvo algún caso aislado. Predominaban lo que podríamos llamar "liberales", en el sentido político más que en el económico. En otros tiempos habrían sido "ilustrados".

En septiembre de 1966, Rafael Calvo Serer se dirigió a mí a través de Juan Ferrando (catedrático de Derecho Político) y de Joaquín Bardavío (periodista). Se habían convocado elecciones municipales para noviembre y por vez primera figuraba una candidatura "independiente". Vagamente estaba constituida por monárquicos liberales. A la sazón dirigía yo DATA, una empresa de estudios de mercados y de opinión, que acababa de publicar el Informe FOESSA y otras investigaciones sociológicas. Calvo Serer me encargó una encuesta para predecir los resultados electorales en Madrid "como si" realmente estuviéramos en una democracia. Era una táctica política (tan voluntarista como ingenua) para precipitar la transición democrática. El *Madrid* quería predecir los resultados el día antes de los comicios y analizar los resultados. Estaba claro que la investigación sociológica era la servidora de la acción política; era lo moderno. Es un detalle que puede parecer ingenuo. En la visita a DATA, Calvo Serer quiso ver los "cerebros electrónicos" que manejábamos. No sé lo que se imaginaría, pero tuvo que contentarse con la visión de una modestísima clasificadora-contadora IBM, que era la tecnología que entonces nos era más familiar.

Nuestras predicciones "científicas" fueron que iba a haber una alta participación y que iba a ganar la candidatura "independiente". No acertamos ni una. La participación fue bajísima y ganó la candidatura oficial, la del Movimiento. Muchos entrevistados no se atrevieron a decir que se iban a abstener de votar y que, de hacerlo, iban a votar a los de siempre. Luego nos señaló Linz que hubiéramos acertado con el porcentaje de participación de habernos fiado de un indicador indirecto. Se trataba del porcentaje que sabía los nombres de los candidatos principales. Era exactamente el porcentaje de los que votaron.

A pesar del fracaso, resultó novedosa y atractiva la iniciativa de indagar la opinión política de la gente. Calvo Serer me invitó a escribir artículos de divulgación sociológica para la "página 3" del periódico. Empecé así una colaboración intermitente y medrosa, que luego se hizo regular y suelta. La página de opinión la dirigía Antonio Fontán, latinista, monárquico y liberal, que hacía de líder intelectual de todos nosotros. Los colaboradores nos reuníamos a cenar los miércoles en el restaurante Sixto. Nos juntábamos por lo menos un par de docenas de personas. Aparte de los citados, por allí pasaron, entre otros, Luis Marañón, Antonio Herrero Losada, Javier Irastorza, Antonio García Trevijano, Miguel Ángel Gozalo, Enrique Sopena, Miguel Ángel Aguilar, Antonio Sánchez Gijón, Francisco de P. Burguera, Vicent Ventura, Rafael Márquez, Javier Cravajal, Carlos Ollero, el colectivo Juan Ruiz (Andrés Amorós, Miguel Herrero y Manuel Díez Alegría),

Con Antonio Fontán en alguna de las raras veces en que me vestí con la toga, la muceta y el birrete. Debe de ser hacia 1977.

Alberto Míguez, Manuel Broseta, José Oneto, Gregorio Peces Barba, Javier Calderón, Emilio Alonso Manglano, Justo Fernández, Salvador Pániker, Alejandro Rojas Marcos, Sebastián Auger, Joaquín Muñoz Peirats, Nativel Preciado, Juby Bustamante, José Vicente de Juan. Son los nombres que me salen a vuelapluma, por ser los más vocales, pero había muchos más. Los de provincias asistían con mayor intermitencia. Como puede verse, algunos de esos nombres fueron poco después protagonistas de la transición democrática. Había algunos del Opus Dei, pero nunca me parecieron fanáticos, ni estaban interesados en captar adeptos. No eran proselitistas pero sí elitistas.

A lo largo de mi azacaneada vida, ha sido una suerte muy repetida el hecho placentero de encontrarme rodeado de personas muy inteligentes y con un notable espíritu de trabajo. Esa ha sido mi mayor fortuna. El círculo del *Madrid* cumplía esa constancia con el predominio de las dos profesiones más vocales: periodistas y abogados.

En aquellos momentos no llamaba la atención el hecho de que, en ese grupo lábil de los colaboradores del periódico, apenas destacaran las mujeres. Algunas había, pero hablaban muy poco. Era un signo de los tiempos que iba a alterarse profundamente pocos años después. Otro rasgo de ese elenco es que no estaba compuesto solo de políticos; destacaban también los profesionales con un merecido prestigio. Yo mismo estaba en ese grupo más como profesional que como político. Curiosamente no había ningún otro sociólogo. El lugar era óptimo para un observador de los avatares de una sociedad cambiante.

Las cenas de Sixto no se convocaban; eran regulares como si se trataran de asuntos profesionales. Se hablaba en ellas con toda libertad, aun con el convencimiento de que la Policía estaba al tanto de lo que se decía en esas tenidas. A veces se reunía ocasionalmente un grupo más reducido de lo que podríamos llamar "consejo editorial", por lo general también a mesa y mantel. En ocasiones la reunión se hacía con otros grupos similares. Recuerdo, por ejemplo, una comida para ese fin en el restaurante La Criolla con el consejo editorial de *Cuadernos para el Diálogo*. El conciliábulo tenía un claro propósito de conspiración pacífica. Lo presidían Joaquín Ruiz-Giménez y Rafael Calvo Serer. La sorpresa de algunos comensales fue la declaración inicial de Ruiz-Giménez al imponer una sola condición: "que se respete la excelsa figura del Jefe del Estado". Don Joaquín decía "eselsa", pero todos entendíamos la paradoja. Téngase en cuenta que, por entonces, era creencia común entre los entendidos que Ruiz-Giménez sería el primer presidente del Gobierno de la democracia.

Cubierta del libro ***Sexo, mujer y natalidad en España*** *(1974), diseñada por M. Ruiz Ángeles y Juan Salto (Cuadernos para el diálogo). Joaquín Ruiz-Giménez la consideró un tanto provocativa.*

Ese rasgo autoritario del "democratísimo" don Joaquín me recuerda una apreciación que me hizo sobre la hermosa cubierta de mi libro *Sexo, mujer y natalidad*, editado por *Cuadernos para el Diálogo* (1974). La cubierta es un diseño de M. Ruiz Ángeles y Juan Salto; representa la silueta de una mujer embarazada. A la altura de las manos, cruzadas sobre el regazo, se ve la figura de un pez. Don Joaquín me hizo el comentario de que se trataba de un símbolo demasiado explícito de la relación e incluso de la agresión sexual. Francamente, yo no había llegado a tanto y ni siquiera había sugerido el dibujo de la cubierta. Es un ejemplo mínimo de cómo don Joaquín veía que sus colaboradores se desmadraban un poco. En efecto, muchos de ellos se hicieron socialistas. Por ejemplo, Gregorio Peces Barba, que también estaba vinculado al *Madrid*.

La significación del *Madrid* no estuvo solo en los artículos de la "página 3", la de opinión. Contaba mucho también el dibujo de Chumy Chúmez (José María González Castrillo) y todas las piezas periodísticas, sin excluir las entrevistas o las crónicas de fútbol. Todo el periódico respondía al mismo espíritu político. Los corresponsales en el extranjero nos acostumbraron a que las elecciones, las huelgas o los debates parlamentarios eran mostrados como sucesos normales en las respectivas democracias. Por entonces, las huelgas eran "conflictos colectivos". La obsesión de la turba del *Madrid* era la de que España tenía que llegar a ser un país democrático normal. Costó lo suyo.

El éxito del *Madrid* no estuvo en su tirada, más bien escasa. Su limitada audiencia estaba constituida por profesionales y el resto de la minoría propicia a un cambio hacia la democracia. Los artículos de opinión eran a veces bastante crípticos, no solo críticos. Su misión era adoctrinadora. Se trataba de que el público ilustrado se familiarizara con la práctica de los sistemas democráticos.

Sabíamos que los ministros de Franco eran atentos lectores de la prosa del *Madrid*. Eso nos daba la pista de qué ideas podían irritar especialmente a los jerarcas del Régimen. Por ejemplo, un artículo que les sublevó especialmente fue el de José María Sanjuán, "Hacia una nueva conciencia" (31 de octubre, 1967). Su tesis era bien sencilla. Despertaba a la vida política una generación de españoles, al filo de los 30 años de edad. Por razones biográficas, esos nuevos españoles adultos no podían tener memoria de la guerra civil. Por tanto, para ellos carecían de valor las fórmulas acordadas como resultado de la guerra. No solo se me incluyó en el grupo de la "nueva conciencia" (en 1967 cumplía yo los

30 años). Luego se vio que esa inclusión era premonitoria. Por lo menos respondía al choque de ideas que se iba a manifestar en el consejo de guerra al que me sometieron en 1971. (Véase capítulo 15).

Se argüirá que las posiciones políticas de muchos colaboradores del *Madrid* no eran auténticas. La razón podía ser que los funcionarios habíamos jurado los Principios del Movimiento. Pero todo el mundo sabía que ese juramento tenía tanta validez como las pruebas de limpieza de sangre de otros tiempos. El régimen era especialmente represivo contra los comunistas, pero temía más a los liberales. Los más peligrosos eran los que habían pasado por el franquismo. Esa era la definición del llamado grupo del *Madrid*, que al final tampoco fue un grupo organizado. Representaba más bien una coalescencia de personalidades, de notables del mundo de la empresa, las profesiones, el funcionariado, el periodismo o la cultura. El posibilismo de muchos de los ideólogos del *Madrid* era que el régimen podía transformarse sustancialmente en vida de Franco. En cambio, los grupos realmente organizados de la oposición se planteaban lo que habría que hacer después del "hecho sucesorio". Al final se impuso en la realidad la tesis posibilista de los del *Madrid*. Por eso mismo se pudo producir una transición pacífica a la democracia, porque en el último decenio del franquismo ya se habían alterado sus esencias. Es decir, antes de la muerte de Franco, ya estábamos en el postfranquismo. Reitero esa tesis por lo central que resulta para entender algunas peripecias de mi vida pública, si se puede llamar así.

La razón del argumento posibilista lo dio después el hecho de que el factótum de la democracia, Adolfo Suárez, saliera de las filas del Movimiento. Otro tanto se pudo decir del inspirador intelectual de la democracia, Torcuato Fernández-Miranda, formado en el falangismo de camisa blanca. Yo lo traté en los cursos de verano que dirigía Luis Sánchez Agesta en el Valle de los Caídos. Torcuato (con ese nombre de pila nadie le iba a llamar por el apellido) fue una figura clave, al gozar de la confianza del Príncipe Juan Carlos. Era un catedrático brillante, con una voz atiplada y una lógica aplastante de jurista. Era la viva representación de cómo las esencias del franquismo se abrían racionalmente a una democracia. Ese impulso a favor del cambio "desde dentro" pudo más que todos los esfuerzos de la oposición organizada y su idea de una "ruptura".

Durante el intenso periodo de 1969-1971 casi todas mis colaboraciones en el *Madrid* se publicaban los sábados en la "página 3" junto a la de Francisco de P. Burguera. La elección del sábado era porque ese día el incansable Manuel Fraga lo dedicaba a visitar paradores y cotos de caza. Entonces no existía la Internet y, en lugares alejados de Madrid, el periódico del sábado no se podía leer hasta el día siguiente. Paco Burguera escribía sobre la cuestión que luego se iba a llamar "autonómica", y yo sobre crítica de costumbres. Hoy parecerían textos inocentes; entonces levantaban ronchas al Gobierno y regocijaban a sus oponentes. Siempre me llamó la atención que, en aquel heteróclito conjunto del *Madrid*, donde había tantos juristas, no se encontraran más sociólogos. Predominaban los abogados. Entonces, lo de carecer de cultura jurídica era una tacha para alguien que quisiera tener un papel en la política. A Rodolfo Martín Villa le oí decir muchas veces que él era el ingeniero que sabía más Derecho en España. Por eso le fue tan bien, en el franquismo y luego en la democracia. En la España del último tercio del siglo XX, los abogados han sido los equivalentes de los teólogos en los comienzos de la Edad Moderna.

Un punto decisivo en la evolución del régimen fue el año 1968, fundamental en todo el mundo, aunque solo fuera por la primera devaluación del dólar. Recuérdese el símbolo del "mayo francés", los tanques soviéticos en Praga o la matanza de Tlatelolco en México. Todo eso sucedió en el mismo año. En esa misma fecha se decretó el "estado de excepción" en Guipúzcoa, que se extendió a toda España en el año siguiente. En mayo de 1969 se publicó en el *Madrid* el singular artículo de Calvo Serer, "Retirarse a tiempo. No al general De Gaulle". Esa pieza provocó la suspensión del periódico durante cuatro meses. Era fácil entender a quién se dedicaba el delicado consejo de "retirarse a tiempo". Naturalmente, quien se creía ungido por la Providencia no iba a retirarse así como así. Menos mal que, en el consejo de redacción donde se discutió la forma del malhadado artículo, se tomaron a broma mi propuesta, apoyada por Miguel Ángel Gozalo. La cual era que se cambiara el título del artículo y se leyera simplemente "No al General".

La apertura que se había iniciado en 1966 no fue, ni mucho menos, estable. Esa era precisamente la esencia del régimen autoritario: su carácter de imprevisibilidad. En 1969 se dictó el "estado de excepción", que cargó de manera explícita sobre los intelectuales y políticos moderados. En el despacho de Serrano, 19, Benjamín Oltra fue desterrado a Alicante. A mi hermano José Luis (integrado en grupos cristianos) también lo detuvieron en la misma operación. Asimismo, detuvieron a José Ramón Andérica, un estudiante que trabajaba entonces en el despacho de Serrano, 19. La policía registró su casa y se llevó la colección de *Cuadernos para el Diálogo* como prueba del imposible delito.

En mis artículos del *Madrid* me complacía muchas veces en otear el futuro. Era una forma de evitar los encontronazos con el presente. Véase, por ejemplo, esta prefiguración de lo que había de ser la Internet en un artículo de 1969: "En cada domicilio de los suscriptores de un periódico existirá una máquina receptora que vaya imprimiendo el material recibido desde una central, a medida que los demande el usuario (seleccionando, quizá temas e idiomas) y proyectando los documentos gráficos apetecidos". A veces las profecías se cumplen, aunque en ese caso compruebo que todavía no me había propuesto la norma de que las frases no sobrepasaran las 30 palabras.

A partir del "estado de excepción" de 1969, muchos artículos del *Madrid* los firmé con el seudónimo de "Maverick". En el Oeste norteamericano era el nombre que se daba a las reses sin dueño. El tal Maverick fue un potente ganadero que llegó a ser alcalde de San Antonio (Texas). En castellano castizo, las reses sin dueño reconocido se decían "mesteñas", esto es, de la Mesta, la asociación de ganaderos. También se dijo "mostrencas" para lo mismo. Reconozco que yo siempre he sido un poco mesteño o mostrenco, un "maverick", en el sentido de ir por libre, sin una nítida afiliación a un grupo. Es una cuestión de carácter, no de intereses. Ni yo mismo acierto a entender esa contumacia mía a no depender enteramente de nadie.

Después de 1968 mi posición era la de estar abiertamente en contra del régimen pero sin militancia. Esa inhibición no era por razones ideológicas sino vitales. Recuerdo un detalle mínimo, pero significativo, de ese momento. En 1970 se celebraba no sé qué mesa redonda sobre urbanismo o cosa parecida. Entre otros ponentes, estábamos el sociólogo francés Alain Touraine y yo. Después de las intervenciones, digamos, científicas, se hizo un pequeño receso y continuó el acto con un discurso de clausura de Vicente Mortes, el ministro del ramo. (Mortes formaba parte del equipo de "tecnócratas" que habían impulsado los Planes de Desarrollo). En ese momento, Touraine y yo nos salimos ostentosamente de la sala para no tener que compartir la mesa con el ministro. Ni siquiera queríamos oír lo que iba a decir Mortes. La decisión fue bastante pueril y, además, no creo que mucha gente advirtiera nuestro gesto de protesta. Pero Touraine y yo nos sentimos mutuamente reconfortados por nuestra silenciosa rebeldía contra el régimen. Por otra parte, mi relación con Mortes había sido bastante cordial. En los años anteriores, tanto Ramón Tamames como yo (entre otros muchos profesionales) habíamos realizado informes para el Plan de Desarrollo. En mi caso, esa colaboración la canalicé a través de Rafael Ansón, un profesional de las relaciones públicas, lo que luego se llamó "imagen".

El 26 de agosto de 1971, recién salido yo de la cárcel de Barcelona, escribí una carta a Antonio Fontán. Le agradecía de corazón la ayuda del periódico en el desgraciado asunto de mi persecución. Decía: "Afortunada o desgraciadamente se ha probado con ella [la persecución] que el grupo del *Madrid* y el grupo del Gobierno no son los mismos perros con distintos opus. Aunque, como dice el sentencioso Miguel Ángel Aguilar, todavía habrá quien diga que este proceso mío estaba hábilmente planeado precisamente para ocultar que los dos grupos son la misma cosa". Fontán me contestó: "Amistades como la tuya han sido y son para mí la compensación y el estímulo más inmediato y diario en mi trabajo en el *Madrid*". Años más tarde, Fontán sería un ecuánime presidente del Senado. Para mí fue siempre un hombre que sabía latín. Con razón, el Rey lo hizo marqués de Guadalcanal, aunque fuera al final de la vida de Antonio. Fontán tenía tal señorío natural que incluso cuidaba ese ligero tartamudeo que ostentan los aristócratas ingleses. Ese admirable rasgo lo he visto en otros elegantes de la vida pública, como Gregorio Marañón (nieto), José Antonio Muñoz Rojas o Pedro J. Ramírez. Se dice que en Eton enseñan a los escolares ingleses a cultivar ese ligero tartamudeo como un signo de distinción.

Los indicadores externos hacían que el *Madrid* se enfrentara a Fraga, pero lo curioso es que ambas posiciones iban a ser convergentes. En la reunión del Consejo Nacional del Movimiento del 15 de diciembre de 1969, Fraga se adelantó a los aperturistas. Pidió el reconocimiento de las "asociaciones políticas", una "política de centro" y "la integración de las nuevas generaciones y de las nuevas clases que hay extramuros del sistema". Añadió lo más atrevido: "Las mismas razones que (en 1931) hicieron insensato el experimento de la democracia inorgánica impiden hoy que se pueda mantener a la nación en una permanente minoría de edad". Más adelante relataré mi encontronazo dialéctico con Fraga por esas mismas fechas (capítulo 15). Paradójicamente, don Manuel representaba también lo que yo avizoraba: el postfranquismo.

No era nada original. La anticipación del postfranquismo la sorbía yo en las cenas de Sixto, en los artículos de la "página 3". Era un estímulo para las investigaciones sociológicas que yo desarrollaba entonces, singularmente el FOESSA de 1970. El ápice de esos empeños fue la *Sociología del franquismo*, un inesperado éxito editorial de 1974.

En los años finales del franquismo, de haberse celebrado elecciones, yo hubiera votado por Antonio Fontán, Enrique Tierno o Joaquín Ruiz-Giménez. Sin embargo, no estaba claro qué partidos políticos podían representar esos personajes, considerados principalmente como intelectuales o personas cultas. Antonio Fontán era la mesura en persona; se identificaba con la continuidad monárquica y la mentalidad liberal. Enrique Tierno era un tipo más republicano que socialista. Era la viva representación de Manuel Azaña, a quien copiaba hasta en sus trajes de chaqueta cruzada. En cuanto se alió con el PSOE (por razones pragmáticas, supongo) dejé de idealizarlo. A Joaquín Ruiz-Giménez (ministro de Educación en los primeros años de mi carrera) le tuve siempre mucho afecto. Me lo reforzó José Juan Toharia, uno de los fundadores de *Cuadernos para el Diálogo* y que se consideró discípulo mío. Estuve siempre muy cerca de los planteamientos de esa revista, donde colaboré en alguna ocasión.

José Juan trabajó conmigo en DATA durante algún tiempo, solo por aprender el oficio de las encuestas. En 1968 hicimos los dos un memorable viaje a Pamplona para dar yo una conferencia en Periodismo. Trabamos una buena amistad con las organizadoras del acto. Se me introduce en el recuerdo una anécdota curiosa. Era un viernes de Cuaresma y fuimos a tomar unos vinos a un bar de la plaza del Castillo. Era lo que luego hemos llamado "jamonería", y, naturalmente, pedimos una ración de chorizo y otra de jamón. El dueño del bar se opuso con toda seriedad: "Es viernes de Cuaresma y no se puede comer cerdo". Otra pequeña historia de esa memorable excursión es que, a la vuelta, derivamos la ruta para visitar San Millán de la Cogolla y el Monasterio de Suso. Era una primavera maravillosa y en el bosquecillo de Suso florecían las violetas. El viaje se nos hacía tan ameno, la conversación era tan amable y circulábamos tan despacio que nos paró la Guardia Civil. La sospecha de los agentes es que era raro que fuéramos tan despacio. En efecto, tardamos todo el día en llegar a Madrid. Perdón por el excurso. Vuelvo al camino real.

Hablaba de los líderes que a mí me atraían. A Fontán lo veía más como un maestro que como líder de un partido. Tierno era por entonces uno de los santones de la Escuela Crítica de Sociología (CEISA). Su socialismo intelectual se encontraba muy lejos de la clase obrera. Ruiz-Giménez era el líder de una difusa corriente democristiana, pero tampoco entroncaba con la realidad. En resumen, detrás de esos líderes no había partidos reales. Una gran parte de sus partidarios acabarían en el PSOE, que renacía entonces a partir del grupo andaluz (Felipe González), o bien se integrarían en el conglomerado de la UCD. Lo lógico es que a mí me atrajera la opción socialista, pero esa propincuidad, más intelectual que otra cosa, me iba a durar bien poco.

Me dio siempre que pensar la definición que hizo de mí mi amigo Pepín Vidal Bencyto: "Amando de Miguel es un triunfador no-franquista en la España franquista". (El texto se contiene en mi *Homo sociológicus hispánicus*, 1972). Ambos éramos no franquistas, pero el verdadero triunfador fue Pepín. En efecto, se trataba de un hombre proveniente de una acaudalada familia y muy bien asentado en el "establecimiento". Durante los años 70 fue el perejil de todas las salsas de oposición al franquismo. Su tribuna fue siempre el periódico *El País*. Puede que esos fueran los rasgos que yo hubiera deseado tener y que no pude alcanzar. En su defecto, tuve que apoyarme en el intento de una consideración científica de la Sociología para salir adelante por mis méritos de esforzado trabajador. Cambié la posible influencia política (que Pepín derrochó a raudales) por la influencia como sociólogo profesional (que

Pepín siempre ambicionó, pero que no pudo conseguir por su pereza investigadora). Una pequeña anécdota. Pepín y yo compartíamos una relación personal muy estrecha. Tanto era así que un día, al volver a casa por la noche, me encontré a Pepín husmeando en mi biblioteca. Había convencido a la asistenta para que le dejara entrar en casa porque había quedado conmigo. Armado de libreta, se había entretenido en anotar con detalle los libros de Sociología que yo tenía. Como es fácil imaginar, eran casi todos norteamericanos. Pepín me dijo que estaba preparando no sé qué estudio cualitativo sobre las influencias bibliográficas de los sociólogos españoles. Naturalmente, en un ágrafo como él, ese estudio nunca vio la luz. Esa falla suya es lo que hacía que me viera a mí como un "triunfador", esto es, uno que publicaba mucho. Lo suyo era la acción por la acción, el activismo político profesional. En esa línea estaban también otros personajes, como Antonio García Trevijano o José Mario Armero. Siempre me llevé muy bien con ellos, quizá por contraste.

Mi paso por el grupo del *Madrid* significó la proximidad a la tribu de los que mandan, de donde saldrían los que iban a gobernar en la llamada "transición" con una u otra ideología. La utilidad máxima para mí fue acostumbrarme a escribir para la gente corriente, no tanto para los colegas. Ese viraje me fue muy ventajoso, pero me trajo algunos inconvenientes. Me he resentido especialmente de la opinión tan despreciativa que han tenido de mí algunos colegas, orientados exclusivamente a los claustros universitarios. Esa actitud tuvo efectos prácticos, como el de retrasar mi entrada en el cuerpo de catedráticos. Más me dolió todavía la dificultad para acceder a la dignidad de profesor emérito. Hace pocos años, la mayoría de los asistentes a la Junta de Facultad votaron en contra de ese parvo reconocimiento de mi persona. Por lo visto, no había acumulado suficientes méritos para ser "emérito". (Ese estatus consiste en seguir dando clases tres años más después de la jubilación, pero con la tercera parte del sueldo). Sin embargo, personalmente ha sido positivo el tránsito por los vericuetos académicos y mi conversión en el oficio de comentarista o comunicador a través de diversos medios. Para bien o para mal, la disciplina de colaborar en los medios me ha dado un estilo desenvuelto y desenfadado de ver las cosas.

A pesar de que cada vez ha sido más destacado mi papel de comunicador (para el público, "periodista"), pesa mucho mi carácter observador y mi formación sociológica. El resultado es que, frente a mis compañeros periodistas profesionales, a mí me interesa más la comprensión de la realidad que la acumulación de sucesos noticiosos. Me rebelo contra el sesgo periodístico de considerar noticia lo que declara una persona encumbrada y no tanto lo que piensa o lo que hace la gente.

El desprecio por los hechos en la cultura tradicional española (singularmente la de izquierdas) es compatible con su contrario. Me refiero a la mitificación del dato numérico, por ejemplo, el porcentaje con un decimal en las encuestas. Todavía he llegado a ver porcentajes con dos decimales. Una precisión tan aparatosa confunde más que aclara. Téngase en cuenta que todas las encuestas acarrean un inevitable error estadístico, que depende del tamaño y selección de la muestra, pero que supone varios enteros. De ahí la falsa precisión de los decimales, aunque solo sea uno. Estamos ante el fetichismo del número, el que nos señala el grado en la escala de los terremotos o la cota donde va a nevar. Son aparentes precisiones de los medios de comunicación, con las que creen rendir culto a los hechos. Ese mismo espíritu se lleva a veces a las tertulias de la radio o de la tele. En ese formato las opiniones y sobre todo las interpretaciones no deben sustituirse por la enumeración de sucesos anecdóticos, pero esa opinión mía no está generalizada. Es más, me da la impresión de que resulta extravagante y hasta incómoda para mucha gente.

Machismo

Una de las herencias que hemos recibido del franquismo ha sido la extraña resistencia a los hechos significativos. Es algo que caracteriza a una buena parte del pensamiento y la acción de izquierdas. La frase tópica podría ser la de un cierto idealismo: "Si los hechos no se acomodan a mis ideas, tanto peor para los hechos". Mi maestro José Luis Pinillos insistía muchas veces en esa obstinada resistencia a los hechos, que en su día caracterizó al franquismo. Casi se podría decir que esa asociación era bien natural en una ideología autoritaria. Sin embargo, lo curioso es que se haya conservado en la ideología de la izquierda, por muy democrática o moderna que pueda parecer. Voy a relatar un pequeño incidente en apoyo de mi tesis.

El 28 de diciembre de 2004 (casualmente el día de los Inocentes) se aprobó la Ley de Violencia de Género por rara unanimidad de todo el Congreso, bajo la égida del PSOE. El Congreso me pidió una comparecencia para que diera mi opinión sobre el texto legal. Ya se sabe, lo que parece de amplia trascendencia política, se acuerda que tiene importancia sociológica. Es lo que se llama vestir el santo, ahora con ropajes científicos. Con mucho gusto acepté el encargo y leí mi dictamen en el Congreso. Resumo mis ideas de entonces:

1. No debe llamarse "violencia de género" sino "violencia doméstica" o, en todo caso, "violencia contra la mujer". Aunque el mejor término técnico sería "uxoricidio", esto es, el asesinato de la esposa.
2. Contrariamente a lo que pretende la ley de modo expreso, la violencia extrema contra la mujer no va a ser fácilmente "erradicada" en España. Es más, su incidencia va a seguir aumentando, al igual que las otras formas de violencia doméstica.
3. La razón fundamental de la tendencia anterior es un hecho que no se quiere reconocer. Una buena parte de los casos de violencia extrema contra la mujer se deben a que el asesino o la víctima son inmigrantes extranjeros.
4. No debe inferirse que los extranjeros como tales son más violentos; lo son en las condiciones de "familias desestructuradas" o de marginación social en la que se encuentran muchos inmigrantes.
5. La prueba de lo anterior es que la "violencia de género" va a resultar especialmente llamativa en Canarias, Andalucía y la costa mediterránea. En esas regiones se da más el caso de una inmigración de hombres solos marginados o de parejas poco integradas.
6. En conclusión, en lugar de erradicarse, la violencia de género va a aumentar, sobre todo en Canarias, Andalucía y la zona mediterránea.
7. Resulta criticable lo pacata que es la política de lucha contra la violencia de género al condenar la "mutilación genital". Se trata de un eufemismo para no hablar de la más realista "ablación del clítoris", que practican algunos países africanos islámicos.

Mi diagnóstico y mi pronóstico (basados en datos) merecieron el ostentoso rechazo de los diputados de izquierdas y de no pocos de los de derechas. La cosa no habría pasado de una cierta descortesía parlamentaria si no fuera porque, a partir de ese momento, empezó un verdadero acoso contra mí. Simplemente, pasaba a ser machista, xenófobo y facha, sambenitos de los que resulta difícil desprenderse. No son etiquetas sino invectivas, que se manejan por doquier. Lo cual indica una sorprendente capacidad de comunicación dentro de los grupos políticos y los temores que suscita el conocimiento de los hechos. Ya se sabe, el que insulta es porque se siente débil. El insulto político se dirige contra las personas que se atreven a conculcar la norma no escrita de lo "políticamente correcto".

En el Consejo Económico y Social de Madrid (donde soy miembro del grupo de expertos), los representantes sindicales pidieron mi expulsión y de momento me retiraron el saludo. Yo era machista, xenófobo y facha al tiempo. Ese ostentoso desprecio ha durado hasta hoy mismo, excepto en algunos nuevos miembros del tercio sindical, que quizá no están al tanto de la vergonzosa historia.

No fue solo un enfrentamiento con la izquierda sindical. El Ayuntamiento de Alcalá de Henares aprobó por unanimidad solicitar mi destitución del CES de Madrid. Debo advertir que dicho Ayuntamiento está presidido por el PP y ese partido gobierna con mayoría absoluta.

En mi Facultad el acoso fue todavía más feroz. Durante muchos meses el edificio de la Facultad se vio invadido de carteles con dibujos obscenos en los que me llamaban de todo menos bonito. Muchos alumnos dejaron de asistir a clase. El decanato no hizo nada por contener ese acoso. También es verdad que yo no osé protestar. Fue una pura cobardía.

En 2005 presenté una ponencia en un congreso sobre la familia, organizado por la Junta de la Comunidad Autónoma de Castilla y León. Una de mis conclusiones fue la de que iba a aumentar la violencia doméstica contra las mujeres a partir de los razonamientos que acabo de exponer. Mi error fue adelantar a los organizadores las conclusiones de mi ponencia. Los colectivos feministas y sindicalistas de la región movieron los hilos correspondientes. Los medios progresistas y "establecidos" exigieron mi destitución del congreso. El argumento era que yo carecía de la capacidad profesional para hablar sobre Sociología de la familia. Tal fue la presión de esos medios que un edecán de la Junta me llamó para inquirir qué méritos académicos tenía yo o si había publicado algo sobre la familia en España. Sentí una inmensa vergüenza ajena. Le contesté que había estudiado Sociología de la familia con William Goode en Columbia, uno de los más notorios especialistas mundiales en la materia. Sobre la familia en España había publicado miles de páginas. Las asignaturas que impartía en la Facultad de Sociología de la Complutense se referían por extenso a cuestiones de población, sexo, familia y edad. Era la primera vez en mi vida profesional que tenía que justificar mis méritos ante una autoridad no académica. Definitivamente, resulta muy difícil que uno sea profeta en su tierra. La prueba es que, al tiempo de esos hechos, la Universidad de Ratisbona (Alemania) me invitó a dar una conferencia sobre Sociología de la familia. Les dejé un texto de cerca de cien páginas.

El acoso no lo sufrí solo en las instancias públicas. Una entidad sin ánimo de lucro de inspiración católica me solicitó recientemente un artículo sobre "Familia" para un Informe que publica regularmente sobre esa cuestión. Envié mi original a tiempo. Se publicó el Informe, pero mi capítulo se había excluido. Lo eliminaron sin consultarme, sin darme ninguna explicación.

Hace poco tiempo una empresa multinacional de renombre me contrató un estudio sobre la mujer en España como parte de un imaginativo proyecto de homenaje a la mujer española. El estudio lo entregué a su debido tiempo. Recibí todos los beneplácitos de la empresa, pero, a la hora de presentar los resultados a la Prensa, me dijeron que yo no podía hacerlo. Debía proponer a alguien que me sustituyera en el acto. Reitero que todos esos incidentes se han producido en plena democracia, con un razonable nivel de libertad de expresión.

Han pasado unos pocos años. Desgraciadamente, se ha comprobado mi pronóstico y mi diagnóstico: los asesinatos de mujeres han aumentado, sobre todo en Canarias, Andalucía y la zona mediterránea. Una gran parte de las víctimas y sobre todo los verdugos son inmigrantes extranjeros. Nadie me ha reconocido públicamente que los hechos me han dado la razón.

Todavía hace unos meses, en una conferencia que di en Petrer (Alicante) sobre el problema de la violencia en España, me referí someramente a la historia que acabo de relatar. Uno de los asistentes se salió de la sala de manera ostentosa. Luego me dijeron que era el líder de un partido local constituido por inmigrantes y tutelado por el PSOE.

En su día tuve problemas por diagnosticar que, al final del franquismo, estábamos ya en el juego sutil del postfranquismo. Hoy tengo parecidos problemas por opinar que, en plena democracia, hay muchos restos de autoritarismo. Uno de ellos es ahora tildar de facha, sexista, xenófobo o machista a quien se atiene a los hechos. Es decir, por encima de los regímenes, está la cultura política; es lo que menos cambia. El autoritarismo basal es parte de esa cultura en España. Bien que lo siento, pero es así.

II. Censuras, ceses y componendas

Hasta la Ley Fraga de 1966 los libros y los medios padecieron una fuerte censura, cuyos extremos resultan hoy incomprensibles y, desde luego, para los de entonces, insoportables. En 1955, ante la agonía de José Ortega y Gasset (después de todo un hombre de ideas templadas), los periódicos recibieron esta nota de la censura: "Ante la posible contingencia del fallecimiento de don José Ortega y Gasset, y en el supuesto de que así ocurra, este diario dará la noticia con una titulación máxima de dos columnas y la inclusión, si se quiere, de un solo artículo encomiástico, sin olvidar en él errores religiosos y políticos del mismo [se supone que se refiere a Ortega], y, en todo caso, eliminando siempre la denominación de *maestro*". En 1955 era yo estudiante en la Facultad de Políticas de Madrid. La noticia de la muerte de Ortega fue un verdadero acontecimiento. Se repartieron octavillas clandestinas, una especie de recordatorio laico con este título: "José Ortega y Gasset, filósofo liberal". Extrañamente, la voz "liberal" sonaba en aquel momento con la significación que tiene en los Estados Unidos, es decir, izquierdista. En la Universidad se suspendieron las clases. Arboleya improvisó una apasionada sesión necrológica ante un aula atestada de estudiantes y en una atmósfera de religioso recogimiento.

Cualquiera que haya publicado libros o artículos en la época franquista convendrá conmigo en que esa operación se hacía luchando a brazo partido con la censura. Quedamos en que era un régimen autoritario más que totalitario, por lo menos en su segunda mitad, a partir de 1959. Por tanto, se podía burlar la censura de mil modos, aunque con un riesgo constante. Naturalmente, el riesgo caía sobre el menguado estrato de los politizados.

Censura

En las dos primeras encuestas "científicas" que se levantaron en España, ambas en 1959, la de Juventudes y la de Empresarios, tropezamos con la censura. Pero logramos sortearla con cierta gracia. He relatado ya algunos incidentes. A la hora de publicar los resultados de esas encuestas, la táctica paradójica fue hacerlo en editoriales dependientes del Movimiento Nacional. Aunque pueda parecer extraño, ese organismo estaba exento de la censura oficial. Así, los resultados de la encuesta de Juventudes los publiqué en una serie de artículos de la *Revista del Instituto de la Juventud*. Las piezas más políticas de la encuesta de Empresarios las publicamos en el Instituto de Estudios Políticos (IEP) o en una de sus revistas, la *Revista de Política Social*. En ambos casos lo que hacía el Instituto era delegar la función de "consulta" (un eufemismo para no decir "censura") en algunos colegas. Se trataba de una amigable componenda corporativa. En nuestro caso, los colegas fueron, respectivamente, Luis González Seara y Juan Ferrando, ambos críticos del régimen y con los que siempre estuve en buena inteligencia. Como es natural, su función censora se limitó a acordar con nosotros algún cambio cosmético para demostrar que el manuscrito había sido leído.

En el caso del libro *Los empresarios ante el poder público*, editado por el IEP, el cambio fundamental fue de maqueta. Simplemente, pasamos el capítulo teórico (sobre los grupos de presión) del principio del texto a su mitad. De esa forma, después de un laberinto de tablas, quedaba disimulado el argumento doctrinal; pocas personas lo iban a leer. La tesis de ese capítulo era realmente heterodoxa. Se venía a demostrar que, además de los "sindicatos verticales" (= gubernamentales), había en España muchos grupos (horizontales) de representación de intereses. Lo curioso es que, visto el caso medio siglo después, la conclusión resulta igualmente provocativa, solo que con los términos invertidos. En la situación actual, aparte de los muchos grupos de representación de intereses, funciona también una parodia de sindicatos gubernamentales. Una dificultad semántica (que señalamos ya entonces) es que "interés" o "interesado" en español suele tener una significación despreciativa.

En 1960, junto a la encuesta de Juventudes, algunos de los participantes (José Mariano López-Cepero, José Castillo, Luis González Seara y yo mismo) convencimos a Manuel Fraga para realizar una encuesta dirigida a los médicos. Empezamos a hacer un cuestionario, en el que nos ayudó mucho Juan J. Linz. Se basaba en la información que traía Linz del proyecto *The Student Phisician*, que acababa de plantear Robert K. Merton en Columbia. En 1961 Linz tuvo que regresar a los Estados Unidos y, al mismo tiempo, volvió de ese país Salustiano del Campo. Al enterarse de lo de la encuesta de médicos, Salustiano convención a Fraga de que los que estábamos en el equipo no sabíamos nada de Sociología de la Medicina. La acusación era bastante cierta, porque quien conocía verdaderamente el asunto era Juan J. Linz. Total, que Fraga nos echó a todos y puso a Salustiano al frente del proyecto. El cual algo logró al aplicar nuestro cuestionario, pero con un alcance muy limitado. Digamos que fue otros de esos proyectos que se frustran.

Menos mal que Luis González Seara siguió con Fraga la carrera política y yo me fui a los Estados Unidos. Pero al equipo impulsor del estudio siempre nos quedó la espina de un estudio fallido. No iba a ser el único.

Según mi experiencia, el caso más flagrante de censura fue el que cayó sobre el Informe FOESSA de 1970. Lo he contado en el capítulo 7 con cierto detalle, porque condicionó mucho mi trayectoria profesional. Realmente, ese tropezón con la censura sirvió de aliciente para fomentar la difusión del Informe.

Hay un suceso más taimado que vale la pena recordar. En 1971 la RENFE me encargó un estudio sobre "La sociedad española de 1985. Implicaciones para un sistema de transportes". Se trataba de una encuesta cualitativa, con entrevistas a personalidades relacionadas con la Economía o el sistema de transportes. El propósito era dibujar la prospectiva (como se decía entonces) de lo que podía ser la España de 1985. De modo más concreto, había que imaginar cómo podía tener cabida en ella lo que luego se llamó el tren de alta velocidad. En ese estudio prospectivo se incluía también la prefiguración de lo que podía ser el cambio social y la evolución política del país. Se comprenderá lo atrevido que podía resultar un objetivo así en pleno franquismo. Era muy corriente entonces que los comentaristas o escritores nos refiriéramos al futuro como crítica del presente. Ese método lo había elevado George Orwell a la dignidad de arte literaria. Realmente, en 1971 el franquismo estaba dando las boqueadas, pero qué lenta agonía.

En nuestro estudio, los expertos consultados manifestaron todo tipo de opiniones, incluyendo la de que la sociedad española iba a tener libertad y pluralismo, es decir, democracia sin más. El libro se hizo sin ninguna presión y lo editó la RENFE. Sin embargo, a punto de salir de la imprenta, entró como ministro de Obras Públicas el afamado escritor Gonzalo Fernández de la Mora. Su conocida tesis (un trasunto de la de Daniel Bell) era "el crepúsculo de las ideologías". Así que, para ser consecuente, decidió guillotinar entera la edición del libro que yo había escrito, sin ni siquiera concederme el trámite de "consulta". Quedaba para mí como una obra más en el archivo de las inéditas. Era una sarcástica ilustración del "crepúsculo de las ideologías". Se trataba más bien de guillotinar los textos que reconocieran la existencia de las ideologías tenidas por disolventes o subversivas. Quiero subrayar que el libro era un resultado de las opiniones registradas en la encuesta, aunque también incluyera mi visión sobre el asunto. Como puede comprenderse, tampoco era nada subversivo imaginar que en España íbamos a tener democracia, por lo mismo que íbamos a disfrutar del tren de alta velocidad. Por cierto, el AVE tardó en llegar mucho más que la democracia. Una de las jaculatorias que se repetían en los cenáculos del *Madrid* era que "en España tendremos partidos políticos como tendremos televisión en color".

En 1976 la revista *Interviú* publicó una entrevista con Gonzalo Fernández de la Mora en la que el plumífero comentó: "La libertad de publicación es algo que, de hecho, no tenemos nadie… es una utopía… Esa libertad la tienen de modo bastante limitado solo unos cuantos millares de personas en el mundo actual. Ofrecer a las masas esa libertad de publicación, hoy irrealizable, es un engaño". Todavía en esa fecha, Gonzalo Fernández de la Mora se resistía a la palabra "franquismo". En su lugar, había que decir "Estado del 18 de julio". Ese régimen "es el protagonista de la revolución más dinámica y avanzada de la Historia de España". Ahí queda eso.

En 1974 me atreví a publicar la *Sociología del franquismo*, un libro que consiguió un inusitado éxito. Lo editó Euros, una pequeña editorial, fundada por Ramón Serrano, que quebró en seguida por razón de la crisis económica. El resto de la edición de mi libro lo compró a precio de saldo un librero de viejo de Barcelona, con lo que hizo un negocio redondo. Años más tarde, José Manuel Lara, el fundador de la editorial Planeta, cada vez que nos veíamos, me repetía el lamento de haber dejado escapar esa oportunidad para publicar la *Sociología del franquismo*.

Aunque pueda parecer mentira, las dos palabras, "sociología" y "franquismo", sonaban entonces a algo subversivo. Desde luego, al Caudillo no le gustaba nada lo de "franquismo", por lo mismo que nunca hubo realmente un partido franquista. El libro estaba escrito sobre la base de los discursos de los ministros que tuvo Franco. De esa forma, la censura no podía decir nada, a pesar de las barbaridades e insensateces que el libro recogía. Realmente, la obra fue un arreglo con la censura, que entonces se llamaba "orientación bibliográfica". Al frente de la cual estaba Ricardo de la Cierva, un historiador honrado, que presumía de independiente y de aperturista. La componenda consistió en que el libro eliminara todo lo posible las referencias expresas a Franco y se centrara en los textos de los ministros. La oficina de Ricardo me proporcionó algunas citas e ilustraciones. Para responder a su buen espíritu de colaboración, eliminé del libro un capítulo sobre la figura del Caudillo. Solo después de muerto Franco, lo publiqué en forma de librito independiente: *Franco, Franco, Franco (1976)*. Curiosamente, esa obra, escrita con libertad, no tuvo tanto éxito como la *Sociología del franquismo*, escrita con las restricciones que he dicho.

Aunque pueda parecer extraño, la censura siguió operando en la época de la transición hacia un sistema democrático, solo que de forma aún más sibilina. Ya no era solo el Gobierno el que censuraba, sino lo que se llama el "establecimiento" o la misma "sociedad civil". Citaré algunos ejemplos referidos a mis obras. Quizá se entienda así mejor la peculiaridad de nuestra democracia.

Supresión

En 1975, al tiempo de la interminable agonía de Franco, publiqué (en colaboración con Jaime Martín Moreno) el libro *Los arquitectos en España*. Lo editaba la Hermandad Nacional de Arquitectos y lo publicaba Tecnos. Impreso ya el libro, los dirigentes de la Hermandad se percataron de que habíamos incluido un dato comprometedor. Era la distribución de los ingresos de los arquitectos, tal como se deducía de las respuestas de la encuesta que habíamos levantado a partir de una muestra de profesionales. Con toda seguridad, los ingresos confesados en la encuesta eran inferiores a los de la realidad, pero eran más altos que los declarados a Hacienda. Pero el libro estaba ya impreso y yo me negué a rehacer los datos de la encuesta. Así que la Hermandad tomó la calle de en medio; literalmente compró toda la edición a Tecnos, para satisfacción de su director, Gabriel Tortella. (Era una gran persona, padre del historiador homónimo y muy amigo de Enrique Tierno. Don Gabriel y yo nos tratábamos de usted pero con una gran cordialidad). La condición fue, además, que el título del libro desapareciera de los catálogos de Tecnos. Es decir, la obra oficialmente no existió. En la práctica es otra de las que integran la colección de mis obras inéditas o evaporadas.

En 1979, promulgada ya la Constitución, la editorial Vicens-Vives me pidió la redacción de un capítulo de "ética y cívica" para un texto escolar a alumnos de primaria (equivalente a 13 años de edad). Cuando estaba ya el libro en máquinas, llegó una orden telefónica del Gabinete de Orientación Didáctica (= censura) con la exigencia de retirar un par de páginas. Una era sobre el castrismo de Cuba y otra la reproducción de un texto de Ramón Tamames, sacado de un libro de la editorial Planeta. A la sazón, Tamames era teniente-alcalde del municipio de Madrid.

Un curioso episodio de censura fue la ocasión del "Manifiesto de los 2.300 intelectuales" a propósito de la política lingüística de la Generalidad de Cataluña. (El episodio lo cuento en el capítulo 8). El manifiesto se publicó tal cual en *Diario 16* (marzo de 1981) e inmediatamente después en muchos muchos otros medios. El periódico *El País* criticó acerbamente el Manifiesto, pero solo lo publicó unos meses después. Fue un caso de lo que podríamos llamar "censura retardada". A propósito, en la Feria del Libro de Madrid, los periódicos reseñaban un manojo de libros que había comprado la Reina Sofía en la inauguración. La lista, variada, incluía una obra mía que acababa de aparecer por esas fechas. Pues bien, en *El País* venía esa misma lista (proporcionada seguramente por las agencias del Prensa), pero habían quitado mi libro de ella. Dado que *El País* es el periódico del "establecimiento" por excelencia, su forma de censura es no citar lo que considera que no es parte de "los suyos".

El Manifiesto era la primera crítica abierta contra la política de "normalización lingüística", que significaba realmente el intento de excluir el idioma español de la vida pública de Cataluña. Es lo que ha sucedido desde entonces, siempre con el oculto malestar de los castellanohablantes, que son la mitad de los catalanes. A pesar de una política tan acentuada, después de varios decenios, todavía hay que subvencionar a los distribuidores de películas para que las exhiban con subtítulos en catalán. Es decir, los efectos de la "inmersión" en catalán no parece que hayan sido muy notables. Un efecto secundario, pero interesante y paradójico, es que, a lo largo de los años de democracia, Cataluña ha ido perdiendo peso específico en la economía española.

Algo parecido ha sucedido con el País Vasco. La paradoja está en que las dos regiones más independentistas gozaran de la primacía económica en la época franquista.

A mí mismo me deja atónito la comprobación de los artículos, informes y libros que he publicado. Pero son más las páginas escritas que las publicadas. A veces, lo que no llega a ver la luz obedece a extrañas censuras que no siempre son políticas. Por ejemplo, en los primeros meses de 1982 estuve en El Colegio de México con la tarea de componer un libro sobre la población mexicana. Antes de mi partida para ese país, había colaborado en la revista *Interviú*, gracias a la excelente relación personal con José Luis Erviti, uno de los directivos del grupo editorial. Quedé con él en que le enviaría una serie de crónicas sobre la vida política y cotidiana de México. En efecto, así lo hice. Las crónicas, escritas a mano, las iba enviando por correo aéreo. Un año después, a la vuelta de la estadía en México y Florida, comprobé que no se había publicado ninguna de las crónicas. Nunca acerté a entender por qué no me dijeron, desde la primera entrega, que los artículos no se iban a publicar. A saber dónde fueron a parar esas crónicas y por qué se eliminaron.

Son innúmeros los artículos que me han solicitado de las más diversas publicaciones y que no se han impreso. Recuerdo uno, particularmente sarcástico, en el verano de 1985, que me pidió el *ABC* para una "tercera", la página de más solera del periodismo español. Me solicitaron un artículo sobre el extravagante suceso de ese verano. Felipe González se había subido al yate Azor, el de Franco, para unas cortas vacaciones. Era algo así como el tirón de la púrpura del César. Pero el artículo no se publicó, circunstancia que tampoco me alteró mucho. Sin embargo, conviene consignar el minúsculo suceso como ilustración de un cierto ambiente enrarecido de los círculos periodísticos. En este caso no se puede achacar al franquismo.

Durante la larga cuarentena franquista funcionó una censura descarada, pero se orientó fundamentalmente hacia los periódicos. En los libros había más manga ancha, sobre todo si eran suficientemente abstrusos, para iniciados, es decir, minoritarios. Dentro del régimen había islas de relativa libertad, porque se suponía que eran para especialistas y se adaptaban a un control interno. El caso más eminente fue el Instituto de Estudios Políticos, donde en los años 50 se dieron los primeros cursos de Sociología. Colaboraron personas tan contrarias al franquismo como Carlos Ollero, Enrique Tierno Galván o Manuel Jiménez de Parga. Uno de los directores del IEP, en los años 60, fue Manuel Fraga, quien mantuvo una política francamente aperturista. Bajo la égida del ministerio de Información y Turismo, dirigido por Fraga, se creó el Instituto de Opinión Pública (IOP). Desde el principio, se sentó la tradición de que lo dirigieran sociólogos o politólogos profesionales; por ejemplo, Salustiano del Campo o Luis González Seara. Al llegar la transición democrática, el IOP se transformó en Centro de Investigaciones Sociológicas (CIS). Continuó la tradición de que fuera dirigido por expertos en Sociología o Ciencia Política. La lista de sus colaboradores es un admirable ejemplo de pluralismo político y de exquisito respeto a la libertad de expresión y a la orientación científica. Yo mismo he publicado algunos artículos en la *Revista* del CIS y unos cuantos libros en sus colecciones de monografías. Desgraciadamente, toda esa hermosa tradición de libertad y de reconocimiento del trabajo científico se truncó en 2008. Por lo menos esa es mi experiencia.

En 2005 Miguel S. Valles y yo realizamos una investigación sobre *Varones y mujeres en la España actual*. Ofrecimos su publicación al CIS (dirigido a la sazón por Fernando Vallespín), dado que la parte de los datos de encuesta se basaba en un cuidadoso análisis de la serie de encuestas del CIS. Yo me encargué de la primera parte, "El hemisferio femenino". En ella exploraba las diferencias entre las opiniones de varones y mujeres a través de los datos de encuesta. Naturalmente, las

Con Miguel S. Valles en el selvático jardín de Cámelot (2006). Apropiadamente, Miguel va con indumentaria de explorador. Estamos bajo una añosa encina. En primer término unas peonías, flores autóctonas.

opiniones se tenían en cuenta para cada uno de los estratos de edad. La hipótesis era que, aunque se estaba produciendo un proceso de convergencia entre los dos sexos, subsistían constantes diferencias en algunos aspectos. Las diferencias, cuando eran injustas, se reputaban como desigualdades. La segunda parte consistía en una serie de entrevistas muy detalladas y estructuradas que llevó a cabo Miguel. El diseño era muy novedoso. Pocas investigaciones hasta entonces habían sabido compaginar la técnica cuantitativa con la cualitativa. Ambos autores somos realmente expertos en ambos métodos, cada uno en el suyo. A estas alturas no voy a andar con falsas modestias.

Pero, tras las elecciones de marzo de 2008, la dirección del CIS pasó a Belén Barreiro, una asesora del Presidente del Gobierno. Se había roto la tradición de que ese puesto correspondiera a una figura destacada de las Ciencias Sociales o un profesional de prestigio. Se iniciaba una época de "comisariado político", que ni siquiera se había dado en el IOP del franquismo, por lo menos de una forma tan descarada. El cambio no fue gratuito por lo que respecta a nuestra malhadada investigación. El original de nuestro trabajo se entregó en marzo de 2007 y entró en la fase de consulta de evaluadores. Esa fase suele ser expedita, pero en este caso los autores no tuvimos respuesta hasta diciembre de 2008. Es decir, se tardó más tiempo en evaluar nuestro trabajo que el que habíamos dedicado a analizarlo y redactarlo. La sorpresa fue que el CIS rechazó de plano la edición del libro. Las razones eran así de terminantes: "Carece de marco teórico y objetivos analíticos claros". Por tanto, "ha de considerarse de carácter periodístico y no científico". Ni siquiera se nos daba la oportunidad de una revisión del texto para corregir posibles defectos: "Debe descartarse la posibilidad de revisar el manuscrito".

En mi vida había visto yo un veredicto tan tajante de la censura. Ante la pregunta sobre si resultaba aceptable la forma, uno de los anónimos evaluadores contestó impertérrito: "Total y absolutamente inaceptable, aunque el autor sepa redactar bastante bien". Realmente éramos dos los autores; no sé quién de nosotros sabe redactar "bastante bien". Ese mismo evaluador (o inquisidor), ante la pregunta sobre posibles mejoras del original, respondió así: "Es tan malo que no hay posibilidad de mejora alguna". Otro evaluador comentó el título "El hemisferio femenino" con esta simpleza: "No se infiere en ningún momento... el debate sobre los hemisferios cerebrales". Es decir, ese evaluador no había entendido que "hemisferio" era aquí una metáfora; muy sencilla, por otra parte. Simplemente, partía de considerar el mundo de la sociedad como constituido por dos hemisferios, el masculino y el femenino.

Es claro que el juicio de los evaluadores y el veredicto del CIS inauguraban una etapa sectaria del gran instituto sociológico. Esperemos que algún día se pueda publicar el trabajo que hicimos

Miguel y yo, basado parcialmente en los datos recogidos por el CIS. Será una reliquia sociológica. Una vez más, cabe el consuelo de que los sociólogos trabajamos realmente para los historiadores.

TVE

Para un intelectual la censura no consiste solo en que sus textos sean abortados o mutilados. También es censura el que se le vede su aparición en determinados medios, sobre todo si son públicos. En mi caso podría aducir la censura a que me sometió Televisión Española durante el franquismo. Después de todo, se trataba de un monopolio estatal. Sin embargo, no puedo quejarme mucho, pues salí muchas veces en algunos programas de opinión. Pienso, por ejemplo, en los de José María Íñigo, Fernando Tola, Fernando Fernán Gómez o José Luis Balbín. Antes de eso, nada más regresar de los Estados Unidos, en 1964, participé en Televisión Española en un programa de opinión. Simplemente, comentaba observaciones de la vida cotidiana. Recuerdo, por ejemplo, que un 20 de noviembre mi comentario empezó así: "Hoy tenemos una noticia interesante. Por primera vez en muchos años, los periódicos de tal día como hoy no traen en primera el aniversario de la muerte de José Antonio". Entonces todo se emitía en directo. No creo que ni siquiera existiera el vídeo. Al emitir el comentario que digo, me di cuenta de las caras de estupefacción de los cámaras y otras personas que estaban en el plató. Aparte de eso, no pasó nada.

Lo sorprendente es que, advenida la democracia, sí ha sido más pertinaz la resistencia de Televisión Española a dejarme aparecer ante las cámaras. Tampoco me quejo, porque durante los últimos tiempos ha habido otros canales televisivos (públicos y privados) más hospitalarios. Tampoco puedo pretender más, pues lo mío no es el entretenimiento. Pero debe quedar claro que, en plena democracia, ha seguido funcionando la censura, y de forma más artera. Digamos que, por este lado, se trata de una democracia mucho más limitada de lo que indican los textos legales o las crónicas oficiales. Al menos eso es lo que se deduce de mi experiencia.

En 1987 tuvo lugar la matanza de Hipercor en Barcelona. Fue un atentado masa, provocado por la ETA, que ocasionó docenas de muertos y heridos. Precisamente aquel día estrenaba yo mi colaboración en la tertulia mañanera de José Cavero que dirigía en Radio Nacional de España. (Ambos proveníamos de Antena 3, la de Manuel Martín Ferrand). La noticia de la masacre de Hipercor llegó mientras estábamos en antena. Comenté sobre la marcha que aquello tenía todos los visos de un atentado de la ETA. Cavero conectó con Barcelona y entró en directo la voz del alcalde de la ciudad, Pascual Maragall. El burgomaestre quiso quitarle carga política al asunto y certificó que se trataba de un accidente. Yo le repliqué: "No parece un accidente sino un atentado terrorista". Maragall insistió en que no se podía hablar de terrorismo, puesto que solo era un accidente. Concluida la tertulia, me volví a mi casa. Me llegó en seguida una llamada compungida de Pepe Cavero: "Oye, que a partir de mañana no vengas más a la tertulia. Son órdenes de arriba". Naturalmente, ese misterioso adverbio se refería a Pilar Miró, a la sazón directora de Radiotelevisión Española. El director de Radio Nacional era Eduardo Sotillos, pero él no intervino en mi destitución; se limitó a recibir una llamada de Alfonso Guerra. El argumento del valido era que resultaba "intolerable" que se criticara al Gobierno en un medio público como Radio Nacional. Por lo visto, era una crítica intolerable que se dijera públicamente que el atentado de la ETA había sido un atentado de la ETA. Una vez más, lo que destacaba era la resistencia a reconocer los hechos. Lo más probable es que Sotillos hubiera recibido presiones de su conmilitón Pascual Maragall. ¿Quién era yo para contradecir la tesis del alcalde de Barcelona?

Años después, coincidí muchas veces con Pilar Miró en la tertulia de Luis Herrero en la COPE. Terminada la tertulia, llevaba en mi coche a la Miró hasta su casa, que estaba relativamente cerca de la mía. Ella parecía bastante desengañada del socialismo, pero nunca nos referimos al incidente de Maragall y a mi extraño cese de RNE. No era elegante por mi parte sacar a colación tan tenebroso asunto. Por otra parte, Maragall y yo nos conocíamos muy bien. Ambos habíamos sido colegas en la Facultad de Económicas de Bellaterra. Siempre me pareció una persona bastante limitada, pero fue un auténtico "señor de presión", según la terminología de Francisco Murillo. Supo vivir de las rentas de su apellido.

En 1988 participé en un programa de TVE, dirigido por Miguel Ángel Gozalo, sobre los impuestos. La estrella del debate era Josep Borrell, secretario de Estado de Hacienda. Tuvimos un encontronazo al decir yo que, si bien los contribuyentes pueden defraudar al Fisco, también el Estado puede "defraudarnos" al no gastar bien los dineros del erario. Borrell se indignó: "Y usted ¿en nombre de quién habla? ¿Quiénes son esos *nos*?". Transcribo la crónica del *Ya* (4 de junio de 1988): "El sociólogo respondió con tranquilidad desarmante: Hablo en nombre del Estado, que somos todos los que pagamos". Por un momento temí que Borrell, rojo de ira, se abalanzara sobre mí. Borrell no toleraba que yo hablara en nombre del Estado, algo que solo a él correspondía. Simplemente, a partir de ese día se espaciaron todavía más, hasta casi desaparecer, mis intervenciones en TVE. El consuelo fue que, después de la polémica sobre los impuestos, por aquellos días fueron muchas las personas desconocidas que me saludaban por la calle y me decían; "A mí sí me representa usted". Bueno, tampoco quería yo representar a nadie. Simplemente mi idea era que el Estado somos todos. Es una idea mostrenca, en el sentido de que no requiere titularidad ninguna. Pero en España cunde el estatismo, la noción contraria de que el Estado es propiedad de los que mandan; más todavía si son socialistas.

ABC

En la España actual se llaman "ceses" a lo que realmente son destituciones. Ya me he referido a ello en el capítulo 10. Durante la última etapa de Luis María Anson al frente del *ABC* (1993-97), colaboré asiduamente en el periódico con gran satisfacción por mi parte y entiendo que también por la de Anson. Sustituido Luis María por Francisco Giménez Alemán en 1997, recibí el "cese" (= destitución) como colaborador por periodista interpuesto. La razón que me dio fue así de simple: "No hay papel". Se entendía perfectamente que no había papel para mí. Debo precisar que, en el mundo de las colaboraciones periodísticas, los contratos de trabajo suelen ser verbales y no incluyen nunca la indemnización por despido. Ese régimen laboral me parece muy bien en esas condiciones, pero lo elegante y acostumbrado es dar alguna razón cuando se prescinde de algún colaborador.

La causa de esa destitución del periódico de la calle Serrano era mucho más lacerante pero innombrable. Por eso no me la comunicó el director. Por entonces había sacado yo un libro, *Autobiografía de los españoles*. En él se analizaban diversos testimonios de escritores sobre sus experiencias. Uno de esos retazos fue una anécdota que contó José Luis Pinillos en una cena que dimos en mi casa. Asistieron también Gustavo Villapalos y Jaime Campmany, entre otros. La anécdota se refería a la juventud del eminente psicólogo, cuando tomó la decisión de irse voluntario a la División Azul. Muchos años después, tuvo lugar una conversación entre Pinillos y Pedro Laín Entralgo, ambos en la Real Academia Española. Esta fue la síntesis:

> –Pero hombre, José Luis, ¿cómo se te ocurrió la locura esa de irte a Rusia con la División Azul?
>
> –Perdona, Pedro, pero te has olvidado de que tú me lo ordenaste.

Quizá lo de "ordenar" no fuera en sentido literal o expreso. Sin embargo, todos los comensales entendimos que Pinillos rememoraba una situación conocida. Al término de la guerra civil, Laín era una especie de San Bernardo arengando a los cruzados contra el comunismo. Naturalmente, el joven José Luis Pinillos fue una de las mentes idealistas cautivadas por el autor de *Los valores morales del nacionalsindicalismo* (1941). Curiosamente, esa obra ha desaparecido de las múltiples reseñas bibliográficas de Laín que he consultado, pero fue fundamental en su etapa falangista. La anécdota de la conversación entre Pinillos y Laín puede resultar hoy trivial, pero tuvo algunas consecuencias para la pequeña historia, como verá el que siguiere leyendo.

La presentación de mi libro *Autobiografía de los españoles* la hizo Federico Jiménez Losantos. En ella, a título de ejemplo, relató la anécdota de Pinillos y Laín. La intervención de Federico se publicó al día siguiente en el *ABC,* donde él era columnista de postín. Por lo visto, esa reseña alarmó tanto a Pinillos como a Laín, ambos egregios colaboradores del *ABC*. Los dos negaron la realidad de la anécdota en sendos escritos, pero yo certifico que Pinillos la contó en la cena de marras y que fue muy celebrada por los comensales.

Cubierta del libro ***Autobiografía de los españoles*** *(1997), diseñada por Josep Bagà y Peret. En ese libro se contiene la prueba de mi exclusión del ABC.*

El artículo de queja que envié al *ABC* se titulaba “No hay cruzada sin San Bernardo”. Comenzaba con el reconocimiento de Laín y de Pinillos, “los dos admirados maestros con notabilísimo talante liberal”. No obstante, su mentalidad debía de haber sido otra cuando se organizó la División Azul. La describió bien un amigo de Laín, Dionisio Ridruejo, respecto a ese momento: “El fascismo podía representar el modelo de una Europa racional. La revolución soviética era el admirado enemigo al que había que destruir o, en otro caso, rendirse”. Lo más curioso del incidente es que Laín no dirigió su queja contra mí, por la anécdota del libro, sino contra Jiménez Losantos, a quien atribuyó “ánimo de injuriar”. Entiendo que no podía ser injuria el reconocimiento de que

Laín era el mentor de la política antisoviética del franquismo en los años 40. Decía yo en mi artículo: "Todas las cruzadas tienen su San Bernardo, aunque luego se arrepientan de las atrocidades de la soldadesca". Laín me escribió una larga carta manuscrita en la que insistía en que él no alentó la "cruzada" contra el comunismo que supuso la División Azul. El asunto podría haberse resuelto sin más de ese modo, por mucho que el "descargo de conciencia" de Laín me pareciera poco convincente.

Pero entonces vino lo de mi fulminante destitución como articulista del *ABC,* sin ni siquiera el trámite de audiencia y la vergonzante excusa de la "falta de papel". Es más, al poco tiempo, el mismo director del periódico destituía también a Federico Jiménez Losantos sin mayores explicaciones. Me siento libre de sospechar que las dos destituciones tuvieron alguna relación con el enfado de Pinillos y de Laín. Una vez más, hay que recurrir al concepto de "señores de presión". Debo advertir que, hasta ese momento, yo había tenido una amigable relación con ambos académicos. José Luis Pinillos había sido maestro mío en la Escuela de Organización Industrial. Fue el primer catedrático con el que me tuteé y el que orientó mi vocación hacia la Sociología empírica. Durante algunos años tuve con él una estrecha relación intelectual. Por ejemplo, Pinillos asistió, en compañía de Linz, a algunos de los ejercicios de las oposiciones a cátedra en las que yo participé. En los cursos de Psicología que tomé en Columbia con Richard Christie, el único español que conocía mi profesor era Pinillos. Con Pedro Laín (a quien también tuteaba) tuve también una buena inteligencia en los jurados del premio de ensayo que convocaba Espasa y que él presidía. Esas dos estupendas relaciones se interrumpieron abruptamente tras el incidente que relato, realmente nimio pero expresivo.

Lo más extraño del asunto narrado es que nadie protestó por la referida anécdota tal como aparecía en el libro. Por lo visto, lo grave era reseñarla en el periódico. Pero tampoco me pidió nadie que rectificara nada. Lo que sí reitero ahora es que Pinillos contó en una cena de amigos

Con Pedro Laín y José Luis Pinillos en alguna presentación de un libro que no recuerdo. Con ambos maestros mantuve una bonísima relación hasta la ruptura en 1997. Mucho lo lamenté.

la curiosa conversación que tuvo con Laín. A los asistentes nos pareció divertida, verosímil y reveladora del estado de opinión tras la guerra civil.

Qué difícil es hacer un "descargo de conciencia", como intentó Pedro Laín en un prolijo libro así titulado. Comprendo ahora que Laín respirase por la herida a través de la extraña reacción que cuento. El dato clave es que un hermano suyo fue un destacado comunista que emigró a la URSS después de la guerra civil española. Ahora recuerdo que lo de "respirar por la herida" era una de las expresiones favoritas que repetía Pinillos en su curso de la EOI. Se hilvanan los recuerdos. Cuando tomé los cursos con Christie en Columbia, el hombre se quedó maravillado de que en español dijéramos "respirar por la herida". No cabe más certera expresión del resentimiento, un tema que explicaba muy bien Richard Christie. Esa reacción de respirar por la herida es algo tan español como el toro de Osborne.

Rememoro ahora con nostalgia el ditirambo que me dedicó Pinillos en el "epílogo" del segundo Informe de la Complutense (1993-94): "Tengo motivos más que sobrados para expresar mi agrado y mi gratitud a mi amigo, y también maestro, Amando de Miguel, y, por supuesto a su equipo".

Durante mi estadía en Columbia tuve muchos ratos de conversación con Richard Christie sobre la personalidad maquiavélica y sus conexiones. Al principio, con mi sociologismo andante, era yo muy escéptico respecto del aproche psicológico para entender la sociedad. Pero en seguida me convencí de que eso de la sociedad es una abstracción un poco gratuita. Al final (y al principio) lo que hay son personas. Tampoco es que cuente la miríada de individuos. Más bien, hay personalidades, tipos de personas. Precisamente el tipo de personalidad maquiavélica es el que sabe manipular a los demás. Una técnica de manipulación es la de "echar la culpa a la víctima". Cuidado que la he sufrido veces a lo largo de mi vida en todos los campos, en todos los tiempos. Christie me enseñó que los humanos seguimos esa táctica para defendernos. Con la vista hacia atrás, los sucesos más tristes que he tenido que padecer se concretan en esa táctica de recibir la culpa cuando soy víctima. Me aterra pensar que yo también he recurrido algunas veces al mismo expediente cuando he ejercido alguna posición de preeminencia. Modestamente, también a mí me ha correspondido ser a veces un "señor de presión", bien que de baja alcurnia. Es el papel que se deriva de actuar como profesor o como comunicador.

Amenazas

En 1995 realizamos en Tábula-V un original estudio sobre el conocimiento y el uso del vascuence en Álava. Es otra de mis obras inéditas, y eso que quizá haya sido la encuesta levantada con más experticia de todas en las que yo he participado. La dirigió personalmente mi hijo Iñaki con el máximo cuidado, dado lo arriesgado del asunto. Hicimos dos versiones del cuestionario, una en castellano y otra en vascuence, y seleccionamos entrevistadores capaces de hablar los dos idiomas. Tanto empeño pusimos en esa selección que, años después, algunos de los entrevistadores fueron condenados por ser terroristas de la ETA. Como es lógico, la mayoría de las entrevistas se realizaron en castellano. En la zona septentrional y montañosa, de caseríos, algunos *baserritarras* contestaron que preferían hacer la entrevista en castellano. La razón era que el vascuence que ellos hablaban no se acomodaba mucho al euskera batúa (= unificado, oficial) de nuestro cuestionario. Lo peor fue el cúmulo de insultos y molestias que acumularon algunos entrevistadores en su trabajo. La instrucción de Tábula-V era que no entraran en polémicas. Pero los entrevistadores no podían ocultar que trabajaban para una empresa "de Madrid". En algunos ambientes eso era una iniquidad.

Al tiempo de la encuesta, recibí frecuentes amenazas por teléfono. Los "patriotas" que me llamaban a todas horas consideraban una afrenta que un maqueto como yo se atreviera a hacer una encuesta sobre el euskera. Con alguno de los que amenazaban sostuve una interesante conversación. Mi argumento era que el idioma castellano había surgido en núcleos de población donde se hablaba el euskera. Por tanto, ambos idiomas habían sido una creación del pueblo vasco. Siempre se ha dicho que el castellano es el latín hablado por vascos. El hombre no salía de su asombro al oír esas afirmaciones, pero no se apeó del burro. Denuncié las amenazas y el juez me intervino legalmente el teléfono para obtener información. Supongo que era una rutina en casos como ese de "llamadas maliciosas", más bien amenazantes.

Igualmente rutinaria y amable fue la Policía de Pozuelo de Alarcón (donde yo vivía entonces). La escolta que me podían poner, dada la escasez de recursos, era que, todas las mañanas, al salir yo para la Facultad, me seguía un coche de la Policía local. Los vecinos estaban intrigados con la operación. Al llegar a la Facultad, el coche de la Policía me dejaba con toda la educación del mundo. El razonamiento era impecable: "Mire, don Amando, solo disponemos de tres coches para todo el pueblo. Como usted comprenderá, no podemos hacer más que acompañarle por las mañanas desde su casa hasta la Universidad. No se preocupe, porque sabemos que los terroristas suelen cometer los asesinatos a primera hora de la mañana". Como puede verse, la constancia estadística era un consuelo. También se puede decir que se prueba el comentario sarcástico de Borges: "La democracia es un abuso de la Estadística".

La ceremonia de presentar los resultados de la encuesta en las Juntas Generales de Álava (nuestro cliente) fue, como suele decirse, un número. Los junteros agradecieron nuestro trabajo. No obstante, el representante de Herri Batasuna, Iñaki Olalde, nos hizo entrega de un cheque simulado por valor de seis millones de pesetas. Era lo que había costado la encuesta (sin incluir los disgustos). El cheque era "en reconocimiento a su inmensa labor y esfuerzo realizados en su intento de menospreciar el euskera". Terminado el parlamento, los representantes de Herri Batasuna abandonaron ostentosamente el local. Ni siquiera aceptaron la copia del Informe que llevábamos al efecto para cada uno de los grupos políticos. Luego vimos que en algunos bares de Vitoria figuraba mi fotografía con el dibujo de una diana superpuesto a mi cara. Todo el mundo entendía que los "patriotas" me consideraban así un "objetivo" de sus "acciones".

Las autoridades alavesas nos habían aconsejado que, al trasladarnos de Madrid a Vitoria en coche, dejáramos los dos vehículos que llevábamos en la última gasolinera de la provincia de Burgos. Así lo hicimos. En esa gasolinera nos esperaban ya dos coches oficiales que nos trasladaron a Vitoria, escoltados, además, por motoristas. Nunca me había sentido más importante ni más ridículo. Los otros miembros del equipo parecían divertidos.

Menos mal que, como colofón del incidente, el 10 de mayo de 1995, recibí un saluda manuscrito de Ernesto Ladrón de Guevara, portavoz del grupo juntero socialista de las Juntas Generales de Álava. Después de agradecer la realización del Informe, concluía: "Amando, me has dejado una honda impresión por tu talla humana e intelectual, mejorando con creces la impresión que, como lector y teleoyente tuyo, ya tenía". Esas cosas reconfortan.

Todas las historias que cuento sobre ceses, censuras y componendas ilustran el mismo principio: a los que mandan les irrita que se descubra la realidad. Por eso el trabajo del sociólogo empírico, al atenerse a los hechos, molesta tanto a los poderosos. Recuerdo que, para los griegos, la verdad era descubrir el velo que encubre las cosas. Hay algo indecente o provocativo en esa operación. Esa es la razón por la que los análisis sociológicos resultan a veces tan molestos. No se tolera fácilmente que el descubrimiento de los datos venga a sustituir a los deseos. De ahí que, cuando noto que una observación mía genera irritación a los que mandan (a algunos de ellos), me digo: esto va bien.

La consecuencia es que la Historia entera de las ideas, del arte, de la ciencia, ha sido una constante lucha contra la censura. La censura o las destituciones no son actos ejecutivos como pueden ser las sentencias de los tribunales. Son simplemente rechazos de obras o de personajes que disgustan al poder. Por eso mismo admiten muchas veces arreglos y componendas. El ejercicio del poder nunca es absoluto. El régimen autoritario presenta numerosos resquicios de libertad; no es que se la den al autor, sino que este se la toma. Al mismo tiempo, el sistema democrático contiene muchos restos de autoritarismo. Por encima de los regímenes y de los gobiernos hay una misma "cultura política". Comprendo que una conclusión así fomente la melancolía, pero es lo que yo siento al rememorar los episodios descritos.

La costumbre de escribir bajo la amenaza de la censura ha llevado a tantos escritores en la época franquista a lo que Enrique Tierno Galván llamó "tacitismo". Es el estilo alambicado, oscuro, esotérico. Tierno lo practicó a conciencia. Debo decir que, inexplicablemente, yo me libré de ese mal, pero no sin riesgos, como queda expuesto.

12. El socialismo nacional y otras ideologías

Es muy difícil que yo dé cuenta aquí de mi peripecia vital, de mi manera de ver el mundo, sin referirme a la panoplia ideológica que resalta en mi país. Recuerdo que estas Memorias son también una especie de prosopopeya, esto es, incorporan a mi vida sucesos o entes que son externos a mí. No lo hago por afán de grandeza, sino por entender que la biografía escueta de uno es algo minúsculo y efímero. Es algo que necesita entenderse en el ambiente del tiempo y espacio que a uno le ha tocado en suerte.

No me gustaría que estas Memorias fueran algo así como las "de cátedra". Ese es un momento obligado para un profesor, pero en mi caso siempre las he mantenido de forma inédita. (Me viene ahora a la cabeza el empeño que tenía Pepín Vidal Beneyto en fotocopiar el ejemplar de la Memoria de cátedra que presenté a las últimas oposiciones en 1971). Las "Memorias de cátedra" suelen hacer acopio de lo que han escrito los santones de la profesión, a poder ser, extranjeros. No se preocupe el lector; le voy a ahorrar aquí la repetición de esas jaculatorias librescas. Pero sí debo hacer una somera mención de las ideologías que han dominado en el medio donde me he desenvuelto. Me voy a concentrar en las distintas formas de lo que podríamos llamar irónicamente "socialismo nacional".

Es la expresión más clara de las ideologías hegemónicas en España. Para empezar, las dos palabras, *socialismo* y *nacional* son polisémicas, por lo que la confusión está asegurada. El sintagma "socialismo nacional" lo utilicé alguna vez, de forma irónica, durante el franquismo; podría repetirlo ahora con la misma difusa propiedad.

Las ideologías de los intelectuales no están dadas de una vez, sino que son cosa viva y adaptativa. Tómese el ejemplo de las revistas del SEU en los años 50. En Madrid estaba *La Hora*, en la que colaboraron muchos jóvenes falangistas. Muchos serían después altos cargos y continuaron en la transición democrática como dirigentes de la UCD, de AP o del PP. Esa es la evolución esperada. Pero en ese elenco estaban también Alfonso Sastre, Carlos París o Miguel Sánchez Mazas, que derivaron hacia la izquierda radical. El ejemplo de *La Hora* tiene su equivalencia en la revista *Laye* de Barcelona, que añadía al falangismo la orientación españolista o antinacionalista. Pues bien, en esa revista colaboraron intelectuales como Josep Maria Castellet, Manuel Sacristán, Carlos Barral, los hermanos Ferrater (Gabriel y Juan), Jaime Gil de Biedma, Francisco Farreras, los hermanos Goytisolo (Juan, Luis y José Agustín), Esteban Pinilla de las Heras, Francisco Marsal, entre otros. En muy pocos años todos ellos se alojaron en los grupos de oposición al franquismo. La mayoría se decantó hacia el socialismo o el nacionalismo, con fórmulas más o menos extremas. Otra cosa es que luego quisieran ocultar los antecedentes, pero eso no los hace menos reales. La razón del ocultamiento es que la ideología conservadora en España quedó tocada por su colaboración con el franquismo. Ese complejo no levantó cabeza hasta el aznarismo de finales del siglo XX. Hasta entonces daba cierto rubor ser de derechas, y, aun hoy en día, el partido conservador se llama vergonzantemente "popular" o "de centro". En cambio, las ideologías de izquierdas no tienen ningún empacho en reivindicar la tradición socialista o comunista. Las palabras *popular* y *centro* aluden en otros países europeos a partidos históricos de sentido cristiano. En España, el "centro" no es más que la derecha que puede ser útil a la izquierda.

Extrañamente, no da ninguna vergüenza a los demócratas de izquierdas la herencia de Stalin o de Largo Caballero, personajes no ya de izquierdas sino siniestros, por totalitarios. Esa asimetría entre la izquierda y la derecha en España hace muy difícil que medre la planta de la democracia. La hegemonía política, y sobre todo cultural, de la izquierda se basa en una lamentable despolitización de la gran masa de españoles. Despolitización es también la conducta de votar cada uno "a los suyos", pero sin interesarse si lo hacen bien o mal como políticos. Ese hueco ideológico lo llena muy bien el deporte y, en general, el lado placentero de la vida, aparte de las preocupaciones domésticas. El deporte es más bien su parte de espectáculo, y, más que nada, el fútbol. "Pan y toros", se decía antes, en una traducción de una locución latina; lo que indica que viene de lejos. El equivalente actual sería el fútbol y la televisión-basura.

Los comentaristas hemos exagerado muchas veces la cesura entre el franquismo y la democracia, pero realmente son dos actos del mismo drama. Entre uno y otro, se baja el telón, cambia el decorado, pero continúa el mismo argumento. En la segunda mitad del régimen franquista había muchos anticipos democráticos. En el sistema democrático que viene después (llamado extrañamente la "transición") subsisten muchos elementos autoritarios. Por ejemplo, está el corporativismo de los llamados "sindicatos de clase", antes "verticales". Uno de ellos, Comisiones Obreras, declaró al final del franquismo que pretendía heredar la estructura de los sindicatos oficiales "con los ascensores funcionando". En efecto, la sede de Comisiones Obreras en Madrid se aloja en un ala del inmenso edificio de los Sindicatos del franquismo. No es menos cierto que tuvieron que cambiar los ascensores, pues eran del tipo noria, que nunca se paraban, y eso podía ser peligroso. Buen símbolo el del movimiento incesante de la noria, el que ocasiona un borriquito esclavo, cegado y cansino. No es casualidad que esa misma imagen de la "noria" sea el título de uno de los programas más "emblemáticos" (como ahora se dice) de la televisión-basura.

Más sutil es la herencia franquista que significa el temor a la crítica. Por ejemplo, un axioma de la política actual es que "no se debe criticar a los sindicatos porque están en la Constitución". Como si no se pudiera criticar la Constitución misma. Otro especioso argumento es que, en determinados aspectos, "no se debe criticar al Gobierno" o "a los jueces" por extrañas razones de seguridad. En su lugar, "hay que dejar que trabajen". El mismo vago miramiento lo tienen los "agentes sociales", que son los "liberados" de los sindicatos y de las asociaciones empresariales, como si tuvieran la potestad de los parlamentarios. Se entiende, "liberados" de trabajar, más que como participantes del llamado "diálogo social". Todos son eufemismos.

Una manifestación de ese temor a la crítica es el juridicismo de la vida pública. Ese principio quiere decir que no se deben comentar las conductas delictivas o simplemente las que no se acomodan a la conducta honorable de los políticos. El argumento especioso es que "todo el mundo merece la presunción de inocencia". Mi opinión es que esa reserva está bien para los jueces, fiscales o abogados en los juicios, especialmente cuando se refieren a los procesados. Ahora bien, no se colige que pueda extenderse a los comentaristas, a las personas del común, cuando afean ciertas conductas de los hombres públicos. Pero se extiende. Aun así, cuando conviene, una persona cualquiera, incluso un menor, puede aparecer tranquilamente en los medios como un delincuente o con una conducta aberrante, y no pasa nada. Son ejemplos que podrían multiplicarse, y en estas páginas se contienen numerosas ilustraciones en apoyo de la tesis expuesta.

Lo que me interesa es confirmar que son muchos los rasgos autoritarios que permanecen en el actual sistema democrático. Los regímenes y los gobiernos pueden cambiar, pero la sociedad es fundamentalmente la misma. Por lo menos se puede asegurar que la sociedad se desplaza a la velocidad de los glaciares. El glaciar es aquí la persistencia de los rasgos del "socialismo nacional", el fundamento de los regímenes del último medio siglo de vida española, aparentemente tan distintos.

La mezcla de juridicismo y de socialismo nacional da lugar al intervencionismo, no solo económico sino burocrático. Es tan dominante esa combinación en la España actual que contamina también a los grupos conservadores, los que a sí mismos se consideran centristas o nacionalistas. Es tal el predominio del Estado que esa palabra ha llegado a sustituir a la de "España".

Nacionalismo

Me ha tocado vivir la época de más intensos cambios de la Historia española, por lo menos de la contemporánea. Tanto es así que la simple palabra *cambio*, sin decir en qué dirección, se convirtió en los años 60 en un talismán, una jaculatoria, un mantra. En los años 70 hubo una revista política que se impuso a todas las demás: *Cambio 16*. Precisamente, en sus años finales, yo colaboré con ella y hasta ejercí de "defensor del lector" en una etapa tardía (1990).

Al final del franquismo era creencia común que los cambios iban en la dirección del progreso económico, de la liberalización política, de la igualdad social. Así fue en términos generales. Sin embargo, el cambio deseado por la inmensa mayoría de los españoles provocó una pesadumbre inesperada en buena parte de la sociedad. Fue el reverdecer del nacionalismo (realmente separatismo), que, en su caso extremo, dio lugar al terrorismo.

Si el nacionalismo vasco o catalán hubiera supuesto una mayoría aplastante de sus respectivas poblaciones, la cuestión se habría resuelto con la secesión sin más. Eso es lo que ocurrió en Irlanda, Noruega, Finlandia, Eslovaquia y otras naciones europeas que se independizaron a lo largo del siglo XX. Pero en los casos de Cataluña, el País Vasco, y no digamos Galicia, Valencia y Baleares, no se ha podido conseguir esa situación de mayoría decidida. La solución primera fue el acuerdo de un sistema electoral (plasmado en la Constitución de 1978) que favorecía a los partidos nacionalistas de esas regiones. Añádanse los navarros o los canarios. La prueba es que casi todos los Gobiernos de España que hemos tenido en la democracia se han visto obligados a contar con el apoyo, tácito o expreso, de los nacionalistas. Los cuales han conseguido abundantes preseas económicas o fiscales, aparte de una preeminencia para sus respectivos idiomas regionales. Eso quiere decir la tendencia a desplazar el idioma castellano de la vida pública en las regiones bilingües. Pero con ello se lograba solo una victoria pírrica para los nacionalismos. La razón era que el idioma español se convertía mientras tanto en uno de los pocos de comunicación internacional. Es más, la consecución de la primacía de las lenguas regionales llevó a descuidar la preocupación por mantener la ventaja económica que habían tenido hasta entonces Cataluña y el País Vasco.

En consecuencia, durante la última generación el centro de gravedad de la economía española se ha ido trasladando hacia Madrid. Es paradoja, pues eso sucedía al tiempo de abandonar el centralismo político. He aquí un ejemplo de las "consecuencias no anticipadas de la conducta social", según la etiqueta de Merton. Es lo que vulgarmente se dice "el tiro por la culata", metáfora tan atrevida como exacta por la presencia del terrorismo.

Así pues, el problema nacional, lejos de resolverse, se ha enconado. Crecidos los partidos nacionalistas por la ventaja que les otorga la ley electoral, no tienen otra salida que forzar todavía más el "independentismo lingüístico". Se añade asimismo, donde pueden, el logro de algunos privilegios económicos. Pero en ningún caso la situación se acerca al supuesto de la mayoría decidida que precipitó la independencia de algunas nuevas naciones europeas en el siglo XX. No se puede lograr esa reivindicación nacionalista porque, en la situación más favorable de Cataluña, País Vasco y Baleares, su hipotética independencia significaría el ulterior retroceso económico. Además, téngase en cuenta que, inmersos en el magma de la Unión Europea, los Estados miembros que son más débiles han perdido una buena parte de su soberanía. Se habla, incluso, de "protectorado" económico para entender las relaciones entre Alemania o Francia, por un lado, y Grecia, España o Portugal, por el otro. Hay quien plantea el reverdecimiento de la utópica "Unión Ibérica". Ante esa nueva situación, los nacionalismos españoles son solo "romances", dicho en catalán. En castellano decimos "cuentos chinos". Solo que, con la ley electoral en la mano, los nacionalistas no gobernarán en España, pero mandan.

En definitiva, el problema nacional o nacionalista en España resulta "insoluble". El adjetivo lo ha puesto muchas veces Juan J. Linz. No hay que presumir la resolución de todos los problemas de constitución o de equilibrio de una sociedad. En la escala individual también hay a veces problemas insolubles; suelen ser los que se refieren a la salud o a la situación económica en situaciones extremas.

La reflexión anterior no es estrictamente teórica. Se deriva asimismo de una vivencia personal, pues he residido muchos años en San Sebastián, Barcelona o Valencia. Precisamente la Comunidad Valenciana se ha librado del destino general que digo, porque el nacionalismo no ha cuajado tanto como en las otras regiones con idiomas "propios". El resultado es que la Comunidad Valenciana se ha unido al carro de la prosperidad, protagonizado por Madrid. En menor medida esa es también la tendencia para Murcia. No es casualidad que en esas tres regiones sea hegemónico el PP. Un último dato es la constitución de una gran caja de ahorros al fusionar una de Madrid y otra de Valencia. El resultado es el mayor grupo financiero que opera en España. Aun así, está por ver si la Comunidad Valenciana se va a librar de caer en la torpeza de las otras regiones bilingües.

Corrupción

"Esas grandes palabras que escribimos con mayúscula tuvieron que encogerse un día para pasar por el corazón de un hombre". La frase es de José Ortega y Gasset, pero está alojada en mi memoria porque la decía algunas veces el maestro Arboleya. (El hombre dictaba su clase agarrado a la barandilla que delimitaba el podio del catedrático en el anfiteatro de San Bernardo; esa es la imagen que conservo). El pensamiento puede parecer retórico, pero me ha sido utilísimo para entender después los entresijos de la sociedad española. Por ejemplo, el Estado de las Autonomías no es más que la dignidad institucional que se concede a la vieja práctica política del reparto, la antesala de la corrupción.

El Estado es la gran maquinaria de leyes y de funcionarios que se presta a repartir el erario, el que se acrece con tasas, multas e impuestos. Se reparten a tutiplén subvenciones, monopolios y subsidios en razón de lo bien organizados que estén los peticionarios. Pueden ser comunidades (= regiones) o asociaciones de todo tipo (= grupos de presión). El Gobierno está para organizar ese reparto. Grupos de presión muy eficientes pueden ser, por ejemplo, los nacionalistas catalanes, los fabricantes de automóviles, los sindicatos de clase. El problema es que nos encontramos en una sociedad movida por la envidia, el deseo de ocupar el puesto del otro cercano. Para dar legitimidad a las subvenciones y otras dádivas, conviene que adhieran el adjetivo de "social". De ese modo, el interés particular de los grupos de presión exitosos se hace equivaler al interés general. No se olvide que, en la España del último medio siglo, lo "social" es una forma de presentar suavemente lo "político". Esa es la tesis irónica de Carlos Rodríguez Braun.

Álvaro Delgado-Gal me hizo ver que el fenómeno tan general de la corrupción política no es una excrecencia sino una pieza estructural. De ahí que la corrupción se presente en todos los regímenes, gobiernos y partidos de la España contemporánea. Así pues, estamos ante uno de los rasgos definitorios de nuestra cultura política. Añado que la corrupción no es más que el caso límite del reparto. Es la obtención de un beneficio particular extraordinario que se extrae del Gobierno cuando uno se organiza bien y se convierte en un parásito del Estado limosnero. El esquema de la corrupción es el mismo que el del reparto; solo que, en lugar de grupos de presión, hay "señores de presión". (Empleo, una vez más, la feliz expresión de Francisco Murillo). Los grupos no delinquen; los individuos, sí. Los casos más inteligentes de corrupción son los que no llegan a ser examinados por los jueces. Por ejemplo, un político al frente de su región durante muchos años puede dar lugar a que su familia entera se haga multimillonaria en euros. Todo ello se ejecuta dentro de la más exquisita legalidad.

Ordinariamente, la corrupción es percibida como un hecho marginal, una forma de desviación social, aunque típica de nuestro tiempo, un poco como el terrorismo. Sin embargo, yo considero la corrupción y al terrorismo de forma similar, como dos emanaciones lógicas de nuestra práctrica de organización social y política, una democracia imperfecta. Son dos formas de violencia que resultan moralmente rechazables, pero se convive con ellas de modo natural.

Insisto en que el principio de la corrupción, y también del terrorismo, está en un Estado cuya función real es la de repartir el erario y también el poder territorial. Ese proceso se puede realizar de dos formas: legal o ilegal. Si combinamos ambas dimensiones, obtenemos el siguiente cuadrito o tipología (que, por cierto, sigue el método de la "tabla cuádruple" de la escuela sociológica de Columbia):

Tipología de las categorías del Estado actual como "repartidor"

	Reparto del	
Forma	erario	poder territorial
legal	subvenciones	nacionalismo
ilegal	corrupción	terrorismo

Las subvenciones y otras prestaciones sociales se tornan en casos de corrupción cuando el familismo o el amiguismo se alzan sobre la equidad. Es decir, la corrupción aparece cuando el reparto se hace inicuo. El nacionalismo deriva en terrorismo cuando se hace independentista, y, ante la imposibilidad de conseguir su objetivo, recurre a la violencia. Esa violencia extrema (extorsión, asesinato, desórdenes callejeros) es la consecuencia de que el independentismo suele ser minoritario. Entonces se justifica la división del trabajo nacionalista: "unos mueven las ramas y otro recogen las nueces", según la sibilina fórmula jaculatoria de Xavier Arzallus. El terrorismo puede acercarse a la corrupción bajo el eufemismo del "impuesto revolucionario". El nacionalismo puede acogerse a las subvenciones de forma permanente; así demuestra su poder.

Los nacionalismos españoles son generalmente lingüísticos, pues se dan sobre todo en las regiones con dos lenguas, el español o castellano y la lengua regional. No es que haya muchos españoles que no conozcan el castellano. Al contrario, actualmente la proporción de españoles que hablan castellano (aparte de algunas minorías inmigrantes del extranjero) es la más alta de la Historia. Sin embargo, ahí están los nacionalismos de las lenguas no castellanas, más fuertes que nunca. Tanto es así que se ha llegado al ridículo de que en el Senado se emplee la traducción simultánea, aunque no con el árabe o el rumano.

Los nacionalistas tratan de imponer la respectiva lengua regional (gallego, vasco, catalán, valenciano, balear) como "propia". De esa forma, jugando con las palabras, el castellano sería una lengua impropia o foránea, si bien es oficial en todo el territorio español. Pero, en ese caso, su carácter oficial aparece como impuesto.

Al tratar de desplazar el castellano por la respectiva lengua "propia", se fuerza la lógica de que la lengua determina la nación. Es un principio que no se cumple en la mayor parte de los países europeos, donde conviven dos o tres lenguas en cada país. Otra consecuencia de la política de desplazamiento de un idioma por otro es que, allí donde los nacionalismos son fuertes, los símbolos nacionales se desvanecen. Por ejemplo, la bandera nacional se reserva a los centros militares o a algunos actos protocolarios. Muchos jovencitos de la izquierda abominan la bandera española porque se saben "ciudadanos del mundo" o algo parecido. Es la versión política de las utopías esperantistas o vegetarianas. En los mítines del PP suele haber banderas españolas, pero en los de la izquierda esa enseña está ausente; puede, incluso, que ondeen banderas republicanas. Al último (como dicen los vascos), la bandera española se reserva para los entusiasmos futbolísticos.

El problema para las pretensiones nacionalistas es que la lengua española es una de las pocas que se aprenden masivamente en el mundo. Además, es una lengua con escasas variaciones territoriales. Añádase que el peso literario del español es muy superior al de los otros idiomas que existen en España. Tras esos contrastes, resulta muy difícil imponer los idiomas regionales como propios o dominantes en sus correspondientes territorios. Valga la curiosidad de que "idioma propio" es un pleonasmo, pues, en su origen griego, "idioma" quiere decir "lo propio".

El nacionalismo lingüístico no es tal (fomento de la lengua particular de la región) sino rechazo de España. Una anécdota ilustrativa. En 1985 Jordi Pujol recibió el título de "español del año" por parte de Televisión Española. La noticia se difundió en Barcelona por TV-3 de este modo: "Pujol elegido hombre del año". Extraño país, España, en el que su gentilicio común resulta desaconsejable.

El nacionalismo vasco y el catalán (son esos dos los que verdaderamente cuentan) no pretenden tanto la independencia de sus respectivas "naciones" como el dominio sobre el resto de España. Por eso mismo provocan una extraña consecuencia, la de forzar una cierta alianza entre el resto de los españoles. Son los que se unen por la irritación que les produce la apoteosis de esos nacionalismos con ínfulas independentistas. Es uno de esos casos de "profecía autoderrotante" (Merton).

Los dos males más graves que afectan a la convivencia española son el terrorismo (la forma extrema de nacionalismo) y la corrupción (la manifestación más aberrante del clientelismo). La corrupción corta a todos los partidos, ideologías y territorios. El terrorismo es la expresión más llamativa de un clima de resentimiento y violencia, que se acepta con naturalidad, o por lo menos con resignación.

Tanto los terroristas como los corruptos parece que son la expresión de la maldad más refinada, pero no es así. Los terroristas operan por venganza, por el odio a España ("A España, kaña"). Es un móvil horrendo pero comprensible. También se puede entender el fundamento de los corruptos, que roban para enriquecerse, sin trabajar mucho. La razón es que se trata de una conducta que aprueban secretamente muchas personas honradas. Pero hay una especie más refinada (aunque incruenta) de delincuentes, la de quienes se regodean con el mal por el placer de hacerlo y porque esa acción no resulta socialmente condenable. Es el caso de los que infectan virus informáticos o los que llenan las paredes de grafitos. Son delitos menores, claro está, pero lo que llama la atención es la permisividad con la que se admiten socialmente. Resuena la vieja máxima: "lo que es del común, no es de ningún".

España fue antaño una gran nación, pero la grey política e intelectual de Cataluña o el País Vasco la consideran ahora, despreciativamente, como "el resto del Estado". Se dice de ese modo residual para recalcar que Cataluña o el País Vasco sí son naciones. Las otras regiones bilingües cuentan poco a estos efectos. Pero esa idea de los nacionalistas vascos y catalanes goza de una notable aceptación en toda España. Digamos que la visión que domina en España sobre ella misma es, paradójicamente, la nacionalista vasca o catalana. Una doble paradoja es que en esas dos regiones gobierna ahora el PSOE. Sin embargo, ese partido ya no es ninguna de las cuatro cosas que recoge su acrónimo. Se produce la rara excrecencia de que el Gobierno de Cataluña se comporta en la práctica como si lo fuera de un país independiente. No otra cosa es su insistencia en la relación "bilateral" con el Estado (= España).

Socialismo

En las elecciones generales de 1977 firmé un manifiesto en apoyo de la candidatura de Socialistas de Catalunya, encabezada por Joan Raventós. (Lo llamábamos cariñosamente "el Rava"). Era una colaboración entre la rama catalana del PSOE (más bien la UGT) y el Partido de los Socialistas de Catalunya (PSC), antes Federación Socialista de Cataluña-PSOE. Esa última rama se ligaba originariamente a organizaciones católicas o a grupos de intelectuales. Entre los firmantes del manifiesto estaban Carlos Barral, Jaime Gil de Biedma, José Antonio González Casanova, José Agustín Goytisolo, Juan F. Marsal, Pasqual Maragall, Joaquín Marco, Isidre Molas, Benjamín Oltra, Núria Pompeya, Margarita Riviere, Santiago Roldán, Jacinto Ros Hombravella, Xavier Rubert de Ventós, Ignacio Zabala. Con casi todos ellos tenía yo entonces una estrecha relación profesional o de amistad. Algunos derivaron después hacia el nacionalismo. Pudo más en ellos el peso de su extracción burguesa. En Cataluña la combinación más rentable es ser nacionalista y socialista a la vez, por contradictorias que puedan parecer esas etiquetas.

El socialismo actualmente hegemónico en España ya no es propiamente socialismo (= lucha a favor de la igualdad). Es más bien "buenismo", anticatolicismo, progresismo, nostalgia de la República (especialmente del Frente Popular). Desemboca en la fantasía de que la guerra civil la ganaron los rojos. Se podría pensar que ese nostálgico resentimiento corresponde a los obreros ancianos, los que recuerdan vagamente la guerra civil y sus inmediatas consecuencias. Pero no es así. Incomprensiblemente, ese resentimiento se da sobre todo en los socialistas relativamente jóvenes y bien situados. Es algo que lo confirmo en muchas tertulias de la radio o de la tele.

Una función del nacionalismo es que, al rechazarlo, constituye la necesaria charnela que podría permitir la colaboración entre el PP y el PSOE. Se ha visto recientemente en la admirable colaboración entre el PP vasco y el Gobierno socialista del País Vasco. Desgraciadamente, se suele reducir a un reflejo de la llamada "lucha contra el terrorismo". Si desapareciera el terrorismo vasco, se esfumaría esa alianza estratégica entre el PP y el PSOE en el País Vasco. Claro que, a escala nacional ("del Estado", como suele decirse) esa alianza es circunstancial, poco más que protocolaria. No se logra la necesaria colaboración entre los dos grandes partidos nacionales, condición indispensable para que funcione bien la

Recuerdo de mi asistencia a un congreso de la Federaciò socialista de Catalunya-PSOE. Como puede verse, todavía conviven los antiguos símbolos (el libro y el yunque) con los nuevos (el puño y la rosa).

democracia. Es evidente que deben existir dos partidos bien marcados. Pero ciertos problemas capitales (reforma de la Constitución, del mercado laboral, política antiterrorista, etc.) exigen el consenso. Así se hizo a la muerte de Franco y de momento funcionó. Ahora no sería posible nada parecido, lo cual es muy de lamentar. Quizá no exista esa posibilidad, porque la izquierda ha olvidado su querencia por la igualdad y anda alocada con su intento de reescribir la Historia. Por cierto, a esa operación, se le llama "memoria histórica". Es otra parodia de la ironía de Orwell en su *1984*. Claro que el sarcasmo es todavía mayor cuando el fomento del aborto se denomina oficialmente "salud sexual y reproductiva". No se olvide tampoco que las expediciones bélicas se venden hoy como "misiones de paz". Está claro que la realidad imita a la ficción. En el fondo, no hay colaboración entre el PSOE y el PP por una razón personal. Los dirigentes de ambos partidos se odian.

Como queda dicho, el problema de los nacionalismos en España sigue siendo el "problema insoluble". La razón es que no se ha resuelto la difusa propuesta del Estado de las Autonomías. Se trata de un invento fantasmagórico, pero las autonomías (convertidas en sustantivos) no son todas iguales. Por lo menos hay dos más iguales que otras, Cataluña y el País Vasco. Lo extraordinario es que esas dos regiones más secesionistas han sido tradicionalmente las más desarrolladas, pero últimamente ya no lo son tanto. Desde luego, reitero que Barcelona ha dejado de ser la capital económica y cultural de España. Por eso mismo, la reafirmación de la nación catalana no tiene otro remedio que arrinconar la lengua española, pero eso es imposible o culturalmente suicida. La realidad de los partidos nacionalistas hace que en Cataluña y el País Vasco no pueda darse la normalidad europea de dos partidos, uno de derechas y otro de izquierdas. En su lugar, se alzan estructuras políticas multipartidistas, esto es, ingobernables. En todo caso, de ese río revuelto se deriva la ganancia de los nacionalistas. Ese esquema tiende a reproducirse miméticamente en otras regiones.

El excurso anterior sobre la fórmula imperante del "socialismo nacional" ayuda a explicar muchos de los avatares personales que se registran en estas páginas. Así se precipita mi manera de ver el mundo.

13. Mi manera de ver el mundo

Mis creencias políticas han de verse al final de mi trayectoria biográfica; son el resultado de muchas experiencias, lecturas y conversaciones. No pretendo ser original. Reconozco la decisiva influencia de unas pocas personas a las que he admirado. Al final uno piensa como las personas a las que aprecia. Reitero que, sin mayor mérito por mi parte, me he visto siempre rodeado de personas inteligentes y con un gran espíritu de trabajo. Resulta endeble la posición ideológica que uno pretende mostrar cuando joven. Si algún sentido tiene una biografía es que conduce a una ideología. Pero es el camino lo que importa. Sucede algo parecido con la felicidad o con el éxito profesional. Son deseos unánimes, pero la gracia está en buscarlos.

Puede que la posición ideológica se defina más por factores negativos que positivos. Es como en los gustos culinarios; lo que está más claro es lo que a uno le estraga. Por lo menos en mi caso y a la hora de la definición ideológica, está más claro lo que me disgusta que lo que me satisface. Algo así sucede también en el campo estético e incluso en el de las relaciones interpersonales. Es difícil saber por qué me caen bien determinadas personas, incluso sin relacionarme mucho con ellas. Sin embargo, es fácil averiguar por qué me caen mal otras personas.

Liberalismo

Para empezar, aborrezco los totalitarismos, tanto los de izquierdas como los de derechas. Supongo que es lo que se llama ser liberal en el sentido político español y también en el económico. Actualmente, las dictaduras de izquierdas (autoproclamadas "socialistas", a veces con algún otro adjetivo) gozan de más legitimidad que las de derechas, por lo menos en los círculos intelectuales. Ya me he referido a la posible explicación histórica de ese raro fenómeno. Resulta que el totalitarismo de izquierdas (el comunismo soviético) ganó la II Guerra Mundial en estrecha alianza con las democracias avanzadas. El enemigo común, derrotado, fue el totalitarismo de derechas, llamado fascismo o nazismo. La prueba de esa asimetría histórica es que, todavía hoy, en las democracias suele haber partidos o movimientos comunistas que actúan con toda legitimidad. En cambio, suelen ser ilegítimos los partidos o movimientos fascistas o similares. Pero, en mi opinión, ambas formas de totalitarismo son francamente vituperables, por más que históricamente puedan entenderse como una reacción lógica a un estado de anarquía o de miseria. Es más, mi disgusto por los nacionalismos es que tienden a mostrar ínfulas totalitarias. Por lo mismo, mi rechazo del fanatismo o del fundamentalismo islámico no proviene tanto de su carácter amenazante como de que sea totalitario. El totalitarismo es el grado extremo del intervencionismo.

"Todo dentro del Estado, nada fuera del Estado" fue la divisa del fascismo italiano. Es un principio que me desagrada profundamente, pero que, curiosamente, lo aceptan implícitamente muchos contemporáneos que se consideran demócratas. Es más, en el ambiente que me rodea, esos totalitarios implícitos suelen tildar de "fascistas" o "fachas" a los que como yo, son más bien liberales. Todo revela un ambiente tan confuso que me asusta pensar que sea un signo del fin del mundo. Prefiero imaginar que el confuso soy yo. Tómense estas páginas como un intento de aclarar mis confusiones.

Un grado menor del totalitarismo es el autoritarismo. Es el que permite un cierto pluralismo, una tímida capacidad de elección y hasta tolera la disidencia "dentro de un orden". La experiencia personal me ha hecho repeler el autoritarismo. Ya no es solo un movimiento o un régimen, como una tacha que llevan muchos partidos de corte democrático. No es tanto una cuestión de principios como de la práctica política y hasta de la conducta personal de ciertos dirigentes. Francamente, en la España actual los rasgos autoritarios los veo más en la izquierda que en la derecha. Eso explica que normalmente ahora los nacionalistas se alíen más con la izquierda que con la derecha. Comprendo que esa impresión mía no es la que predomina en los círculos intelectuales. Una vez más, me veo nadando contra corriente. *Escritos contra corriente* (2006) es el título de uno de mis últimos libros, quizá el más desengañado.

Las paradojas políticas no terminan aquí. Repito que, en la España actual, una ideología como la mía puede ser tildada de "facha" (= fascista), cuando, repito, lo que más me disgusta es el intervencionismo y el autoritarismo. Supongo que, a una personalidad tan interesante como Albert Boadella, le ocurrirá tres cuartos de lo mismo. Habrá que acostumbrarse a que la calificación de "facha" o "fascista" es un dicterio, no una etiqueta ideológica. Esperemos que la cosa no pase del insulto. Es sabido que una de las virtualidades del insulto es que previene de la violencia, aunque también define al que insulta.

Podría admitir un cierto grado de autoritarismo en la izquierda si sus dirigentes respetaran una amplia base de libertad y trataran de conseguir más igualdad. Ese deseo se traduciría, por ejemplo, en gastar bien los impuestos. Pero el socialismo vigente en España no cumple esa condición, por mucho que haya implantado un "Ministerio de

Igualdad". Esa iniciativa es, otra vez, un retorcimiento léxico, como el que denunció Orwell en su novela *1984*. El inglés remacha que, aun en la utopía igualitaria, unos son más iguales que otros. El poso de autoritarismo de muchas personas preeminentes de la izquierda no es un residuo histórico. La prueba es que no está presente en algunos socialistas entrados en años (como Joaquín Leguina, Javier Solana, Joaquín Almunia, Miguel Boyer, Pablo Castellano, Miguel Ángel Fernández Ordóñez o Jordi Sevilla). En cambio, ese rasgo se manifiesta en otras personas destacadas de la izquierda que son relativamente jóvenes.

Derechas

Si me disgusta tanto el nacionalismo como la izquierda, es lógico que me decante por la ideología que se llamó liberal-conservadora. Es la que defiende la libertad, tanto en lo político como en lo económico. Vistos mis encontronazos con la censura, no parece descabellado que me sienta afín a un partido que propugne la libertad. Se llama ahora Partido Popular (PP), aunque a mí me gustaría que tomara la etiqueta de liberal-conservador, esto es, la derecha de toda la vida pero sin complejos. Esa afinidad no impide que luego sea yo exigente con las conductas de los dirigentes del PP cuando contradicen sus principios. Por ejemplo, si un dirigente de ese partido es pillado borracho y responsable de un accidente de tráfico, mi opinión es que debe ser destituido. No es suficiente que pida perdón o cese (voluntariamente) de algún cargo. Que conste que ese supuesto es real.

Los políticos ostentan muchos privilegios. La consecuencia es que tienen más obligaciones que el resto de los contribuyentes. La ideología liberal o de derechas debe ser muy estricta en estas cuestiones morales; no solo debe ser crítica sino autocrítica.

Recuerdo un reciente viaje memorable que hice con Graciano Palomo. Después de dar muchas vueltas a nuestras respectivas experiencias como comentaristas, se planteó la cuestión ideológica. El de Burgos razonó: “Si ninguno de los dos ha hecho dinero, ¿por qué somos de derechas?”. No supe dar una respuesta satisfactoria a lo que era un acertijo más que una pregunta. Quizá pudiera caber una explicación por el origen. Al ser castellanos los dos, partimos de que lo esencial en la vida no es hacer más dinero del que uno pueda honestamente gastar o repartir en el círculo íntimo. La charada política llevaba implícita la observación de que muchas personas notables que conocíamos los dos eran ricas y de izquierdas. Más que ricas de familia, lo que les obsesionaba era hacer mucho dinero. Es más, comprobamos que enriquecerse lo más posible era uno de los objetivos de algunos dirigentes de izquierda que conocíamos bien. Un caso ilustrativo puede ser el de José Bono. Desde luego, ser de izquierdas y saber hacer dinero es la combinación más frecuente y deseable en el mundo intelectual o político. La combinación canónica de que los pobres sean de izquierdas servirá en todo caso para explicar el voto, pero no se acomoda a los dirigentes socialistas. Luego están los intelectuales o comentaristas que se sienten ahora más de derechas, pero que provienen de una cultura de izquierdas. Sucede en ese caso que han tenido la oportunidad de ser de izquierdas y nos les han gustado mucho los modelos que tenían delante. En ellos no es tan fuerte la codicia. Son extrañas amalgamas ideológicas.

En el ambiente de los comentaristas, los que se consideran de izquierdas repiten el vademécum de lo que deben decir para seguir asegurando su prestigio y su caché. Por ejemplo, si surge la ocasión de tener que criticar algún error de un político de izquierdas, la solución del oculto vademécum es que hay que aludir a otro de derechas más criticable. En cambio, los comentaristas afines a la derecha podemos criticar, si se tercia, a los políticos del PP. Es otra de esas asimetrías que resalta en el ambiente de las tertulias por lo desproporcionada e injusta. No es la única. La que encuentro más divertida es la insistencia que tienen los críticos de izquierdas en aducir que la Comunidad de Madrid se retrasa frente a las demás. Es la hodierna versión intelectual del vetusto "¡no pasarán!".

En España rige la tradición de vituperar a los que cambian de ideología. A veces aparecen con el infamante título de "chaqueteros". No me parece que sea una conducta condenable, a no ser que obedezca a razones acomodaticias. Lo normal en una persona sana es que evolucione de ideología y que oriente su voto según la contemplación de las opciones políticas que se le ofrecen. Más que a los programas de los partidos, lo sensato es votar a las personas que los van a llevar a cabo. Quizá la forma más lamentable de ideología sea la de no votar a nadie, porque "todos los políticos son iguales". No, no lo son; incluso los del mismo partido. Precisamente, uno de los rasgos históricos del fascismo (como etiqueta, no como insulto) es la creencia de que todos los políticos de una democracia son iguales, igualmente vituperables.

Abomino de lo que podría llamarse (con ironía) el "voto genético". Es decir, el voto de una persona es siempre el mismo, el que hereda de su familia, como los apellidos o el piso. De esa forma, el intelecto lo ejercita solo para justificar ese voto heredado. En las tertulias de la radio o de la tele se perciben muy bien los denodados empeños que hacen algunos participantes para acomodar sus opiniones al "voto genético". Es algo que se da más en la izquierda. Tanto es así que incluso hacen un esfuerzo por elegir el atuendo que se acomoda más a la idea que se tiene de su identificación con la izquierda. Por ejemplo, obsérvese la camisa o la chaqueta oscura, por lo menos más oscuras que la corbata, en los caballeritos que se consideran de izquierdas. Son prendas que son casi de atrezo. A veces he pensado que las reparten para la ocasión en el vestuario de las empresas televisivas.

Queda expuesto que me formé políticamente en el Frente de Juventudes a una edad muy temprana. Esa experiencia me enseñó a interesarme muy pronto por la cosa pública e incluso a leer textos marxistas. Pero la ideología marxista (si es que puede haber solo una) nunca me llegó a cautivar. No he logrado explicar por qué. El fallo quizá estuvo en que en la Unión Soviética y países satélites (que se decía), oficialmente marxistas, nunca hubo progreso real. Está por ver lo que puede pasar en China. Mi predicción es que en China el comunismo vigente saltará por los aires en menos de una generación.

En el segundo hemistiquio del franquismo (que coincidió con la entrada en mi edad adulta) evolucioné hacia una actitud crítica del régimen. Cada vez tenía más claro que no había "apertura" posible dentro del franquismo. Era imprescindible pasar a un sistema de partidos y libertades sin demasiada originalidad. Era lógico que yo mantuviera entonces una postura política un tanto ambigua. Era lo que exigía mi circunstancia. Un periodista, Eduardo G. Rico, me calificó así en el diario *Pueblo* (1 de junio de 1972): "Brillante, desenfadado e impertinente. [Representante de] la derecha acicalada, tímida o disfrazada… [Es] un *hippy* frustrado que perdió el último tren para Katmandú. Su ventaja es que trabaja más que el resto de sus compañeros". Está bien vista la ambivalencia con la que entonces me presentaba. Mis compañeros del despacho de Serrano, 19 se reían algunas veces de mi atuendo poco acicalado, dispuesto a no perder el último tren para Katmandú. La mítica ciudad del Nepal era entonces el destino de las peregrinaciones rituales de los progres.

Advenida la llamada "transición" (nunca estuvo claro hacia qué), la UCD no me cayó mal, más que nada porque había tratado a algunos de sus protagonistas. Pero pronto me percaté de que el verdadero "cambio" (la palabra talismán de entonces) estaba en el socialismo castizo. Era el socialismo que acababa de renegar del marxismo, más que nada para seguir recibiendo fondos de la socialdemocracia europea. De ese socialismo me atraía el valor de la igualdad y el aprecio por la cultura. Sin embargo, esa proclividad me duró la primera legislatura del Gobierno de González. A partir de entonces me fui orientando hacia lo que en seguida iba a ser el PP. A lo largo de esa evolución se mantuvo el constante rechazo que me provocaban los partidos nacionalistas.

Supongo que no hay nada original en la evolución ideológica que describo. Más bien tengo la sensación de que ha sido común a un gran número de españoles de mi edad y condición. Me resulta especialmente antipática la autodefinición ideológica que resulta de atemperarla a los que mandan en cada momento, más aún si se prescinde del ánimo crítico. Me repugna un tipo de socialismo vigente, ignorante de la tradición de ese nombre, que se presenta más bien como radicalismo y que se aviene bien con el nacionalismo. Entiéndase bien que el nacionalismo es para mí un resto reaccionario. Me irrita sobremanera la tontería de los españoles que no quieren serlo, sean localistas o cosmopolitas. Me siento incómodo con el apoliticismo, sobre todo cuando resulta acomodaticio. Me produce erisipela mental la apelación a la "memoria histórica" cuando significa ignorar la Historia o recordar de ella solo la parte que interesa. Vamos, que, una vez más, mi mundo no es de este reino.

Marxismo

Reconozco que mi manera de pensar en política y otros asuntos serios podría ser tachada como voluble y tornadiza. Pero una cosa negativa es clara: nunca he sido marxista ni nada por el estilo. Lo digo porque algunos mandamases del franquismo me consideraban marxista y esa imagen de mí la han compartido algunas personas del común.

Ha habido casos notorios de intelectuales que han dado en el marxismo desde una temprana socialización en el Frente de Juventudes. Ejemplos prestigiosos pueden ser Manuel Sacristán, Carlos París y no sé si Jorge Verstringe. Los tres me han caído simpáticos. Un antiguo camarada del Frente de Juventudes, Adriano Gómez Molina, sostiene que, en los escritos de José Antonio Primo de Rivera, hay una intensa huella de Carlos Marx. Por mi parte, añado que, en el primer año de carrera, el dirigente del, SEU, Raúl Chávarri, nos dio un estupendo seminario sobre Marx. Fue un clásico que leí tempranamente; incluso también me atreví con Lenin. Recuerdo que en el segundo año de carrera, Antonio Carro (a la sazón adjunto de Manuel Fraga) nos preguntó en clase por las lecturas que estábamos tramitando. Yo había salido a Francia y a Inglaterra y me traje un libro de Lenin, *El Estado y la Revolución*. Así que eso fue lo que dije en voz alta que estaba leyendo, ante la cara de asombro que puso Antonio Carro.

Claro que lo que procedía entonces en el ambiente universitario era un cierto esnobismo intelectual, al menos en las formas. Así, por entonces yo llevaba a veces sombrero y pajarita. Me dio también por fumar en pipa y estudiar en los cafés junto a otros compañeros. Nuestros preferidos eran el Café Varela (antes de su conversión en cafetería), el Café Gijón y La Cruz Blanca de Goya. Supongo que en esas tenidas comentábamos la literatura política prohibida, pero, aun así, nunca me entusiasmé por las obras de Marx y compañía; mucho menos por sus epígonos franceses.

Años más tarde, en mi despacho de Serrano, 19 tuve siempre una foto de Marx, pero junto a las de Sigmund Freud, Max Weber, Wifredo Pareto, Augusto Comte y Severino Aznar. Este último fue un protosociólogo español, a quien llegué a conocer personalmente. Las fotos de esos padres de las Ciencias Sociales indicaban admiración por su trabajo, pero no adscripción ideológica. Lo digo porque en el libro *El final del franquismo. Testimonio personal* (2003) aparezco yo en la

En el despacho del ático de Serrano, 19 (1974). Sobre la pared, los retratos de algunos padres de la Sociología. Se perciben los de Weber, Pareto, Marx y Comte. La modesta calculadora era entonces una tecnología avanzada. En la pared del fondo el póster de Lenin que me traje de Bulgaria. El atuendo es el que corresponde a la progresía del momento: barba y melena, ropas oscuras, sin corbata, pantalón de pana. Se ve que escribía a mano, con estilográfica. Sobre la mesa la revista ***Population*** *y unos originales a mano.*

portada, sentado en mi despacho de Serrano, 19. Detrás se percibe la foto de Marx, pero el diseñador de la cubierta cortó los otros retratos que también colgaban de la pared. Esa portada daba la razón a las personas que me consideraban marxista. Comprendo que así tenía más atractivo editorial. Lo que no entiendo es por qué cortó el trozo de pared donde se cuelga el póster de Lenin, de cuerpo entero y de tamaño natural. En el despacho nos permitimos una broma, que fue superponer la mancheta del *ABC* a la del *Pravda*, que asoma en el bolsillo de Lenin.

Mi amigo Julio Abad ha tenido que desmentir muchas veces mi pretendida afiliación marxista cuando habla de mí con sus conocidos. Con Julio y muchos otros comparto un marxismo vulgar: la tesis de que la estructura y la coyuntura económicas condicionan la situación social y política. Pero esa es una idea mostrenca que no tiene mayor misterio.

Evolución

Mis ideas políticas han ido evolucionando con el paso del tiempo, pero no por quedarme sentado a verlas venir. Más bien lo que ha sucedido es que me han ido marcando las experiencias vitales, las personas con las que me he topado. Pasé por el Frente de Juventudes, pero, su huella más permanente no fue el autoritarismo sino la ética de la responsabilidad, de la autonomía individual. Superada la indefinición de la adolescencia, empecé a rechazar los efectos del régimen autoritario. No me atrajo la izquierda más que por su lado estético y moral (mientras duró). Bastaba aspirar modestamente a la libertad, la de mercado y la política. Advenida la democracia, eso era ser de derechas, los que a sí mismos se llamaban centristas (nunca supe bien por qué). Según mi larga experiencia, los dirigentes de izquierdas que he tratado me han parecido muchas veces unos señoritos, en el sentido clasista y despreciativo del término. Seguramente es una impresión injusta, un prejuicio, pero lo digo como lo siento. También añado que esa impresión admite todo tipo de excepciones personales.

Si se me pregunta una definición ideológica más precisa, diría que me siento antinacionalista, en el doble sentido de nacionalismo y de separatismo. Tanto es así que podría votar otra vez a los socialistas si me aseguraran la verdadera igualdad de los españoles, que es fundamentalmente la exclusión de los nacionalistas. La auténtica desigualdad en la España de hoy es la que personaliza la posición preeminente del Gobierno de Cataluña. Desgraciadamente, al Gobierno de Zapatero no parece importarle mucho esa falta de equidad. Entre otras cosas, eso es así porque los socialistas mandan en Cataluña, y en el conjunto de España se alían con los nacionalistas. No será por mucho tiempo.

Hay un dato de la estructura informativa que me llama la atención. Un porcentaje muy alto de las noticias diarias que se comentan en España se refieren a Cataluña y al País Vasco. La cuota de catalanes y vascos resulta desmesuradamente alta allí donde se forma cualquier conjunto con influencia pública. Es una desproporción que resulta extraña cuando se percibe el tirón independentista de esas dos regiones o naciones. En la Europa del siglo XX los nuevos Estados que han logrado su independencia se han formado con territorios postergados, oprimidos.

Dado que el Gobierno socialista de España ya no aboga por la verdadera igualdad, solo le queda el recurso a la retórica o bien hacer causa con el izquierdismo radical. Ese es el caso de la "memoria histórica", la exaltación del feminismo, el fomento del aborto, el culto a la "sostenibilidad", la "alianza de civilizaciones", el redescubrimiento del laicismo. Todas esas causas extravagantes se apoyan en el resentimiento y la vuelta al enfrentamiento entre las dos Españas ideológicas. El Gobierno socialista ni siquiera desea el encumbramiento de la "clase trabajadora", sino hostigar a la derecha, más que nada por lo que tiene de católica. El asunto no es de clase, sino de ideología y hasta de moral. Ya es contradicción para los que hacen ostentación de lo que irónicamente se ha llamado "buenismo".

El socialismo dominante en España busca volver a la situación de la segunda República, como si ese experimento no hubiera funcionado tan mal. Precisamente, lo que hizo la República fue reivindicar el laicismo y enfrentar a las "dos Españas", lo mismo que se intenta ahora desde el Gobierno. Otra coincidencia es que ambas operaciones ideológicas significan el desplazamiento del interés de los respectivos Gobiernos por resolver el problema de la crisis económica.

Todavía en las postrimerías del franquismo los jóvenes participábamos de una cierta simpatía por el "socialismo real", la revolución del Che Guevara o los experimentos comunistas. En 1970 realicé un viaje turístico por Bulgaria, Hungría y Checoslovaquia, como continuación de un Congreso Mundial de Sociología en Varna (Bulgaria). El viaje lo organicé con José Jiménez Blanco, José Ramón Torregrosa y María Ángeles Durán; fue muy ilustrativo. El paseo lo hicimos con más curiosidad que prejuicio. Pepe Jiménez Blanco y yo tenemos una foto que nos hicimos en Sofía, flanqueados por los bustos de Marx y Engels. Yo me traje el póster de Lenin de cuerpo entero y de tamaño natural, al que acabo de referirme. Eran gestos folclóricos. La impresión general del viaje fue que el "socialismo real" (por opuesto al utópico, supongo) era un desastre. Por entonces, los pasaportes españoles se expedían con el aviso de poder viajar a todo el mundo "excepto Rusia y países satélites". Gran error para el régimen franquista. El Gobierno español de entonces debería haber fomentado los viajes a esos países de donde venían las ondas de "la pirenaica" (la radio comunista para España).

Dos años después, vivía yo asentado en Barcelona, emparejado con Petra María Secanella, profesora de Periodismo. La curiosidad informativa nos llevó a solicitar un visado para visitar Cuba. En la soli-

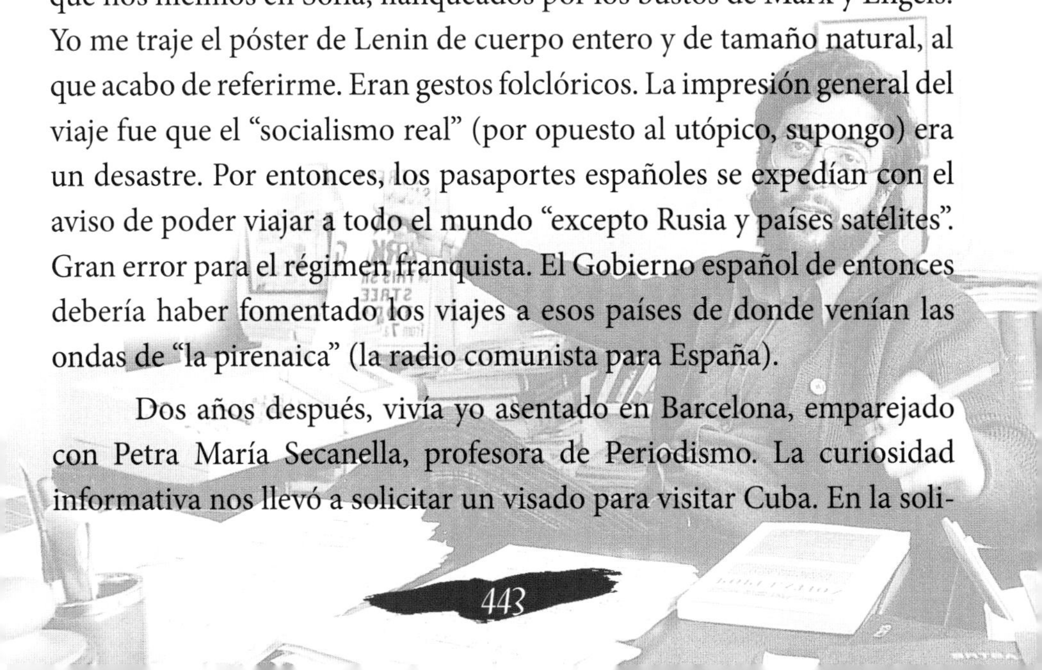

Con Pepe Jiménez Blanco en Sofía (Bulgaria), junto a los bustos de Marx y Engels (1970). Todavía estoy barbilampiño. La postura de ir del bracete es característica de los granadinos. El retrato se hizo con su miaja de ironía. La visión del "socialismo real" fue bastante realista.

citud pusimos que nos gustaría entrevistar a Fidel Castro. El cónsul de Cuba en Barcelona me llamó y me hizo una especie de examen ideológico. Ingenuo de mí, entre otras barbaridades, le dije que eso de movilizar a los estudiantes universitarios para la campaña de la zafra me parecía un disparate. Aun así, insistí en que, como periodistas, creíamos del mayor interés entrevistar a Fidel Castro. Nos parecía interesante comprobar de primera mano qué era eso del socialismo real. Silencio administrativo; el visado no fue concedido. Supongo que seguiré en algún fichero de sospechosos para el régimen de los Castro. Alguna razón tendrán.

Por fin, en 1989, con mucho retraso, derribaron el famoso "muro" de Berlín. Pero en España son muchos los que siguen manteniendo un muro mental que les impide apreciar la libertad. Los más ilustrados de la izquierda reconocen que la Cuba de los Castro es una dictadura, pero esa etiqueta no la aplican a la Venezuela de Chávez. Recuerdo que, cuando yo era adolescente, tanto Cuba como Venezuela eran países más desarrollados que España, focos de atracción para los emigrantes españoles. Ahora son países de emigración y de desoladora miseria.

Aunque castellano por las dos ramas de la familia de origen (una de Zamora, la otra de Palencia), me he sentido siempre, y en primer lugar, español de nación. Por eso me he sumado a la Asociación para la Defensa de la Nación Española que encabeza Santiago Abascal, un personaje que parece extraído de una novela vasca de Pio Baroja. DENAES no es una entidad nacionalista, porque no va contra nadie. En la lista de patronos de DENAES estoy con un elenco de personas admirables: Gustavo Bueno, Francisco Caja, Fernando García de Cortázar, Jon Juaristi, Jaime Larrínaga, Cristina López Schlichting, Adolfo Prego y Alejo Vidal Quadras. En esa hueste estuvieron hasta su muerte Sabino Fernández Campo y Gabriel Cisneros, dos políticos "para todas las estaciones" (como se dijo de Tomás Moro). La gran esperanza es que, dentro de poco, una iniciativa como la de DENAES se disuelva a sí misma por falta de sentido.

El sentimiento de ser español es más demográfico que político. Me siento español porque otros muchos han compartido ese sentimiento a lo largo de los siglos. Me identifico con ellos. Me refiero a la nación, porque me resulta raro y postizo entender a España primordialmente como un Estado. Como esa sustitución la hacen principalmente los que se creen de izquierdas, yo me siento de derechas. No es que la derecha española haya sido un modelo de nada, pero, con una mirada histórica, tengo mis preferencias. Si me dieran a elegir, me quedaría con Antonio Maura y no con Pablo Iglesias, con José Antonio Primo de Rivera y no con José Díaz, con Aznar y no con Zapatero. Las comparaciones las hago para mantener constante la misma cohorte de edad. En el ambiente que me rodea, la inercia de ser de izquierdas me parece un signo de escasa maduración personal.

Con Santiago Abascal, el alma (vascongada) de la Defensa de la Nación Española (2009). Me rejuvenece retratarme con el futuro. Al fondo, Alfredo Pérez de Armiñán.

En último término, uno opina en política como piensan las personas a las que verdaderamente aprecia. Por eso las ideologías son cambiantes, como lo son los sentimientos hacia las personas cercanas. De la misma forma, la auténtica ideología de uno es su biografía. Todo lo demás son romances.

Intimidad

Sería muy parcial si mi visión del mundo se orientara solo hacia la política estricta. Por lo menos habría que ampliarla al mundo público. Por ese lado, mis ideas me han traído complicaciones, cuando no, disgustos, tanto en el franquismo como en la democracia (capítulos 15 y 16). Una salida podría haber sido refugiarme en el círculo particular o íntimo. Pero ahí no he sido más afortunado, por lo menos hasta la época actual, ya de ciceroniana senectud con felicidad doméstica. Es más, sospecho que mi dedicación a las preocupaciones públicas ha sido un mecanismo de evasión para no ahogarme en el estrecho círculo privado, donde he tropezado con tantos obstáculos. No es ese espacio lo que orienta estas Memorias, pero algo he de decir también sobre esa parte más interior de la vida o de la personalidad. Si no la he desarrollo más ha sido porque me he propuesto respetar la intimidad de otras personas que han estado muy cerca de mí.

Mi problema de relación ha sido siempre una conciencia demasiado estricta, que me lleva a ser mi propio juez severo. Encima me he propuesto triunfar y a la vez que los demás de mi círculo me quieran y me ayuden. Todo ello compone una pretensión excesiva, que solo puede conducir a frustraciones mil. Me parece que durante mucho tiempo he partido de una metáfora equivocada sobre la naturaleza humana. Veía a los habitantes de este planeta (y no hay otro) entrelazados como los eslabones de una cadena, como nudos de una red. Es una construcción demasiado intelectual. Mi terapeuta particular, Lucila Andrés (discípula de Pinillos; es una garantía) me proporcionó la metáfora adecuada. Realmente somos los humanos como los árboles del bosque. Apenas nos rozamos con las hojas y en ocasiones nos intercambiamos el polen, pero los troncos no se tocan; cada uno se reserva un trozo del territorio. Es decir, cada ser humano ocupa un lugar intransferible. Cada uno es cada uno, que dice el saber popular.

Uno admira lo que no tiene. No importa que me repita. De mi primo José Antonio admiro especialmente su espíritu pragmático. Por ejemplo, su filosofía es que "cuando te surge un problema en la vida, te está diciendo que hay una solución". Es una suerte de voluntarismo que a mí me falta. Muchas veces me ocurre lo contrario, que cuando tengo a mano una solución, lo que veo es el inconveniente en lontananza. Eso se llama pesimismo. Menos mal que he dado al final con una mujer optimista y realista.

El lector ingenuo se preguntará cómo es que un hombre con tantas facilidades como yo he tenido a lo largo de la vida haya fracasado en tantos matrimonios o emparejamientos. Ya he dicho que ha sido una poligamia sucesiva, pues la simultánea nunca me ha interesado o yo no he tenido mucha capacidad. Podría alardear de haber sido una especie de donjuán, algo que está muy bien visto en mi gremio intelectual. Pero es que no he podido serlo por falta de dedicación. Realmente nunca he dejado a una mujer por otra. Todas ellas me han dejado a mí antes, aunque fuera de un modo indirecto. Quizá ha funcionado aquí también la estela de mi trayectoria en el espacio público: mi resistencia a comprometerme del todo con ninguna causa. Claro, que en ese caso, tendría que preguntarme por qué una conducta tan inconstante. Por lo que recuerdo, siempre que empezaba una relación amatoria, me acompañaba la sospecha de que "esta mujer me abandonará". Así ha sido hasta llegar a la relativa estabilidad última, que ha sido laboriosa. Era lógico que ninguna mujer sensata (todas lo han sido en grado sumo) fuera a cargar con una persona tan pesimista y voluble como yo. Para mí mismo lo disfrazo de movilidad, que parece un término más presentable, o al menos más sociológico. Por eso mi obsesión de una casa definitiva, construida para mí *ex novo*. En ella escribo estas Memorias con todos sus sedimentos.

Puesto que me enamorado varias veces (insisto, de forma consecutiva), me veo obligado a preguntarme si mis mujeres se parecen entre ellas. La respuesta es que "no", fuera del común espíritu de trabajo. La razón es que, en esos trances sucesivos, yo también he ido cambiando de personalidad o de carácter, aunque también he mantenido la ética del esfuerzo. Supongo que esa consideración es una herejía psicológica y sobre todo administrativa, pues el Documento Nacional de Identidad es siempre el mismo. Pero la personalidad es lo que siente uno por dentro. Diré más, cada nuevo enamoramiento implica negar y superar un fracaso sentimental anterior. Por tanto, el nuevo intento significa elegir una mujer distinta, y hasta opuesta, de la precedente. Aunque lo de "elegir" sea una pretensión vana por mi parte. Es evidente que, con cada nuevo emparejamiento, ha sido la "otra parte" la que ha elegido. Eso es consecuencia de haber tenido yo un papel público. Es decir, hay una mujer desconocida en la audiencia que decide que el conferenciante (que soy yo) es el hombre que le conviene. En ese momento decisivo el conferenciante ni se entera de que está siendo sometido a escrutinio. En cada emparejamiento podría atestiguar el día, hora y lugar de la dichosa conferencia. Es algo más prosaico que el baile de Romeo y Julieta, pero igual de emocionante.

Desde que me divorcié por primera vez, dejé de ser católico practicante. La culpa la tiene la Iglesia, que no admite en su seno a los divorciados y, no digamos, los que se vuelven a casar. Me parece una postura cruel, la peor de la Iglesia Católica. Mi venganza es que me siento católico, y cada vez más. Yo lo mido por la sensibilidad para distinguir lo que está bien y lo que está mal. El criterio es la milenaria ley de Moisés. Creo que hay un Cielo y un Infierno, solo que no encuentro testimonios fehacientes para asegurar que haya alguien en el Infierno. Otra cosa es que en el Cielo vayamos a ser todos iguales. Recuerdo aquella divertida historia que me contaba Fabián Estapé de sí mismo. Trabajaba a la sazón en el Plan de Desarrollo a las órdenes de Laureano López Rodó, distinguido numerario del Opus Dei. Cuando alguna vez discutían, Fabián le lanzaba esta maldición a su jefe: "Te aseguro, Laureano, que, cuando te mueras, irás al Cielo, pero te tocará columna para toda la eternidad y no podrás ver a Dios". Lo de "tocar columna" era lo que sucedía en algunos cines de barrio. La fe de Fabián era la que a mí me gusta, la del carbonero. A veces siento que me acerco a la definición barojiana que da de sí mismo Gustavo Bueno: "soy ateo católico". Lo traicionero de la palabra "ateo" es que menciona a Dios.

Me he referido algunas veces al factor de movilidad o de volubilidad, que tanto pesa en mi biografía. Hay, sin embargo, una constante: el deseo de vivir en el campo, o mejor, lo que en Madrid llaman el "extrarradio" (los *suburbs* norteamericanos). En Florida me alojé en la casa de un profesor, que vivía en una cabaña de madera, situada en un bosque junto a un lago. La única casa que se divisaba estaba en la otra orilla del lago y había que llegar a ella en canoa, que estaba siempre en el embarcadero privado. En el lago había tortugas, caimanes y toda suerte de bichos. En Barcelona hice todo lo posible para vivir fuera del área metropolitana, en un pueblo rodeado de viñedos. Fue un gran salto

La silueta de Cámelot, sobre la colina granítica, sin tejas ni ladrillos, pocos ángulos rectos, con vistas a los cuatro puntos cardinales. Decididamente ***my house is my castle****, la exaltación del individualismo.*

desde el primer alojamiento en la Plaza Real. En Madrid viví muchos años en el centro, pero, con el tiempo, me he ido alejando más y más (Pozuelo y Torrelodones). La casa actual, Cámelot, se alza airosa sobre una colina de rocas graníticas, lejos del caserío de Collado Villalba. Desde el lugar en que escribo estas páginas, diviso El Escorial y La Bola del Mundo. No se puede pedir mayor altura de miras. Aunque sea un nido de águilas, desde Cámelot se está cerca de buenos vecinos: Miguel Poveda o José Manuel Morán.

Esa permanente huida hacia el campo ha supuesto una creciente afición por las tareas de jardinería, que procuro no delegar. Es la afición que más me relaja, incluso más que la escritura o la lectura. Me satisface mucho seleccionar algunas plantas autóctonas y construir pequeños bancales para que medren. Parecerá una tontería, pero, al rodearme de naturaleza, entiendo mejor la especie humana. Por ejemplo, me maravilla que sean las malas hierbas las que se impongan a las plantas con fundamento. Esa sí que es una parábola de la sociedad.

14. Comentarista y tertuliano

Debo a Juan J. Linz (entre otras muchas donaciones) la idea de "mentalidad" como contraste con la "ideología". Está en la literatura alemana para describir el estado mental predominante que caracteriza de forma latente a una sociedad o a una parte de ella en una época. Quizá lo de "mentalidad" inspiró a Ortega y Gasset su concepto de "creencia". La ideología se define más por los intereses y gusta de hacerse explícita. Lo malo es que, en español, los intereses son muchas veces "creados", esto es, egoístas, pero esa atribución es injusta. La mentalidad es más difusa aunque también más auténtica, precisamente porque los sujetos no se percatan bien de ella. La distinción sería una especie de réplica de la hipótesis de Freud entre el consciente y el subconsciente.

He intentado trazar de mil maneras la mentalidad de los españoles contemporáneos (los del último siglo, más o menos) a través de muchos de mis trabajos. No estaría mal que hiciera ahora un esfuerzo para representar la mentalidad que a mí me envuelve como una segunda naturaleza. Antes podría haberse llamado "carácter". En los capítulos anteriores he avanzado muchos de esos rasgos de mi modo de ser y de ver las cosas. Ahora cumple especificar un poco más, sobre todo en mi papel definitivo de tertuliano, comunicador o comentarista a través de diversos medios. Prefiero lo de "comentarista", que es menos presuntuoso. Todos opinamos y nos comunicamos, pero pocos hacemos comentarios de manera sistemática en los medios. No es tarea fácil.

Hace algunos lustros, en un día de sol otoñal, paseaba yo en amable compañía por esa maravilla urbana que es Burgo de Osma. Consignemos que es la patria chica de Dionisio Ridruejo y de Juan José Lucas. Por cierto, ambos nacieron en la misma casa. En esto que se me acercó un lugareño muy puesto. El hombre me estrechó la mano efusivamente. Su sobriedad castellana solo le permitió decir: "Todo un carácter". No sé si quiso decir el mío, el suyo o el de ambos. Pero no hubo más. Se me ha fijado para siempre esa mínima pero emotiva escena. Con ese gesto, el buen burgués quería decir que lo sabía todo sobre mí, seguramente ante mi intermitente exposición en los medios.

Carácter

Lo que me distingue es la actitud observadora, quizá por carácter o como resabio de mi trabajo como investigador sociológico durante tantos años. No deja de ser una paradoja, pues el destino me ha llevado a destacar en el papel contrario de "hablador", que es como habría que llamarlo. No quiero decir "charlatán", porque no creo que haya nada despreciativo en tal menester. Pero lo mío ha sido sobre todo lo de perorar ante un auditorio o audiencia, sea en clase, en los medios de comunicación, en las conferencias y actos parecidos. Sí, esa ha sido mi obligación principal, pero a mí lo que me atrae es observar a los que peroran. Por eso en las tertulias de la radio o de la tele a veces me quedo silente. Por lo menos no soy agresivo como me exigen los contertulios o el presentador de la función. Me siento raro al cumplir la norma de mis compatriotas cuando dialogan: hay que empezar a hablar antes de que termine el interlocutor.

El carácter de observador quizá sea una herencia de mi madre. Puede que se haya reforzado con mi oficio de preguntar a la gente, bien en las encuestas, o de manera simbólica, a través de las novelas que he escrito. Por desgracia, tengo que adaptarme muchas veces al papel complementario de responder a las preguntas que me hacen en las entrevistas. Lo malo es que pretenden averiguar mi ideología, cuando lo interesante sería desvelar o descifrar mi mentalidad. Es decir, lo significativo es saber lo que pienso o en lo que creo, pero por dentro. Eso es más válido, pero más difícil. La mentalidad es la manera de ver el mundo que se va haciendo a través de una vida. Por eso hay opinadores jovencitos que expresan una ideología aprendida, pero son incapaces de traslucir una mentalidad, la que todavía no tienen.

En los debates y tertulias se muestran dos tipos de intervinientes, *A* y *B*. A los del tipo *A* (los más numerosos) se les ve ávidos de manifestar sus opiniones. La razón principal es que de ese discurso depende mucho el futuro de su posición social. En ese caso, se trata de opiniones automáticas, cristalizadas. Hay otro tipo, el *B*, cuyo futuro profesional no depende de lo que allí puedan decir, por lo que no tienen tanta prisa en "chupar" cámara o micrófono. Humildemente aseguro que yo pertenezco al tipo *B*, el más raro. Tal adscripción no tiene ningún mérito. Es más, a veces quedo como un excéntrico, por lo mismo que no me maquillo antes de aparecer ante las cámaras de televisión.

La distinción antes apuntada entre mentalidad e ideología me es útil, además, porque me fascina la tarea de entender a los españoles contemporáneos. Me refiero a los de las últimas tres o cuatro generaciones. Esa curiosidad quizá sea por la secreta esperanza de entenderme a mí mismo. He vivido lo suficiente para concluir que las ideologías cambian con los intereses, las conveniencias y las oportunidades.

Advierto que los intereses, las conveniencias o las oportunidades no son siempre materiales. Importa mucho, por ejemplo, el qué dirán, a qué personas trata uno más, incluso la moda, lo que se lleva, el quedar bien. Pero el hecho de mantener esos mismos valores o virtudes es ya un efecto de la mentalidad. Es un poco decepcionante que al final haya muy poco de original o de auténtico en la identidad que uno cree tener. Por ejemplo, la gente suele sentirse muy satisfecha de los elementos de su trayectoria vital que no se pueden cambiar. Ahí estaría la nación, la raza, la familia de origen, los apellidos, el sexo, incluso la religión. Resulta ridículo que uno pueda sentirse orgulloso de lo que no se puede cambiar fácilmente.

Ya sé que no hay propiamente un carácter social, una mentalidad indeleble de un grupo grande y para toda la vida. Pero, como José Luis Pinillos me enseñó, cabe rastrear siempre un "aire de familia". Viene a ser la forma edulcorada de referirse a la mentalidad de un grupo o de una persona. Fernando Díaz Plaja ha analizado muy bien la mentalidad de los españoles históricos a través de la Literatura. Quizá haya forzado un poco ese modo de ver el mundo a través de las obras literarias; por eso apenas se altera de un siglo para otro. Mi sesgo sociológico me hace estar más atento a los cambios, bien es verdad que lentos.

Se suele decir que la manera de ser o de ver el mundo simplemente se hereda, esto es, no se elige tanto como uno cree. Algo hay de eso. Por lo menos lo que viene con la herencia es parte del carácter. El mío es el de observar callado, que era precisamente el de mi madre, no el de mi padre. Lo malo es que las circunstancias profesionales me obligan al papel contrario. Me toca dar mi parecer sobre todo. Ni siquiera me cabe el recurso de decir que de eso no entiendo mucho. Ahí me encuentro con el carácter de mi padre, que para todo tenía opinión. Me resisto a reconocer esa influencia, pero a lo mejor también se debe a la genética. Luego está la secreta devoción por las personas que he admirado y a las que trato de mimetizar. Algunas de ellas se citan en estas páginas;

otras quedan en la reserva de la intimidad. Aunque lo más reservado tiene que ser, lógicamente, el depósito de los odios. Los tengo muy clasificados, pero no tengo derecho a hacerlos explícitos.

Una constante de mi carácter es el pesimismo. A veces lo considero una tacha, pero me resulta inevitable. Hay un pesimismo respecto a la vida personal, quizá porque se fijan más las experiencias negativas. Puede que influya también el estado depresivo que a veces me asalta. Quizá proceda de un exceso de memoria. Se me acumulan y superponen los recuerdos dolientes, y eso no es bueno. Me consuela pensar que el pesimismo se asocia a veces con la creatividad.

Respecto a la sociedad que me rodea y me acoge, es evidente que ha ido evolucionando hacia un progreso material que alcanza a todas las capas sociales. Sin embargo, me desazona sobremanera la persistencia del nacionalismo y la mediocridad de la vida intelectual y universitaria. Son dos elementos que nada tienen que ver entre sí. Desde 1959 y durante medio siglo, la sociedad española se fue acercando al tono medio de los otros países de la Europa occidental. Para sorpresa de todos, en los últimos años se ha empezado a invertir esa tendencia. Otra vez nos alejamos de ese modelo europeo, el único cercano y plausible (en los dos sentidos de deseable y posible).

En contra de un prevaleciente cosmopolitismo bastante bobo, el futuro del mapa político no va a ser un magma sin naciones o culturas diferenciadas. Por la misma razón, no creo que los idiomas de comunicación vayan a ser sustituidos por el esperanto o fórmulas parecidas. En cambio, los sistemas de escritura tendrán que adaptarse todos al alfabeto, a poder ser el que llamamos latino. De igual modo, las medidas físicas tendrán que converger en el sistema métrico decimal. Bueno, son tendencias discutibles, pero yo las veo firmes, aunque se pueda pensar que son etnocéntricas. Debo hacer explícito lo que me parece el mundo para que luego se entienda bien mi papel en el carrusel de los comentaristas.

Durante muchos años he presumido de practicar una Sociología empírica, aséptica, cuantitativa. Es difícil permanecer mucho tiempo en esa posición, más episódica que otra cosa. La contraria es aún más irracional. Vendría a derivarse del engolamiento de un afamado filósofo madrileño, quien afirmaba estólido: "Yo no creo en los datos". Sería como decir que uno no cree en la fuerza de la gravedad. Bien, los datos están ahí como una parte mensurable de la realidad, aunque la realidad completa sea mucho más compleja. Es más, mi oficio de sociólogo cuantitativo se ha ido transformando en el de comentarista, que al final es algo así como prescriptor de opiniones. El cambio ha sido tan inexorable como dificultoso. Las respuestas terminantes que pide el público generalmente exigen matices que se derivan del conocimiento de los datos. No siempre se tiene ese conocimiento básico ni el tiempo o la oportunidad para exponerlo. Con el fin de disimular esa carencia, los comentaristas suelen alardear de datos exactos, de porcentajes de encuesta con un decimal. La ignorancia más o menos culpable suele apreciar la aparente exactitud. Una vez más, tengo que recurrir a las sabias etiquetas de mi maestro Merton. A la apariencia intrascendente de exactitud él la llamaba "precisión fuera de lugar" (*misplaced concreteness*).

La tradición de una Sociología empírica puede ayudar, no tanto a apoyar las opiniones con datos, como a introducir la actitud comparativa. Pero ahí entra la tradicional resistencia española a comparar, es decir, a acercarse a la actitud científica. Para la cual las churras y las merinas se pueden comparar perfectamente, pues son ovejas. Unas darán más bien lana y las otras, carne o leche. Todo se puede comparar, incluso el culo con las témporas, si hiciera falta. Tengo visto que la resistencia a comparar suele revelar una notable falta de lecturas.

En vista de lo arduo que resulta comparar y aportar datos válidos, muchos periodistas o comentaristas se limitan a decir lo que pasa. Pero ese nivel de lo inmediato no aclara mucho las cosas. No basta con enumerar los hechos o los datos. Lo peliagudo y necesario es interpretar la realidad, por qué suceden las cosas y qué consecuencias tienen. Me parece una gran intuición esa ambivalencia del idioma español para la palabra "investigación", que significa al tiempo la científica y la policíaca. Son dos dedicaciones sin ningún parecido a primera vista, pero confluyen en el menester de averiguar lo desconocido por medio de indicios o indicadores. En las tertulias abundan los periodistas, que son los que buscan indicios, como los policías. En cambio, en esas tertulias de comentaristas no puedo menos de echar en falta a los sociólogos, los compadres que andan a la caza de indicadores. Al final, el buen policía, el buen periodista y el buen científico confluyen en su deseo de explicar el por qué de la conducta humana. Eso es lo difícil y lo hermoso. Es lo que hacía el padre Brown, de Chesterton, de manera ejemplar.

A veces los datos de las encuestas nos despistan. Hay que ver las vueltas que damos los comentaristas a las preocupaciones de los españoles a través de las encuestas, como si fueran oráculos. Resulta que las preocupaciones primordiales, según los sondeos de opinión, son el terrorismo, el paro, los políticos y cosas así. Pero esa lista está cargada por el lado de las preguntas y de las respuestas. Es la lista que más o menos configura la agenda de los medios de comunicación. Lo que realmente le preocupa a la gente es la salud (propia o la de algún miembro de la familia), divertirse, el dinero y los espectáculos o sucesos deportivos. Solo que esa lista de preocupaciones reales no figura en las encuestas y tampoco la manifestarían los entrevistados. Son asuntos que no atraen mucho a los tertulianos políticos de los medios. Por otra parte, repárese en que las respuestas de los sondeos de opinión se basan en las personas que contestan, que son las más politizadas. Pero las que no se avienen a la entrevista también existen y al final algún peso tienen en la opinión pública, por lo menos en el voto.

Al acercarse el momento de mi jubilación como catedrático, para mi sorpresa, se fue desarrollando el otro papel, el de comentarista. Es algo más que el de articulista de periódicos o revistas, e incluso algo más que el de conferenciante. Por encima de esos papeles tradicionales o constantes, lo que más ha destacado en los últimos lustros ha sido ese otro menester de tertuliano. Me consuela pensar que el destino final de tantas biografías es que uno acaba trabajando en lo que no se había preparado. El ejemplo puede ser el de los profesionales exitosos o experimentados; terminan en labores de dirección, alejadas de la técnica profesional que habían aprendido. Tampoco es que me consuele el mal (o el bien) de muchos. Es lógico que ese nuevo papel de tertuliano resulte adventicio. No es un saber que se adquiera en una carrera, como tampoco se aprende el más difícil de presentar o dirigir una tertulia en los medios.

Tertuliano

Los tertulianos de los medios han de ser vistos también desde el lado de la audiencia. Tengo un recuerdo lleno de ternura. Eran unas monjitas que obtuvieron un permiso para asistir en directo a una tertulia de "La linterna" de la COPE. A la sazón la dirigía Luis Herrero, quien hizo entrar a las monjitas en el estudio. Se sentían literalmente encantadas de saludarnos. La más desenvuelta comentó: "¡Qué ilusión. Si supieran que todas las noches nos acostamos con ustedes!".

Una conclusión pesimista (y por tanto muy mía) es que los tertulianos o comentaristas no influimos tanto en la audiencia como a veces presumimos. Antes bien, son las personas de la audiencia quienes nos seleccionan. De esa manera se sienten más seguras de lo que previamente opinan, aunque sea de una manera difusa. Mi experiencia me dice que muchos oyentes o espectadores no serán muy ilustrados, pero se dan perfecta cuenta de lo que significan las intervenciones de los tertulianos.

Un hecho notorio es que resulta difícil que se consoliden nuevos tertulianos. Seguramente es una posición que exige variados conocimientos y también un cierto compromiso político, pero sobre todo, lo más difícil, saber estar. Los políticos profesionales que aparecen en las tertulias simplemente dicen lo que tienen que decir. En lugar de opiniones, esos políticos suelen manifestar lo que les indica el vademécum no escrito del correspondiente partido o grupo de interés. Se mantienen en algunas tertulias, más que nada, porque tienen el atractivo de "famosos" y porque contribuyen a la necesaria función de espectáculo. Peor es el papel de los actores y actrices de fama, que hablan muy bien, pero con un guión que escribe otro; sus personales opiniones suelen ser ramplonas. (Siempre hay excepciones, claro está). En principio, los jóvenes tendrían que ser los mejores comentaristas, pero la realidad no es esa. Por desgracia, en muchos de ellos se mezcla la falta de lecturas con el resentimiento, el deseo de agradar a los que mandan o a los que van a mandar. Mal tertuliano es el que va a la caza de un cargo político. Comprendo que sea una tentación para un periodista llegar a ser jefe de Prensa de alguna institución o de una personalidad de renombre. Paradójicamente, el portavoz carece de voz propia.

La tertulia política o económica de la radio o de la tele no es propiamente un género intelectual o informativo sino un espectáculo y, además, gratuito. Fundamentalmente se escenifica un debate entre los afines al Gobierno y los que favorecen a la oposición. La cosa no es tan simétrica como parece. Los afines al Gobierno deben ser más disciplinados al defender a su patrón, a la entidad que está detrás de ellos. Esa defensa es una forma de asegurarse su posición. En cambio, los críticos pueden ser más libres o espontáneos en sus apreciaciones.

Esa generalización presenta una notable excepción en los tiempos que corren. Me refiero a Antonio Miguel Carmona, que defiende al Gobierno con mucha libertad y la máxima documentación. Solo le encuentro un fallo, que, al disparar la batería de citas o de estadísticas, una de cada cinco suele ser falsa. Es la ley del 20%, nada sorprendente para un experto en estadísticas como Carmona. Un ejemplo de cita falsa que le gusta mucho a nuestro hombre (y a otros muchos) es lo de "sangre, sudor y lágrimas, como decía Churchill". El político británico dijo realmente "sangre, sudor, lágrimas y fatiga". Lo que pasa es que eso de la "fatiga" (*toil* en inglés) no es algo que se valore mucho en España. Por otra parte, puestos a ser rigurosos, el sintagma "sangre, fango y lágrimas" (con ligeras variantes) lo repitió mucho, en los años 30, José María Gil Robles. Vamos, que la cosa va por los conservadores.

Ya he relatado cómo empecé a soltarme en el papel de comentarista a través de la encuesta que me contrató Rafael Calvo Serer para el *Madrid* (capítulo 10). Más tarde, en los años 80, Luis del Olmo me abrió la faceta de tertuliano en la radio, la de la COPE. Ese papel se reforzó después con Antonio Herrero, Luis Herrero y Federico Jiménez Losantos, entre otros, en Antena 3 Radio y en la COPE. Mi periplo de comentarista radiofónico ha recalado por fin en la cátedra mañanera de Carlos Herrera en Onda Cero. Viene a ser como la Maestranza de la radio. Lo digo por la cátedra taurina que significa la plaza de toros de Sevilla. Aunque la metáfora quizá tenga otra razón de ser. Copio la definición de "maestranza" que da el Diccionario de Autoridades: "Congregación o junta de varios sujetos de calidad, para ejercitarse en el manejo de los caballos con destreza". Ahora se comprenderá por qué la famosa tertulia de Carlos Herrera empieza con el grito de "a los carromatos", que da el mayoral. Está bien traducido; los carromatos son los carros entoldados. En España podrían ser los del Rocío.

En la tertulia de Carlos Herrera, desde Cámelot, a través de la línea RDSI del teléfono (2009). La radio que ya era mágica, lo es doblemente si cada tertuliano habla desde su domicilio.

Carlos Herrera, el mago de las ondas, de la onda cero al infinito. Dirige la tertulia más plural de la radio. Deja hablar a todos los tertulianos, pero no dos al mismo tiempo; ya es difícil en la greguería española.

Junto a la radio está la tele. Ya me he referido a "La clave" de Balbín. Añado ahora mi participación en las tertulias hodiernas de la tele: Ernesto Sáenz de Buruaga (Telemadrid), Juan Fernández Miranda, Miguel Toral, Alfonso Merlos y Carlos Cuesta (Veo7), Jvier Horcajo, Antonio Jiménez, Javier Algarra, Ramón Pi y Teresa Fernández (Intereconomía). Ocasionalmente he participado en muchas otras.

Señalo ese elenco de personas que conducen las tertulias porque su tarea me parece muy meritoria. Tienen la obligación de buscar tertulianos que signifiquen una cierta variedad en las formas de pensar. Tampoco es tan fácil tertuliar con conocimiento y personalidad. Vistos desde fuera, da la impresión de que los tertulianos cobran en proporción a los minutos que resisten ante el micrófono o la cámara. Tal es la avidez que demuestran cuando tratan de arrebatar la palabra o la imagen de los otros contertulios. Reconozco que me falta capacidad o atrevimiento para solapar mi voz sobre el que está en el uso de la palabra. Pero es una cualidad indispensable para seguir en el oficio. En cuanto uno se ve "microfonado", debe olvidarse de la buena educación. Hay una serie de trucos para conseguir esa habilidad de estar en el aire mucho tiempo. Anoto el siguiente decálogo, basado en la experiencia y que puede servir para ayudar a los nuevos tertulianos en su deseo de medrar en oficio tan difícil:

1. Es conveniente empezar a hablar con el avance de que va a haber dos o más puntos o razones. Por eso, tras una larga parrafada, el interviniente dirá algo así como "punto número uno". Tras otras frases vendrá el "punto número dos" y más si cabe. Naturalmente, hasta que no agote todos los puntos anunciados, el moderador no podrá cortar el discurso.

2. Otro truco para alargar el parlamento consiste en añadir a lo expuesto: "dicho lo cual...". De esa forma, habrá que dejar al tertuliano que complete lo que no era más que una introducción.
3. Una forma de desacreditar al contrincante es espetarle: "niego la mayor". No se sabe lo que quiere decir. Realmente indica que el otro no tiene derecho a seguir hablando. O lo que es lo mismo, equivale a decir "ahora me toca a mí".
4. Hay una acción mágica que da buenos resultados en la discusión: "poner encima de la mesa". Hay que escuchar al que propone algo así. La mesa es el ara invisible donde se deposita lo sagrado.
5. Un truco retórico definitivo es citar datos numéricos, porcentajes, tasas, números absolutos; algo que contenga la magia cuantitativa. Las cifras nadie las discute, aunque puedan ser dislocadas o simplemente inventadas. De todas las expresiones numéricas hay dos con mayor poder de convicción: el 80% y el 20%. Impresiona mucho lo de la "práctica totalidad" y, hablando de encuestas electorales, el "empate técnico". Son expresiones que no quieren decir mucho, lo que las hace muy útiles.
6. Cuando la intervención se hace insoportable por lo larga y premiosa, el tertuliano sagaz se saca un as de la manga. Basta con que diga "y termino" para que nadie le quite la palabra.
7. A través de los trucos anteriores, lo definitivo es el arte de empezar a hablar solapando el discurso propio sobre el ajeno, que todavía continúa. Ahí interviene el gesto, el tono de voz, el "no estar de acuerdo" con el otro de forma enfática. No importa que realmente esté más o menos de

acuerdo. Para oponerse a ese asalto, lo mejor es decir: "déjame terminar" o "no me interrumpas". Hay que ser muy diestro en el arte suasoria para dominar todas esas técnicas.

8. Lo fundamental es el énfasis. Hay muchas formas de asegurarlo. Por ejemplo, la muletilla de "estamos hablando" concede una trascendencia especial a lo que luego se va a decir, aunque sea una sinsorgada. Causa mucho efecto el "a mi juicio", un sintagma estudiadamente humilde. El énfasis puede darse, incluso, en los momentos de silencio a través de los gestos o la postura corporal. En televisión dan muy bien los visajes; atraen mucho a las cámaras.
9. Cuando a un tertuliano se le agotan los argumentos suasorios, lo mejor es recurrir al insulto solapado. Por ejemplo, asegurar que lo que dice el otro es una memez, es falso o proviene de una persona indocumentada. En las costumbres españolas, el que insulta o descalifica suele caer simpático. Hay también un "contrainsulto" o falsa adulación: asegurar que un contrincante o adversario es un "buen amigo" del que habla. Es una técnica que hay que saberla hacer; de lo contrario, podría caer en la caricatura de la "exaltación de la amistad" que practican algunos borrachos.
10. El arte definitivo es el de aducir citas falsas. Es un poco arriesgado, pero, si se sabe medir, da buen resultado.

El decálogo anterior no se basa solo en la experiencia sino en el conocimiento de la importancia que tiene la retórica en la vida cotidiana de los españoles. Lo que en otras culturas sería una falta de educación, en España merece estima.

La tertulia no es más que ejercicio dialéctico, como el que podía ocupar a los sofistas de Atenas o a los "tertulianos" o seguidores del teatro clásico español. El que no cuenta con muchos argumentos para enfrentarse al contrincante puede ridiculizarlo. Por ejemplo, puede asegurar que lo que dice el oponente es "obvio" o que el contraste que hace "no se puede comparar". Pero, sobre todo, la técnica que asegura mejor la supremacía de un argumento es la de hablar sin parar hasta que sea interrumpido por el presentador. De esa forma el contrincante se queda sin voz. La argucia no siempre tiene éxito. La audiencia fiel no es tonta y se percata perfectamente de esa ansiedad del tertuliano locuaz.

En las tertulias de la radio o de la tele suelo coincidir con tertulianos que representan la imagen negativa de lo que yo soy o afirmo. Distingo a dos por especialmente contumaces: Pedro Calvo Hernando y José María Calleja. Solo me une a ellos el desagrado por el terrorismo, pero ese es un rasgo común a todos los españoles que piensan. En los otros casos, basta que emita yo una opinión, para que los dos tertulianos mencionados (uno en la tele, otro en la radio) expresen la tesis contraria. Puede ser tan arbitraria esa oposición como sostener que Venezuela no es una dictadura o que Garzón es el mejor juez que hay en España. Otro elemento común a esos dos contrincantes es el dominio de algunas técnicas de la retórica. Por ejemplo, hablar sin parar o, si se critica al presidente Zapatero, redargüir que Aznar era peor. El remate suele ser ridiculizar lo que yo digo, como si fuera algo risible. Ese truco lo bordó otro contertulio al servicio del Gobierno al dudar de que yo hubiera estudiado Matemáticas en la escuela. Me da vergüenza citar su nombre, más que nada porque pronto será ministro. El asunto era tan simple como la representación no estrictamente proporcional que tienen los distintos partidos en el sistema electoral español. Tampoco hay que saber Matemáticas superiores para entender ese truco de nuestra Constitución.

Cito ejemplos nimios para indicar el juego dialéctico que se impone en las tertulias de la radio o de la tele. De esa forma se convierten en programas atractivos para el gran público. Tampoco es para alarmarse. Los actos académicos puros (una clase, la lectura de una tesis, los ejercicios de una oposición a cátedra) también tienen su faceta de espectáculo. La mejor demostración de lo que digo es que los tertulianos, que se muestran fieros contrincantes ante las cámaras o los micrófonos, luego parecen tan amigos. Sobre todo los presentadores deben hacer alardes de simpatía personal con todos los tertulianos. El enfrentamiento entre ellos es parte de la función teatral que se representa.

Una opinión muy común por parte de los comentaristas o tertulianos es que, respecto a la reforma laboral, hay que proscribir los contratos temporales; hay que aborrecer el despido libre. Es una gran paradoja, pues pocos trabajos habrá con un contrato tan efímero, sujeto al despido libérrimo, como el de tertuliano o comentarista. De ahí la avidez con la que esa persona pretende acaparar "columna" de papel o "minutos" de radio o de cámara. Si la tertulia es ante las cámaras, el tertuliano cuidará mucho su atuendo, el peinado, el maquillaje. Si es varón y se las da de progresista, procurará llevar camisa oscura o más oscura que la corbata. Si ese varón desea pasar por socialdemócrata, hará bien en parecerse a un modelo de Emidio Tucci. Si es mujer, sea cualquiera su ideología, habrá pasado antes por la peluquería y ostentará mucho metal. Las piezas metálicas ayudan a crear un efecto halo con los focos del plató de televisión.

Los tertulianos aparecen como cofrades de esa extraña mesa de opinión a la que enganchan los cables de los micrófonos. Pero esa relación, llena de simpatía, es efímera, evanescente. La verdadera cofradía es invisible, pero firme; es la que une a cada tertuliano con el público anónimo que está detrás de las ondas, los que siguen el programa. Es una relación asimétrica. El tertuliano no acaba de darse cuenta de quiénes son sus seguidores y hasta qué punto es reconocido por ellos. Esa extraña relación, tan simpática como asimétrica, la he experimentado muchas veces. Es el saludo efusivo que me ofrecen muchas personas que no conozco, cuando nos encontramos en la calle o en los transportes públicos. Yo no sé nada de ellas, pero ellas conocen perfectamente mi manera de ver el mundo. No está muy claro qué es lo que me agradecen tan efusivamente en esos saludos. Quizá sea la seguridad de que los sentimientos que tienen esas personas se ven reflejados en las opiniones que yo expreso.

A mí también me ocurre como a los *fans* que me saludan en los lugares públicos para identificarse con mi manera de pensar. Al escuchar a algunos tertulianos, percibo que ellos dicen lo que yo pienso. Citaré algunos nombres sin más orden que el derivado de la experiencia de haber compartido tertulias con ellos o el de la asociación de nombres: Álvaro Delgado-Gal, Miguel Ángel Gozalo, Antonio Pérez Henares, Andrés Aberasturi, Ramón Tamames, Graciano García, Lucía Méndez, Victoria Prego, Melchor Miralles, Justino Sinova, Casimiro García Abadillo, José Antonio Sentís, Iñaki Ezquerra, José Antonio Gómez Marín, Alberto Recarte, Carlos Rodríguez Braun, Fermín Bocos, Carlos Dávila, Jesús Palacios, José Luis Balbás, Javier Nart, Joaquín Leguina, Antonio Miguel Carmona, Lorenzo Bernaldo de Quirós, Juan E. Iranzo, Ignacio Sánchez Cámara, Román Cendoya, Agapito Maestre, Eduardo García Serrano. La lista, deliberadamente desordenada, podría seguir. Si yo tuviera la oportunidad de formar una tertulia radiofónica o televisiva (Dios no lo quiera), la integraría con algunas de esas personas. Es el elenco perfecto de comentaristas políticos. Excluyo a los nombres que antes he mencionado como presentadores de tertulias o a los directores de los medios, que son los que tienen más mérito. Añadiría algunos nombres que no se prodigan en las tertulias, pero que deberían estar en ellas: Jesús Laínz, Santiago Abascal, Julio Iglesias de Ussel, Gustavo

Comida con José Mª Aznar en la Moncloa en 2004. De izquierda a derecha: Juan Pablo Fusi, Ignacio Sánchez Cámara, Valentín Puig, César Vidal, José Mª Aznar, yo mismo, Teodoro González Ballesteros, Álvaro Delgado-Gal y Antxón Sarasqueta. Todos ellos son distinguidos comentaristas y se encuentran cercanos al PP.

Bueno, Virgilio Oñate, Ángel Martínez de Lara, José M. Beneyto, Javier Gómez de Liaño, Antonio Lamela, Roberto Fernández, Jesús Poveda, Gregorio Salvador, Luis Ángel de la Viuda, José María Navia-Osorio.

Una característica discreta de los tertulianos es que suelen ser invitados por los políticos con mando en plaza para recibir y emitir información. Esa relación campechana lleva a que los tertulianos se sientan así parte del aparato del poder; es un gran error.

Mi única crítica a las tertulias políticas es su inevitable sesgo periodístico. Es decir, extreman la consideración de la "política" como lo que acaba de ocurrir el día anterior o lo que se basa en declaraciones de los que mandan. Para mí la política es sobre todo lo que piensa la gente del común y lo que condiciona su vida. A veces son procesos lentos, invisibles, pero influyen.

En algunas de las tertulias a las que asisto me señalan como defectos que soy "poco agresivo" o que parezco "demasiado universitario". No sé muy bien si son críticas o halagos. Sí reconozco que soy poco "periodista", en el sentido de que voy menos a los hechos que a las posibles interpretaciones. Por eso mismo admiro a los periodistas de raza que saben hilar y datar los hechos, nombres, sucesos, muchas veces sin tener una hoja delante. A mí me resulta muy cuesta arriba hablar en público *par coeur*, literalmente "por el corazón", de memoria, repentizando. Se conoce que mi corazón es solo un juego de válvulas. Procuro que mis intervenciones en clase, conferencias, mesas redondas, presentaciones, tertulias y demás liturgias se apoyen en las notas que previamente he tomado y que tengo delante. Por cierto, nunca he entendido en qué consiste eso que se llama "diálogo social", cuando, en las imágenes que vemos de sus reuniones, sus participantes no suelen llevar papel ni bolígrafo. En todo caso, cuando figuran esos adminículos, está claro que son de atrezo. No se entiende qué datos o informaciones puedan intercambiar en las sesiones de "diálogo social". Por otro lado, no conozco ningún diálogo que no sea social o que se muestre como antisocial.

Para opinar sistemáticamente en público la mejor condición es que uno viva de rentas. Pero en ese caso la comodidad sería tan plena que tampoco habría estímulo suficiente para criticar a nadie. Aunque uno no viva de rentas, al menos hay que procurar que la fuente primordial de los ingresos no dependa de favorecer a un partido político. En los comentaristas de los medios es muy común el reflejo de opiniones que responden, punto por punto, al vademécum invisible que marca uno u otro partido. Esa dependencia es más clara si el partido en cuestión es el que manda. De ese modo puede repartir más prebendas, subvenciones, o mejor todavía, oportunidades profesionales.

Lo más difícil y admirable es que los comentaristas se sientan libres e independientes para poder criticar a un partido o a otro. Por ejemplo, si se observa la conducta de los comentaristas, los afines del PP suelen criticar a veces a los dirigentes de ese partido. Esa conducta es más rara en los seguidores del PSOE respecto del partido de sus preferencias. Es más, esos simpatizantes del socialismo dirán que ellos son "independientes". Es un hecho que me fascina, como en general me admira el espectáculo de la hipocresía. Sin la cual no habría sociedad ni, por tanto, trabajo para los sociólogos.

Como queda dicho, en los últimos años he participado de forma regular en muchas tertulias de la radio y la televisión (capítulo 9). El formato general es el de contrastar las opiniones de los críticos del Gobierno socialista con los que lo comprenden o lo favorecen. Fuera de las ondas, las opiniones de uno y otro campo no suelen ser tan encontradas, pero, pegados al micrófono, se escenifica la confrontación. Después de todo, las tertulias son, antes que otra cosa, espectáculo. No tiene mayor mérito representar uno u otro campo ideológico. Si mis ingresos o mi posición dependieran de estar a bien con el Gobierno, creo que yo también opinaría como algunos de mis contrincantes. O también se podría decir al revés. Por el hecho de opinar lo que pienso, nunca obtendré grandes favores del Gobierno. No es una cuestión de clase social, como no lo fue en el pasado mi despego de los estudiantes universitarios del ala radical. Simplemente, encuentro que los comentaristas de izquierdas suelen ser demasiado señoritos. Claro que lo peor es que rehúyan el debate de ideas; en su lugar prefieren contar sucedidos.

15. Militares y paisanos

Por mucho que se abstraigan los conceptos y etiquetemos el franquismo de "autoritarismo", la realidad es que se trataba de una ramplona dictadura militar. Todo lo demás son lucubraciones de profesores de Ciencia Política. Lo fundamental fue que el poder civil se inclinaba ante el militar. Franco fue el último "espadón" de nuestra atribulada historia de presencia desproporcionada de los militares en la política. Parece mentira el poco interés que tienen los analistas políticos en reconocer esa obstinada constancia de la Historia contemporánea española. Desde 1939 (tres generaciones ya) el jefe del Estado viste el uniforme militar. Cierto es que en la mitad de ese tiempo el régimen ha sido una dictadura y la otra mitad una democracia, pero lo que digo resulta incontrovertible. La cosa va para largo, pues el Príncipe de Asturias es también militar. Puede que sea una buena tradición, después de todo, una ocurrencia de Francisco Franco.

Una persona que accediera a la mayoría de edad bajo el franquismo y que se dedicara al estudio de la sociedad, forzosamente tenía que toparse alguna vez con los militares. Siempre admiré esa inteligencia de algunos dirigentes socialistas, realmente comprometidos, que, durante el franquismo, nunca fueron a parar a la cárcel ni nunca tuvieron ningún tropiezo con los militares. Pienso en Felipe González o Alfonso Guerra, sin ir más lejos.

Militarismo

El 1 de marzo de 1968 me hicieron una entrevista en *Nuevo Diario*, que era entonces un periódico aperturista. Gozaba yo de algún predicamento por la publicación del primer Informe FOESSA en 1966. En 1968 estábamos con el segundo y se filtraban detalles en los periódicos. Ante la pregunta tópica del momento, "¿Después de Franco, qué?", contesté: "Lo que va a pasar después de Franco es lo que está pasando ya. El postfranquismo que tenemos ahora es el gobierno de las fuerzas que han apoyado a Franco, pero sin la legitimidad de haber ganado una guerra civil". Josep Carles Clemente tituló así la entrevista conmigo: "Ya estamos en el postfranquismo". No había censura de Prensa (gracias a la Ley Fraga de 1966) y esas cosas se podían decir, aunque con cierto riesgo. La prueba es que recibí una llamada del mismísimo Manuel Fraga, ministro de Información y Turismo, que había sido mi maestro en la Facultad de Ciencias Políticas. El de Villalba quería verme al instante. Sus deseos eran órdenes.

Don Manuel me recibió en su imponente despacho mussoliniano. El hombre fue directamente al grano según su estilo. Reproduzco algunas de sus palabras: "Creo que tengo la suficiente autoridad moral sobre usted como para decirle que lo que acaba de declarar en el periódico es una insensatez. No le tolero que siga por ese camino. Bastante esfuerzo nos está costando templar tantas gaitas. Dedíquese a la Sociología, que es usted todavía muy joven y tiene una carrera por delante. Ya sabe que yo le he animado siempre a seguirla con rigor y responsabilidad". Traté de explicarme. Le repetí más pausadamente que lo que había querido decir era que el juego político empezaba a anticipar lo que iba a ser tras la muerte de Franco: la apertura democrática. Pero Fraga me cortó tonante: "Le prohíbo a usted escribir". Ahí estuve yo un poco insolente, al contestarle que no me podía prohibir que escribiera; la prohibición solo podía ser la de publicar. Ante esa réplica, don Manuel vociferó comiéndose algunas sílabas: "Coja usted esa puerta y salga de aquí inmediatamente".

Quizá el enojo de Fraga no era contra mí, sino contra algunos medios más liberales, que empezaban a dar datos sobre la realidad. Lo malo fue que yo no tenía la bola de cristal. Por tanto, no pude adivinar que, muerto Franco en 1975, Fraga iba a ser uno de los protagonistas de la transición democrática. Es más, él sería uno de los autores de la Constitución de 1978. En definitiva, don Manuel iba a liderar la apertura democrática del franquismo y se convertiría en uno de los protagonistas del postfranquismo. En 1968 el de Villalba no quería hablar de esas posibilidades por temor a lo que se llamaba el "búnker", es decir, los militares, falangistas y "ultras" resistentes al cambio.

Me reafirmo ahora en la idea de que el sorprendente éxito de la transición democrática se debió a su temprana preparación. Aunque tampoco es que existiera mucha planificación consciente. En los años 60 operaban ya las fuerzas que iban a definir el postfranquismo, sobre todo a partir de la Ley Fraga de 1966, por la que se levantaba la censura previa. En un libro publicado en 1985, Ricardo de la Cierva me dio la razón al decir que "el franquismo como tal murió en 1967". Todo el mundo sabe que los partidos en el exilio contaron muy poco en la transición democrática.

En octubre de 1970 se publicó el segundo Informe FOESSA. Ya me he referido al incidente de la censura del capítulo sobre política (capítulo 7). En noviembre me invitó un buen compañero de la Facultad,

Carlos Jiménez de la Cuadra, para que pronunciara una conferencia sobre las conclusiones del Informe. El lugar era en la Agrupación de Antiguos Miembros del Frente de Juventudes, aunque yo no era socio de esa asociación. Recibí una carta del presidente de FOESSA, Francisco Guijarro, para que me abstuviera de comentar el capítulo censurado del Informe. Diversos periódicos publicaron una nota con la aclaración de que la conferencia se había suspendido. Escribí sobre ese suceso en el diario *Madrid.* La conferencia se celebró en el salón de actos de la Cámara de Comercio de Madrid con lleno hasta la bandera. El acto lo presidió Manuel Cantarero del Castillo. Para entonces, en menos de un mes, se habían agotado los 5.000 ejemplares del Informe FOESSA. La Fundación decidió no reeditarlo, si bien al año siguiente sacó una edición abreviada.

El texto de la conferencia se publicó en el *Madrid* del 19 de diciembre. El diario *Pueblo* la reseñó con este ladillo: "Amando de Miguel: yo no soy subversivo. En España el autoritarismo es mayor en la sociedad que en el poder político". Ahora puedo certificar que las dos afirmaciones eran verdaderas. La tesis del autoritarismo basal de la sociedad española la difundía yo entonces como un instrumento provocativo. Por un lado, era conveniente unirse a las fuerzas democráticas que había en algunos miembros de la dirigencia del régimen. Por otro, se trataba de remover la conciencia aletargada de la gran masa de españoles. La reseña de *Pueblo* la firmaba Antonio Casado y me describía como "el joven sociólogo que dirige el equipo de FOESSA". Le envié una nota de rectificación con el dato de que yo no era miembro de FOESSA. El diario *Pueblo* me concedió el premio "popular 1970" en la sección de Periodismo.

Unos días después de la conferencia, el 17 de diciembre, se celebró una multitudinaria manifestación en la plaza de Oriente para aclamar a Franco. Era la respuesta a una campaña de algunos gobiernos europeos (incluido el Vaticano) para pedir la democracia en España. En la manifestación había pancartas de este jaez: "Curas no;

hostias, sí". Las palabras de Franco en el discurso ante las masas fueron sorprendentemente sensatas pero defensivas: "Tenemos un Estado de derecho, tenemos hecha nuestra Constitución y leyes fundamentales, tenemos solución para todos los problemas". Los componentes del despacho de Serrano, 19 asistimos a la manifestación como una especie de "trabajo de campo". Era un poco arriesgado hacer de antropólogos en medio de una multitud tan enfervorizada. Ese mismo día, el periodista Pedro Rodríguez me hizo una entrevista sobre la manifestación, pero el periódico *Arriba* se negó a publicarla. A los pocos días hablé con Javier Irastorza, alto cargo del Plan de Desarrollo, colaborador del *Madrid* y nada franquista. Su opinión era que el jefe del Gobierno, el almirante Carrero Blanco, iba a controlar férreamente la situación, pues Franco estaba políticamente amortizado.

Por aquellos días, el discurso de Carrero en las Cortes lanzó la tesis de que el enemigo del régimen era "la alianza entre el comunismo y el desorbitado liberalismo". Y añadió lo que pronto había de interpretar yo como un aviso: "Una ofensa al Ejército es una ofensa a todo el pueblo español, y no es digno de llamarse español el que no se sienta ofendido". Ojo al parche, que se dice en la jerga militar.

La *Hoja del Lunes* de Madrid (21 de diciembre de 1970) publicó la decisión de la nueva junta de Licenciados en Ciencias Políticas, presidida por Enrique Thomas de Carranza: "Quiere ser su primer acto expresar su inquebrantable adhesión al Jefe del Estado, a través de las instituciones civiles y militares del régimen".

El 22 de diciembre, en el *Arriba,* Juan Aparicio escribió la crónica de la manifestación de la Plaza de Oriente en este tono: "La multitud [de manifestantes]... no quiere que le confundan con el país abstracto, desteñido y artificial, propuesto por las pasiones vengativas, por los corifeos de los eternos rivales del extranjero y por las amañadas y falsísimas pesquisas doxológicas". (Era evidente que se refería a las encuesta del Informe FOESSA). Al día siguiente, en el mismo periódico, el capitán general de Cataluña, Alfonso Pérez Viñeta, hizo un canto al "héroe hecho padre", es decir, Franco. Era una grotesca asociación con el padrecito Stalin. Recordaba yo el anticomunismo visceral de Pérez Viñeta, cuando era mi coronel en las prácticas de la mili en San Sebastián.

El 31 de diciembre tuvimos un consejo editorial en el diario *Madrid*. Éramos sensibles al estado incandescente de la situación política. Se redactó un cuidadoso editorial, sobre la base de una primera versión de Miguel Ángel Gozalo. Yo añadí una pequeña nota sobre la distinción entre justicia y equidad. Acompañé esta reflexión: "Asoma el protagonismo del Ejército. El Gobierno ha hecho crisis. Franco no puede durar mucho. Carrero no podrá vivir por él mismo. En 1971 puede haber grandes cambios". Vaya un profeta. Desde luego, fueron grandes cambios para mí, aunque no los deseados.

Unos meses antes había enviado yo al periódico un artículo, "El nuevo espíritu de Cruzada". José María Desantes (asesor jurídico del *Madrid*) entendió que no era el momento más propicio para publicarlo. Así que accedí a la solicitud de un artículo por parte de la revista *Temas* (un órgano interno de una empresa de construcción) para enviarle el original. El director de esa revista era hermano de mi amigo Ramón Echarren, miembro de FOESSA, que acababa de ser nombrado obispo. El artículo era una crítica a una homilía de un cura castrense, José Bachs Cortina, impresa con el escudo de España. En esa hojita, que se distribuyó a todos los soldados, se daba una particular interpretación de la guerra civil. Todo había empezado en el siglo XVI con la "filosofía renacentista y la reforma protestante", cuya "consigna" era la de "aplastar a Cristo". La reacción de la guerra civil había sido una "verdadera Cruzada contra el poder, la riqueza, la industria, y para salvar la fe [católica]".Terminaba su oración pidiendo a Dios que: "Él dirija nuestra nueva Cruzada de ahora, que es la liberación de ideas extrañas, de doctrinas extranjeras". Se trataba, por tanto, de repetir la confrontación de 1936. No me parecía

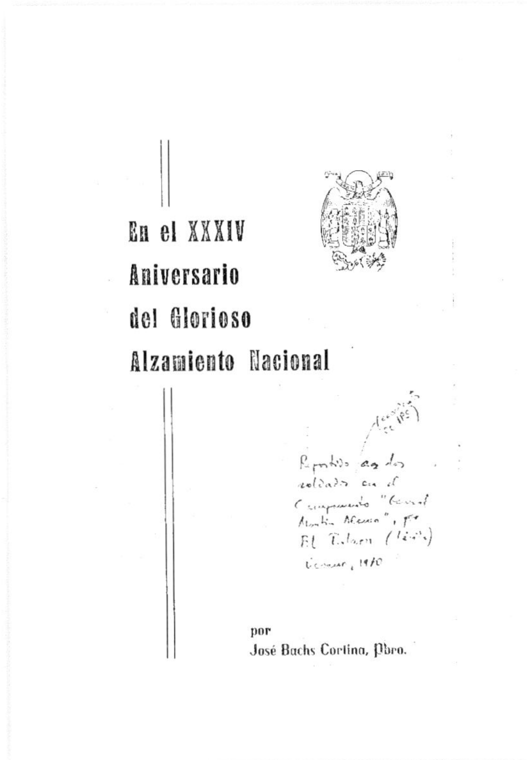

En el XXXIV
Aniversario
del Glorioso
Alzamiento Nacional

por
José Bachs Cortina, Pbro.

Texto del sermón del capellán castrense, José Bachs Cortina, repartido a los soldados del campamento de El Talarn (Lérida) en junio de 1970. Está dirigido al Excmo. Sr. D. Alfonso Pérez Viñeta, Capitán General de la IV Región Militar.

a mí que esa fuera la única o la mejor interpretación de la guerra civil. Entre otras razones, había una irónica. En 1936 los musulmanes que intervinieron en la guerra (los tabores de Regulares) estaban del lado de los "cruzados". De ellos extraería Franco su vistosa y extravagante "guardia mora". No menos estrambótica era la interpretación del cura castrense de que la reforma protestante pretendió nada menos que "aplastar a Cristo".

El 30 de enero de 1971 la revista *Fuerza Nueva* publicó un artículo de Jaime Tarragó, *Lo que se ataca y lo que permite*. Era un furibundo alegato contra mi artículo de *Temas*. Me hacía el honor de ponerme al lado de José María de Areilza, Enrique Miret Magdalena y Joaquín Ruiz-Giménez, entre otros "enemigos de España". A los tres los había tratado en diversas ocasiones y nos llevábamos muy bien. Por aquel tiempo acompañé al sociólogo argentino Gino Germani a sendas entrevistas con

Dionisio Ridruejo y José María de Areilza. Gino se quedó impresionado con ambas personalidades. Dionisio nos contó un entretenido chisme: al volver de la División Azul, lo quisieron casar con Carmencita Polo de Franco, la hija del dictador. No sé si ese frustrado matrimonio de conveniencia precipitó la ruptura de Dionisio con el Régimen. O quizá aceleró el apartamiento que experimentó Dionisio de las amenidades del franquismo. El hombre solo pudo contar con el asidero laboral de su colaboración en Radio Intercontinental, emisora de la familia de su amigo y protector Ramón Serrano Suñer.

Contrastaba la modestia del pisito de Ridruejo (que más parecía un almacén de libros de lance) con el soberbio palacete de Motrico en la Castellana (hoy sustituido por un modernísimo edificio). A Gino le impresionó sobre todo el ostentoso refrigerio con vajilla de plata que nos ofreció un criado del conde, vestido de calzón corto. Motrico se comportaba como si fuera a ser en cualquier momento el Adenauer español, pero extraído de un cuadro de Velázquez. Vuelvo al camino real.

Detención

El artículo de *Fuerza Nueva* no iba a caer en saco roto; era una denuncia en toda regla. Es decir, era una orden. El 19 de febrero de 1971 la Dirección General de Seguridad me comunicó mi detención y me puso a disposición del Juzgado Militar de Oficiales Generales de Barcelona. No me dijeron por qué. Fue una sorpresa morrocotuda. Me dieron un plazo de 48 horas para presentarme en ese juzgado. La casualidad fue que al día siguiente tenía que estar yo en Barcelona, invitado por el rector de la Universidad Autónoma de Barcelona,

Vicente Villar Palasí. Se trataba de un seminario de un solo día sobre la reforma universitaria, organizado por Juan F. Marsal y Francesc Noy. Era un tema que yo tenía muy fresco después de la inmensidad de datos que habíamos acumulado sobre el particular en el despacho de Serrano, 19. Como ya tenía el billete de avión, le dije al funcionario que declinaba la oferta de que me trasladaran a Barcelona en el furgón de la Policía. Di mi palabra de honor de que yo me iría por mis medios y me presentaría voluntariamente en el juzgado militar. Era todo un minueto de delicadeza procesal. Me alojé en el Hotel Presidente, donde la Autónoma me había reservado una habitación. Mis planes eran estar solo un par de días como máximo. Quién me iba a decir a mí que iba a seguir en Barcelona varios años y que esa estancia iba a alterar radicalmente mi vida. Son los renglones torcidos del destino derecho que escribe Dios; o esas extrañas válvulas de la metáfora hidráulica, a la que tantas veces me refiero.

Después de concluida la reunión del seminario, me personé en el juzgado militar. Se me comunicó que el capitán general de Cataluña, Alfonso Pérez Viñeta, se había querellado contra mí por el artículo de *Temas*. El juez de instrucción, con buenas maneras, pretendió sonsacarme que el artículo de marras era parte de una trama comunista. Adujo, por ejemplo, un informe secreto de la Policía que puso delante de mis asombrados ojos. En él se decía que yo había dado una conferencia en el Club de Amigos de la UNESCO, en la que fui muy aplaudido. El hecho era cierto, pero no alcancé a ver la significación de esa "prueba". Naturalmente, negué la conexión comunista de la que me imputaban, más que nada porque era una pura fantasía. No obstante, el juez (militar, por supuesto) hizo oídos sordos. Con toda amabilidad, me comunicó que yo estaba procesado, en cuya virtud debía ingresar inmediatamente en la Cárcel Modelo de Barcelona. En el auto de procesamiento (que ya estaba mecanografiado) se decía que mi artículo de *Temas* era una "acerva [sic] crítica de la Autoridad militar". (Supongo que quería decir que “era una acerba crítica contra la autoridad militar). Los delitos pertinentes eran “injuriar a las Instituciones armadas y [desarrollar] propagandas ilegales”. La prueba de las propagandas ilegales consistía en la lista nominal de los 3.000 suscriptores de la revista *Temas*, realmente todos los empleados de la empresa de construcción. Protesté tímidamente, al entender que el artículo se había publicado con todas las de la ley y que se trataba de una revista de circulación interna de la empresa constructora. El juez me contestó educadamente que no era el momento de que yo adujera nada. El auto terminaba con la consideración de que la pena “pudiera eventualmente exceder de seis años” de prisión. Yo no salía de mi asombro.

Estaba todo previsto. En un acto de rutina, un guardia civil me puso las esposas para conducirme a la cárcel. Ante la mirada de asombro que puse y el comentario de que no tenía ninguna intención de escapar, el juez se conmovió. Se dirigió al guardia y le dijo: “Quítele las esposas”. Salí escoltado por dos guardias civiles con tricornio y naranjero. Me subieron a un *jeep* descubierto. Enfilaron la Rambla, que estaba llena de gente, y me llevaron a la Modelo. Me sentía avergonzado. Ni siquiera me dejaron hacer llamadas ni recoger mis escasas pertenencias, que seguían en el Hotel Presidente.

Después del rito de paso de desnudarme, tomarme las huellas, fotografiarme y aislarme toda la noche en una celda, a la mañana siguiente me dieron el alta. Se había cumplido la ceremonia de humillarme. La condición era que me buscara un hotel y que no me moviera de la habitación a la espera del correspondiente consejo de guerra. Estaba técnicamente en “prisión atenuada”, donoso eufemismo. Imaginé que iban a ser unos pocos días y que todo se podría aclarar por medio de un abogado. No sé si era un *wishful thinking* (= el deseo como contaminante de la percepción), pero yo no acababa de ver el cuerpo del delito. Mi tesis escéptica sobre la metáfora de la “Cruzada” no era una injuria al Ejército. Entre otras cosas, porque una parte del

Ejército luchó a favor del bando republicano. Estaba claro que el factor de confusión era que andaba metido por medio Alfonso Pérez Viñeta, mi antiguo coronel, y su paranoia anticomunista.

Regresé al Hotel Presidente sin saber qué partido tomar. Me encerré en la habitación y empecé a hacer llamadas. El primero que se enteró de mi detención fue Antonio Herrero Losada, director de Europa Press y miembro del consejo editorial del *Madrid*. (Por él siempre tuve una gran estima, que continuó después con su hijo Antonio, con quien colaboré en Antena 3 y en la COPE). Antonio se puso en comunicación con el equipo del *Madrid*: Antonio Fontán, José María Desantes, Emilio Alonso Manglano, Rafael Márquez, Sebastián Auger y otros. (Rafael Calvo Serer estaba conspirando en París). Eran los que podían presionar a los militares o, al menos, obtener información.

Sebastián Auger, por estar en Barcelona, puso en marcha la estrategia de la defensa. Cabían dos opciones: Manuel Jiménez de Parga o Miguel Fenech, ambos prestigiosos catedráticos de Derecho. El primero había sido mi profesor en los cursos de Sociología del Instituto de Estudios Políticos. Lo había visto en el contexto de la revista *Cuadernos para el Diálogo*, donde ambos habíamos colaborado, él integrado en el núcleo fundador; yo, más bien simpatizante. Jiménez de Parga era entonces uno de los líderes de la oposición democrática. A Miguel Fenech no lo conocía yo, pero Auger pensó que era la mejor opción, al tratarse de una persona bien vista por el estamento militar. Auger era la viva representación del catalán pragmático y resolutivo.

Desde el Hotel Presidente llamé a Miguel Fenech, que me trató como a un hijo (un tanto descarriado, supongo). Me aseguró que se iba a tomar la defensa en serio y que no me iba a cobrar nada. En seguida apareció por el hotel Stanley Payne, que se encontraba casualmente en Barcelona. (A Stanley lo había conocido en casa de Juan J. Linz en 1959; había venido a España a hacer un libro sobre Falange, que luego resultó un clásico). Iba camino de un congreso en el que estaba también Juan

J. Linz; le comunicaría la impresión de mi extraño *house arrest.* Por lo menos se cumplía el esquema del "régimen autoritario" que había definido Juan tan acertadamente. En el hotel estuve pegado al teléfono unas cuantas horas. Me llamaron Pancho Marsal, Vicente Villar Palasí, Francesc Noy, Antonio Fontán, Rafael Márquez, Juan J. Linz, Gregorio Marañón, Julio Busquets, Antonio García Trevijano, entre otros, aparte de numerosos periodistas. Naturalmente, hablé largo y tendido con mi mujer y los colaboradores del despacho. La densidad de llamadas fue tal que el gerente del hotel me hizo saber que mi reserva estaba cancelada. Es decir, que me echaban. Una vez más, *blaming the victim* (= la culpa la tiene la víctima), como se dice en la jerga. Empezaban a contar las penas accesorias de mi horrendo delito.

Tobogán

Para ser sincero, el precio del Hotel Presidente empezaba a serme gravoso, pues había concluido el seminario de la Autónoma, y el alojamiento corría ahora de mi cuenta. Había resistido por inercia, más que nada por comodidad y porque estaba convencido de que el asunto de los militares sería para unos pocos días. Pero Fenech me dijo que fuera realista, que por lo menos habría que esperar algunas semanas para el juicio. Así que me busqué una residencia más modesta, el Hostal Tobogán, en la Plaza Real, muy cerca de Capitanía General, donde debía presentarme a firmar todos los días. En esa prisión "atenuadísima" iba a permanecer varios meses. La plaza donde se asienta es de una insuperable belleza, con soportales y palmeras. Desde entonces, siempre he tenido en mi dormitorio un grabado de la Plaza Real, el lugar donde dio un vuelco mi vida.

Nada más aposentarme en el Hostal Tobogán, envié un artículo de tonos líricos al *Madrid* (6 de marzo de 1971). Se titulaba "Plaza Real" y se exaltaba la belleza y la tranquilidad de esa maravillosa plaza. Supongo ahora que era una suerte de "síndrome de Estocolmo" lo que me atacaba entonces. Pero había algo objetivo. De momento, la represalia consistía en dejar que pasaran los días en una isla de ensueño, un atolón urbano en el mar azul de Barcelona.

Me consolaba con un cálculo económico. La habitación del Hotel Presidente me habría costado 800 pesetas diarias. La habitación del Hostal Tobogán me salía por una tercera parte. Bien es verdad que, en uno y otro caso, el coste fundamental era el de teléfono. A todo esto, el incidente significaba que me había quedado sin mi sueldo de profesor adjunto en Madrid. Encima, no andaba yo muy católico como para reforzar las colaboraciones periodísticas.

Bellísimo dibujo de la Plaza Real de Barcelona por Aurora Altisent. El ambiente es plenamente mediterráneo.

En el Tobogán procuré no hacer llamadas telefónicas por temor a que alguien pudiera escucharlas. No era una paranoia; luego se confirmó que eso es lo que sucedía. (Años más tarde, un amigo periodista, que hacía la mili en Capitanía General, descubrió un tomo entero con mi nombre en el lomo. Era la transcripción de las llamadas de teléfono que yo había recibido en el Tobogán. Qué derroche). Así que normalmente iba a la Telefónica a llamar por teléfono. Pancho Marsal, cuando quería decirme algo comprometido, venía a verme, bajábamos a la cafetería y escribía el mensaje en una servilleta de papel. Luego hablábamos de cuestiones triviales. A mí todo aquello me parecía un tanto paranoico, pero Pancho conocía muy bien a los "milicos" de la Argentina. El hombre estaba más asustado que yo.

Intenté ver al capitán general y al gobernador militar de Barcelona. No me quisieron recibir. Los oficiales con los que hablé me dieron a entender que yo era para los jefes un peligroso comunista.

En la idílica Plaza Real, frente al Hostal Tobogán, donde pasé unos meses en "prisión atenuada" (1971).

Menos mal que el corresponsal de *The New York Times,* Richard Eder, publicó por aquellas fechas en su periódico una versión más realista. Para el periodista, yo era "el sociólogo que ha dirigido el único estudio sociológico completo sobre España en los últimos años". Añadía que "en España se le considera como moderado, aunque de lengua ácida y a menudo recibe críticas por parte de la izquierda intelectual". La opinión de Eder era que "el incidente combina elementos graves y absurdos", pero "el juez militar pide seis años de prisión". Total, que me encontraba entre dos aguas. Para el régimen, yo era un peligroso comunista. Para la oposición de izquierdas, aparecía como un sociólogo "norteamericano", una cosa mala entre capitalista y pegado a las estadísticas. Tengo que decir que esa última imagen me ha acompañado durante años. Puede que se ajuste bastante a la realidad.

El 27 de febrero de 1971 un grupo de periodistas barceloneses me hicieron llegar una de las muchas "cartas de solidaridad" que iba a recibir durante mi estadía en la Plaza Real. Esta la firmaban Josep Pernau, Josep Maria Cadena, Josep Faulí, Enrique Badosa, Antonio Franco, Lluis Permayer, Enrique Sopena, Antonio Álvarez Solís, entre otros muchos. Cito solo los nombres con los que había tenido más relación. La misiva terminaba con un excelente ejercicio de empatía: "Tu problema se convierte en el nuestro".

A los pocos días de residir en el hostal, recibí una visita inquietante. Era un fotógrafo inglés de una famosa agencia internacional, de cuyo nombre no quiero acordarme. Venía a hacerme un reportaje y me apresté a ello. El hombre era un gran cervecero, como yo. Estuve posando varias horas en aquella idílica plaza. El inglés, muy educado y profesional, me insistía en que yo debía poner para las fotos una cara más seria, una postura menos relajada. Después de compartir unas cervezas con las consiguientes "tapas", el periodista me reveló el secreto. En su agencia era un trabajo de rutina hacer reportajes fotográficos a los disidentes de los regímenes dictatoriales. De esa forma, si al fotografiado "le pasaba algo", la agencia vendía muy bien las fotos a los distintos medios del mundo. Me sentí aturdido y divertido a la vez; quizá fuera por la generosa ingesta de cerveza.

Uno de los efectos de mi reclusión en la Plaza Real fue el cambio de atuendo y de presentación del yo. Desapareció la corbata y sobre todo me dejé barba. Ese último rasgo de mi personalidad aparente me dura todavía y se ha hecho parte inseparable de mí mismo. Desde entonces, son muchas las personas que han tratado de inquirir la razón por la que me dejé barba. No es solo una razón estética sino de comodidad y de conveniencia. A la reunión del Hotel Presidente me fui casi con lo puesto, pues pensaba regresar en un par de días. No solo no regresé más a casa, sino que ni siquiera volví nunca a recoger mis elementales pertenencias. Entre ellas estaba la maquinilla de afeitar. En ese caso quizá fuera un olvido producido por la alteración que supuso la cita con los militares en Barcelona.

Durante los primeros días de la detención estuve demasiado confuso y atareado como para preocuparme por algo tan vulgar como afeitarme. Pero, aposentado en el Hostal Tobogán, con barba de varios días, llegó la hora de afeitarme. Entonces me di cuenta de que me había dejado en casa la maquinilla de afeitar. Fui a comprarme una manual, pero entonces me percaté de un efecto que ya había experimentado algunas veces y que se iba a reproducir en otras ocasiones desde entonces. En los momentos de depresión me resulta muy difícil contemplar mi imagen en el espejo. Así que, si me dejaba la barba, esa era una ocasión para enfrentarme lo menos posible con la imagen de mi cara en el espejo. Por esa extraña razón me dejé la barba y con ella sigo, normalmente sin arreglar. Solo me la pulo un poco cuando no estoy deprimido y aguanto el espejo o cuando voy al peluquero. Comprendo lo irracional de ese comportamiento, pero es la realidad. Solo me tonsuré la barba para entrar en la cárcel después del consejo de guerra, circunstancia que relato en otro lugar (capítulo 16). Fue una recomendación del abogado Fenech, más que nada porque no se admitían presos barbudos. Pero después de la condena, recuperé mi natural pilosidad, que desde entonces se ha convertido en una parte de mi personalidad o de mi imagen.

Durante mi larga reclusión en el Tobogán recibí multitud de carta y llamadas, cuya enumeración sería tediosa. Me emocionó especialmente la carta de un buen alumno, Antonio García Ferrer (quien más tarde sería un prestigioso catedrático de Econometría). Era muy aficionado a la guitarra y me acompañaba una canción que acababa de componer. Copio algunos versos de esa composición, que muchas veces he rememorado:

> Me da miedo hacerme viejo,
> que la sangre no me corra
> y que parezca de hielo,
> que mis pies se queden fríos
> y que yo tiemble por dentro.
> Y qué pena encontrarme solo,
> sin nadie que me dé un beso;
> aunque espero, a última hora,
> que al menos exista el Cielo.

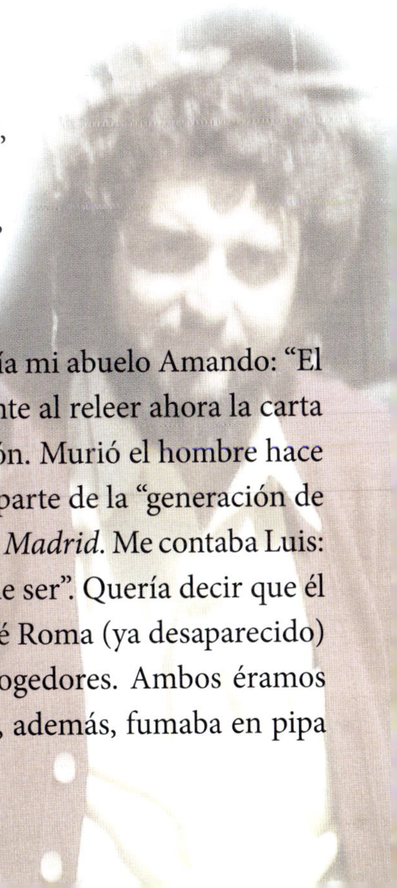

Recuerdo ahora lo que tantas veces decía mi abuelo Amando: "El Cielo está aquí abajo". Me emocionó igualmente al releer ahora la carta que me envió al hostal mi amigo Luis Marañón. Murió el hombre hace unos años, pero en 1971 él y yo formábamos parte de la "generación de la nueva conciencia", que preconizaba el diario *Madrid*. Me contaba Luis: "Tomo solo el té muchas tardes y eso no puede ser". Quería decir que él y yo tomábamos el té con frecuencia en el café Roma (ya desaparecido) o en Embassy, dos lugares especialmente acogedores. Ambos éramos de gustos anglicanos; también en política. Él, además, fumaba en pipa divinamente. Yo nunca dominé el arte de mantenerla encendida mucho tiempo. Luis y yo coincidíamos en las ilustradas cenas del *Madrid.* Nos sentábamos juntos muchas veces y nos gustaba observar y comentar entre nosotros más que platicar. En aquellos cónclaves políticos muchos eran los crisóstomos, que decía Luis (= picos de oro). Después de mi etapa barcelonesa me reuní algunas veces con Luis, Alberto Moncada y las respectivas mujeres. Fueron unas cenas inolvidables, en las que Alberto hacía casi todo el gasto de la conversación.

Durante los primeros días del Tobogán, José (Pepín) Vidal-Beneyto me envió copia de una carta que había dirigido a Guido Martinotti, secretario de la International Sociological Association. (Guido había sido condiscípulo mío en Columbia; más tarde lo visité en Milán). Pepín Vidal (una especie de Aviraneta de la Sociología española) presionaba para que me levantaran la petición de condena de seis años, vista la moderación de mis ideas. La carta produjo otras de solidaridad de los colegas de varios países, a través, sobre todo, de los contactos de Juan J. Linz. Curiosamente, no hubo una reacción similar por parte de los colegas españoles. Se comprende que anduvieran precavidos. Hay un dicho para esa conducta medrosa, que yo he entendido muy bien, pero que he oído en muchas ocasiones: "El miedo es libre". Siempre quedaba el comentario en voz baja de que la sanción me la había ganado a pulso. Lo cual tenía un punto de verdad.

Con Pepín Vidal tuve una excelente relación. Él fue el *alma máter* de la Escuela Crítica de Sociología (CEISA), donde yo di algunas clases y participé en felices conspiraciones de café. Verdaderamente éramos unos *coffe-house intellectuals,* una especie muy europea para los norteamericanos, y, desde luego, muy española. Recuerdo a dos aplicados alumnos que tuve en esa Escuela: José Félix Tezanos y Lorenzo Díaz. Avanzado ya el curso, Tezanos me dijo muy convencido: "Yo voy a ser sociólogo, pero no de los de ganar dinero, como tú". Tampoco le ha ido tan mal a la joven promesa. Tezanos llegó a ser el sociólogo de cabecera del ala "guerrista" (de Alfonso Guerra) del PSOE. Siempre es una alegría ver cómo medran los antiguos estudiantes. El otro alumno, aún más brillante, Lorenzo Díaz, triunfó como sociólogo, adscrito a las emisoras de radio (la SER y luego Onda Cero). Lorenzo ha publicado algunos libros muy originales sobre la vida cotidiana en España, un tema que también me ha cautivado a mí. Ahora coincidimos en el programa de Carlos Herrera; es una alegría.

La corriente de la llamada "Sociología crítica", dominante en el círculo de CEISA, era una mezcla de marxismo y de aspiraciones políticas para suceder al franquismo. Ambos elementos determinaban el carácter ágrafo (escribir poco) o esotérico (escribir oscuro) de muchos de sus miembros. La escuela de CEISA podía pasar por la mejor dotada del mundo, por cuanto disponía de más profesores que alumnos. Bien es verdad que la mayor parte de los profesores no daban cursos regulares. Se agrupaban en esa institución para conspirar, a la espera, quizá, de mejores designios. Citaré algunos de los profesores con los que tuve más relación: José Luis Abellán, Luis García San Miguel, Mario Gaviria, Antoni Jutglar (él y yo dimos un seminario juntos), José Luis Aranguren, Antonio López Pina, Miguel Martínez Cuadrado, Ángel de Lucas, Carlos Moya, Carlos Ollero, Víctor Pérez Díaz, Ramón Tamames, Enrique Tierno Galván, Juan Velarde, José Vidal Beneyto.

De la Escuela Crítica de Sociología (acogida al enigmático acrónimo de CEISA, Centro de Enseñanza e Investigación, Sociedad Anónima), recuerdo una anécdota divertida. Vino a vernos un famoso sociólogo norteamericano, Wilbert E. Moore, con esa curiosidad que sentían los extranjeros por todo lo que en España significaba la disidencia política. Acostumbrado el hombre a las instituciones educativas norteamericanas, dijo que le gustaría ver la biblioteca de la Escuela para donarnos algún libro suyo. La situación era muy comprometida, pues CEISA no pasaba de ser un pretexto para que se reunieran los grupos de la oposición. Nadie había pensado nunca en habilitar una biblioteca ni nada parecido. Pepín improvisó un discurso (en su perfecto inglés británico) para concluir que utilizábamos las bibliotecas particulares; de ese modo podíamos burlar mejor a la Policía. Añadió, como si fuera un plan secreto, que estábamos montando una gran biblioteca en otro edificio, pero todavía andaba en obras y no se podía visitar. Vuelvo a la Plaza Real de mis desvelos. La frase hecha es literal, pues ahí empezó una propensión al insomnio que todavía me dura, aunque de forma liviana e intermitente.

El tipo de carta reconfortante (de las que recibí centenares) puede ser una cariñosa nota de Pedro Schwartz. Me acompañaba en mi "desagradable aventura" y se ponía a mi disposición. "No hace falta que me contestes", añadía con elegancia inglesa. Lo hago ahora, 40 años después. Hace poco hemos sido conmilitones en el Consejo Económico y Social de la Comunidad de Madrid. El sí es un auténtico liberal.

Los antiguos compañeros del Colegio de San Sebastián se reunieron para una comida de aniversario y me enviaron un telegrama (dirigido a *Cuadernos para el Diálogo*) de solidaridad. Me disculpaban cariñosamente de no poder asistir yo a la comida. Lo firmaban según el orden alfabético que todos sabíamos de memoria, desde Anitua a Zubía.

La relación con los colaboradores y colegas más cercanos la mantuve principalmente a través de Jaime Martín Moreno, que seguía de guardia en el despacho de Serrano, 19. José Jiménez Blanco me insistió en que me presentara a la oposición a cátedra que había yo firmado antes de todo el barullo. Los más activos en mi favor fueron los del diario *Madrid*, con Antonio Fontán a la cabeza. El arquitecto Javier Carvajal, asiduo a las cenas de Sixto, llegó hasta el Príncipe (es decir, Juan Carlos) para que se interesara por el caso. Rafael Calvo Serer intercedió ante el vicario general castrense. Esos buenos oficios no sirvieron de nada, como es fácil comprender, pero reforzaron la corriente de simpatía con los del *Madrid.* Fontán me envió un generoso "anticipo" para compensar mis próximos artículos que iba a mandar al periódico. Fue realmente una elegante donación, pues ni yo pude escribir con soltura, ni el periódico duró mucho tiempo. Me parece que en los meses de la Plaza Real solo envié dos o tres artículos, más que nada de índole literaria o melancólica. Se me había acabado la inspiración para asuntos de mayor enjundia. Eso significaba una depresión galopante.

Resultaría interminable la lista de personas que me vinieron a ver al hostal. Casi todas me invitaban a comer, lo que era entonces una estupenda ayuda en especie. Cito algunos de los anfitriones: Juan J. Linz, Salvador Pániker, Mario Gaviria, Juan F. Marsal, Antonio García Trevijano. Este último vino con un plan detallado para pasarme a Francia por el Pirineo. Por lo visto, lo había probado ya otras veces. La idea me parecía muy romántica, pero, la verdad, yo no me veía de exiliado en París. Además, seguía confiando en mi estrategia de defensa para lograr la absolución. Es fácil creer lo que uno quiere creer o le interesa.

A los tres meses de "prisión atenuada" en el Hostal Tobogán, dada mi buena conducta, conseguí un ulterior beneficio de la autoridad militar. Me permitieron el traslado al piso de Pancho Marsal en la calle Provenza. Pancho se volvía otra vez a Buenos Aires por un año y así le podía yo guardar el piso. La razón que aduje para el cambio era que estaba preparando una oposición a cátedra, y esa labor era imposible realizarla en el estrecho cuarto de una pensión. Los militares me concedieron el traslado, pero, por eso mismo, colegí que lo del consejo de guerra iba para largo.

La estadía en el piso de Provenza me dio una gran sensación de libertad, o por lo menos yo me la tomé. Baste decir que escapé una vez a la boda de Benjamín Oltra y Maite Algado, que se celebró en Madrid. Así pude ver a mis hijos. Ya no me acuerdo qué mentira les conté para justificar mi ausencia. Me parece que recurrí al ardid de que estaba en un curso o un congreso en el extranjero. A partir de ese momento, lo que realmente me revolvió las tripas fue que dejé de convivir con mis hijos. Nunca más los iba a tener en la mesa por Nochebuena, como ocasión simbólica. Claro que entonces no podía imaginar que iba a ser tan duradera la prueba. Me reconcomía la angustia del momento.

Catedrático

Para preparar la oposición a cátedra encontré una excelente biblioteca, la de José María Figueras, especializada en Historia de España Contemporánea. Había fracasado en dos oposiciones anteriores; así que a la tercera, la vencida. Por primera vez, el tribunal no era de filósofos sino de catedráticos cercanos a la Sociología: Luis Sánchez Agesta (presidente), Francisco Murillo, José Jiménez Blanco, Salustiano del Campo y Efrén Borrajo. El problema para el tribunal era peliagudo. No era fácil votar a un candidato que estaba a la espera de un consejo de guerra. Claro que peor hubiera sido presentarme como condenado. Por esa razón, el tribunal aceleró todo lo posible el momento de la oposición. Fue fácil obtener un permiso de los militares para trasladarme a Madrid, donde se celebraban los ejercicios. Los cuales tuvieron lugar de forma expedita en una sala abarrotada de colegas, estudiantes y periodistas.

Antes del primer ejercicio, Luis Sánchez Agesta recibió una llamada conminatoria del almirante Carrero Blanco. La orden fue tajante: "El tal Amando de Miguel, ese bandido, no puede ser nombrado catedrático". Sánchez Agesta se plantó y contestó que los tribunales a cátedra eran independientes. La respuesta de Carrero fue sarcástica: "No se confunda usted, Agesta. No estamos en un Régimen liberal". Se debe reconocer que el de Granada fue un hombre "para todas las estaciones", como se dijo en inglés de Tomás Moro. Una vez más, se confirmaba mi creencia de que hay ángeles en la tierra, encarnados en seres humanos.

Ante las presiones de Carrero, José Jiménez Blanco fue a ver a José Luis Meilán, catedrático de Derecho Administrativo, que trabajaba en la Presidencia del Gobierno. La idea era hablar con Carrero para ver de suavizar su veto y convencerlo de que yo no era comunista. No hubo manera. La única transacción que se pudo lograr fue que yo saliera con cinco votos (como proponía el tribunal), pero con el número dos. El número uno fue para Juan Díez Nicolás, y las otras dos plazas para José Castillo y Carlos Moya. Yo elegí la cátedra de Valencia. Se quedó sin plaza José María Maravall, aunque no recibió ningún veto de Carrero. "Maravalito" era el más bisoño de los candidatos y el que había tenido una buena formación británica.

La venganza de Carrero fue hacer que el Ministro de Educación (Vicente Villar Palasí) se abstuviera de firmar mi nombramiento. Normalmente, ese trámite de firmar se hacía de forma inmediata y automática, pero en este caso se lo pensaron. Así que me volví a mi piso de Provenza en una situación inestable, como he relatado en otra parte (capítulo 8). Antes, adelanto un suceso que redondea lo dicho sobre la oposición, aunque sea con una nueva pirueta cronológica.

Durante el curso 1981-82 conseguí una beca de la Universidad de Florida. Era una forma de ir resolviendo mi salida de Barcelona, ante las amenazas de la banda terrorista Terra Lliure. La operación de Florida era realmente un intercambio de profesores entre la Universidad de Florida (Gainesville) y la Autónoma de Barcelona. De ella se beneficiaba primordialmente mi mujer, Petra María Secanella. Yo iba como consorte y daba un curso en Gainesville sobre la sociedad española. Antes, Petra María y yo nos fuimos unos meses a El Colegio de México para investigar sobre ese país. El viaje adicional y la estadía en México nos la pagó el Instituto de Cooperación Iberoamericana (entonces creo que era todavía Cultura Hispánica). El Ministerio me daba un permiso de un año sin sueldo. Mi compromiso era escribir dos libros, que fueron

La población de México (1983) y *España cíclica* (1987). Del viaje me traje la primera versión de los dos originales, que se publicaron con el lógico retraso editorial. Eran dos libros muy técnicos.

En el entretanto se había producido el histórico suceso de la llegada al Gobierno del PSOE. Tuve la oportunidad de comentarlo en un seminario de profesores en la Universidad de Florida. Era una grata noticia para mí, pues en Barcelona había firmado un manifiesto (junto con Pancho Marsal y otros) a favor del voto al PSOE. Pancho y yo solíamos asistir, como invitados distinguidos, a los mítines de la UGT. La cosa terminaba con el canto de "La internacional" y "Els segadors", por cierto, dos himnos particularmente amenazantes. A lo que iba. De vuelta de la estadía en México y Florida, llamé a la secretaria de José María Maravall, entonces ya flamante ministro de Educación. Le dije que quería ver al ministro para informarle de mi viaje académico y para darle una primera versión de los libros que había escrito. La secretaria tomó nota y me devolvió la llamada a los pocos días. Sus palabras me dejaron atónito: "No puede usted ver al señor ministro por la razón que me dice. Si quiere, puede hacerme llegar una copia de los libros que ha escrito". Naturalmente, me ahorré el gasto de las fotocopias, pero el desaire me pareció humillante.

Repetí la operación de visitar al director general de Cooperación Iberoamericana para agradecerle la bolsa de viaje que me permitió ir a México. Se reprodujo punto por punto la secuencia anterior. No, no podía ver a don Luis Yáñez por el motivo indicado. Era suficiente con remitir una copia del original del libro. Nuevamente me ahorré un buen mazo de fotocopias.

Narro esas dos pequeñas anécdotas, extrañamente paralelas, para indicar que, con un año de ausencia, algo había cambiado en el PSOE, y no precisamente para bien. En términos académicos, se podría decir que se cumplía la "ley de hierro de las oligarquías" de Michels o la "rutinización del carisma" de Weber. La traducción castiza es que continuaba el estilo autoritario de gobernar que tanta tradición había acumulado en España. José Luis Gutiérrez y yo analizamos ese fenómeno en *La ambición del César* (1989). Era un retrato literario de Felipe González, entonces en el ápice de su gloria. Fue un clamoroso éxito editorial, lo que nos confirmó nuestra predicción de que los días del felipismo estaban contados. Claro que entonces no pensamos que "la Historia se repite como farsa", al decir de Carlos Marx. Es decir, faltaba la réplica del zapaterismo. Pero habrá que volver al camino real.

Estábamos en que, concluida la oposición a cátedra en 1971, el ministro José Luis Villar Palasí contestó con el "silencio administrativo" a la propuesta del tribunal. Por una vez, el automatismo no funcionó. Hasta la muerte de Carrero en 1973, fueron inútiles todos los intentos de mi abogado, Fernando Albero, para conseguir algo que parecía fácil: que mi nombramiento saliera en el BOE.

No se entiende muy bien por qué el ministro de Educación no se atrevió a firmar mi nombramiento. Téngase en cuenta que José Luis Villar Palasí representaba el ala modernizadora o "tecnocrática" del régimen. Por ejemplo, al principio había sido uno de los abogados del diario *Madrid*. Pero aquí se introdujo un nuevo incidente, que paso a relatar sumariamente, no sin una cierta sensación de vergüenza ajena.

En 1970 estaba en pleno auge la política de reforma educativa, todo lo modernizadora que podía ser en el franquismo. La dirigía José Luis Villar Palasí y la ejecutaba Ricardo Díez Hochtleiner. Mi posición era muy favorable a los objetivos de dicha reforma, pero también muy crítica sobre algunas medidas concretas. Mi posición había quedado clara en los artículos del diario *Madrid* y en el Informe FOESSA de 1970. Por aquellas fechas, el editor Ignacio Camuñas (que se movía en los grupos de oposición democrática) me pidió una colaboración. Se trataba de compendiar mis análisis sobre la estructura de la educación en España para un libro colectivo que se iba a editar sobre la reforma educativa. Escribí ese capítulo en colaboración con José Luis Romero y los otros compañeros del despacho de Serrano, 19. Con toda ingenuidad, envié una primera versión del capítulo a Díez Hochtleiner con el fin de que me hiciera llegar sus observaciones. Era la práctica habitual en el mundo científico internacional, donde Díez Hochtleiner se había movido con soltura. Pero, extrañamente, no recibí ninguna contestación; cosa que, por otra parte, era bastante corriente en el mundo cultural español. Envié la versión definitiva a Ignacio Camuñas y no me ocupé más del asunto. Por entonces, mis preocupaciones se centraban en el problema con los militares de Barcelona.

La sorpresa llegó en la primavera de 1971. Estaba yo en el piso de Provenza, la nueva "sede" de mi mitigada prisión preventiva. Me llegó un ejemplar del libro colectivo sobre la reforma educativa, pero faltaba mi capítulo. Llamé a Ignacio Camuñas. El hombre, nervioso, me contestó que se trasladaba a Barcelona para contarme la historia. Así lo hizo. Venía con un cheque por delante, de 25.000 pesetas, para pagarme las regalías del dichoso capítulo. Acepté el cheque sin mayores reparos, pues, como es fácil imaginar, andaba yo entonces a la cuarta pregunta. Lo peor fue la explicación de mi editor. Estaba ya el libro en galeradas, cuando recibió una llamada de Hochtleiner, con quien le unían lazos de amistad y de parentesco. Mi capítulo debía ser eliminado sin decirme nada para que no pudiera contar el desaguisado en el *Madrid.* Conviene anotar que Camuñas tenía una excelente relación con el círculo del *Madrid* y, en general, con los líderes de la transición democrática. Comprendo lo mal que lo debió de pasar el hombre. En aquel momento de mi entrevista con él le caía el sudor por las patillas al tratar de explicarme el suceso de la presión de Hochtleiner. Años más tarde, Camuñas sería ministro de la UCD, y Hochtleiner uno de los hombres fuertes del grupo PRISA. Ese curioso acrónimo de PRISA representaba el cogollo del "establecimiento" cultural y en parte político. Por mi parte asistí con resignación al extraño relato de la censura del libro. No era el primer caso ni iba a ser el último. Bastante tenía yo entonces con las oposiciones a cátedra y el consejo de guerra. El incidente de las oposiciones a cátedra ha quedado registrado en este mismo capítulo.

Consejo de guerra

Al final, tampoco fue mala la táctica de diferir la fecha del consejo de guerra, que había aceptado Miguel Fenech como mal menor. Sánchez Agesta proponía celebrar cuanto antes la oposición para quitarnos el muerto de encima. De esa forma me beneficiaba la famosa presunción de inocencia, aunque no creo que mis jueces la presumieran. Repito que siempre he creído que hay ángeles entre nosotros, y hasta he escrito una novela (inédita) con ese argumento. Sin duda, tanto Fenech como Agesta fueron ángeles para mí. Los dos eran resueltamente conservadores, por lo que agradezco aún más la paciencia que demostraron conmigo, un joven un tanto indómito. Fenech sostenía que, de haberse celebrado el juicio en caliente, me habrían caído seis años. Agesta opinaba que, de realizarse la oposición después de la condena, habría sido muy difícil que me dieran la cátedra. Ahora entiendo esa expresión coloquial de "manejar los tiempos". Viene a ser algo así como el sentido de la oportunidad (*kairós*) de los clásicos. Debe entenderse, además, que lo de la famosa lentitud de la justicia no es siempre algo maligno, aunque siempre resulte exasperante para el procesado.

La negociación que consiguió Fenech fue que el consejo de guerra se celebrara a los cinco meses de mi detención. El objetivo era que para entonces se habría enfriado el asunto y "solo" me condenarían a seis meses. El mes que quedaba lo pasaría en la cárcel; los militares se sentirían satisfechos y yo, aleccionado. Es decir, antes del juicio la sentencia estaba ya pactada y decidida. No era mal logro, pues el fiscal seguía convencido de que yo era, por lo menos, un "compañero de viaje" de los comunistas. Lástima que no pudiera demostrarlo. Fenech, para consolarme, me repetía el viejo apotegma de que "la justicia militar es a la justicia lo que la música militar es a la música". Bien que lo aprendí en la práctica. También me enseñó que en el código militar la injuria no requiere el *ánimus injuriandi* (= la intención de ofender). Eso me pareció una barbaridad, pero también lo experimenté.

El consejo de guerra (con cinco generales en el tribunal, al ser yo alférez) se celebró con toda solemnidad, como si fuera el famoso juicio de Nuremberg. Tuvo lugar en el salón noble de Capitanía General. Fenech se vistió para la ocasión con la toga de catedrático; sobre la muceta roja resplandecía la Medalla Militar. El auditorio lo formaban unos cuantos militares "francos de servicio", como prescriben las Ordenanzas. Entre ellos, de forma destacada, estaba el comandante Julio Busquets, con uniforme de gala, con el fajín de Estado Mayor y todas sus medallas. (Años más tarde, Julio tuvo que dejar el Ejército y fue profesor de Sociología y diputado del PSOE). De los pocos civiles en la sala, destacaba Dámaso Yagüe, compañero de carrera y amigo. A la sazón ejercía de profesor en Suecia y se encontraba en la Costa Brava con unos cursos de Español para extranjeros.

En la orden correspondiente sobre la composición del tribunal, los jueces eran "excelentísimos señores" y yo simplemente "paisano". Ni siquiera me reconocían mi categoría de alférez, que es la que me concedía el privilegio de ser juzgado de esa guisa. Siempre me he preguntado si aquellos cinco generales entendieron verdaderamente que yo había injuriado al Ejército y que era un comunista antipatriótico. Desde luego, ninguno de ellos se me excusó nunca de haber participado en aquella patochada de consejo de guerra.

La sentencia de seis meses y un día de condena era por un delito de "injurias al Ejército, sus Instituciones, Armas, Clases y Cuerpos", nada menos. Curiosamente, en el fallo del tribunal lo que más escoció fue que yo hubiera criticado que la homilía del capellán "se hubiera difundido con cargo a fondos públicos". Respiraban por la herida aquellos militares.

Cuartelazo

Como es sabido, el famoso 23-F (23 de febrero de 1981), con su abortado cuartelazo, significó un vuelco en la marcha política del sistema democrático. Se ha relatado de mil modos, lo que me ahorra la crónica de ese vergonzoso episodio. Yo vivía entonces en un pueblo rural cercano a Barcelona, Sant Esteve Sesrovires, en donde empieza la tierra de viñas. Durante toda la tarde y toda la noche del 23 de febrero estuve pegado a la radio y al televisor acompañado de mi mujer (periodista) y del vecino de abajo. El hombre, director de la sucursal de la Caja de Ahorros, subió amedrentado para que le explicáramos bien lo que estaba sucediendo. Confiaba en que los periodistas (yo también pasaba por tal) entendiéramos algo más de lo poco que nos transmitían los medios. La verdad era que nuestra ignorancia era completa y la sorpresa, mayúscula. El teléfono no dejó de sonar durante toda la tarde. Antonio Izquierdo me llamó para decirme que en la carretera de Francia había un gran atasco de coches; se suponía que eran los que huían al país vecino. Lo más impactante fue oír por la radio el manifiesto del general Milans del Bosch: "Quedan suprimidos todos los partidos políticos y sindicatos". Era solo para el territorio de la capitanía general de Valencia, pero, dicho con ese énfasis, parecía que fuera a ser para todo el mundo. Menos mal que, ya de madrugada, el Rey, vestido de capitán general, habló por la tele y dio la puntilla al golpe.

Al día siguiente el alcalde del pueblo me comunicó algo terrible. Al parecer, toda la noche anterior un conocido "ultra" de *Fuerza Nueva* había permanecido en el portal de mi casa, armado con un pistolón. El hombre estaba colgado del transistor con la orden de que, si triunfaba el golpe militar, debía pegarme un tiro. En ese caso el "ultra" era un ángel pero exterminador.

Hubo un disgusto menor en mi vida personal como consecuencia del fatídico 23-F (el acrónimo lo inventó el periodista Pedro Rodríguez). Por entonces era yo comentarista habitual de *El Periódico de Catalunya*. Como respuesta al estímulo del cuartelazo, envié un artículo en el que defendía la necesidad de unir fuerzas para que izquierdas y derechas defendiéramos el sistema democrático. (Yo, por entonces, estaba más próximo a la oposición moderada que representaba el PSOE). El artículo fue rechazado y el periódico prescindió de mis servicios, dicho sea con delicadeza. Quizá fuera una venganza de algo que le había dicho unos días antes a Antonio Asensio, el propietario del periódico y otros medios: "Si fueras consecuente, tendrías que publicar tus medios en catalán". (El asunto lo he explicado con detalle en el capítulo 11).

Poco tiempo después, asentado ya en Madrid, recibí una misteriosa llamada. Un miembro del CESID (la organización oficial de los servicios secretos), a quien conocía de las cenas del *Madrid*, me llamó para tomar café "donde siempre". En la jerga eso quería decir que había algo reservado de por medio. Efectivamente, el CESID tenía información de que los militares golpistas no habían sido desmantelados enteramente tras el resultado del 23-F. Antes bien, se estaban reorganizando para dar un golpe más duro y definitivo. El CESID trataba de prevenir y abortar esa intentona. Se había formado un grupo reducido de miembros de los servicios secretos junto a algunos civiles para conjurar el hipotético golpe. Había también algunos guardias civiles especializados en este tipo de actividades de contraespionaje. En el grupo estábamos tres civiles: Rosa María Mateo (presentadora muy conocida de Televisión

Española), Jesús Martínez Paricio (experto en Sociología militar) y yo. Los civiles participábamos en la marcha de las operaciones y teníamos que pensar en un manifiesto para ser leído por Rosa María Mateo en la televisión, llegado el momento oportuno. El grupo era estrictamente secreto, por lo que no teníamos que decir nada a nadie. Yo solo se lo comuniqué a mi abogado, Fernando Albero, "por si me pasaba algo". El asunto tenía su emoción.

El grupo alquiló un piso como cuartel general, si se puede decir así. El piso estaba permanentemente vigilado por guardias civiles de paisano. Allí nos reuníamos para intercambiar información, que era muy interesante. Desgraciadamente para mí, llegó el momento de embarcarme para América. Allí me esperaba una estadía de un año en El Colegio de México y en la Universidad de Florida. Me tranquilizó dejar a mi amigo Jesús M. Paricio en el grupo, donde continuó unos meses más. Por suerte, la amenaza golpista se fue disolviendo, al tiempo que subían las expectativas de gobierno para el PSOE. (No deja de ser curioso que el PSOE haya entrado a gobernar, en 1982 y en 2004, después de un acto terrorista o algo parecido).

Añado un detalle de los miembros del grupo, siempre tan amables y comprometidos con la defensa de la democracia. Una de las sesiones se hizo en un piso franco del CESID, realmente un hotelito (en el sentido madrileño del término) frente al Ministerio del Interior. Los "espías" presentes me contaron que, unos años antes, habían utilizado ese hotelito para alojar a Santiago Carrillo cuando regresó del exilio. Fue la forma de protegerlo hasta que el Gobierno legalizó el Partido Comunista. (Esa versión contradice la oficial de que Carrillo vino por su cuenta a España de incógnito). Lo más divertido fue que, al salir del hotelito, me topé con una amiga que vivía en la casa de al lado. No supe qué decirle, ni cómo presentarle a las personas que salían conmigo. La mujer sospechó que había gato encerrado. Le expreso ahora mis excusas por la brusquedad de entonces.

Nunca hasta hoy había dado cuenta de ese episodio de contraespionaje, si es que se puede llamar así. Visto ahora, puede parecer cómico, pero en aquel momento la situación nos resultaba angustiosa. Por lo menos estaba claro que el Ejército no era una institución tan monolítica como se podía pensar desde fuera. Los militares habían realizado también su "transición".

Años después del episodio narrado, me encontraba yo haciendo un estudio sobre el vascuence en Álava. Como un gesto de rutina me acerqué a uno de los pocos quioscos donde vendían el periódico *Egin*. El quiosco estaba en la glorieta de Alonso Martínez. El periódico independentista era una fuente necesaria para nuestro trabajo. Al ir a coger el periódico, me crucé con la mirada de un amigo que estaba sentado ante un velador en la terraza adyacente. El hombre era uno de los militares que había estado en el grupo mencionado de contraespionaje. Nos echamos a reír y celebramos el encuentro por todo lo alto. Efectivamente, mi amigo era un "espía" del CESID y su misión era entonces fotografiar a las personas que compraban el *Egin* en el quiosco. Poco tiempo después, mi amigo llegó a general y ha sido muy prestigioso. Creo que ha pasado mucho tiempo desde entonces y que no me obliga ya el secreto. Con todo, debo seguir reservando los nombres de los militares que estaban en la operación, más que nada porque algunos han ocupado puestos de gran relevancia. Por lo menos sirva mi testimonio para certificar que el CESID y los militares que yo conocí estuvieron muy activos en defender la democracia contra el peligro de la involución. Supongo que este modesto testimonio no va a cambiar la Historia, pero es el que yo puedo aportar.

Serenada ya la democracia, años después tuve algún contacto más con los militares, ahora sin dramatismos. Simplemente, varias veces fui jurado de los premios Ejército de Literatura. Ni los premiados ni los miembros del tribunal recibían retribución alguna. Se entiende muy bien lo que significa el "honor" en el mundo militar. Por mi parvo esfuerzo en las tareas de los jurados me concedieron la Medalla Militar con distintivo blanco. Era una forma elegante de resarcirme del inicuo consejo de guerra de otros tiempos. El ministro era ahora Federico Trillo, quien ocupaba el famoso despacho mussoliniano que había sido de Fraga en tiempos de la dictadura. Las vueltas que da la vida.

16. Las víctimas convertidas en culpables

Con el currículum en la mano, podría pasar yo por una persona exitosa, pero la vida es algo más que honores y recompensas; también admite contrariedades y amarguras. Ya he relatado mi encontronazo con los militares franquistas (capítulo 15), que tanto alteró mi vida profesional y familiar. Hay más episodios desgraciados, que no puedo ocultar, porque son parte inseparable de mi trayectoria. Es más, sostengo que los contratiempos son muchas veces las pruebas que ayudan a una vida saludable. Claro que la salud verdadera está en poder enfrentarse al destino que nos contraría.

Emigración

Varias veces he aludido a la traumática experiencia que supuso el "éxodo rural", la salida con mis padres de Pereruela para recalar en San Sebastián. Tenía yo siete años, y mi hermano José Luis era un niño de teta. Nos íbamos definitivamente de Pereruela, montados todos en un carro tirado por bueyes, abarrotado con los humildes enseres, colchones incluidos. Unos días antes había ayudado yo a mi madre a varear la lana para los colchones. Era la lana de las últimas ovejas, vendidas para la ocasión. Tardamos casi todo el día en llegar hasta la capital, a solo 15 kilómetros. Paramos unas horas en la dehesa, donde vivían mis abuelos paternos, para la última despedida. Era como si no fuéramos a vernos nunca más. Mi abuela lloraba como una Magdalena. Particularmente triste fue el adiós de mi tío Pepe, que entonces se encontraba muy enfermo de la pleura. Era mi tío favorito y entonces se sentía morir. (Todavía vive, gracias a Dios). La única parte dichosa de aquel éxodo fue la inmensa fiambrera de croquetas que había hecho mi madre con la última gallina del corral. Cundieron para todo el viaje, que iba a durar cerca de dos días. Durante muchos años, en casa de mis padres, las croquetas fueron el plato familiar de las celebraciones, como recuerdo de aquel episodio.

En la estación de Zamora tuvimos que esperar varias horas hasta la llegada del tren correo, que venía con el consiguiente retraso. Estábamos haciendo tiempo en el andén, mi madre y yo, cuando nos alarmaron los gritos de los guardias civiles. Venían con mi padre, alteradísimo. Los guardias habían descubierto que llevábamos un talego con un par de kilos de harina, escondido en uno de los colchones. Allí, sobre el andén, delante de un corro de atónitos viajeros, los guardias despanzurraron los colchones con saña para ver si había más contrabando. Debe recordarse que entonces estaba prohibido transportar harina (incluso la de la propia cosecha para consumo doméstico) sin la "guía" correspondiente. La "guía" era un permiso o un privilegio que solo estaba al alcance de los mandamases.

Se puede colegir el estado de angustia en que yo me encontraba ante aquel espectáculo. Comprendí de golpe lo que era la injusticia, la vejación. Más aún cuando uno de los jefes nos dijo que teníamos que pagar allí mismo mil pesetas de multa, aparte de requisarnos la harina. La multa equivalía a unos tres meses del sueldo de mi padre. Los guardias civiles intentaron retener a mi padre hasta que no pagara la multa. Él tuvo que implorar gracia; lo consiguió invocando su condición de excombatiente y de jefe local del Movimiento, que había sido en Pereruela. Lo único que consiguió fue que nos dejaran continuar el viaje con la condición de pagar la multa en diez mensualidades. Nunca logré entender dónde estaba el delito. Quizá por eso, años después, me suspendieron en el examen de Derecho Penal con el tema del "hurto famélico".

En el viaje a Zamora nos habíamos cruzado con un vecino del pueblo, que regresaba de la capital en bici. Nos saludó con sequedad, sin pararse, a pesar de haber colaborado estrechamente con mi padre en la Falange local. Mi madre comentó: "Diego, este viene de hacer algo malo". Luego, en la estación, un guardia, que era del pueblo, contó a mis padres que aquel vecino había denunciado nuestro intento de contrabando. Por eso los carabineros (así se llamaban también los guardias civiles) vinieron directamente a los colchones para rasgarlos con su navajas cabriteras. La denuncia del vecino fue el mazazo definitivo para mis padres. Era el desengaño definitivo del pueblo. De madrugada, llorosos todavía, comimos las croquetas con buen apetito. Estábamos echados sobre los colchones en el andén de la estación de Medina del Campo, donde había que hacer trasbordo. A mi hermanillo José Luis lo tenían arrebujado con mantas. La noche era particularmente inhóspita. La sala de espera de tercera clase estaba a rebosar de viajeros. El tren correo tardaba en llegar y nos quedaban por delante muchas horas de viaje. El trayecto hasta San Sebastián fue emocionante. El tren paraba moroso en muchas estaciones y daba tiempo a rellenar de agua la cantimplora. Una España verde, para mí desconocida, empezó a pasar ante mis ojos. Contaba los túneles como si fuera un juego. No importaba que el compartimento se llenara de humo. Me preguntaba cómo sería el mar. Solo tenía la idea de un dibujo borroso en el catón de la escuela. Decía simplemente "el mar", pero solo era un manchón de tinta.

Naturalmente, lo primero que hicimos al llegar a San Sebastián fue llegarnos hasta la playa de la Concha, no lejos de la casa donde íbamos a vivir. Nunca me ha extasiado tanto un paisaje, quizá a la par que el Cañón del Colorado, visto, muchos años después, desde un helicóptero. Son esos regalos de la Providencia que parecen desmesurados.

La playa de la Concha me ha gustado siempre, sobre todo en invierno; menos, en verano, con la algarabía y el hacinamiento de los veraneantes bajo los toldos. Fuera de temporada, la Concha, especialmente con marea baja, era la inmensidad de un desierto marino para el disfrute de las gaviotas y de los mozalbetes. En todo caso, las tardes de verano, y más con fuerte oleaje, hacían de la playa un universo placentero, sin muchos veraneantes. Rememoro especialmente algunas de esas tardes en que bajaban a la playa unas monjitas de la Caridad con un colegio entero de niños tullidos o escrofulosos. Se conocían como "los niños de la Misericordia". Algunos eran francamente retrasados. Los niños, generalmente escuálidos y blancucios, no sabían nadar y se agarraban a las maromas de seguridad o se enfundaban en corchos salvavidas. Era de ver con qué ternura las monjitas vigilaban la operación. Las tocas blanquísimas debían de ser una especie de antenas. De esa forma podían avisar de las olas o de la resaca. Los niños gritaban de la impresión de peligro y de gozo al mismo tiempo. Tras el baño, los niños devoraban una suculenta merienda: un bollo de pan con una onza de chocolate. Era el terroso "chocolate de los Ejércitos" que hacía rechinar los dientes. Más tarde supe (por un primo mío de Palencia que andaba en el negocio) que ese chocolate contenía más algarrobas que cacao. Muchos años después, la visión del cuadro de Sorolla, "Triste herencia", me hizo recordar la imagen de las monjitas con los niños tullidos en la playa.

Con mi hermano José Luis en la playa de la Concha (San Sebastián, 1946).

Los sociólogos hemos estudiado ese fenómeno colectivo que hiperbólicamente se llama "éxodo rural". Es la clave para entender la modernización de España en el siglo XX. Es corriente apuntar dos teorías, la de la "atracción" por la ciudad y la de la "expulsión" del campo. Naturalmente, ambas se complementan. En el caso de mi familia de origen, entiendo ahora que mi madre se sintiera expulsada de su ambiente rural. En cambio, mi padre percibía más bien las oportunidades de empleo (y de pluriempleo) que le podía proporcionar la ciudad. Aunque lo decisivo en ambos era el cálculo para el porvenir de sus hijos. Es decir, la movilidad geográfica era el estímulo para el ascenso social. Mi madre, sobre todo, no transigía con un futuro de labrantines para sus hijos. La hija de la maestra tenía muy claro que sus hijos iban a ser universitarios, mejor todavía, profesores universitarios. Para ella eso

Joaquín Sorolla, "Triste herencia". Por extraña asociación de ideas, ese cuadro me hace recordar el suceso que cuento sobre los niños de la Misericordia en la playa de la Concha.

era lo máximo que se podía ser en este mundo. Seguramente ese sueño era la compensación psicológica (la venganza incruenta) de que ella no había podido estudiar.

Injusticia

La palabra "injusticia" se aprende pronto, pero los chicos la manejan para protestar contra los castigos o los deberes. Su expresión favorita es "no hay derecho". Es la rebeldía mínima contra la imposición de una educación autoritaria, que es la que hemos recibido, cuando chicos, los miembros de mi generación. Debo decir ahora que, de modo general, esa educación autoritaria tuvo muchos efectos positivos. Pero a los 11 años de edad me sucedió un pequeño episodio que me hizo ver una versión algo más dramática y doliente del autoritarismo. Una vez más diré que se traduce en la desgraciada conversión de la víctima en culpable. Es un proceso asaz frecuente en la vida española.

Como todos los años, se organizaba en el Colegio una rifa, con el fin de obtener fondos para las actividades que hoy llamaríamos lúdicas (teatro, excursiones, etc.). Era el día del Padre Chaminade, el fundador de los marianistas. Los chicos recibíamos un taco de papeletas para la rifa; teníamos que venderlas a nuestros parientes, vecinos y amigos. Al final, veníamos obligados a dar cuenta de lo que habíamos vendido. Cada papeleta colocada suponía un recibo de una peseta.

Sucedió que se celebraba en el Colegio una función de teatro a la que asistían los alumnos y sus familiares. Recuérdese que el Colegio atraía a la clase acomodada de la ciudad. La fiesta era muy propicia para vender papeletas de la rifa, y, efectivamente, yo coloqué unas cuantas, aprovechando el momento en el que afluía tanta gente. Tuve, incluso, la rara fortuna de que un antiguo alumno, con el aspecto de una persona bien situada, asistente a la función de teatro, me compró 25 papeletas. Lo sorprendente fue que no se las quedó, sino que, de forma expresa, me dijo que me las quedara yo. Añadió que vivía en el extranjero y que no iba a poder enterarse del resultado de la rifa. Fui corriendo a ver al profesor de mi clase y le conté la inesperada dádiva. El hecho equivalía a que yo había recibido 25 pesetas de regalo, lo que entonces era un dineral. Una entrada de cine, en el horario infantil, costaba una peseta. El suceso se lo conté a todo el mundo que pude y recibí numerosos plácemes. Pero la dicha dura poco en la casa del pobre.

Al día siguiente me llamó el profesor con un gesto severo; quería que habláramos después de clase. Su declaración me dejó atónito. El día anterior, mientras estábamos en el teatro, alguien había entrado en el aula y había descerrajado el cajón de la mesa del profesor. Se había llevado una cajita con 25 pesetas. El profesor me acusó de que yo había sido el ladrón y que, para disimular el robo, había inventado la fantástica historia del señor que me había dado los cinco duros. Yo tenía que devolver los cinco duros y estaba por ver si eso no podría significar la expulsión del Colegio. Me fue imposible probar la certeza de mi historia.

Volví llorando a casa con el consiguiente disgusto de mis padres. Tuvimos que ir a ver al director. Mi padre rogó que no me expulsaran del colegio, aunque transigió con la idea de devolver las fatídicas 25 pesetas. Yo estaba desolado. Me di cuenta de que ni siquiera mi padre había creído mi versión del suceso. Lo más doloroso del asunto fue que el director razonó que, de todos los chicos de la clase, yo era el de una posición más modesta. Así pues, comprendía que me hubiera asaltado la tentación de llevarme el dinero. Por tanto, el director no tenía más remedio que expulsarme. Recurrió al doloroso argumento de la manzana podrida en el cesto. Al llegar a este punto de humillación, hasta mi padre se puso a llorar. Ni siquiera me consoló después la reacción de mi madre, al decirme que ella sí creía mi historia. Concluyó de forma sorprendente: "No te preocupes, hijo; hay otros colegios".

Al día siguiente fui al Colegio dispuesto a recoger mis cosas. La sorpresa fue mayúscula. El profesor me dijo otra vez que teníamos que hablar a solas. Así lo hicimos. A mí me temblaban las piernas. El hombre no sabía por dónde empezar. Con la cara congestionada repetía una y otras vez: "Perdón, perdón". De forma entrecortada, me contó que otro alumno había confesado por la noche que él había entrado en el aula mientras estábamos en el teatro. Descerrajó el cajón de la mesa del profesor y se llevó una caja de puros donde estaban las 25 pesetas. El chico creyó que en la caja había solo pinturas y tizas de colores. Cuando llegó a su casa, se asustó al ver el dinero, se lo dijo a sus padres, y todo se había aclarado con la devolución del botín. El profesor seguía repitiendo "perdón, perdón". Me impresionó que un profesor me pidiera perdón.

Nueva visita al director. La recomendación fue que yo no contara nada a nadie para que no se organizara un escándalo. El director añadió algo que me impresionó: "El pecado de escándalo es el peor de todos, pues el daño no se repara con el arrepentimiento". La lógica consecuencia era que el verdadero ladrón, devuelto el dinero, tampoco iba a ser castigado. Acepté, resignado, el planteamiento salomónico del asunto (lo de "salomónico" lo pongo ahora por decir algo); y aquí paz y después gloria.

Ha pasado tanto tiempo de la truculenta historia que me siento liberado de mi compromiso de guardar silencio. Tampoco voy ahora a revelar nombres, que los tengo indelebles en la memoria, pero a nadie interesan. Diré como estrambote que el malhadado profesor que me acusó y sentenció fue un docente magnífico.

Vandalismo

Es un hecho misterioso e incluso repelente, pero resulta indeclinable: los niños, para crecer, necesitan conculcar las normas. De otro modo se retrasaría su evolución. De ahí que la niñez sea el tiempo de las travesuras. Es más, sospecho que en los delincuentes adultos hay un resto enfermizo de infantilismo.

Recuerdo con nostalgia y arrepentimiento una travesura infantil, un acto vandálico en grupo como está mandado. Éramos una pandilla de amigos integrada en las actividades del Frente de Juventudes. Tratábamos de organizar una centuria de estudiantes con más ilusión que presupuesto. Andaríamos todos entre los 11 y los 14 años. El más espabilado del grupo vino con la información de que en la escuela pública del barrio había un almacén con material de papelería, justo lo que necesitábamos. Dicho y hecho. Terminadas las clases, nos dirigimos a la escuela, entramos por una ventana y nos hicimos con una buena provisión de lápices, pinturas, clichés de multicopista, tizas de colores, papel vegetal y otras menudencias. La pieza más valiosa era una grapadora, nuevecita, niquelada, con su correspondiente caja de grapas. Ya estábamos de vuelta con el botín, cuando el benjamín del grupo razonó que la grapadora valdría más de 25 pesetas. El dato era fundamental, porque se alcanzaba el límite de lo que podía ser pecado mortal. Éramos de distintos colegios, pero, efectivamente, todos recordábamos esa casuística de las 25 pesetas como límite de lo que empezaba a ser pecado mortal en los hurtos. (Ignoro qué teólogo moral fue el inventor de ese casuismo). No se aceptó mi argumento de que, en todo caso, era un pecado mortal a repartir entre todos, por lo que se atenuaba mucho la culpa. Aunque hoy no lo parezca, se trataba entonces de una deliberación en serio. Desde luego, éramos conscientes del delito. Tampoco servía la excepción del estado de necesidad.

Total, que el líder de la pandilla volvió sobre sus pasos y depositó la grapadora en su sitio. Debo reconocer que la devolución se hizo con gran pesar por parte de todos. Había reparación pero poco arrepentimiento. La prueba es que el resto del botín nos lo llevamos tranquilamente sin mayores escrúpulos de conciencia. Creo ahora que la satisfacción no estaba tanto en la utilidad del material requisado como en la placentera sensación de quebrantar las normas. Aunque entonces no supimos entenderlo, era una manera de reforzar la integración del grupo.

Desahucio

Una de las peripecias más turbulentas de mi vida fue el suceso del desahucio de la primera vivienda que tuvieron mis padres en Madrid. (Una vez más, el Derecho anda por medio). Corría el año 1955. Una imposición de mi madre fue que teníamos que vivir en el barrio de Salamanca. El capricho se lo tomaba como una cuestión de principio. No era una apetencia de clase social, sino la exigencia de que mis hermanos estudiaran en el Colegio de El Pilar. Ese imponente edificio (de estilo neogótico inglés) está situado en el corazón de dicho barrio, en la calle Castelló. El pisito que alquilaron mis padres estaba al final de esa misma calle. No era una gran cosa, pero mejoraba sensiblemente las viviendas que hasta entonces habíamos tenido. El problema era que los ingresos de mi padre no daban para pagar el alquiler y los demás gastos de una familia numerosa. Mi hermana Carmen nació al poco tiempo de llegar la familia a Madrid. Mi padre se las arregló para obtener una fuente suplementaria de ingresos, unida al pluriempleo que ya tenía (ordenanza de Hacienda y acomodador de un cine de la Gran Vía). Consistía en la ayuda que prestaba a los que iban a hacer la declaración de la renta en Hacienda y se perdían con el papeleo. Los contribuyentes le dejaban unas pesetillas por esa ayuda. Nunca logré entender cómo se las arreglaba mi padre para desarrollar esa tarea, más propia de un asesor fiscal o un abogado. Años más tarde, terminaría trabajando en sus ratos libres para un asesor fiscal en toda regla, Fernando Sánchez Pérez. Llegaron a ser muy amigos. Su hija, Isabel Sánchez Ayuso, abogada, lleva hoy la asesoría y me sigue tramitando la burocracia de los impuestos.

Retrocedo al asunto del desahucio. Mi padre calculó que, si dejáramos de pagar el alquiler, la lenta burocracia judicial nos daría un año de respiro hasta llegar al desahucio. En el entretanto vería la manera de lograr que el abuelo Amando, ya jubilado, nos adelantara parte de la herencia, fundamentalmente unas cuantas ovejas. De momento estaban a cargo de mi tío Lucas. Así pues, mi padre dejó de pagar el alquiler sin mayores remordimientos. Me da un poco de vergüenza confesar ahora una acción de la picaresca más ruin, realmente delictiva, pero entonces nos parecía legítima defensa o algo por el estilo. Hablo en plural, porque, al ser yo estudiante universitario, la jefatura de la familia la compartía con mi padre. Al asunto le dimos muchas vueltas y, al final, tiramos por la calle de en medio sin consultar a un abogado.

La sorpresa fue que, no habían pasado tres meses después de dejar de pagar el alquiler, cuando se presentó la policía municipal en casa. Traían una orden judicial para que desalojáramos el piso. Era evidente que el propietario sí se había servido de un buen abogado. Acabábamos de cenar y dijimos a los agentes que nos dejaran un par de días para sacar los enseres propios (el piso estaba alquilado con muebles) y buscar otra vivienda. Pero solo nos dieron tres horas para recoger todos los bártulos. Hay que imaginarse el pandemónium que se montó hasta sacar a la escalera y al portal nuestras pertenencias. Unos vecinos nos prestaron cajas y maletas donde meter los cachivaches. Terminamos a las dos de la madrugada. Los corchetes volvieron a esa hora y sellaron el piso. Mi madre se alojó con mis tres hermanos pequeños en casa de unos vecinos. Mi padre y yo nos fuimos a dormir a una pensión de la calle Hortaleza, que regentaba un zamorano. En la operación nos ayudaron algunos vecinos, aunque otros se quedaron contemplando el espectáculo en los rellanos de las escaleras. La sensación de vergüenza de mis padres tuvo que ser inconsolable. Mis hermanillos y mi madre lloraban a lágrima viva como si el suceso fuera un bombardeo. Mi padre y yo nos fuimos derrotados a la pensión.

No pegamos ojo en toda la noche, maquinando lo que teníamos por delante. Era ya tarde para recurrir a un abogado. A la mañana siguiente cogimos un tren para Zamora. Convocamos una reunión de toda la familia para repartir lo que se pudiera de la herencia del abuelo Amando. El cónclave familiar fue muy tenso. Recuerdo haberles dicho que, de no ayudarnos, no nos verían más el pelo. Conseguimos vender al tío Lucas nuestra parte (fundamentalmente un modesto hato de ovejas y una proporción de la cosecha). Con ese dinero pagamos la entrada de un piso hipotecado. Era un ático bastante destartalado, pero situado en la Calle Pardiñas, todavía más cerca del Colegio de El Pilar. Ni qué decir tiene que María (toda la familia llamábamos así a mi madre, y Diego a mi padre) no nos daba otra opción. Ella seguía con su indiscutible poder de veto. El piso era un ático sin calefacción, es decir, una heladera en invierno y un horno en verano. No obstante, al menos éramos propietarios y nadie nos iba a desahuciar. Un dato que puede resultar increíble. En la planta baja de la casa de al lado había una vaquería. Es decir, allí se producía y se despachaba leche. Había que ver a las pobres vacas estabuladas al lado del mostrador; nunca iban a recibir la luz solar. Para mí era una extraña manera de recobrar el nostálgico olor a estiércol.

En ese piso de Pardiñas viví yo varios años hasta que me casé, nada más terminar la carrera. La mejor habitación era la mía y tenía derecho a estufa eléctrica en invierno y a ventilador en verano. En el comedor y sala de estar había otra estufa de leña. La habitación significaba un verdadero lugar de estudio para mí, con todos mis libros, papeles, recuerdos y otras pertenencias. (Desgraciadamente, a la vuelta de Estados Unidos, varios años después, me encontré con la desagradable sorpresa de que casi todo mi ajuar había desaparecido. Supongo que el material combustible acabaría en la estufa).

Cárcel

En julio de 1971, después de cinco meses de arresto domiciliario, ingresé en la Cárcel Modelo de Barcelona. (Véase el comienzo de esa historia en el capítulo 5). Lo de "modelo" se llamó así porque respondía al canon de la reforma penitenciaria de finales del siglo XIX, cuando se levantaron prisiones con planta en forma de estrella. La que yo conocí no me pareció modélica en ningún sentido.

Como era un preso privilegiado (un "político"), me destinaron a la Enfermería, un ala del edificio que difícilmente podía merecer ese nombre. Supuse que ese trato me lo daban por mediación de Fenech. Yo era realmente un "caballista". Así se llamaba a los que, sin estar enfermos, se hacinaban en la Enfermería, teóricamente como trato de favor. Nadie supo que yo padecía de iatrofobia, esto es, horror a los centros sanitarios, pero esa enfermedad no existe en los lexicones comunes. Junto a las celdas compartidas para los "caballistas", estaba el "asilo". Así se llamaba a la parte de la cárcel reservada a los ancianos. Me recordó el albergue para mendigos del *Salvation Army*, de Londres, donde pernocté la primera noche de mi estadía en Londres en 1956. Aquí los viejos estaban todavía más desastrados que los indigentes londinenses. Destacaba el "Avi" (= abuelo), un octogenario que llevaba en aquel antro varios años sin juzgar. Al parecer había asesinado a su esposa, pero todavía no tenía condena. Para mí que el pobre viejo era un loco de remate. El "Avi" se pasaba horas enteras rezando con los brazos en cruz. Los compañeros y los guardias lo apreciaban tanto que todos pensaban que en la calle habría estado peor que en la cárcel.

El rincón de la cárcel que yo conocí era más bien un manicomio. Junto al "asilo" había una serie de celdas para los rematadamente locos y los "tepés". Esa última palabra era una corrupción de TB, un eufemismo para designar a los tuberculosos. Los locos se pasaban el día y parte de la noche agarrados a las rejas y gritando blasfemias y obscenidades. Nadie les hacía caso. La extracción social de la población reclusa era decididamente de "charnegos" (= inmigrantes a Cataluña provenientes de otras regiones). Casi todos los llamados "funcionarios" (= guardias o empleados de la prisión) eran también castellanoparlantes venidos de fuera. No llevaban armas y procuraban ser correctos, dentro del ambiente de la burocracia cuartelera, pero tampoco andaban con muchos miramientos. En síntesis, el rincón de la Enfermería me parecía un infierno, solo compensado por la amabilidad de algunos compañeros de infortunio.

Una cárcel es un microcosmos cerrado, en el que se percibe la fuerza del rumor. Eso era así en la Modelo por lo opaca que resultaba la información, incluso dentro del sistema político autoritario que entonces nos envolvía a todos. Nada más llegar a mi privilegiada celda de la Enfermería, prendió el rumor de que un interno había muerto de cólera. En el verano anterior había asistido yo a un congreso en Bulgaria y allí nos vacunaron a todos del cólera. Era un hospitalito de pueblo con médicos que habían leído a Cervantes. Aquí la cosa era menos literaria y bastante más cutre. A toque de silbato nos pusieron a todos los presos de nuestro módulo en fila, locos incluidos, para inyectarnos la vacuna del cólera. No me valió alegar que ya me habían vacunado en Bulgaria. Era preciso pasar por ventanilla, en este caso, bajarse los pantalones para ofrecer las nalgas al pinchazo.

Se reactivó mi iatrofobia, y más al comprobar, aterrorizado, que todos los de la fila éramos inoculados con la misma jeringuilla, sin cambiar de aguja. Menos mal que todavía no se hablaba del sida. Oficialmente, el mal no era cólera sino "diarrea estival". El eufemismo

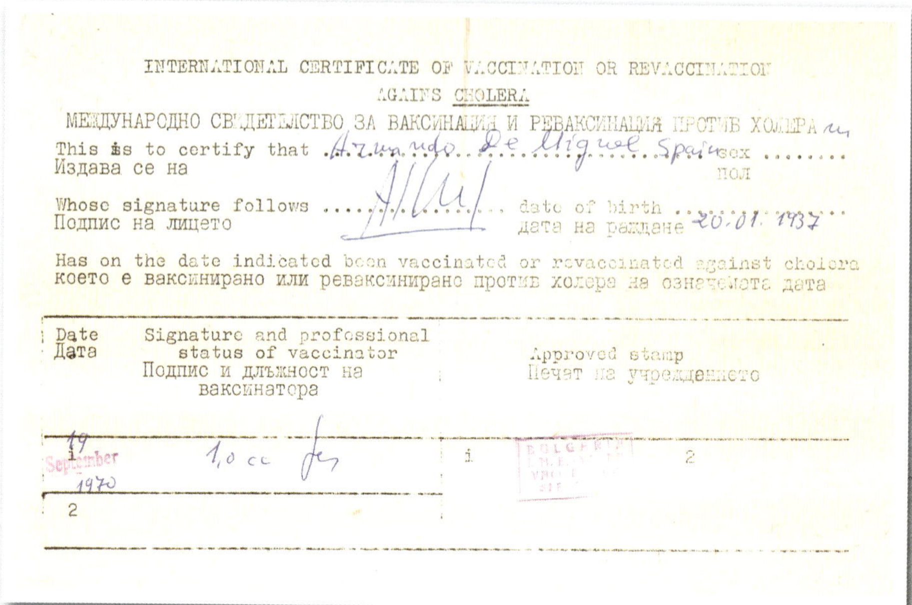

INTERNATIONAL CERTIFICATE OF VACCINATION OR REVACCINATION
AGAINST CHOLERA
МЕЖДУНАРОДНО СВИДЕТЕЛСТВО ЗА ВАКСИНАЦИЯ И РЕВАКСИНАЦИЯ ПРОТИВ ХОЛЕРА
This is to certify that Armando De Miguel Spain sex ....
Издава се на пол
Whose signature follows .... date of birth 20.01.1937
Подпис на лицето дата на раждане
Has on the date indicated been vaccinated or revaccinated against cholera
което е ваксинирано или реваксинирано против холера на означената дата

Date Дата	Signature and professional status of vaccinator Подпис и длъжност на ваксинатора	Approved stamp Печат на учреждението
1 19 September 1970	1,0 cc	1 BULGARIA 2
2		

Este es el certificado de haber sido vacunado contra el cólera en Varna (Bulgaria), en septiembre de 1970. No me valió para eximirme de la vacuna en la cárcel de Barcelona.

quizá era por lo de la economía turística. La "indición" (como allí se llamaba) me provocó una pequeña reacción cutánea, lo que alimentó mis terrores iatrofóbicos. Pero la pesadilla terminó pronto, tantas eran las nuevas impresiones.

Era la cárcel una monotonía de variaciones, como una noria. Los presos no teníamos derecho a llevar reloj, pero no hacía falta. Todo funcionaba de modo cuartelero a golpe de silbato. Hasta el paseo estaba reglamentado. Era lo que los sociólogos llamamos una "institución total".

Por si fuera poco lo de la vacuna, nos afeitaban a todos con la misma navaja de barbero. Supongo que ese monopolio de la barbería tenía un alto valor estratégico. Por eso no podíamos afeitarnos por nuestra cuenta. No se admitía que los internos se dejaran la barba. La

*El dibujante Cesc me envió el original de esta viñeta que publicó en **El correo catalán**. Los gitanos estaban en la cárcel por "quitar" (= robar) y yo me encontraba con ellos por "poner" (= escribir).*

barbería era un lugar de intercambio de rumores. El más común era el del posible indulto, ya no me acuerdo el motivo. Puede que fuera la visita del Papa.

Me pasé por la biblioteca de la cárcel, un lugar bastante sórdido, como se puede suponer. Era el negociado de un maestro de los de antes, catalanista y republicano él. Después de una somera entrevista, me nombró "ordenanza de la escuela y monitor de analfabetos". (Ahora sí puedo decir que he recorrido toda la escala académica, hasta el último puesto de catedrático emérito de la Universidad). La cosa era más prosaica. Puesto que estábamos en el verano y "hacían" vacaciones (en Cataluña todo se "hace"), las clases de analfabetos no se daban. Así que me tocó desarrollar la función subalterna de la censura. Se trataba de supervisar los materiales impresos que llegaban desde la calle para los internos, y darles el visto bueno. El maestro sostenía que el único obstáculo para ese plácet debía ser lo que él llamaba "pornografía". Por lo general, eran revistas extranjeras más o menos eróticas. En cambio, se permitía la literatura marxista, quizá porque los presos políticos tenían cierta condición de privilegio. No dejaba de ser curioso que en la cárcel hubiera más libertad para los libros "subversivos" que en la calle. Me pareció un gran sarcasmo que yo tuviera la función de "censor". Tampoco es que fuera un gran privilegio. La demostración fue que, al llegar el último día de mis vacaciones pagadas, me entregaron un mazo de cartas de mis amigos (todas abiertas), que habían sido retenidas. Es decir, por encima de mí había otro censor invisible, un verdadero funcionario.

La función de "censor" me permitió la prerrogativa de entrar y salir por todas las dependencias de la cárcel y todas las galerías, excepto la de castigo. Era una buena ocasión para mi tarea de observador. La única e incomprensible condición para ese ejercicio de paseante era que debía caminar pegado a las paredes. Se aceptaba con gusto una norma tan arbitraria por la extraña sensación de libertad vicaria que significaba visitar el economato, los talleres, los patios y otras dependencias.

Charlé calmosamente con todo tipo de presos, desde los "criminales natos" hasta los típicos que dicen, en inglés, "de cuello blanco" (estafadores, falsificadores de cheques, etc.) Todos aducían que los habían cogido por culpa de otro: el "consorte" o compinche, la mala suerte, la venganza. Arrepentidos había pocos; tampoco yo, claro está. Para los demás yo era un "periodista" (el que escribe) y un "julay" (= uno nuevo, sin antecedentes), lo que provocaba cierta ternura hacia mí. Para el maestro, en principio, yo era un "político", es decir, algo así como un comunista. Pero resultó que ambos coincidíamos en una actitud liberal antifranquista. Simplemente, los dos éramos funcionarios y yo había tenido mala suerte. Nos pasábamos horas criticando al Gobierno, con la misma tranquilidad que habríamos tenido en la calle. No dejaba de ser llamativo que en una prisión franquista se pudiera hablar libremente de política. De nuevo la cárcel era un microcosmos de la sociedad más amplia. La libertad era la que cada uno se tomaba, con los riesgos correspondientes, claro está.

He dicho un microcosmos, pero la cárcel me pareció realmente el negativo de la sociedad. Para empezar, era un mundo en el que no había dinero ni relojes. Ambos eran objetos prohibidos para los internos, quizá porque indican la medida de la escasez. Por eso dicen que el tiempo es oro. En lugar de dinero, circulaban unos vales o cromos. Es de suponer que esa "moneda interior" significaba un buen negocio para la dirección de la cárcel. Se me reprodujo en la memoria las monedas acuñadas por Mr. Wilson en la granja de Inglaterra (capítulo 5). Otra similitud con el caso inglés es que la cerveza del economato (solo un botellín por persona) se tomaba "del tiempo". Recuérdese que estábamos en agosto.

Se me quedó grabada una escena de la cárcel que me pareció un vestigio de otros tiempos. Era un grupo de viejos anarquistas que se reunían en el patio a leer el periódico. Se situaban en corro alrededor del que lo leía en voz alta y comentaba lo leído. Era, efectivamente, una práctica de los anarquistas de antaño, que yo creía fenecida. En este caso tampoco es que leyeran prensa política, sino *La Vanguardia Española*, un periódico establecido. Pero el cabecilla del grupo sabía interpretar todo lo que leía bajo la especie de los principios anarquistas de libertad y solidaridad.

Las visitas a la cárcel no estaban permitidas, excepto por parte de los familiares más cercanos. Mi mujer, Mary Pepa, vino una vez, acompañada de Jaime Martín Moreno, pero les dije que no volvieran. La conversación fue penosa. Mi mujer se fue después con los niños a un pueblo de la Costa Brava. Me resultaba deprimente la circunstancia de tener que hablar a gritos a través de una tela metálica en una salita que más parecía una jaula. Se encontraba atestada de personas que vociferaban como posesas. Recuerdo a una gitana que traía orgullosa un churumbel de dos añitos para que lo viera su padre, el cual llevaba más de tres años tras las rejas. Entonces todavía no se había impuesto el *vis-à-vis* para las parejas.

Más cercana fue la visita del abogado Miguel Fenech, cara a cara, sin rejas ni telas metálicas; todo un privilegio. Se llamaba "visita de jueces", y se acogían a ella los abogados. Fenech me hablaba de política, quizá para animarme. Mi abogado era una persona muy conservadora, oficialmente del Régimen, pero en realidad un carlista de toda la vida, por tanto, nada franquista. Supongo que la injusticia del consejo de guerra estimuló en él una mayor animadversión hacia lo que se llamaba el Movimiento.

Ese privilegio de la "visita de jueces" lo aprovecharon también Sebastián Auger y su colaboradora Nuria Beltrán, valiéndose del artificio de que ambos eran abogados. En la última visita de Nuria, dos días antes de cumplir yo la condena, le confié las fichitas donde había ido escribiendo mi diario. Eran fichas IBM y en el reverso iban mis notas con una mezcla de inglés y taquigrafía personal. Estaba yo con la paranoia de que me podían requisar mis fichitas. Lo cierto es que a nadie le importaron nada. Me llama ahora la atención el hecho de que, en esas "visitas de jueces", nunca apareciera ningún juez y que las conversaciones con los abogados fueran sobre todo de asuntos políticos. No entiendo cómo no nos percatábamos de que las conversaciones podían haber sido grabadas.

Muchos años después, con calma, pude rehacer ese diario a partir de la operación de descifrar las dichosas fichitas. El texto puede verse en mi libro *El final del franquismo. Testimonio personal* (2003). Quizá no queda claro lo que para mí representó ese tesoro de las dichosas fichitas, que me servían para desahogarme. Era como una película de mi vida interior que me liberaba psicológicamente del enclaustramiento. La obsesión de que podían quitar las tarjetas IBM no me dejaba dormir. Ahora veo que se trataba de un rasgo infantiloide, por desmesurado e irracional.

Me impresionaron muchas cosas de aquel submundo que era la cárcel. Por ejemplo, las palomas no solían bajar a los patios; nunca entendí por qué. Los presos de la Enfermería convivían tranquilamente con chinches y ratones. Sobraba comida por todas partes, gracias a los abundantes paquetes que llegaba de los amigos y parientes de los internos. Muchos no probaban el rancho. En todo caso se quedaban con la fruta o con el chusco de pan para hacer bocadillos. No se podían tomar bebidas alcohólicas (salvo la cerveza calentorra del economato), pero, una vez al día, repartían gratis un vaso de vino peleón a cada interno. No se podía repetir, pero algunos vendían su ración.

Una técnica de supervivencia para pasar por la cárcel sin mucho deterioro psíquico fue la de distanciarme lo más posible de mi circunstancia. Para ello dedicaba a la lectura y a la escritura todos los ratos libres, que eran casi todos. Lo que no he logrado reconstruir es el procedimiento por el que me hice con tantos libros. No puedo recordar quién me los enviaba. No creo que estuviera en la biblioteca de la escuela, donde solo había catones y algunas obritas de propaganda. Entre ellas encontré la joya de un opúsculo de mi maestro Román Perpiñá sobre Economía. Estaba intonso, es decir, no lo había leído nadie.

La corta estadía de un mes en la cárcel resultó ser en mi ánimo una eternidad. Acumulé más sufrimiento de lo que podía esperar. Incluyo el hecho de que ese tránsito significó el fin de mi matrimonio. Esa sí que fue una crudelísima pena accesoria que los jueces nunca tuvieron en cuenta. Qué sarcasmo, todavía hay gente partidaria de la cadena perpetua. Qué poco se valora la libertad.

A la salida de la cárcel recibí muchas cartas dándome la enhorabuena. Era una forma de expresar la solidaridad de tantos amigos. En una de esas cartas, mi primo José Antonio razonaba que "lo que de verdad cuenta es triunfar". Cuánto ánimo me dio esa reflexión. Para mi primo, el verdadero triunfo es el que va por dentro.

Después de la experiencia carcelaria, durante años, recibí de tarde en tarde algunas llamadas de los que decían ser "compañeros de colegio". Por lo visto era la clave para decir que eran presos que habían cumplido la condena y me hacía una visita para que les diera algún dinerillo. Me pareció una sana costumbre.

TELEGRAMA
DIRECCION GENERAL DE CORREOS Y TELECOMUNICACION
TELECOMUNICACION
INDICACIONES
RECEPCION
PREAMBU + 43161 MADRID SANSEBASTIAN 2267 52 30 1800
DESTINATARIO Y SEÑAS
+ AMANDO DE MIGUEL EDICUSA JARAMA 19
204094
TEXTO:
+ ERES DE LOS POCOS AUSENTES ESTA CENA PERO NO ES CULPA TUYA STOP PROXIMA SERAS AVISADO ANITUA ANTIN ARACAMA ARANA ARRILLAGA BARRIOLA CAVERO CLEMENTE CHAROLA EGANA ELIZONDO ERAUSO FERNANDEZ FERRER FLOREZ GARMENDIA LASA LUBEIGT MAIZ MENDIA MUGICA OLANO ORUE OTANO SANTAMARIA SANTOS URANGA URRA ZUBIA

Al final de mi estadía en la cárcel Modelo de Barcelona recibí este telegrama, que fue enviado a ***Cuadernos para el diálogo****. Lo firmaba una representación de los antiguos compañeros del Colegio de Santa María en San Sebastián, por orden alfabético desde Anitua a Zubía.*

Secta

Lo dicho hasta aquí en este capítulo es una sucesión de sucesos más o menos desgraciados que determinaron mi vida. Pero el mayor sobresalto fue el que sufrieron mis hijos con ocasión del caso Edelweiss. Me enteré por los periódicos en 1983, a mi vuelta de la estadía en la Universidad de Florida. El suceso lo aireó sobre todo *El País,* con un deleite morboso. Resumo la truculenta historia, que alguna vez contarán con más conocimiento mis hijos. En los años 70, un tal Eduardo (Eddie) González Arenas, un treintañero iluminado, con una encubierta inclinación homosexual, organizó el grupo Edelweiss. Era una asociación de montañismo para niños y adolescentes. Entre ellos estaban mis hijos, de 10 y 11 años respectivamente, cuando fueron captados, junto a otros amigos de la vecindad. Mis hijos vivían con su madre, quien se alegró de que se ofreciera esa oportunidad para que los chicos se abrieran a las actividades excursionistas. Lo que los padres ignorábamos era que Edelweiss (con ese nombre tan poético y puro, algo así como "flor de las nieves") era realmente una secta. Era una secta esotérica y fanática de un individuo enloquecido que colmaba las mentes de los niños de apetencias de naturaleza, fantasía e idealismo. Lo malo era que, bajo esa apariencia de altruismo, se ocultaba la dominación personal y sexual del carismático líder del grupo sobre sus pupilos. Las actividades montañeras del grupo se desarrollaban de forma secreta, sobre todo para ocultar al exterior la vida de irresponsable promiscuidad sexual que imponía a los chicos el líder carismático. Los chicos se iban desprendiendo de la tutela familiar, excepto para sacar dinero, el que exigía el hedonismo de Eddie. Los chicos terminaban por abandonar los estudios y quedaban atrapados en la fantasía de una estrambótica misión galáctica.

Al cumplir los 17 años, Iñaki, aterrorizado por la deriva que iba tomando la secta, puso tierra (y mar) por medio y huyó al Brasil. No solo se ocultó de la secta sino de la familia. Hizo la travesía como polizón de un barco carguero. Para pagar el pasaje ocupó la travesía en agotadoras jornadas de limpieza y pintura del barco. Se puede uno imaginar la angustia de la familia al no tener noticia de la huida de Iñaki. Después de varios meses en una remota zona de la selva brasileña, Iñaki me llamó. Estaba asustado por las noticias sobre la secta que había empezado a difundir *El País* y que le acababan de comunicar sus amigos. En efecto, la Justicia española imputaba a los miembros de la secta pavorosos delitos. Mi primo José Antonio se ofreció a ir al Brasil para traer consigo a Iñaki y darle una ayuda en la cobertura jurídica. La situación de Iñaki era muy comprometida, pues acababa de cumplir 18 años, lo que significaba la mayoría de edad. En cambio, su hermano Sergio, y la mayoría de los integrantes del grupo Edelweiss, no habían llegado a ese límite y, tras de su detención, quedaron exonerados de culpa.

Tuve que ayudar a Sergio a reconducir su vida. Lo primero fue matricularlo en una buena academia preparatoria para ingresar en Arquitectura. Su reinserción fue dificultosa, pero salió adelante. Sergio terminó la carrera a su debido tiempo y es profesor de la Escuela de Arquitectura y un destacado arquitecto.

La situación de Iñaki era mucho más ardua. La presión de *El País, Interviú* y otros medios emponzoñaron la situación. El juez no entendió que los "lugartenientes" de Eddie (los adolescentes que habían superado los 16 años de edad) eran más víctimas que culpables. Una paradoja de los medios acusadores es que se beneficiaban de los anuncios o reportajes sobre "contactos sexuales", para decirlo finamente. Desde la experiencia posterior, la hipocresía es aún más manifiesta. Baste decir que las actividades de promiscuidad que promovía Edelweiss son las que iban a propagar después algunas concejalías de Juventud y consejerías de Salud.

Vuelvo al asunto Edelweiss, tal como se manifestó a mediados de los años 80. Algunos periodistas, como Antonio Herrero o José Luis Balbín, ayudaron todo lo posible a que la sociedad tomara conciencia del problema que había suscitado el caso Edelweiss. Sin embargo, otros profesionales (de cuyo nombre no quiero acordarme) echaron todo el morbo posible al caso. De esa forma se agravó la situación judicial de los chicos que habían estado sometidos a la férula de Eddie. Baste decir que la revista *Interviú* publicó una foto familiar de mis dos hijos, cuando niños, con el pie de que eran amantes. Nunca había llegado a tanto la degradación del periodismo.

Puse el asunto en manos de mi abogado (y sobre todo amigo) Fernando Albero, quien me aconsejó que hiciera volver a Iñaki de Brasil. Debe tenerse en cuenta que con ese país no había tratado de extradición. Iñaki se decidió a colaborar y se presentó en el consulado español de Sao Paulo. Allí recogió el billete de avión que yo le había enviado. Albero logró el acuerdo con la Audiencia Nacional de que no iba a haber prisión preventiva, puesto que Iñaki se presentaba voluntariamente y no había probabilidad de evadirse de la Justicia. El planteamiento de la defensa era que los "lugartenientes" de Eddie habían sido realmente sus víctimas al ser menores de edad. Sin embargo, en el trayecto de Brasil a Madrid, cambió el juez del caso, por lo que ese planteamiento quedó sin efecto. Al desembarcar del avión, en enero de 1985, Iñaki fue detenido y conducido a la cárcel de Carabanchel. Venía con lo puesto, la ropa de un clima tropical. Con ese mismo atuendo pasó a una fría celda, que ni siquiera tenía cristal en el ventanuco. En la cárcel estuvo seis meses. Su extraña condición real era la de "preso político". La razón era que, junto a la acusación de "perversión de menores" estaba la más grave de "asociación ilícita". Esa expresión era un eufemismo para designar las actividades terroristas. Por eso intervenía en el asunto la Audiencia Nacional. No era solo un tecnicismo jurídico. La consecuencia real fue que Iñaki fue alojado en la galería de presos reincidentes y peligrosos. No se trataba de una metáfora. La prueba es que en ese lugar recibió todo tipo de amenazas e incluso algunos presos trataron de ahorcarlo. Otra consecuencia de esa lamentable situación era la de que no podía tener un trabajo en la cárcel.

Por mediación de Fernando Albero, conseguí hablar con el director de la prisión. Por lo menos conseguí que a Iñaki le dieran un trabajo en la imprenta. Con tanto entusiasmo se lo tomó el hombre que logró modernizar el taller con la introducción de procesos informáticos.

Las visitas semanales a la cárcel para ver a Iñaki (a través de un hacinado locutorio) supusieron para mí una impresión bifronte. Por un lado me recordaron traumáticamente mi estancia en la prisión de Barcelona. Por otro lado, me estimularon a reinsertar del todo a mi hijo en la sociedad productiva. Un detalle triste de esas visitas fue que la mayor parte de los escogidos alimentos que llevaba cada semana a Iñaki no llegaban a su destino. Qué miseria.

La misión más difícil y hermosa fue conseguir que Iñaki se incorporara en los estudios. Había comenzado la carrera de Telecomunicación, pero su vieja ilusión era la hacer la carrera de Ciencias Físicas. Era una vocación que le había transmitido un profesor del bachillerato, por quien siempre mantuvo una actitud de admiración. Vuelvo a la situación carcelaria. Estábamos ya en primavera y se habían pasado todos los plazos de matrícula. Le expuse el caso al decano de Ciencias Físicas, Antonio Fernández-Rañada, un físico eminente, quien se lo tomó con cariño. Iñaki pudo matricularse fuera de plazo, se puso a estudiar y logró aprobar algunas asignaturas con sobresaliente. Las condiciones para estudiar eran penosas (una bombilla de 40 vatios), pero Iñaki supo hacer virtud de la necesidad. Era parte del proceso de rehabilitación personal. Por cierto, en la cárcel no había ninguna estructura organizativa para que se pudiera cumplir esa función. Mi experiencia me dice que la doctrina de la reinserción social de los presos, sentada por los teóricos del Derecho, no se ha llevado a la práctica.

Después de la ordalía de la cárcel, pasados varios años, se celebró el juicio. Para entonces, Iñaki había terminado la carrera de Físicas, se había casado, había comprado una casa y había fundado la empresa Tábula-V. (Su colaboración profesional conmigo, realmente productiva, queda descrita en el capítulo 7 y siguientes). El juicio fue en 1990 y duró varios meses inacabables. Eddie fue condenado a más de cien años, y sus "lugartenientes" (los que habían cumplido los 16 años en el momento de la detención) a más de 60, cada uno de ellos. La defensa de Iñaki la llevó con dedicación Carlos Sánchez Baña, del despacho de Rodríguez Mourullo. Los consejos procesales de ese gran abogado sirvieron de mucho a la defensa, pero lo que pesó más fue el clima sensacionalista creado por los medios, singularmente *El País*.

El juicio de la Audiencia Nacional creó una inusitada expectación. A las sesiones vinieron muchas personas que quedan citadas para bien en estas páginas. Con algunas de ellas acabábamos muchas veces en animada tertulia en la cercana cafetería de Riofrío. Por cierto, era corriente ver en ella cómo los jueces tomaban café en amigable compañía con los fiscales, pero no con los abogados defensores. Ese gesto me pareció muy significativo para comprender la estructura de los poderes del Estado. Además de eso, el juicio me ayudó a entender todavía mejor la naturaleza humana. Por ejemplo, muchas veces, cuando la gente clama por el deseo de que se haga justicia, hay que traducir ese sentimiento por el de "venganza". Pocas cosas habrá en la vida que produzcan más satisfacción que la venganza. Aunque pueda parecer extraño, la desgracia del prójimo ayuda a soportar el fracaso propio. En otras palabras, detrás de la venganza, está el sentimiento de impotencia o de inferioridad.

Vuelvo al juicio. En su sentencia, los jueces no entendieron que los "lugartenientes" de la secta habían sido víctimas de la inicua explotación anímica de Eddie. Era lo esperado. Los jueces responden a la mentalidad prevaleciente en la sociedad, en este caso, la que convierte a las víctimas en culpables. Tras la condena del tribunal siguieron no sé cuántos recursos hasta la confirmación por el Tribunal Supremo. Por fin, en 1997, llegó la prisión definitiva para Eddie y el indulto para los "lugartenientes". Los antiguos adolescentes eran ya adultos y casi todos se encontraban plenamente reinsertados tras una dura experiencia. El indulto se debió a la comprensión de algunos ministros, por ejemplo, Alfredo Pérez Rubalcaba, Juan Alberto Belloch y Cristina Alberdi. También fue decisiva la comprensión de algunos periodistas y escritores, muy distinta del espíritu de Savonarola de *El País*. Después del indulto quedó pendiente el pago por la responsabilidad civil. Eso supuso que a Iñaki le embargaron la casa, aparte de otros costes emocionales, para él y para mí, que no merecen mayor recordación.

Como queda dicho, en 1989, Iñaki había constituido la empresa Tábula-V, dedicada a levantar encuestas. En el momento del juicio, el rector de la Universidad Complutense de Madrid, Gustavo Villapalos, se ofreció gentilmente a que Tábula-V realizara los Informes sobre la sociedad española. Se comprueba mi tesis de que hay ángeles en este mundo. Esos Informes eran una réplica de los Informes de FOESSA, llevados a cabo en la generación anterior. Recuerdo que Gustavo había sido uno de los entrevistadores en el FOESSA de 1970. Se cerraba un ciclo generacional y era una buena demostración de que la Universidad Complutense cumplía también la misión de reinserción para Iñaki. Lo de *alma máter* a veces logra ser una buena metáfora.

Los episodios de sufrimiento que describo en este capítulo no solo no se han olvidado, sino que se superponen en el recuerdo de modo difuso. No creo que me hayan producido un especial resentimiento pero tampoco conformidad. Mi fe religiosa debe de ser muy endeble, pues no acierto a explicar el mérito que ha supuesto la acumulación de sufrimiento en mi vida. No es cierto que solo sufren los pobres o que el sufrimiento forja el carácter. Todos esos son consuelos que no me convencen. Lo único positivo que he sacado de tales experiencias es que me han permitido conocer mejor la naturaleza humana. Pero tampoco es menester almacenar tanto conocimiento. Lo peor no ha sido el dolor, sino la amarga sensación de injusticia. La injusticia no es más que la desproporción, la desigualdad. De ahí que recobre la locución típica de los niños de "no hay derecho". Esa frasc la he llevado siempre conmigo, quizá como expresión de mi infancia ampliada. Últimamente, Esperanza Aguirre, la presidenta de la Comunidad de Madrid la llama "rebelión". Es una hermosa palabra de la tradición democrática. Es la mejor demostración de que los llamados conflictos sociales o interpersonales son una expresión de la omnímoda presencia del Derecho en nuestras vidas. Esa es la verdadera secularización rcligiosa.

17. Las vacilaciones del escritor

Al revisar este texto, encuentro que se halla latente la intención de echar la culpa de mis tribulaciones a otras personas. Supongo que es lo esperado, por humano. Es la prueba de que estas páginas son un testimonio, no tanto una crónica objetiva. Diré con Unamuno que eso es así porque soy un sujeto, no un objeto. Aunque, al alejarme temporalmente de los sucesos narrados, me empiezo a considerar a mí mismo como otro sujeto, distinto del que me siento ahora por dentro.

Fatiga mucho el tener que rescatar del armario de los recuerdos, los que expresan mejor la vida de uno. Los hay felices, claro está, pero también se reviven los que produjeron frustración y malestar. Aun sin quererlo, la escritura de las Memorias responde a una especie de ajuste de cuentas con la parte de mi pasado hostil. No se juzgue esa actitud como vindicativa; supongo que es general y, por tanto, humanísima.

El ajuste de cuentas significa revisar los continuos vaivenes o pasos perdidos que he tenido que dar hasta concluir en lo que he sido. Seguramente me ha guiado el azar, que es el nombre que damos los ignorantes al futuro que nos depara la Providencia. Pero, como dijo el famoso judío de Princeton, "Dios no juega a los dados".

Sociólogo

Uno envejece bien cuando considera que ha dado lo suficiente a los demás para salir de este mundo con un poco de dignidad. Mi principal aportación profesional ha sido la de hacer asequible a muchos compatriotas la comprensión de la sociedad en la que vivimos. La novedad es que me he valido de un instrumento que me enseñaron: el "análisis multivariable" aplicado a los datos de encuesta. Es una técnica que viene de Paul F. Lazarsfeld, profesor mío en Columbia, y que practiqué a fondo con Juan J. Linz. Algunos de mis discípulos han dominado esa técnica; incluyo a mi hijo Iñaki, quien ha colaborado conmigo en docenas de investigaciones. El "análisis multivariable" no es ningún misterio. Se trata del cumplimiento de una elemental regla del método científico. Consiste en establecer la relación entre dos factores, manteniendo constante un tercero. A pesar de ser una herramienta tan sencilla, casi todos los sociólogos y periodistas siguen manejando los datos de encuesta solo con los totales, es decir, sin establecer relaciones. Para rematar la confusión, en la jerga periodística, ahora se llaman "totales" a los cortes de imágenes que se insertan en los programas de televisión. Realmente tendrían que ser "parciales". Fermín Bocos (nos conocimos en los años de Barcelona) me dice que lo de "totales" procede de la idea de incorporar el audio y el vídeo.

El trabajo de aprendizaje en los análisis de encuesta con Juan J. Linz supuso al principio el pago en especie. Juan me pagaba con los libros que él había leído y releído. El primero fue en 1959, *The Language of Social Research*, de Paul F. Lazarsfeld y colaboradores. Ese libro y el capital de Merton, *Social Theory and Social Structure*, fueron los que tuve de cabecera durante años.

Con Juan J. Linz aprendí no solo el "análisis multivariable" sino a combinar los porcentajes con datos cualitativos. Esa fórmula novedosa (incluso todavía hoy) es la que aseguró el éxito de los Informes FOESSA (1966 y 1970) y de los Informes de la Complutense (años 90). Aunque pegados a la realidad social del momento, esos y otros estudios en los que yo he participado, están pensados para utilidad de los futuros historiadores. Serán los que, con la debida distancia temporal, ayudarán a interpretar la España del franquismo y de la subsiguiente democracia. Hay más continuidad de la que parece entre ambas épocas. En la segunda mitad del franquismo hubo un pluralismo limitado y controlado. En la etapa democrática quedan muchos restos corporativistas y autoritarios. Creo haberlo documentado suficientemente en las páginas anteriores y en diversas obras. No importa; muchos negarán esa doble evidencia, pero es la mía.

Antes de llegar a catedrático, pasé por dos oposiciones en las que fui reprobado. En la primera, en 1965, acababa de hacer mi carrera en los Estados Unidos y había publicado una docena de monografías con Juan J. Linz. Uno de mis contrincantes en el primer ejercicio ("autobombo"), adujo como mérito que él no había salido al extranjero. No era mala táctica, pues sacó plaza. El hombre se identificaba con el espíritu del ominoso decreto de Felipe II, al final de su reinado. Ese decreto prohibía a los profesores que viajaran a universidades extranjeras, se entiende, fuera de los límites del extenso imperio español. Otro aspirante, en la "trinca" de ese mismo ejercicio, me echó en cara que los trabajos firmados con Juan J. Linz realmente los había escrito mi maestro, no yo. En la lógica de las oposiciones del entonces no se aceptaba bien el valor de las investigaciones en colaboración.

La gran paradoja de mi vacilante carrera discente y docente es que puedo presumir de ser "el sociólogo" por antonomasia en mi país. No obstante, no he estudiado Sociología en España. Formalmente solo soy doctor en Ciencias Políticas. Tampoco he enseñado siempre a los que iban a ser sociólogos en la Universidad. Mi primera experiencia docente fue en una Escuela de Asistentes Sociales (1959-61). Todavía era yo estudiante de Ciencias Políticas. No sé si he dicho que me pagaban 50 pesetas por clase (menos de un dólar de la época), pero prepararla me llevaba medio día.

En 1967 se creó la Escuela Oficial de Publicidad, adscrita al Ministerio de Información y Turismo. Manuel Fraga era el ministro y Pío Cabanillas el subsecretario. Ambos me conocían bien. Yo había sido profesor ayudante de Fraga en 1959 y 1960. Ambos me ofrecieron la plaza de profesor de Sociología en la Escuela. La oferta me vino muy bien, pues, a la vuelta de los Estados Unidos, no había podido reanudar mi vinculación con la Facultad de Políticas como profesor ayudante. Ya se sabe que "quien se fue a Sevilla, perdió su silla". Se confirmaba la tesis de que salir al extranjero era un demérito. La plaza en Publicidad me dio pie para una especialización que he cultivado desde entonces: consumo y vida cotidiana. En esa tarea docente me asistió Julio Feo, quien colaboró también en DATA en un trabajo de relaciones públicas. (Más tarde lo desarrollaría con éxito en el equipo del presidente Felipe González). Julio organizó admirablemente en DATA una visita de Paul F. Lazarsfeld a Madrid. Mi maestro quedó muy satisfecho.

Me viene a la mente otra experiencia interesante. Por aquel entonces organizamos en DATA una conferencia mía sobre Sociología de la familia en el Colegio Mayor Chaminade. Antes pasamos un cuestionario para que los asistentes indicaran su percepción sobre la realidad de diversos asuntos relacionados con la familia en España. Mientras yo iba hablando, Julio Feo y otros colaboradores tabulaban las respuestas de los asistentes a la encuesta. Yo me aventuraba a decir, por ejemplo, que "el 80% de los asistentes seguramente creen que la natalidad en España es superior a la media europea. Pero están equivocados". Seguía razonando y dando datos. En esto daba paso a Julio Feo, quien leía la tabulación de la encuesta. Por ejemplo, "el 78% de los asistentes a la conferencia creen que la natalidad en España es superior a la media europea". En casi todos los casos yo adivinaba lo que creía que era la percepción del auditorio, que correspondía normalmente a una creencia errónea. Como puede verse, la conferencia fue más bien un espectáculo de ilusionismo. La repetimos varias veces con algunas variantes. Era fácil predecir la percepción errónea que tenía la población española sobre sí misma. Sobre el particular, compuse un libro, *Diez errores sobre la población española* (1984).

Vuelvo a la senda principal de este relato. En 1968 Pio Cabanillas me pidió que diera la lección inaugural del curso en la Escuela de Publicidad. Me indicó que tenía que ser una lección que rompiera moldes, valiente, incisiva, para dar a la Escuela un aire moderno. Había que conectar con los nuevos tiempos de apertura política. Nada podía satisfacerme más. Pronuncié una lección como la que me había pedido el subsecretario. Me refería a la superación de la guerra civil y a la necesidad de implantar un orden democrático. Pío Cabanillas asistió complacido a la ceremonia. El público aplaudió enardecido. Lo que ignoraba el bueno del subsecretario era que yo había enviado el texto de la lección al periódico *Madrid* para que se publicara al día siguiente. Aparecía con una entradilla en la que se contaba la verdad, que la lección había sido dada en un acto presidido por Pío Cabanillas. De esa forma se hacía imposible que cayera un expediente por el artículo. Naturalmente, nada más ver el periódico, me llamó Pío Cabanillas con mal disimulado enfado por la jugarreta que le había hecho. Confieso que fue una pequeña traición por mi parte. Pero, años después, inmersos ya en la transición democrática, Pío (como todos lo llamábamos) me recordó con afecto el incidente. Creo que en el fondo agradeció la travesura. Así él pasaba por liberal, que es a lo que siempre jugó. Suya fue la famosa frase tras unas elecciones internas dentro de la UCD: "Hemos ganado; no sabemos quiénes, pero hemos ganado". Era una buena definición de lo que iba ser ese extraño partido que fue la efímera y heteróclita UCD. Aun así, el partido de Adolfo Suárez cumplió una misión histórica de extraordinaria significación.

Como puede verse, el hecho de profesar en escuelas un poco ajenas a la Sociología me obligó a ser un sociólogo un tanto peculiar. Incluso como profesor de Sociología en la Universidad, de 1969 a 1981, ejercí en la Facultades de Económicas (Madrid, Barcelona y Valencia) y en la de Periodismo (Autónoma de Barcelona). Eso quiere decir que enseñaba Sociología a los que iban a ser economistas o periodistas. Esa es la razón por la que me he orientado muchas veces a temas como el consumo, el desarrollo económico, los ciclos económicos, los medios de comunicación, etc. Creo que en mi biblioteca particular hay más libros de Economía que de Sociología, y más de Literatura, Periodismo, Historia o Arte que de Economía. Decididamente, soy un sociólogo un tanto atípico, sumido en un piélago de vacilaciones profesionales.

En 1970 di un seminario en el Banco Urquijo (en la Casa de las Siete Chimeneas) sobre Sociología de la educación. Lo organizaba Emilio Gil Olmo y asistían algunos colaboradores y otros estudiantes. Fruto de ese seminario fue una serie de libros sobre educación y recursos humanos. Alguno se frustró, como un estudio sobre los textos escolares bajo el franquismo. Lo empezamos en 1970 y quedó truncado por el episodio de mi detención en Barcelona. Todavía guardo una colección de cientos de textos escolares, que apenas he aprovechado para algún ensayito (*Cien años de urbanidad*, 1991). No es el único caso de un proyecto inacabado.

Ya me referido a la experiencia como profesor de la Escuela de Diseño Textil de Barcelona (véase capítulo 8). En ese caso se trataba de enseñar Sociología a los que iban a ser diseñadores de telas. Procuré esmerarme a través de los vericuetos de la Sociología del arte. Guardo con nostalgia el regalo que me hicieron los alumnos: una vieja lanzadera de madera de roble que lleva en el hilo los colores de la bandera catalana,

Esta es una especie de Sociología de la vida cotidiana española a través de los textos escolares de Urbanidad. Yo tuve uno en el colegio que se titulaba ***El muchacho bien educado.***

que (no por casualidad) son los de la española. La *llançadora* es todo un símbolo del espíritu industrioso de Cataluña y también, modestamente, de mi movilidad.

Mi aprendizaje y mi ejercicio profesional han sido un tanto errabundos. Quizá por eso no me he sentido miembro de número de una determinada escuela sociológica, ni siquiera la “estructural-funcionalista” de Columbia. Desde luego, mi orientación ha sido empírica, pero siempre con la idea de aprovecharme no solo de la Sociología sino de las Ciencias Sociales. La orientación ideológica o de método ha sido lo de menos. Lo que me ha interesado siempre ha sido comprender la sociedad española en todos sus aspectos. Por ese lado generalista me siento más cerca de los historiadores que de los sociólogos. Al final mi etiqueta más ajustada ha sido la de historiador del presente.

La lanzadera, símbolo de la revolución industrial y del espíritu de movilidad. Es un artefacto original, de madera de roble, de los antiguos telares manuales de Cataluña. Lleva los colores de la bandera catalana, que (no por casualidad) son los de la española.

Sociolingüista

Tendría que explicar un último vaivén profesional. Ha sido el cambio de rumbo en mi actividad de escritor. De estudiar la estructura social española (encuestas, ensayos, novelas), he pasado a interesarme cada vez más por cuestiones sociolingüísticas. El primer paso lo di en el verano de 1984, al escribir *La perversión del lenguaje* (1985). Lo hice como primera reacción al corregir los exámenes de los alumnos de la Facultad de Sociología. Eran tales los disparates léxicos y tan curiosas las muletillas que se desplegaban en los exámenes, que me dispuse a ordenar todo ese material. Entonces me percaté de que muchas de las atrocidades del lenguaje de los estudiantes no eran más que un reflejo de los medios de comunicación. Así que amplié el fichero de los disparates léxicos a través de los medios. Redacté un ensayo que presenté ilusionado al premio Espasa de ensayo. No me lo dieron. Uno de los miembros del jurado me comentó después que mi postura sobre la corrección del lenguaje estaba pasada de moda y ya no le interesaba a nadie. Estábamos en una sociedad postmoderna en la que no cabían las prescripciones de ningún tipo. El premio se lo dieron a un ensayo filosófico un tanto plúmbeo que pasó sin pena ni gloria. Como consolación, Espasa publicó también mi *Perversión*; del libro se hicieron seis ediciones. Ese éxito me animó a seguir por el camino (un tanto heterodoxo y como aficionado) de la Sociolingüística. El libro lo presentaron tres grandes comunicadores: Jesús Hermida, Luis Antonio de Villena y Antonio de Senillosa. El éxito de la *Perversión* me llevó a reeditarlo en la prestigiosa Colección Austral de Espasa-Calpe. El director de la editorial, Ignacio Bayón me nombró asesor de la Austral para los textos de ensayo. Era un complemento de la parte literaria, que estaba a cargo de Víctor García de la Concha. Con Ignacio Bayón había coincidido en los cursos de Sociología del Instituto de Estudios Políticos cuando ambos éramos estudiantes.

En 1988, quizá como consolación del "error" del premio sobre *La perversión del lenguaje,* me dieron el premio Espasa de ensayo. Era un trabajo sobre la llamada "economía sumergida" que se llamó *España oculta.* El jurado estaba compuesto por Pedro Laín Entralgo, Francisco Grande Covián, Juan Cueto, Salvador Pániker y Salvador Giner. Reconozco que con todos ellos mantenía una buena inteligencia. El libro lo presentó José Luis Pinillos. Pocos días después presentaba yo el libro de Salvador Pániker, *Segunda memoria.* Como puede verse, el mundillo literario español es un tanto endogámico, pero esa constancia tampoco tiene por qué ser algo malvado.

A partir de ese momento, pasé a formar parte de los jurados del premio Espasa de ensayo. Primero los presidía Pedro Laín Entralgo y, a su muerte, el testigo pasó a Fernando Savater. Ahí sigo. Es una reunión anual de mucha sabiduría. Otro "fijo" es Vicente Verdú. Nos convoca Pilar Cortés. Por lo menos me hace la ilusión de que, con ese ritual, rozo un poco los flecos del "establecimiento".

En el año 2000 empezó a publicarse *Libertad Digital* bajo la dirección de Javier Rubio. Ambos estábamos acogidos a sagrado en la COPE junto a los demás miembros del equipo de Federico Jiménez Losantos. En *Libertad Digital* empecé una seccioncilla, "Errores y erratas", en la que seguí con el análisis crítico de los textos en los medios de comunicación. Pronto empecé a recibir correos de los lectores y mi artículo se trocó en un diálogo continuo con ellos. Ese carácter "interactivo" dio lugar a que mis análisis fueran más bien réplicas a las dudas y opiniones de los lectores interesados, que eran muchos. Con ese material redacté un libro, *La lengua viva* (1994). Ese título empezó a ser el de la seccioncilla y hasta hoy sigo con ella. He publicado sobre el particular cerca de tres mil artículos; se dice pronto. No tengo espacio en el periódico digital para comentar todos los correos que me llegan. En 2002 la Universidad Complutense me dio un premio por un ensayo titulado *El idioma español.* Casi sin pretenderlo, me iba abriendo paso en una nueva especialidad, la Sociolingüística, de forma autodidacta. He aportado más entusiasmo que conocimiento.

En la primavera de 2007 me invitaron a un congreso de Filología en Venecia. Presenté una ponencia sobre el habla, que sirvió de base a mi lección magistral como despedida de mis años de catedrático numerario en la Complutense. Recuerdo una amable crítica de uno de los ponentes de Venecia, Juan de Dios Luque: "No tienes razón en muchas cosas, pero lo dices tan bien...". Debo advertir que por entonces mi posición ya no era la de una ciencia normativa del lenguaje. En su lugar, lo que me interesaba era el habla de la gente como un uso social.

Realmente me siento más deslenguado que lingüista. Me interesan las palabras, pero más bien para jugar con ellas. Se podría inventar un nuevo palabro para esa actividad: "idiocio". Ese género es el que practico ahora en las mañanas de los miércoles a la vera del programa de Carlos Herrera en Onda Cero. Se junta con las divertidas traducciones al inglés macarrónico de algunas frases hechas que hace el sevillano Alfonso Rodríguez. La cuestión es pasar el rato.

Regreso a mi trayectoria sociolingüística. Otro de los ponentes de Venecia, Francisco Marcos Marín, catedrático de Lingüística en la Universidad de Texas (San Antonio), me invitó a dar un curso en ese centro. Logré una ayuda de la Fundación Del Pino y pedí una excedencia (sin sueldo, naturalmente; no haría falta hacer expresa esa condición, pero no todos la mantienen). Di un curso de Sociología (en inglés) y otro sobre Sociolingüística a mi modo (en español). La ayuda implicaba asimismo escribir un libro en colaboración con Francisco Marcos Marín, cosa que hicimos durante ese curso. El libro es *Se habla español* (2009). En él se funde el punto de vista del lingüista con el del sociólogo. La amalgama resultó por lo menos original. Ese libro fue un compromiso por la ayuda que me concedió la Fundación del Pino para mi estadía en la Universidad de Texas (San Antonio). Es un comportamiento modélico que trata de complementar los magros presupuestos para investigar que tienen las universidades. Procede reconocer los nombres de las personas que llevaron adelante esa iniciativa: María Del Pino, Amadeo Petitbò y Vicente Montes. Por mi parte, ese mismo año publiqué *La magia de las palabras* (en INFOVA Ediciones). Ese texto trata de explicar algunas voces y expresiones del habla coloquial. Lo que más interesa es que las palabras sean polisémicas o que una misma idea requiera distintas palabras. Ejemplo, los "terroristas" pueden ser también "violentos", "revolucionarios", "radicales", "piratas", "insurgentes" y hasta "patriotas".

No es lo mismo emplear uno u otro término, por ejemplo, con el fin de justificar un rescate o una negociación. Hay palabras que no son inocentes, o quizá no lo sean quienes las emplean.

Recientemente, Carlos Alberto Montaner (el escritor cubano más español de todos) me ha enviado una nota de una modesta revista peruana. En ella se recogen algunas quisicosas de los comentarios que hago sobre el habla común. Para Carlos Alberto esa cita, tan alejada en el espacio, indica que "la inmortalidad está conseguida". Se agradece el halago en vida. La realidad es algo más trascendente. La lengua española interesa a millones de hablantes. Los españoles somos solo una minoría.

Mi atracción por la Sociolingüística se ha desarrollado en una época en la que menudean las paradojas idiomáticas. Escribo esta nota en el aeropuerto de Alicante, sometido a los inevitables retrasos que producen las obras de la nueva terminal. Pero la voz suasoria de los altavoces no da esa razón para el retraso. En su lugar se refiere a unas difusas "condiciones meteorológicas", que parece algo más científico. Los viajeros observan con estupor que, si bien hay una cierta calima, no se vislumbran meteoros adversos. Esa anécdota sobre las paradojas idiomáticas continúa en la parla de los altavoces del aeropuerto. Los vuelos para París se anuncian en español e inglés, pero los vuelos para Barcelona se avisan en español, inglés y catalán. Esa incongruencia se produce en un momento de la Historia en que es mayor que nunca la proporción de españoles que entienden el español; prácticamente todos. Pero, una vez más, la lengua es compañera del imperio. Dicho de otro modo, la lengua es poder. Tanto es así que, en el caso de Cataluña, los nacionalistas, que procuran el desplazamiento del castellano, lo hacen a conciencia. Es decir, esa decisión la llevan a cabo, aunque influya en el declive económico de su nación o nacionalidad. Por ese lado provocan la admiración y el recelo que distingue a los *true believers* (= fanáticos).

Comprendo que mis aproches a la Sociolingüística no son muy ordenados, puesto que no tengo ningún título académico que justifique mi incursión en ese territorio. Pero tampoco poseo formalmente ningún diploma de sociólogo y aquí estoy. Me consuelo con el argumento de que algunos genios de la Arquitectura (Gaudí, Mies, Le Corbusier) no estudiaron propiamente esa carrera completa. Salvador Pániker es ingeniero industrial y filósofo. Álvaro Delgado-Gal es filósofo y físico. Carlos Dávila y Carlos Herrera son médicos. Sin embargo, todos los citados se han hecho famosos como comunicadores. Lo fundamental no es lo que uno ha estudiado, sino lo que le interesa. Me ocupo del habla como un hecho social, lo mismo que me interesa la familia, la moda, la alimentación o el consumo, entre otros muchos aspectos de la vida cotidiana. Precisamente mi idea es que la realidad social es poliédrica. Me resulta difícil imaginar que se pueda uno dedicar al estudio de la sociedad española y orillar el fenómeno del habla común. Hay otros colindantes que asimismo merecen atención, como el problema de la convivencia entre los hablantes de distintas lenguas.

Novelista

Algún hipercrítico pensará que, por encima de todo, me intereso por mí mismo, como demuestra este texto narcisista de las Memorias. Algo hay de eso. Seré un sociólogo empírico o cuantitativista por formación, pero luego lo que me place es redactar en primera persona. Se comprenderá ahora la tentación de escribir novelas con una mal disimulada carga autobiográfica, al modo como lo demostró en su día Pío Baroja.

Creo que siempre quise ser un escritor. Lo de sociólogo vino un poco por casualidad, de modo adventicio y hasta pragmático. Si no hubiera sido por la casualidad de encontrarme con Juan J. Linz en el curso de Pinillos, lo lógico es que me hubiera dedicado a otra cosa. Lo más probable (si es que hay probabilidad hacia atrás) es que hubiera opositado a catedrático de Ciencias Políticas. Más cercana estaba en 1960 la oportunidad de entrar en la dirección de Recursos Humanos (se llamaba de Personal) de la empresa Barreiros. Ya tenía el contacto y hubiera sido fácil la colocación con mi título de la Escuela de Organización Industrial. Pero Dios escribe derecho con renglones torcidos, o quizá sea al revés.

La vocación de escritor ha estado en el fondo de todas las demás dedicaciones. A los 13 años escribí una novelita titulada *Perdidos en Siberia*. La había redactado en un cuaderno rayado de los del Colegio e intercalaba dibujos a tinta china. Se inspiraba claramente en el *Miguel Strogoff*, de Julio Verne, que tanto me había impresionado. Desgraciadamente ese manuscrito de mi *ópera prima* debió de ser pasto de alguna estufa. Sé que lo dejé en casa de mis padres cuando me fui por primera vez a los Estados Unidos. A la vuelta había desaparecido junto a varias resmas de papeles de la época adolescente. Es un buen escrutinio el que hace el tiempo.

Durante muchos años perdí todo interés de ponerme a escribir en forma de ficción. Vagamente recuerdo solo algún artículo suelto sobre *la ciudad de Medianía*, una especie de figuración sobre el futuro de la sociedad española. Seguía la línea irónica de los escritos de Orwell. Lo escribí siendo estudiante de Políticas para una revista del SEU. Pero eran tantas las urgencias formativas y laborales que fácilmente me convencí de que yo no estaba dotado para el menester de escritor de imaginación. Era más bien un asomo de timidez o un modo de justificar mis deseos de llegar a un trabajo práctico que permitiera emanciparme pronto.

Una réplica de ese género de la ficción humorística lo representa el ensayo *Fantasía Fiscal* (1990). Es un examen sarcástico de la política española, ilustrado con mucha gracia por Gallego & Rey. Lo presenté al premio de ensayo de *Temas de Hoy*, pero no me lo dieron. La vocación plenamente literaria (que para mí es escribir en primera persona) se afianzó en 2003 al añadir un "testimonio personal" al libro *El final del franquismo*. Ahí es donde empecé a tomar conciencia del aspecto novelesco que podían tener algunos episodios de mi vida.

El paso definitivo a la ficción se despertó con la petición que me hizo mi nieto Jorge a la edad de cinco años. Él veía que, a los amigos y parientes, les solía regalar un libro mío dedicado. El niño imaginaba que, de cada libro había un solo ejemplar, que era el que yo firmaba.

Cubierta de ***Fantasía fiscal*** *(1990) diseñada por Gallego & Rey, los dibujantes de* ***El Mundo****.*

Entonces se le ocurrió; "Abu, ¿por qué no haces un libro para mí?". Dicho y hecho, me puse a escribir de un tirón un libro de cuentos, que se llamó *Los cuentos del abuelo*. En algunos de ellos el protagonista del relato se llamaba Jorge. Imprimí un ejemplar en el ordenador, lo ilustré a mano y se lo dediqué a Jorge. Espero que conserve esa joyita. Supongo que nunca se va a publicar y que ese será su mayor valor. Animado por esa salida al campo de la ficción, empecé a escribir cuentos para adultos. Uno de ellos, *Memoria de un paseante en Corte*, obtuvo un premio y se incluyó en la antología *Cuentos picarescos* (Editorial Azacanes, 2004). Varios otros cuentos, relacionados con la vejez, los incluí como apéndice en el ensayo *El arte de envejecer* (2005). Hay algunos más que permanecen inéditos. Ha sido una manera de hacer mano, como hacen los pianistas o los pintores.

Al tiempo de escribir ensayos y monografías sociológicas, me introduje en el género novelístico con bastante miedo en el cuerpo. Mi justificación era que de ese modo trataba algunos problemas sociales. Era el mismo juego por el que Unamuno escribía "nivolas", no novelas. En 2005 publiqué el relato *Secuestro prolongado*, a partir de lo que se llamó "síndrome de Estocolmo". Una banda de terroristas islamistas secuestra a una joven española de origen judío. La secuestrada se enamora del cabecilla de la banda y se convierte al Islam. El argumento es muy ingenuo, y por ende, inverosímil, pero da la

*Cubierta de **Nuestro mundo no es de este reino** (2005), diseñado por Cover/Photónica.*

casualidad que algo parecido acaba de suceder en la realidad. Una vez más, la naturaleza imita al arte. En ese mismo año publiqué una novela de más fuste, *Nuestro mundo no es de este reino.* Es un relato sentimental y espiritualista, inspirado en una novela de Unamuno. Al año siguiente saqué a la luz *Hacían una pareja estupenda*. Es una historia de amor relacionada con la violencia doméstica. Se incluye también un relato corto del género detectivesco, *Quién mató al abuelo*.

A pesar del cariño que puse en todas esas narraciones, las ventas han sido modestísimas. Está claro que Dios no me ha llamado por el camino de la ficción. Pero no sería yo si perdiera el ánimo. Tengo varios manuscritos inéditos, que son otras tantas novelas, por ejemplo, la *Historia de una mujer inquieta*. Es la autobiografía de una mujer de mi tiempo, en la que describo personas y ambientes que he conocido. Yo también podría contestar que *Madame Bovary c´est moi*. Es decir, el personaje femenino de la novela realmente soy yo. A partir de ese relato, surgió la idea de escribir las Memorias. Aquí no hay ficción, todo es más bien acta notarial, por muy novelescos que puedan parecer algunos episodios de esta agitada vida mía.

Autobiografía

Cuando niño, a menudo me asaltaba la envidia de poseer los libros que otros chicos tenían en casa, a veces heredados de sus abuelos. Esa envidia la fui superando con el esfuerzo de hacerme con mi propia biblioteca doméstica. Era modesta al principio, pero ahora me inunda. Hasta me he hecho la casa definitiva, en la que hay libros en casi todas las habitaciones. Es una incruenta represalia de las carencias infantiles. La cantidad desmesurada de libros obedece precisamente a los sucesivos vaivenes en mi orientación profesional. Es lo que algunos amigos llaman (con toda justicia) mi congénita dispersión. Si algún erudito hiciera una investigación sobre el contenido de mi biblioteca particular, quizá concluyera que no es fácil determinar a qué me he dedicado.

Tendría que añadir algunas acotaciones más personales a la redacción de esta autobiografía más o menos pública. Se podría pensar que me cabe la satisfacción de haber hecho una vida como se erige un edificio, pero no es así. La autobiografía no es un edificio construido a partir de unos planos. Es más bien una construcción provisional, desmontable, que se va levantando según las urgencias de cada momento. Cabe otra imagen, la del árbol de la vida a partir de una semilla. Pero no hay tal semilla, ni, por tanto, árbol. Ciertamente, se trata de una forma arborescente, pero más bien como un fractal que crece a capricho, con ramas que se desarrollan de forma aleatoria y que replican las formas anteriores.

La imagen del fractal me la sugiere la revisión de este texto. Es como un tronco, del que salen yemas o retoños, que vienen a ser nuevas variaciones de episodios anteriores. Pero algunas veces el nuevo retoño se cercena, bien por azar o por decisión mía. Ese brote que no prospera puede ser una relación sentimental, una oportunidad de estudio o de trabajo, un cambio de residencia. Todo eso puede comenzar, pero concluye en seguida y cierra el crecimiento rectilíneo. Ahí es donde aparecen las incidencias arborescentes de la trayectoria autobiográfica. Lo fundamental no es el número de años que se acumulan (los anillos del tronco, para seguir con la imagen vegetal), sino las ramificaciones que se forman. No me puedo quejar de la hermosa copa que ha ido formando mi vida. Sin querer se me desliza el vasquismo de lo grande o complicado como "hermoso".

Hay que hacer un esfuerzo de imaginación para encontrar un mismo yo a lo largo de todas las etapas de la vida. Más complicado es todavía el hecho de que ese inquieto yo ha ido variando sus querencias.

Así pues, lo de una vocación para toda la vida es pura fantasía. Cuando era adolescente quería ser algo así como historiador del Arte o quizás pintor o arquitecto. Esos deseos me han estado rondando toda la vida, pero nunca he puesto los medios para conseguirlos. Así pues, tampoco es que haya sido tan esforzado como a veces me creo. He acumulado muchos libros de Arte, Fotografía o Arquitectura en mi biblioteca sin ningún propósito expreso. También es una casualidad que haya tenido un hermano y un hijo arquitectos o que mi mujer haya terminado por dedicarse a la Arquitectura interior.

Como ya he relatado, empecé a estudiar Derecho y terminé Ciencias Políticas. Pude optar por el camino de la Ciencia Política; la prueba es que mi primer proyecto de tesis doctoral fue sobre la Constitución de 1812. Después de haber redactado cientos de fichas y de no haber superado el Preámbulo de la Constitución, abandoné el proyecto. Pensé por un momento dedicarme a lo que luego se llamó Recursos Humanos. Pero acabé en sociólogo. Casi al mismo tiempo me orienté hacia la figura de ensayista, luego novelista y siempre comentarista político. Esa última dedicación es ahora la que me lleva más tiempo. Cada una de esas ramificaciones de la figura arborescente ha llegado por azar, quiero decir, sin yo proponérmelo mucho. Por lo menos es patente que no he tenido una clara vocación de nada. Si he logrado ser algo, la causa ha sido la superposición de esfuerzos, mucho más que las cualidades innatas.

Si quisiera hacer una síntesis interpretativa de lo que ha sido mi vida, tendría que estampar otra vez la palabra "movilidad". Aparece muchas veces en este texto. Esa reiteración no es casual. Aunque lo de la movilidad puede que sea un pedante sociologismo. En mi caso, la movilidad (geográfica, social, ocupacional, afectiva, política) significa no solo empeño sino escasa entrega, compromiso flojo, inconstancia general. Véase que todas esas manifestaciones son negativas. Quizá procedan de algo todavía más hondo, una especie de inseguridad personal o de timidez congénita. La cara positiva es una suerte de idealismo ingenuo. Pero lo fundamental es un pesimismo recalcitrante, por el que siempre he esperado más de lo que he conseguido. A su vez, ese sentimiento cierra el círculo al urgir una ulterior movilidad. Ese proceso es el que sustenta la trama de mi última novela, *Historia de una mujer inquieta*. Solo que lo pongo en la mente de una mujer de mi tiempo, quizá la persona que yo hubiera querido ser. Es una verdadera mujer de acción, en el sentido que da Pío Baroja a sus personajes, muchas veces trasuntos de él mismo. No sé qué dirá mi psicóloga de cabecera, Lucila Andrés, de esa imposible identificación mía con Daisy, el personaje de mi relato.

En todos los casos lo que me ha interesado ha sido estar en la avanzadilla de las dedicaciones y del conocimiento. "Delante de mí, nadie" podía haber sido el lema de mi agitada vida. No se vea demasiada grandeza en ese grito. Se traduce en algo tan prosaico como subir las escaleras mecánicas por la izquierda como una cuestión de hábito. Es una extraña prisa la que me entra cuando bajo al metro.

Una gran parte de mi vida he residido en casas de alquiler, como un trasunto de la movilidad espacial. Pero llegó un momento en el que no solo quise ser propietario de la vivienda, sino edificarla de nueva planta. Fue al término de los Informes de la Complutense (realizados en Tábula V, la empresa de mi hijo Iñaki). Después de vender una vivienda anterior, me vi con unos modestos ahorros, que me permitieron encargar a mi hijo Sergio la erección de una casa como un castillo. El proyecto se hizo en el estudio de Sergio, localizado entonces en el despacho de Serrano, 19, que había sido antes de los sociólogos. (Entre una y otra dedicación hubo un momento en el que el ático de Serrano, 19 lo ocupó la oficina de mi primo José Antonio). La casa tenía que ser una especie de castillo (sin almenas) que coronaba una colina granítica. Así se levantó Cámelot. En ella he sentido la plenitud de la comodidad, la intimidad y el aislamiento. Es verdad que al final uno consigue la habitación que se merece. "Los sueños se cumplen", decía muchas veces el maestro Arboleya, y yo lo repito. Se podría añadir: "Si no se cumplen es que no eran verdaderos sueños".

El acceso a Cámelot; el enebro vigilante.

18. Adagio final

Este capítulo es el más personal de las Memorias y, además, tiene su pequeña historia. Los capítulos anteriores fueron escritos a mano, según es mi costumbre, y, tal como quedaron, yo mismo los introduje en las tripas del ordenador. Pero este último capítulo, por ser más personal, se basó en unas notas manuscritas y luego, improvisé una versión más libre y espontánea. Ese texto fue el que introduje directamente en el ordenador. Quiso la mala fortuna que, al concluir la última palabra, se me engarabitó alguna tecla o no sé lo que hice. El hecho fue que se me borró instantáneamente todo el capítulo, literalmente se esfumó. Así que ese texto, cuidadosamente elaborado, no existe. Lo que sigue es una segunda versión, supongo que más auténtica que la nonata primera. No tengo más remedio que creer en diabólicos espíritus para explicar ciertas cosas. Ya lo he dicho: hay ángeles entre nosotros, pero alguna vez son exterminadores. Es algo así como el famoso "demonio de Maxwell", un hipotético ser inteligente que precipita el movimiento de las moléculas sin saber bien cómo.

Pesimismo

Tengo dicho que mi dedicación primordial es la de observar con método el comportamiento de mis coterráneos y contemporáneos. A veces me entra la melancolía, pues nada hay más peliagudo que tratar de entender la naturaleza humana. Una de las virtudes más admirables y más raras es la empatía, esto es, ponerse en el lugar del otro. Eso es así especialmente cuando el otro se encuentra próximo y tienen problemas o nos demanda esa aproximación. Los españoles aborrecemos la situación en la que el otro cercano viene a nosotros con la exposición de sus preocupaciones. En lugar de la empatía, valoramos mucho su caricatura, que es la simpatía. Se trata de una inclinación afectiva a comunicarse alegremente con otras personas, a poder ser, varias al tiempo, y de la forma más ruidosa posible. La simpatía implica cierta ostentación. Por eso a los españoles nos gustan las tertulias o reuniones amistosas de varias personas, incluso hasta el punto del bullicio. Es lo que antes se llamaba greguería, la que se produce cuando hablan más de dos personas a la vez. Tengo observado que las personas que más reniegan de esa práctica, luego se introducen en ella con verdadera maestría. No hay más que recordar, una vez más, las tertulias de la radio o de la tele, sean políticas, económicas o deportivas. Nótese que, en todos esos casos, lo que se comenta es más bien lo que hacen otros, normalmente famosos de la política, la economía o el deporte. Al final, todo es lo mismo.

La empatía es la base de la inteligencia y de la capacidad de relación humana. Todos los individuos tenemos necesidad de ejercer la conducta empática, pero es algo que luego se desarrolla en mayor o menor grado. Es difícil averiguar por qué se producen esas variaciones, casi siempre en cantidades menores de lo deseado, cuando se trata de una cualidad tan útil y deseable. La razón está en el equilibrio que debe haber en las relaciones interpersonales, que son generalmente de intercambio. Con la excepción de la limosna, en casi todo lo demás, lo que uno da se hace equivalente a lo que recibe. Y aun en la limosna se busca restablecer el equilibrio a través de una devolución simbólica. El mendigo toca un instrumento musical o simplemente cierra el intercambio con un "Dios se lo pague"; aunque eso era antes. Pero en las relaciones interpersonales corrientes sigue funcionando la exigencia del esquema simétrico. Precisamente, eso es lo que explica que la empatía funcione tan mal en muchos casos. La persona que se pone en el lugar de la otra emite una energía extraordinaria, que, de momento, no recibe respuesta. De ahí que, ante la demanda de ayuda o de comprensión que suscita una persona a otra, esa última tienda a inhibirse un poco. Digamos que la petición de empatía es entonces una gran dádiva sin devolución inmediata. Ese equilibrio suele llevar a una conducta inhibida. Esa es la clave para comprender el fallo de las relaciones interpersonales. Eso es algo que siempre me ha preocupado y que me propongo indagar ahora a través de las novelas de mi época favorita, el primer tercio del siglo XX. Ese es el libro que tengo ahora en la fase de exploración. Pero antes he de concluir estas dichosas Memorias.

Lo que nos repele a los españoles es el encuentro cara a cara con una sola persona, y menos si lo que el otro necesita es contarnos sus cuitas. Hay situaciones en las que una persona actúa de "quitapenas" o "quitapesares" al escuchar las aflicciones de otras; pero no es una figura común. Después de la guerra civil se generalizó la frase irónica de "no me cuente usted su problema" o "no me cuente usted su caso". Ese rechazo continúa ahora que ya somos una sociedad madura. Iba a decir "una sociedad compleja". Pero se introduce aquí una sorpresa semántica. Lo complejo, y no digamos lo complicado, es ahora equivalente a lo dificultoso, a lo molesto. Vaya por Dios. A mí siempre me ha parecido lo contrario, que lo simplicísimo es lo difícil, por ser lo depurado.

Cuando sospechamos que el otro cercano viene a desahogarse con el relato de sus preocupaciones, la reacción suele ser hablar más que él. Cabe, incluso, la defensa de replicarle que nosotros también tenemos problemas, dificultades, complicaciones. Como digo, la maestría suprema consiste en sustituir la empatía por la simpatía. Ignoro de dónde procede una reacción tan extraña, por insolidaria. Quizá tenga algo que ver con la vigencia (hoy disminuida) del sacramento de la confesión. En efecto, ese rito es una forma de institucionalizar ese menester de escuchar al otro. Quizá lo hayamos sustituido ahora por la terapia profesional. Sea como fuere, el hecho es que en la cultura española actual (en el sentido antropológico), las relaciones interpersonales son malas. La cosa viene de lejos. Ya Manuel Azaña, al final de la guerra civil, reflexionaba que la brutalidad de la contienda se había debido a esas tensas relaciones interpersonales. Bueno, el de Alcalá de Henares lo decía de una forma más literaria, pero la sustancia es la misma. En ese hecho se basa la utilidad de las entrevistas cualitativas, en la que se despliega el arte de escuchar a los demás. Mi amigo Miguel S. Valles sabe mucho de eso. El arte de escuchar (no solo de oír) a los otros es también una formidable herramienta terapéutica, como puede certificarlo mi psicóloga de cabecera Lucila Andrés. Me gusta la forma en que dirige la tertulia radiofónica Carlos Herrera, porque parece que nos está escuchando, quiero decir, a los locuaces contertulios.

Se entenderá ahora que la famosa simpatía española no es lo que parece; se trata de un recurso taimado para disolver la relación cara a cara con el otro. Por esa razón, la tertulia es el ideal de los hábitos sociales de los españoles. En cambio, su contrario es el género autobiográfico. En ese caso, el autor se licúa al contar sus penas a cada uno de los lectores. No es casual que las auténticas autobiografías sean tan escasas en España. Cuando se producen, normalmente se orientan hacia la anécdota, el chascarrillo, la simpatía. Por eso mismo soy consciente de que, al escribir estas Memorias en un tono más personal, una vez más, navego a contracorriente. Me enfrento al uso social de la simpatía al no ocultar los fracasos, las tribulaciones, las penalidades. Es más, conculco otra norma no escrita al rebajar un poco los éxitos, los aciertos, los triunfos, cuando los ha habido. Tampoco creo que sea una falsa humildad para conseguir aprecio. Simplemente, considero que el éxito se debe mucho al azar y a la colaboración de los demás. Al tiempo que esto escribo, me solazo con una emocionante fotografía que trae la portada de *El Mundo* (7 de junio de 2010). El triunfante Rafael Nadal baja por las escaleras de los vestuarios. Toca con las manos a la fila de enfervorizados recogepelotas. Es la mejor expresión del éxito.

Al final, lo que cuenta en la madurez profesional no es conocer muchos datos o ciertas técnicas. Todo eso se aprende y se olvida con la misma facilidad. Lo que queda de sustancia es haber podido conocer un poco mejor la naturaleza humana, que tampoco es una Psicología barata. Ese conocimiento no se adquiere del todo en la escuela ni en los libros. Cuenta mucho más el ejercicio de empatía con personas diversas, de forma sucesiva. Es uno de los ejercicios más difíciles. Baste decir que una parte de esa práctica consiste en saber pedir perdón cuando corresponde. En la cultura española no es una virtud que se cultive mucho. Por ejemplo, los angloparlantes, cuando tosen o cuando rozan inadvertidamente a otra persona, les sale de forma automática el gesto de pedir perdón. Los españoles no somos tan mirados. Por eso nos resulta tan cuesta arriba la empatía.

Me maravilla esa seguridad que despliegan muchos compatriotas al decir que no se arrepienten de nada de lo que han hecho. Creo que ese es el verdadero éxito de una vida. Francamente, estoy muy lejos de ese modelo. A la hora de hacer balance, me arrepiento de haber emprendido muchas tareas o de no haber hecho otras. Quizá sea una faceta de mi pesimismo congénito. Digo que es congénito, esto es, no accidental, porque así no me siento con mucha responsabilidad. Por otro lado, la conclusión no es tan negativa como parece. La prueba es que, con ese telón de fondo de los errores, destacan más los aciertos, las satisfacciones y los triunfos.

Lo del pesimismo, aunque pueda ser tachado de congénito, es algo que he cultivado siempre, sencillamente porque da resultado. En cualquier reunión social, sea de trabajo o de ocio, la persona que atrae más la atención, la que domina el corrillo, suele ser la especialmente pesimista. El optimista tiende a pasar por desinformado; lo que en mi gremio se considera un desdoro. Así que, si uno se dedica mínimamente a ser un hombre público, no tiene más remedio que inclinarse del lado del pesimismo. Las buenas noticias no son noticias. A veces, los empresarios o los políticos con influencia se exasperan ante esa realidad. Ellos hacen negocios o mantienen el poder a partir de las buenas expectativas de la gente. Por eso los empresarios o los políticos de raza entienden que la crisis económica o de otro tipo es una fuente de oportunidades.

Pío Baroja tituló sus entrecortadas Memorias *La última vuelta del camino*. Tardó todavía varios lustros en doblar esa definitiva curva, pero inevitablemente le llegó su hora. Por fortuna nos dejó su obra imperecedera. Sus Memorias son más semblanzas de sus conocidos que confesiones personales, pero eso es lo que se estila entre nosotros. Más que una verdadera autobiografía, se trata de un inacabable ajuste de cuentas con todos los contemporáneos que trató Baroja. Del resentimiento acumulado por el donostiarra, solo se salva Azorín (y parcialmente unos pocos más, entre ellos, José Ortega y Gasset). Es un buen ejemplo del clima hostil que dominaba en la vida intelectual española en aquella época, por otra parte, tan creadora. Por ese lado no hemos prosperado mucho. Claro que la mejor autobiografía del donostiarra es su otro yo, encarnado en tantos personajes de ficción. Sus novelas son galerías de tipos un tanto estrambóticos, grotescos y pintorescos. Uno de ellos descubre el lema de un viejo escudo que da sentido al pesimismo barojiano: "El mundo es *ansí*". Lo hago mío.

De adolescente, conocí personalmente a Pío Baroja. Un grupo de amigos fuimos hasta Vera de Bidasoa para hablar con el escritor. Es uno de los novelistas que he leído con más gusto, a pesar de que jugaba a ser un cascarrabias. Seguramente me influyó en el hábito pesimista y en la compulsión a emborronar papeles con cierto estudiado descuido. En su caso, ese último rasgo era literal, pues escribía con una pluma Parker de oro, pero mojándola en un tintero. Con ella me dedicó el *Aviraneta*. Yo no llego a tanto primitivismo, si bien escribí también durante muchos años con una Parker. Ahora sigo escribiendo a mano con bolígrafos baratos de regalo, pero en estas Memorias las notas manuscritas se pasan a las tripas del ordenador. (Mejor sería llamarlo "ordenanza"). Ese sistema de escritura permite lograr el sueño del escritor, que es añadir infinitas correcciones al texto primitivo. Esa es otra; el prurito de corregir continuamente lo escrito me parece otra forma de pesimismo, o por lo menos de inseguridad.

No llego al pesimismo lacerante de Pío Baroja, pero tengo que esforzarme para identificar los éxitos profesionales como un triunfo personal. En ese terreno más íntimo o cercano me asalta más el recuerdo de los fracasos, o mejor, de las posibilidades que no he sabido aprovechar. Decididamente, mi carácter es más bien de desánimo sobre mí mismo. Lo cual es compatible con un gran entusiasmo respecto a los demás, mis compatriotas o el género humano. Reconozco que esa combinación es la contraria de la que domina en el medio donde me muevo, y que tanto admiro. Pongo un ejemplo personal y cercano. Mi primo José Antonio de Miguel (una de las personas más admirables que conozco) es optimista sobre sí mismo y pesimista respecto a los demás. Esa combinación contraria a la mía es la general en España y la típica del jugador de lotería. Por cierto, mi primo José Antonio es un contumaz jugador de lotería, mientras que yo no he jugado nunca. Por ese lado, mi primo ha seguido una tradición familiar; yo la he roto. Ni siquiera me atraen los juegos de envite, en los que, junto al azar, interviene un poco la astucia, la inteligencia. El pesimista por desconfiado es el que llega dos horas antes a la estación o al aeropuerto. Ese soy yo, vergüenza me da decirlo, pues así no puedo presumir de hombre viajado o de mundo. Otra situación incómoda es la que me urge llegar a las reuniones o citas antes de la hora prefijada. También aquí voy contracorriente de lo que se estila en el medio donde me muevo. En ese caso el pesimismo se vuelve a presentar con la faceta de la falta de seguridad en mí mismo.

Mi venganza ha sido la de escribir un libro entero sobre el pesimismo, como una de las claves para entender la sociedad española. Es *El final de un siglo de pesimismo* (1998), escrito en colaboración con Roberto Luciano Barbeito y el resto del equipo de Tábula V. Un dato curioso es que el original se titulaba *Un siglo de pesimismo*, para enlazar el "desastre" de la guerra de Cuba con la situación posterior de toda la centuria. Creo que ya he dicho que el mecenas del estudio, Alfonso Escámez, insistió en que debíamos transmitir la idea (al menos en el título) de que habíamos llegado al final del pesimismo secular. Por ahí se ve que los empresarios deben aparecer como optimistas. El de Águilas se mereció el marquesado. Me invitó a su casa, años después; el hombre repetía que los empresarios venían obligados a superar el pesimismo. Ahora comprendo por qué he sido yo tan mal empresario. En un reciente estudio de Iñaki de Miguel y Gonzalo Martínez de Miguel, *El modo de pensar de los directivos* (INFOVA Ediciones, 2010) se contiene un interesante hallazgo. Resulta que, en plena crisis, los directivos de empresa no son pesimistas.

Mi pesimismo particular ha sido consonante con un atributo paralelo, que ni yo mismo acierto a explicar: el deseo de ser otro. Por esa razón he sido tan móvil y tan inconstante, al menos en el sentido de cambiar las dedicaciones profesionales y de lugar de residencia. En cambio, he tenido mucha constancia en casi todos los trabajos que he emprendido. Tanto es así que siempre me he considerado más trabajador que inteligente, asimismo la combinación contraria que domina en el ambiente donde me muevo. Decía Descartes que la inteligencia es el recurso mejor repartido. La prueba es que, incluso los más quejicas en otras cosas, en ésta se sienten satisfechos con la parte de sentido común que les ha tocado en suerte. No soy yo de esa opinión, pues ya me habría gustado poseer más inteligencia práctica y más habilidades. Sospecho, además, que muchas personas cercanas se encuentran secretamente descontentas con ese reparto. No lo digo por llevar la contraria; una vez más, es lo que observo. Esa dualidad respecto al "otro que podía haber sido" la introduzco en algunas de mis narraciones. Por eso mi formato favorito para las obras de ficción es la escritura en primera persona.

Es muy posible que mi talante pesimista no sea más que la manifestación de un ánimo depresivo, que me asalta de forma recurrente sin comerlo ni beberlo. Esos episodios suelen tener que ver con la incapacidad de digerir un dilema moral. Es simplemente verme obligado a hacer algo en contra de mi estrecha conciencia o de lo que me pide el cuerpo. Supongo que está todo escrito sobre la depresión psicológica, por lo que no se espere aquí ninguna revelación original. Simplemente diré que el estado agudo de la depresión lo he padecido algunas veces. Su efecto extremo es la de imaginar que me suicido. Esa maligna imaginación se cura al comunicarla a una persona cercana. Pero aquí viene lo grave y reseñable. A veces, el hecho de narrar esa imaginación a otra persona, su reacción puede ser la de no querer saber nada del asunto. Es lo que coloquialmente decimos con "llamarse andana". Puede parecer una reacción cruel, pero me la he encontrado no pocas veces con personas amigas. El caso extremo de ese rechazo puede ser la reacción humorística o de despego ante el doliente que imagina suicidarse. La reacción más usual es la de indiferencia ante el que sufre. Para ser justo, debo consignar también la reacción ayudadora de los que escuchan al doliente.

El pesimismo se mantiene porque la reacción positiva que digo resulta excepcional. La excepción es por el número de casos y por la altura moral que alcanza. Por eso me refiero a la teoría de los "ángeles" incorporados a algunas personas; son casos contadísimos. Alguna vez he escrito algo sobre la "analgia" o incapacidad calculada de los españoles para hacerse cargo del dolor ajeno. No es cuestión de repetirme. Pero aquí está una de las bases de la dificultad para las relaciones interpersonales en España y la explicación de muchos conflictos latentes. A lo largo de estas páginas he documentado ampliamente ese modo de comportamiento humano.

En España no se da bien la manifestación del *underdog*, tan típica de la sociedad norteamericana. Consiste en el especial atractivo que merece la posición, no del que va en cabeza de una competición, sino la del que va detrás. En español ni siquiera tenemos palabra para ese sentimiento. Antes bien, los españoles piensan que ser el "segundo", y no digamos el "segundón", es un motivo de oprobio. Lo nuestro es que "nunca segundas partes fueron buenas". El refrán lo cita Cervantes en la II parte del Quijote, pero resulta que le salió mucho mejor que la primera. Cervantes escribe un soneto laudatorio, dedicado a Felipe II. Dice de él, con encomio, que es "segundo en nombre, y hombre sin segundo", esto es, sin rival posible.

Una táctica suasoria contra el deprimido es tratar de convencerle de que "todo es imaginación". No dudo de que así sea, pero las imaginaciones también son realidad orgánica. La prueba es que el deprimido suele experimentar una sed insaciable, entre otros síntomas menores. En definitiva, el sufrimiento es real.

El pesimista que quiere ser otro tiende a ser un envidioso, pero quizá también un innovador. Recuérdese la terrible historia de Caín y Abel en el Génesis. Es el arquetipo de la envidia, tema que habrían de perseguir mucho después lord Byron y Unamuno, cada uno desde su personal visión religiosa. El autor del Génesis concluye el episodio con este misterioso versículo: "Caín fundó las ciudades", nada menos. Las ciudades significan el vicio pero también el espíritu innovador y creador. El envidioso es el que se reconcome en silencio por no haber podido ocupar el lugar de otras personas cercanas. Unamuno lo describe magistralmente en su novela *Abel Sánchez*. Se trata de un sentimiento universal, como la pereza, la soberbia o los otros pecados capitales. Se llaman así porque están en la cabeza de casi todos los humanos; lo malo es que no se reconocen bien. La suma de los pecados capitales es lo que determina el gigantesco caudal de sufrimiento por el que discurre la vida humana; pero también de creatividad. La aportación de Unamuno al mito bíblico es que el envidioso y el envidiado pertenecen a la misma tribu.

En definitiva, la envidia no es de un individuo sino de una relación, acaso la forma de relación más extendida. Por lo menos esa consideración nos difumina mucho la calificación pecaminosa. Resulta ilustrativo que la voz "envidiable" signifique en español algo que apetece mucho, un deseo generalizado, y que, por tanto, es bueno. Lo malo es que envidiar o ser envidiado significa sufrimiento, muchas veces bastante gratuito, esto es, se puede evitar, pero no se evita.

El sufrimiento no es más que el dolor vario y acumulado, o quizá sea también una defensa para evitar el dolor. Viene a ser como la materia oscura de la vida. Es decir, representa una parte mayor de la que es visible, pero ayuda a entender su movimiento. Me atrevo a suponer que una parte significativa de la vida humana es sufrimiento, dolor y desengaño. Todo eso se olvida un poco, pero ayuda a entender la parte complementaria de la felicidad, que también es común. No es que sean el anverso y el reverso de la realidad. El sufrimiento se experimenta y se acumula; la felicidad se busca incesantemente. Los autores de la Constitución norteamericana entendieron muy bien esa constante "persecución de la felicidad" como el fundamento de una república ordenada. En mi caso particular, para entenderme a mí mismo, tengo que introducir esas dos constantes de la acumulación de sufrimiento y de búsqueda de la felicidad. Supongo que no es nada original.

Ajetreo

Un observador lejano seguramente se maravillaría de la capacidad de pluriempleo que hemos tenido los españoles de mi generación. El caso que me ha afectado es el de simultanear la enseñanza o la investigación con el comentario en los medios. Esa ocupación múltiple se basa en que todas esas actividades tan diversas confluyen en la tarea de entender el funcionamiento de la sociedad española. Es decir, siempre he estado rodeando la ciudad de Jericó, tocando las trompetas sociológicas, para ver si se derrumbaban sus murallas.

Debe anotarse que muchas de las tareas de comunicador o comentarista (tertulias, conferencias, presentaciones, artículos, entrevistas, etc.) requieren una dedicación tranquila y obtienen una retribución poco más que simbólica. Si se mantiene esa "ocupación" es más por vanidad, porque hay que estar en el candelero. Una ventaja adicional de esa participación, cuando es diversa, es que otorga una gran independencia, cualidad para mí muy valiosa. A su vez, el público distingue muy bien entre los comunicadores independientes de los que actúan como tales, pero dependen de un partido o una institución para subsistir. El inconveniente de la independencia es que no se es fiel a un único poder. En consecuencia, se puede llegar a acusar cierta desprotección cuando las cañas se tornan lanzas. Esa ambivalencia se puede traducir en inestabilidad emotiva. Realmente es lo que ha sucedido en mi caso. También es verdad que los divorcios y sucesivos emparejamientos es algo perfectamente instalado en el ambiente que me ha rodeado. Pero las rupturas son siempre desagradables, más que nada porque se hace daño. Luego están los mitos del divorcio por mutuo acuerdo y la custodia compartida en el caso de que haya hijos. Se trata de contradicciones en los términos. Digamos que el impulso de experimentar, bueno como es en la ciencia y en la conducta política, resulta muy costoso cuando afecta a las relaciones interpersonales. Un caso muy particular es la constitución de la pareja humana, la tarea más difícil de este mundo.

Ya he expuesto la tremenda paradoja de que, sin tener propiamente un título de sociólogo, haya llegado a ser el sociólogo más conocido en España. O al menos eso es lo que me he creído. No menor contradicción es el escaso éxito que he tenido como novelista, otra dedicación frustrada. A lo mejor podría haber triunfado como novelista si hubiera sido rico de familia, pero ese futurible (o "pasadible") es un puro capricho. Por lo menos, esa frustrada dedicación me ha llevado a formar una espléndida biblioteca de novelas españolas del primer tercio del siglo XX. Esa época es la que se ha llamado la "edad de plata" de la cultura española. Reitero que es la época en que me hubiera gustado vivir. Naturalmente, la condición que pongo es que tendría que haber pertenecido a la clase acomodada, a poder ser madrileña. Un ejemplo de la fascinación por ese género literario y por la época correspondiente es mi libro *Historias de amor* (2001). Dice el subtítulo: "Las novelas sentimentales del primer tercio del siglo XX".

Pero la inestabilidad o la volubilidad son procesos internos. Los novelistas cuentan sus historias, pero no nos dicen por qué suceden las cosas. A mí lo que me ha interesado siempre es esa parte inquisitiva de averiguar las causas del acontecer social. Ahora que lo pienso, quizá haya sido más certera de lo que he dicho mi dedicación a la Sociología. Ese sesgo, digamos, científico me asalta en los debates con periodistas, que son los más en la hueste de los opinadores y tertulianos. Ellos levantan la crónica precisa de lo que sucede, y eso en el mejor de los casos. A mí lo que me acucia es explicar el porqué, o por lo menos el cómo. Tampoco me basta con plantear las preguntas pertinentes, aunque haya escrito *El libro de las preguntas* (1999). Ese es el género periodístico que practica con brillantez Fernando Ónega, pero a mí no me va. En mis escritos corrientes se utilizan poco los signos de interrogación o de admiración. (Por cierto, siempre me intrigó por qué necesitamos en español que esos signos tengan también los de apertura). Lo que me interesa es la respuesta, aun a sabiendas de que raras veces hay una sola. Tampoco suele haber un único motivo en la conducta humana. Por eso mi maestro Merton distingue entre las "funciones manifiestas" y las "latentes". Son esas últimas las que persigue el sociólogo perspicaz. El lector que haya resistido hasta aquí habrá podido comprobar que yo echo mano muchas veces de esa distinción para explicar los tumbos y volatines que he tenido que dar en mi vida.

Mi animal totémico particular es el petirrojo. Tengo en el salón un precioso dibujo de Álvaro Delgado que me lo recuerda. El petirrojo es un pájaro individualista, nada gregario. Se defiende solitario en el frío, al tiempo de que los otros pájaros andan emigrados. Cuando asoma la primavera y regresan las bandadas de otras aves, el petirrojo emigra a tierras más frías. El pecho rojizo es un recurso evolutivo para adaptarse a la singularidad. En vascuence, el petirrojo es *txantxangorri*. El sonido <cha> en algunos idiomas indica movilidad. Aquí he hablado algo de los cacharreros y los charnegos. El petirrojo es incapaz de estarse quieto en un sitio más de unos segundos.

De acuerdo con lo anterior, tengo que interpretar mejor esa constante de la movilidad en mi vida. La movilidad espacial ha sido por necesidad, por acomodarme a los papeles que debía representar en el pequeño teatro del mundo. Pero eso es también inestabilidad. La prueba es que, hasta hace pocos años, casi todos los viajes largos que he hecho

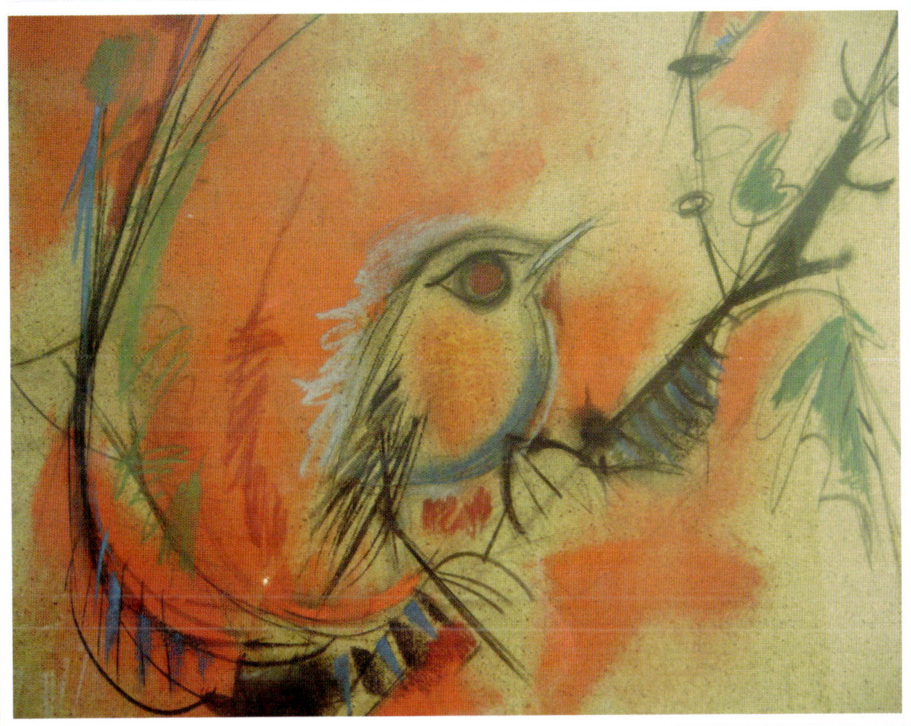

"El petirrojo", de Álvaro Delgado. Ese inquieto pajarillo es mi animal totémico particular.

han sido por necesidad, no tanto por placer. La necesidad era más bien profesional. Menos mal que el paso de los años ha hecho que me asiente un poco. Al final me ha tocado en suerte el ángel de la estabilidad.

Puede que el espíritu errabundo de lo que se llamó "pies polvorientos" provenga de los "cacharreros" de mi pueblo de nación. Andaban continuamente de aquí para allá con sus borricos cargados de cacharros para venderlos lo más lejos posible. El precio de tan pesada y frágil mercancía era directamente proporcional a los kilómetros recorridos. Ahora ya no se da esa condición; los cacharros de barro se exportan por avión o se envían en contenedores a todos los mercados. Aun así, me encuentro a zamoranos (incluso a perigüelanos) en todas las partes del mundo. Decididamente mi patria chica es un pueblo errante, como los maragatos o los judíos. Eso los hace muy propensos a acumular esfuerzo y a cultivar diversas formas de cautela. Esa, pues, es mi herencia grupal. Quizá me reste mérito, pero me da cierta seguridad.

Envejecimiento

A pesar del ajetreo continuo, por lo menos he llegado a la vejez en un estado mental satisfactorio, por mucho que se hayan resentido algunas terminales circulatorias. Cargo con el coste de olvidar algunos detalles, pero conservo agudizado el sentido de relacionar estímulos y efectos. Santiago Ramón y Cajal (que fue muy longevo para su época) decía que la vejez se manifiesta en la pérdida de curiosidad. Todavía no me ha asaltado ese síntoma. En cambio, sí noto la pérdida progresiva de la capacidad física, por ejemplo, para los trabajos manuales. Me parece que los bancales del jardín (que yo he construido con estas manos) se van a quedar como están. Más oneroso es otro síntoma del envejecimiento: la dependencia de la farmacopea. Una consecuencia útil de la fidelidad a las pastillas es que uno se acostumbra al esfuerzo disciplinado. Por ejemplo, si el pastillamen es incompatible con el alcohol, nada mejor que la prescindencia del vino o la cerveza para controlar el peso. He aquí una buena ilustración de las funciones latentes. También se puede decir que se hace virtud de la necesidad.

Aunque instalado en la vejez, me resisto a la jubilación forzosa. Me rebelo contra la disposición que me ha obligado a dejar de dar mis clases después de 50 años en el oficio docente. Para colmatar ese hueco, me había propuesto matricularme en Filología Clásica, pero, paradójicamente, no tengo tiempo. Cada vez son más las conferencias y otras ceremonias en las que debo oficiar. Dejo de ser profesor, pero refuerzo el papel de predicador. Ya digo, *txantxangorri*.

De momento, me viene bien el fin de las clases para concluir estas Memorias, mucho más laboriosas de lo que había pensado al principio. Tengo la ventaja de no padecer la "angustia del folio en blanco" que dicen algunos. Escribo realmente en cuartillas usadas por un lado, pero no me asalta ninguna vacilación cuando tengo que rellenarlas. La escritura fluye por sí sola. No sé si eso será inteligencia, osadía o falta de escrúpulo intelectual. Me ayuda mucho imaginar que, con este esfuerzo de las Memorias, mis nietos y otras personas cercanas averiguarán cómo me las he arreglado en la vida. No pretendo que la historia sea exhaustiva en los detalles, pero por lo menos será auténtica y sincera. Puede que me consideren como uno de los últimos supérstites de una generación comprometida con el esfuerzo, el trabajo y la emulación. No andarán muy errados. Aunque también considerarán que esto de las Memorias es el penúltimo ejercicio de la vanidad. Digo el penúltimo porque siempre quedará algún otro. Si he de ser sincero, ando ya con ganas de concluir este escrito porque tengo otro en la mente. Ya he dejado caer mis intenciones.

Queda dicho que estas Memorias las he introducido yo mismo en el ordenador. Perdóneseme la reiteración infantil (o senil) de tal hazaña. Pero se trata para mí de un logro descomunal, mi asalto al Anapurna tecnológico. En efecto, ha sido una decisión no tanto por necesidad como por un ejercicio de carácter, un poco como se practica un deporte. En la adolescencia utilicé la máquina de escribir para mis apuntes y trabajos escolares, creo que muy por delante de mis coetáneos. Luego, en la vida profesional, siempre tuve secretaria y se me olvidó teclear. De modo ocasional, en 1986 mi hijo Iñaki me instaló un ordenador personal. Era un armatoste, comparado con los "juguetes del regazo" que hoy se manejan. Recobré la práctica de teclear, siempre con dos dedos. Solo que, a las pocas operaciones, se me enredaron las teclas y desapareció el texto de una conferencia que había escrito minuciosamente. (Recuerdo otra vez lo de los misteriosos demonios que habitan en el espacio virtual de los ordenadores). Despechado, abandoné otra vez la función ancilar de enfrentarme a un teclado. Hasta que ahora mismo vuelvo a recobrar esa sana costumbre. Ya he contado la maldición que se volvió a reproducir con la escritura de este último capítulo de las Memorias. No importa. Me he puesto otra vez a redactarlo, a pensar según voy machacando las teclas. En algún lugar de mi cerebro continúa viva la noción de que las teclas son mecánicas, como las de la vieja Olivetti. Por eso no las pulso, sino que las aporreo. Por lo menos, después de tantos años, no he olvidado la caprichosa situación de cada signo del teclado. Ojalá fuera la memoria tan fiel para otras muchas localizaciones.

Lo anterior es respecto a la forma. Por lo que toca al contenido, la escritura de estas Memorias supone la reconciliación con una de las enseñanzas de mi maestro Linz. Se trata de aceptar que importa mucho lo individual, los nombres y apellidos. Ese mismo camino me lo volvió a señalar muchos años después mi discípulo Miguel S. Valles, artesano de lo cualitativo. Espero haber sacado algún provecho de las enseñanzas del maestro y del discípulo.

Puesto a recordar donaciones, me asalta la tentación del balance del medio siglo de vida activa. Por un lado, está lo que los otros (profesores, amigos, parientes, afines) me han dado a mí. Por otro, lo que yo he dado a los demás. Adelanto que lo que llamamos progreso es que esos balances sean subjetivamente positivos para muchas personas. Desde luego, en mi caso el progreso se cumple generosamente, pues es mucho lo que he recibido. Espero que la tendencia prosiga si este libro de las Memorias satisface la curiosidad de muchos lectores, si logran sorber toda la enjundia que lleva dentro. Para los castellanos hambrientos del pasado, "enjundia" era la manteca, el unto; ahora tiene que ser una sustancia más rica en nutrientes. A un autor lo que más le llena es que sus libros sirvan para algo, para algo más que su función decorativa.

Se me va la mano en explorar el significado de las cosas, aunque sea el etimológico. Perito en semánticas, como presumo, no acierto a dar con el significado cabal de mi vida, tan estrambótica la veo ahora en este repaso retrospectivo. Debo reconocer que he sido un mal conviviente con las personas cercanas. "Lobo estepario" me llamaba cariñosamente Jaime Martín Moreno. Puede que ese ensimismamiento mío haya sido un coste de la movilidad, que todo lo justifica.

La compensación de tantas tribulaciones por las que he pasado es que, durante los últimos lustros, aposentado en Cámelot, he disfrutado de verdadera comodidad. Incluso, cuando miro hacia atrás, el conjunto de mi peripecia vital tampoco ha sido tan fatigoso. Me ha tocado la suerte de vivir el último medio siglo de más intensa transformación y progreso de mi país. He asistido como sociólogo a ese episodio único. Nací y me crié en un estrato modesto y ahora pertenezco al acomodado, no tanto por dinero como por rcconocimiento. Esa evolución es un trasunto de la que ha experimentado la sociedad española en el mismo lapso. Aunque he de observar que muchos de mis compatriotas no aprecian mucho esa misma evolución. En nuestra lengua decimos "sufrir" un cambio, no "gozarlo". Eso sí que es pesimismo respecto a la sociedad.

Es posible que el juicio sobre mi vida sea un tanto indulgente, porque lo veo con cierta distancia desde los años postreros de la trayectoria vital. La vividura en cada momento quizá haya sido más áspera. Pero la vejez me parece la edad más auténtica. Hasta llegar a ella, uno vive por imitación, sometido las más de las veces a la imposición de los otros. Con los años, las experiencias son más genuinas. Por lo menos los viejos valoramos más la virtud de la experiencia, que, para el conjunto de nuestros contemporáneos, queda más bien orillada. Recuérdese que no solo se acepta socialmente la ignominia de la jubilación forzosa sino la farsa de la prejubilación. Un Gobierno entero puede estar constituido por personas (varones y mujeres; eso sí) que no han sabido ganarse la vida fuera de la política, que nunca han visto un balance. Antes, por lo menos, los ministros podían contar que habían salido airosos de una oposición funcionarial; ahora ni eso. En la dirección de los partidos políticos o en los gobiernos no hay cuotas para los viejos. Por eso mismo no les da mucho empacho congelar las pensiones, antes que tocar sus muchos dispendios injustificados.

Lo de la jubilación forzosa se defiende con el argumento de que así se dan más oportunidades a los jóvenes. No me convence, aunque reconozco que respiro por la herida. No creo que el saber acumulado por la promoción de sociólogos que ahora se jubilan conmigo pueda ser sustituido fácilmente por los recién licenciados. La razón es muy sencilla. Los jóvenes actuales, incluso los mejor instruidos, muestran un escaso interés por la cultura y valoran muy poco el esfuerzo. Podría aducir muchas ilustraciones para justificar mi aserto. Aportaré solo una. Acabo de asistir estos días a un ciclo de conferencias sobre los arquitectos del siglo XX que ha dado Luis Fernández Galiano en la Fundación Juan March. El público abarrotaba dos salas y se desbordaba por los pasillos y el vestíbulo. Lo lógico era esperar que estuviera constituido principalmente por jóvenes o profesionales jóvenes de la Arquitectura y carreras afines. La realidad es que el público se formaba por personas más bien talluditas, las mismas que componen los asistentes a otros muchos "eventos" culturales de Madrid. El hecho ya no me sorprende, pues en las conferencias que doy por toda España se produce el mismo efecto de la composición por edad de los auditorios. Los jóvenes llenan los espacios abiertos, no los anfiteatros donde se imparte conocimiento o cultura. Es una comprobación un poco triste. De continuar por este camino, vamos a una decadencia cultural, compatible, incluso, con un mediano pasar económico. Menos mal que mi experiencia me dice que también hay en España una minoría de jóvenes verdaderamente esforzados, comprometidos con la moral de la emulación. Por ejemplo, los que tocaban los instrumentos de percusión en el concierto que he dicho en los Teatros del Canal, de Madrid. De esos jóvenes esforzados será el reino de la Tierra.

Se suele decir que los adultos se relacionan con personas de su misma cohorte de edad, considerada con generosos límites. Sin embargo, en mi caso, he tenido la suerte, como adulto, de relacionarme, sobre todo, con personas con menos años que yo. Esa diferencia temporal se ha ido ampliando en los últimos tiempos. Estoy acostumbrado a que, en los círculos donde me muevo, aparezco como la persona más entrada en años. No sé bien a qué pueda deberse esa circunstancia. Puede que sea azarosa, pero ha condicionado mi vida cotidiana y profesional durante los últimos decenios. Una expresión de ese hecho es que casi todas las obras que he escrito en colaboración (con excepción de las primeras con Juan J. Linz) han sido con personas más jóvenes que yo. El caso extremo puede ser el de mi hijo Iñaki, con el que he escrito más que con ninguna otra persona, y a quien llevo 27 años de diferencia. Es, lógicamente, el lapso de una generación.

Mi mujer tiene 21 años menos que yo, aunque ambos nos sintamos pertenecientes a la misma generación en muchos minúsculos detalles. Ese sentimiento lo comparto con los hermanos, los primos y los amigos, a los que también llevo bastantes años. Puede que sea una manera de alargar la juventud. La única consecuencia doliente para mí es que los achaques de la salud me llegan a mí antes que a los demás que me rodean. Otra comparación fastidiosa con ese círculo íntimo es que he tenido que prescindir de la ingesta de alcohol antes que los demás. No resulta agradable socialmente ser un devoto de la cerveza "sin", sobre todo porque no acabo de convencerme de que esa abstinencia sea beneficiosa para la salud. (Curiosamente, *sin*, en inglés, quiere decir "pecado"). Pero qué poder el de los médicos. Precisamente es esa dependencia de las órdenes de los galenos el signo más patente (y patético) del proceso de envejecimiento.

Casi sin pensarlo, he ido aplicando a mi ejercicio laboral el principio de la excedencia voluntaria, como anticipo y sustituto de la jubilación forzosa. Hace ya algunos lustros decidí dejar el trabajo investigador para una organización (DATA, el despacho de Serrano, 19, Tábula V). En su lugar, seguía con clases, conferencias y los artículos y libros más bien de ensayo o de ficción. Añádase mi liviano trabajo como experto en algunos cónclaves. Lo que no anticipé bien fue mi creciente participación en los medios. Claro que esa colaboración tampoco resulta muy gravosa. En definitiva, el cambio paulatino ha sido de trabajar para una organización a laborar para mí mismo. Supongo que ese mismo esquema se reproduce en muchos profesionales de mi cohorte de edad. Es una manera digna de resolver la cuestión del envejecimiento, más del cuerpo que de la mente, si es que se pueden separar ambas entidades.

Es claro que envejecer significa el progresivo deterioro de muchas facultades físicas y, al final, también mentales. Pero hay una cualidad que mejora con los años, hasta un límite, como en el caso del vino. Se trata de la "seguridad moral", la capacidad de distinguir lo que está bien y lo que está mal. Es una cualidad muy conveniente para los jueces, los profesores, los comentaristas de los medios. De ahí que esas categorías profesionales deberían ser de por vida, hasta que aguantara el cuerpo. La seguridad moral se traduce en la manera de escribir o de opinar. Por ejemplo, en los jóvenes o inmaduros las citas suelen ser meticulosas y de autoridad. En los viejos las citas son como de pasada y de conocimiento. Al menos esa ha sido mi dilatada experiencia como escritor y prescriptor de opinión.

Junto a la seguridad moral hay otra virtud que florece con la vejez y que ayuda a sentar plaza como comentarista (lo que antes se llamaba "publicista"). Es el sentimiento de no tener que competir para situarse. Por tanto no hay por qué agradar a los poderosos para obtener sus dádivas. En definitiva, se obtiene más independencia que cuando uno era joven o simplemente maduro. No es solo el condicionamiento de la edad. Hay personas que, por más años que cumplan, siempre estarán dispuestas a agradar a los que mandan. Un ejemplo mínimo, extraído de los debates actuales. El Gobierno de mi país es sobremanera condescendiente con una dictadura como la de Chávez en Venezuela. El caso no resulta muy explicable, pero todavía menos lo es la actitud servil de algunos intelectuales que, por ayudar al Gobierno, aseguran que Venezuela no es una dictadura. Incluso el actual ministro de Educación acaba de declarar, cuando esto se escribe, que Cuba tampoco es una dictadura. Esa sesgada percepción es parecida a la de amplios sectores de la intelectualidad en los años 30, los que consideraban que Hitler no era un dictador. El argumento es tan especioso como afirmar que cierto dictadores llegaron al poder mediante unas elecciones, y eso les da completa legitimidad democrática. En este caso, más que seguridad moral, lo que se exhibe es una escandalosa hipocresía. La confusión entre legalidad y legitimidad es muy característica de los ambientes intelectuales de nuestro tiempo. La legitimidad se consigue diariamente con el apoyo tácito de la opinión pública.

Debo insistir en que la seguridad moral se acrecienta con los años. Ahora bien, cuando uno se ve forzado por las circunstancias a hacer o decir algo contra su conciencia, se puede seguir un lacerante estado de depresión. Esa es una de las miserias del envejecimiento, porque con los años crece la posibilidad de esa contradicción. La razón es que, con el paso del tiempo, se acumulan más intereses.

Ahora que he concluido de dar mi curso sobre "Sociología de la edad", he acumulado alguna experiencia de lo que significa el envejecimiento.De momento es un declive de la capacidad física, quizá de la pérdida de memoria. Un amigo mío, Víctor Pérez Velasco, psicólogo él, me predijo la escena: "Irás al médico, te hará unas pruebas y te dirá que estás bien, pero que mejor te tomes dos pastillas diarias". En efecto, eso fue lo que sucedió. El envejecimiento es porque la ingesta regular de pastillas de distintos colores es "de por vida"; terrible expresión. Es un poco como el carné de identidad, que, a partir de un último trámite, ya no exige otra renovación; caduca con uno.

En la moderna sociedad de libertades mil casi todas las situaciones personales son reversibles. Uno puede cambiar de nacionalidad, de nombre, de profesión, de matrimonio, incluso de sexo. Pero lo que no se puede alterar es la edad, por mucho que avance la cirugía o la cosmética. En el mejor de los casos, lo que se puede disimular es la edad aparente. El paso de las edades es inexorable; por tanto, el envejecimiento resulta inevitable. *La máquina del tiempo*, de H.G. Wells, en el caso de que se inventara, no podría incorporar la palanca de marcha atrás. La prueba es que no tenemos noticia de que alguien haya llegado a nuestro tiempo desde fechas posteriores. En cambio, sí parece que algunos contemporáneos provengan del pasado, tal es su forma de pensar o de comportarse. Por ejemplo, es asombrosa la persistencia de la mentalidad conspiratoria, esto es, la que atribuye los procesos sociales a decisiones ocultas de unas pocas personas.

En 1971 publicaba yo un artículo en el diario *Madrid*, que terminaba así: "La cátedra vitalicia [hasta la jubilación] pasará a ser un artefacto más en el museo de antigüedades burocráticas". Me avergüenza ahora tal ingenuidad. Estaba yo entonces a las puertas de ser catedrático, como sabe muy bien el lector. La forma de expresar un deseo era la de hacer una predicción. Muchas veces en la vida seguimos ese juego. Como en otros muchos casos, el vaticinio no se realizó. En su día, la institución de la cátedra fija cumplió la función de evitar los desmanes amiguistas, pero hace mucho tiempo que ese fin ha perdido su sentido. No solo los catedráticos, varios millones de funcionarios en España tienen un puesto fijo. Es decir, tiene un coste infinito la decisión de prescindir de algunos de ellos cuando no son necesarios o son manifiestamente improductivos. He ahí una de las razones por las que el producto económico de España no se acrece más, ni siquiera en las fases de bonanza. Lo que apoyo ahora es la norma imposible por la que algunos catedráticos lo fueran literalmente de forma vitalicia hasta que la mente resistiera, siempre que fueran productivos. Una vez más, mis ideas en 1971 iban contracorriente. Por las mismas fechas, en la toma de posesión del gerente de la Universidad Complutense, dijo el director general de Universidades: "Dios nos libre de afirmar que deseo que el espíritu de empresa rija la Universidad". Así nos ha ido, como si el espíritu de empresa fuera algo nocivo.

Muerte

Uno de los correlatos más tristes del envejecimiento es que los coetáneos se vayan muriendo antes que uno. Acaso sea esa comprobación una ulterior causa de muerte o de enfermedad crónica. El sobreviviente se siente satisfecho de serlo, pero también ve avanzar la sombra de la soledad. De ahí la salida que yo he tomado casualmente, la de relacionarme con personas de menos años y más optimistas. Esa última condición no es difícil. Ya he insinuado que el coste que debo pagar por esa táctica impensada es que moriré antes de los que me rodean. Pero la muerte de uno no inquieta tanto con la muerte de los otros, los que están cerca.

Entiendo que se vayan muriendo a mi vera las personas de más edad. Es ley de vida, que se dice. Pero me fastidia que se hayan muerto muchas personas cercanas a las que verdaderamente he admirado en uno u otro momento. El lector de estas páginas sabe perfectamente a quiénes me refiero. Al mismo tiempo, me preocupa que yo haya sido tan inconstante en mis afectos. De ese modo, he ido perdiendo por el camino a no pocas personas que podían haberme guardado admiración. Ese déficit lo enjugo malamente con un número creciente de personas, para mí anónimas, que me saludan en los espacios públicos y me expresan su afecto. Claro que ese alarde de simpatía es por lo que digo en los medios, no por lo que soy verdaderamente. La mayor esperanza es la admiración que despertaré en algunas personas cuando me muera. Qué lástima no poder asistir a los sentidos obituarios que le van a dedicar a uno.

La primera experiencia de la muerte que me viene a la memoria es trágica y tierna a la vez. Un hermanillo mío, Tomás, falleció de repente a los pocos meses de nacer cuando yo tenía cinco años. Recuerdo vivamente la noche aquella en la que el bebé (entonces se decía "niño") no paraba de llorar. Lo llevó mi madre a que lo viera don Gregorio, el médico del pueblo, pero ignoro los detalles. El caso es que el rorro seguía gimiendo. Mi madre le aplicó una tapadera de barro calentada en el fuego de la cocina. Ella se bebió un tazón de leche hirviendo. A la pobre se le saltaban las lágrimas de lo caliente que estaba la leche. Pero era creencia firme que, con ese remedio, el infante, al mamar, se aliviaría. Algo se consiguió, pero antes de amanecer el día, el niño había muerto. Mi madre, deshecha en lágrimas, clamaba que ningún hijo más llevaría el fatídico nombre de Tomás. Luego supe que ella había querido ponerme a mí ese nombre. Era el homenaje a un primo de mi madre, Tomás Bragado, asesinado en Paracuellos del Jarama a los 16 años de edad. Realmente fusilaron a todos los frailes del colegio y a los pocos alumnos que se habían quedado para preparar los exámenes de septiembre. Yo no pude homenajear a mi primo Tomás con su nombre. Se interpuso la voluntad de mi abuelo paterno para que me llamara como él, Amando. Bien es verdad que el nombre oficial de mi abuelo era Cornelio, pero el hombre siempre se hizo llamar Amando. La razón de ese capricho onomástico nunca la explicó. Menos mal que no me bautizaron como Cornelio.

Vuelvo a la escena de la muerte de mi hermanillo, que tanto me impresionó. Todo el pueblo asistió al entierro, quizá porque mi padre era el alcalde o porque esa era la costumbre. En ese ritual yo sentía más curiosidad que tristeza. Alguien me dijo que los hombres no tenían que llorar; eso era para las mujeres. Creo que, de ese modo tan brutal, tomé conciencia por primera vez de que pertenecía a la categoría de varón. Al depositar la cajita blanca en la fosa, los asistentes empezaron a echar puñados de tierra. Yo hice lo mismo, pero alguien me indicó (con un cachete) que la familia no tenía que echar tierra. Todo aquello me maravillaba.

Tardé muchos años en experimentar otra experiencia cercana e imprevista de muerte. En este caso el dolor fue intensísimo y las lágrimas, torrenciales. En el verano de 1957 me fui a Londres con una compañera y amiga del curso, Mari Tere Riera. Una salida así más parecía entonces una extravagancia. Nuestro propósito era el de asistir a un curso intensivo de inglés. No fue tan intensivo como habíamos pensado. Nos resultó más agradable despegarnos del curso y hacer autoestop para visitar la campiña inglesa o callejear por Londres. Como es natural, nos hicimos novios. Eso quiere decir que el placer supremo del ser humano no proviene de la vista, el oído, el gusto o el olfato. Esos sentidos los tienen más desarrollados los otros mamíferos. Lo realmente humano es el sentido del tacto, el más espiritual. Aun así, la relación con mi novia fue todo lo íntima y casta que prescribían nuestras católicas creencias y costumbres. Fue un verano magnífico, aunque lo recuerdo lluvioso. Volvimos a Madrid, pasando por París, y afianzamos la relación ante el general contento de amigos y parientes.

A las pocas semanas de empezar las clases, Mari Tere enfermó de la gripe que muy pronto iba a adquirir trazas de epidemia. Con síntomas del resfriado, salimos una tarde al cine. A la hora liminar (las diez en punto de la noche) dejé a mi novia a las puertas de la residencia. Me fui pesaroso a casa con la mala conciencia de haber sacado a Mari Tere de casa, moqueando y con un tiempo de perros. Esa noche estaba yo dormido, cuando me despertó bruscamente un vecino, amigo de la pandilla y compañero de clase, Juan Antonio Matesanz:

–Venga, levántate, que Mari Tere quiere que vayas a verla; está bastante pocha.

Aunque pueda parecer raro, no di mucha importancia al aviso, y hasta agradecí la oportunidad de ir a ver a Mari Tere. La norma de la residencia de las teresianas era que los chicos no podían entrar en el recinto, ni siquiera en el portal. Cogimos un taxi y nos personamos en la residencia. Nos recibió la directora, rodeada de su plana mayor y el capellán. Me dio muy mala espina tanta solemnidad a una hora tan intempestiva. Pregunté por Mari Tere. Acababa de morir. Sentí un pinchazo, pero no en el corazón, como suele decirse, sino en el cerebro. Pasé a la habitación de Mari Tere. Estaba como dormida. Pero el beso que le di fue como dárselo a una estatua de hielo. No olvidaré nunca esa sensación álgida. Se me había cerrado una válvula principal en el circuito de la vida.

El mejor consuelo que tuve fue seguir saliendo con la pandilla de amigos: Mary Pepa García Mas, Carmina Ubierna, Juan Antonio Matesanz, Dámaso Yagüe, Pepe Domínguez, Enrique Couceiro, entre otros. Quizá fuera por una necesidad de llenar el vacío de Mari Tere, pero el hecho fue que intenté ennoviarme con Carmina y al final lo hice con Mary Pepa. Tres años después me casé con ella y fue la madre de mis hijos. Siempre planeó entre nosotros la sombra protectora o el espíritu benéfico de Mari Tere.

De niño tenía yo un gran temor a que mi madre se muriese. Realmente, estuvo muy enferma una vez, en 1950. Le afectó una especie de eczema purulento que los médicos nunca supieron diagnosticar. La cara y los brazos se cubrieron de pústulas, que tenía que untar con una pomada nauseabunda, como de azufre. Lo peor fue su estado de depresión; se sentía morir. Estuvo internada algunos meses en el hospital de la Beneficencia. Las visitas a ese siniestro hospital acentuaron mi natural iatrofobia, que aún me dura. Uno de los médicos que estuvo al tanto fue el psiquiatra Luis Martín Santos, que luego sería un famoso novelista. Para conjurar el temor de la muerte, después de algunas visitas al hospital, mi padre nos llevaba a mí y a mis hermanos a merendar. Solíamos ir a una sidrería cercana en el alto de Miracruz. Más tarde pensé que la extraña enfermedad de mi madre se debió a sus prolongados ayunos, un sacrificio en favor de sus hijos. La prueba fue que, cuando empezó a comer regularmente, el misterioso eczema desapareció. No del todo. De vez en cuando (sobre todo cuando veía a una cuñada suya) el eczema trataba de aparecer otra vez en la cara y en los brazos. Era evidente el carácter psicosomático de la enfermedad. Ese extraño dato le habría sido muy útil al doctor Martín Santos, fallecido prematuramente. Yo he heredado algo de esa extraña reacción psicosomática. Cuando experimento alguna tensión, a veces mínima, siento una repentina inflamación en la cara o en las manos. Es una hinchazón pasajera e indolora, pero molesta. Hay algo aleatorio en esos brotes, pues solo suceden de tarde en tarde y no se corresponden con la gravedad de la tensión previa.

Recapitulación

Si tuviera que hacer una evaluación sintética de mi vida, diría que ha sido creadora pero conflictiva. Mi colega José Castillo me ha dicho muchas veces con sorna cariñosa: "No pasarás a la Historia como Amando, el prudente". Así es. Puedo presumir de mis modestas creaciones científicas o literarias, pero eso ha sido a costa de muchos conflictos, errores e incidencias no deseadas. No, no he sido prudente, ni siquiera equilibrado. Acaso tampoco lo sea con este último ejercicio de vanidad que significa la rendición (o el ajuste) de cuentas de las Memorias. Claro que para mí han servido más como desahogos. Cuidado que me ha gustado escribir en todas las circunstancias de mi vida. Pero ningún escrito me ha proporcionado más placer que garabatear estas Memorias.

El lector convendrá en que tiene en sus manos el testimonio de una persona trabajadora y tenaz pero depresiva. En cada momento he desplegado creencias firmes, pero han sido oscilantes a lo largo del tiempo. Así soy y así me han hecho las circunstancias. Quizá ese lector curioso quisiera saber lo que a mí me habría gustado ser. Ya está dicho, pintor o arquitecto, acaso novelista o historiador del Arte. Me habría apetecido unos grados menos de dispersión, pero incluso mis deseos insatisfechos son también variopintos. Me consuelo al cavilar que más abigarrado es el mapa de la Vía Láctea o el de los racimos de galaxias. Creo que me ha salido una metáfora exagerada. Quiero decir que la vida humana y la naturaleza son también desparramamiento. El árbol proporciona muchas más semillas de las que van a fructificar.

Ese hipotético lector pensará quizá que en todo lo escrito destacan demasiado los episodios de miseria, fracaso y sufrimiento. No ha sido mi propósito lograr esa desmesura. Antes bien (he aquí mi adversativa favorita), intento señalar los éxitos, aciertos y merecimientos por ver si me redimo. Si al final sobresalen las tribulaciones es que en algún alvéolo de mi cerebro se encuentran agazapados.

Puede que me pese la circunstancia societaria a la hora de redactar este texto. En efecto, a la altura de 2010 España atraviesa la mayor crisis económica de toda su Historia, siempre en términos relativos, claro está. Encima los asuntos políticos los preside el peor Gobierno que ha habido en España desde Fernando VII. Ya es desgracia. Bueno, quizá exagere un poco, pero quejarse del Gobierno (la representación del padre) siempre ha sido un buen ejercicio terapéutico. Ya sé que las comparaciones son odiosas, pero tienen su utilidad. Por lo menos, Fernando VII instaló el Museo del Prado.

En mis clases sobre "Sociología de la edad" o en mis escritos sobre la vejez he señalado el conocido síndrome de la jubilación. Me parecía una cuestión teórica o académica, pero nunca me planteé que también me fuera a afectar a mí. Pues me ha afectado, y más de lo que podía suponer. El problema no ha sido tanto el hecho simbólico de tener que dar las últimas clases después de medio siglo de docencia. Lo curioso es que han sido sobre la Sociología de la vejez y de la muerte. Algo así como el adagio final de la última sinfonía de Chaikowski. Por suerte, la última clase, que iba a ser la más lúgubre, no la pude impartir; ese día cayó una providencial nevada y no pude salir de casa. Encima era mi cumpleaños. Inevitablemente, la cara se me inflamó.

Decía que el nudo de la cuestión del retiro forzoso del profesor no está en el trámite del día en que ya no se precisan sus servicios. La coincidencia está en que ese expediente burocrático se junta con el sentimiento de revisión de vida que significan las Memorias. El ejercicio de la confesión resulta duro cuando se llega al dolor de corazón. Pero peor es el arrepentimiento sin posibilidad de enmienda, sencillamente porque la flecha del tiempo es irreversible. Ahí es donde entra la depresión, cuando uno se enfrenta al balance final.

He publicado algunas páginas sobre el dolor y el sufrimiento, pero el asunto requeriría un volumen entero. Otra obra que se queda inédita. El dolor no es más que la alteración del equilibrio en las funciones corporales. Naturalmente, esos episodios avanzan con la edad. Llega un momento en el que las alferecías son criptogénicas o idiopáticas. Son terminachos de los médicos para ocultar que no saben a qué se deben. Vaya que sí lo sabe el paciente, el que sufre. El sufrimiento es el dolor del alma. Lo decimos así porque es una imagen familiar, pero la distinción entre el alma y cuerpo es una reliquia escolástica. El mayor sufrimiento es el de la memoria, el recuerdo imborrable de los fracasos. Por eso tendemos a proyectarlos sobre los demás a modo de defensa. Ahí es donde entra la admirable función del olvido.

Lo malo es que no se puede echar la culpa a nadie del sufrimiento, porque es algo que va con la persona, como la sombra se pega al cuerpo. Por eso mismo el sufrimiento parece proyectarse sobre las personas que más quiere uno. Ya es paradoja. Mi sufrimiento mayor ha sido al fracasar en la demanda de cariño de algunas personas cercanas. Lo he conseguido en ocasiones, y esas han sido de felicidad. Pero el repaso de la vida no arroja un balance satisfactorio. Los abandonos y las soledades pesan más que los aciertos. Por eso precisamente insisto tanto en los logros, por ver si me animo. Menos mal que la última vuelta del camino está siendo tranquila y, visto lo visto, feliz. Eso es lo que cuenta.

Uno de mis males en la edad adulta (además de las pertinaces depresiones) ha sido el insomnio, tan cercano al ensueño. No se duerme porque se sueña demasiado. El sueño imposible es el hacer que se revuelva la flecha del tiempo. Por lo menos me queda el expediente de las Memorias. Si no se puede volver a vivir, cabe revivir y sobrevivir con los buenos recuerdos, las añoranzas.

Vamos a suponer que hubiera un genio benéfico que, con su lámpara maravillosa, pudiera cambiar el sentido de la flecha del tiempo. No cuesta nada imaginar. Basta con saber pedir a ese hipotético genio

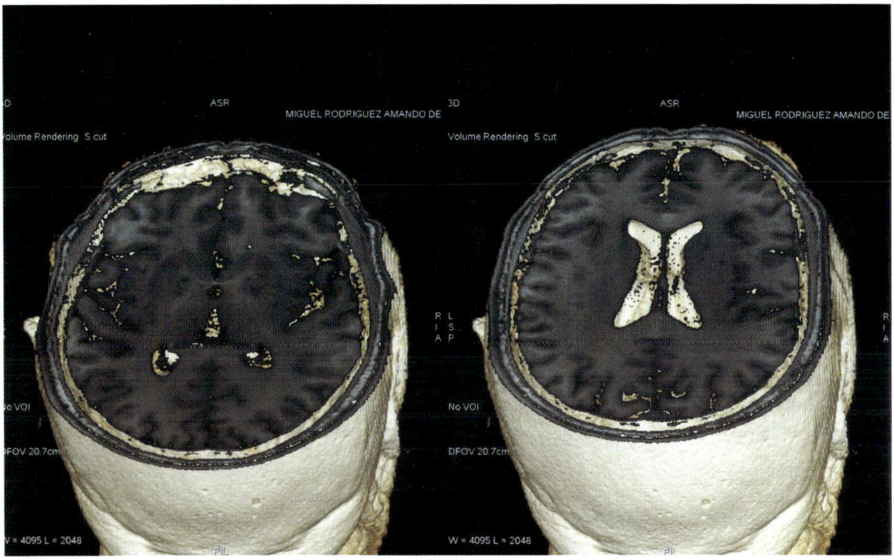

Cortes virtuales de mi cerebro donde se aposentan las memorias y otras facultades de la mente.

del bien lo que a mí me habría gustado tener que no he tenido. Es una prueba proyectiva y no vale pedirlo todo. Estos genios suelen poner un límite a la lista de peticiones, que, además, tienen que ser concretas, humildes y hacederas. Por ejemplo, yo habría sido inmensamente feliz de haber nacido en una casa con muchos libros. Un deseo minúsculo es que me habría gustado tener hermanas de una edad parecida a la mía. O por lo menos, me habría gustado que mi hermano Tomás hubiera estado aquí conmigo. Ya sabe el lector que me habría entusiasmado estudiar en un colegio mayor, y, a poder ser, la carrera de Arquitectura. Tampoco habría estado mal dedicarme a la Historia del Arte. Puestos a pedir, agradecería haber tenido un carácter menos pesimista, sin depresiones. Bien mirado, de ser atendido en todas esas peticiones, habría sido otro. Quizá ese otro imposible no habría sido un grafómano. Para acercarme a ese imposible ideal, mejor será que eche el cierre a estos desahogos con la apariencia de primeras Memorias. Son más de 150.000 palabras. Vale.